JN415242

개정증보판

해 외 시 장 개척을 위한 **시장조사론**

최하늘 지음

계명대학교 출판부

개정증보판 서문

21세기 글로벌 시장의 키워드로 정보 통신 기술의 발전을 통한 플랫폼 비즈니스와 FTA를 통한 국제 교역의 확대라는 세계화를 들 수 있습니다. 특히 전 세계 국가들간의 FTA 체결은 기존의 상품, 서비스, 지재권의 관세 장벽을 낮추었으며 이를 토대로 상호 국가 간 교역 규모가 확대되고 있습니다. 이런 시장 환경에서 기업은 국내뿐만 아니라 국외 시장에 대한 이해를 높이고 새로운 사업 기회를 발굴하여 다양한 수익원을 창출해내고 급변하는 글로벌 시장에서의 경쟁력을 유지할 필요가 있습니다. 세계화와 FTA로 넓어진 해외 시장을 개척하고 새로운 비즈니스 기회의 창출을 위해서 선결되어야 할 것은 시장에 대한 이해와 분석이라고 할 수 있습니다.

경쟁력있는 제품이나 서비스를 개발하고 개선하여 가치를 높이는 것은 기업의 경쟁우위 확보의 기본적이고 중요한 부분입니다. 이에 못지않게 중요한 것은 제품과 서비스가 제공하는 가치를 소구할 수 있는 새로운 시장을 발굴하는 것입니다. FTA로 인한 교역 확대는 공동 시장에서 단일 시장으로의 확대를 통해 새로운 비즈니스 기회를 열었지만 새로운 경쟁 기업들의 등장을 야기하여 기업의 경쟁력 유지가 더욱 힘들어지고 있습니다. 따라서 기존 시장에서 제품과 서비스의 혁신을 위한 내부 역량 강화도 중요하나 동시에 새로운 시장 개척을 통해 다양한 수익 기반을 창출해 내는 혁신도 필요합니다.

해외시장조사는 현지 시장에 대한 이해를 높이고 구체적인 시장 진출 전략을 수립하기 위한 사전 조사이면서 동시에 진출 이후의 경쟁력 유지를 위한 지속적인 시장 정보 획득 및 분석이라고 할 수 있습니다. 기업의 외부 환경인 현지 시장에 대한 이해는 기업의 내부 역량 강화에 중요한 시작점이 되며 기업 전략 수립과 마케팅 활동에 깊이 있는 정보를 제공할 수 있습니다. 이에 본서는 해외 시장의 발굴과 개척 및 현지 시장에서의 경쟁력 유지를 위한 수단으로 시장 조사 방법에 대해 소개하고자 합니다.

본서는 아래 주제들에 초점을 맞추고 있습니다.

첫 번째로는 해외시장조사의 개념과 수출 마케팅에 대해 소개하고 있습니다. 특히 수출 마케팅을 위한 조사 내용에 포함되어야 할 내용, 정보 획득을 위한 방법, 거래선 기업에 대한 신용 조사 방법 등에 대한 내용을 소개하고 있습니다.

두 번째로는 시장 조사를 위한 조사 문제의 설정, 배경과 필요성, 목적과 방법 등의 조사 절차를 소개하고 있습니다. 특히 조사 데이터의 이해와 조사 문제 해결을 위한 가설의 수립과 검증을 위한 통계학의 방법론을 설명하고 있습니다.

세 번째로는 실제 조사를 위한 온라인 설문 조사와 결과의 분석을 위한 통계 패키지 사용법을 설명합니다. 구글 설문의 활용 방법과 설문 결과를 분석하는 도구로서 오픈 소스 기반의 R 패키지 사용법을 설명하고 실제 사례를 통해 조사 분석 단계를 설명하였습니다.

본서는 해외 시장 동향을 파악하고 수출 마케팅을 시작하기 위한 전단계로서 시장 조사 방법을 제시하여 무역 마케팅을 배우고 실무에 활용하고자 하는 많은 이들을 위해 만들어졌으며, 이번 개정 증보판은 실제 조사 사례와 통계 분석을 통해 실무에 활용할 수 있도록 하였습니다. 본서가 많은 이들에게 작은 도움이 될 수 있도록 개정 증보판 출판을 위해 모든 과정에서 배려해 주시고 심혈을 기울여주신 신일희 총장님을 비롯하여 계명대학교 출판부 임직원 여러분께 진심으로 감사드립니다.

2018년 5월

계명대학교 성서캠퍼스에서

저자 최하늘

차 례

Part 3 설문 조사와 조사 결과의 통계 분석

| 제1장 |

해외시장조사의 개념과 필요성

학습 목표

해외시장조사의 개념에 대해서 학습한다.

해외시장조사의 목적과 필요성에 대해서 이해한다.

해외시장조사의 절차를 이해한다.

학습 목차

제1절 해외시장조사 개요

해외시장조사는 기업의 이윤 창출을 위한 다양한 전략적 활동 중의 하나라고 할 수 있다. 특히, 국내시장만으로는 성장의 제약이 있는 경우 기업은 새로운 시장을 개척하고 이를 통한 새로운 수익 창출의 기반을 찾기 위해서 해외 시장 진출을 목표로 한다.

해외 시장 진출을 고려하는 기업들은 새로운 성장 동력을 확보하기 위해 시장 개척을 목표로 하거나, 국내 수요자 시장의 성장의 정체로 인한 수익 감소가 예상되거나, 경쟁 기업의 진출로 인한 수익성 악화로 새로운 수익원 창출 등을 목적으로 하고 있다.

1) 해외시장조사의 정의

해외시장조사는 일반적으로는 기업이 특정 시장을 목표로 제품의 수출이나 판매를 위해서 현시의 소비자, 생산자, 구매자나 경쟁자들에 대한 분석을 통해서 시장 진출의 가능성을 평가하는 것이다.

해외시장조사는 기업만이 수행하는 것은 아니다. 특정 산업의 기업들이 설립한 협회, 정부 기관이나 정부가 설립한 수출 관련 유관 기관들, 전문적인 시장조사 기관이나 광고 마케팅 회사 혹은 영리 목적의 연구소 등 다양한 기관에서 해외시장조사를 실시할 수 있다. 최근 전자상거래의 활성화로 개인이 소액의 물품을 구매하여 판매하는 형태의 영업을 하는 경우도 있다. 이 경우에는 개인이 해외시장조사를 실시할 수도 있다.

예를 들어 온라인 게임 기업이 해외 시장에 진출하기 위한 해외시장조사를 생각해 보자. 특히 최근 국내 온라인 게임 시장은 많은 기업들의 시장 진출로 포화되어 있으며, 해외 유명 온라인 게임사의 진출로 인해 나날이 경쟁이 치열해 지고 있다. 따라서 다수의 게임 회사들은 게임 제작 단계에서 해외 게임 제작사나 퍼블리싱(Publishing, 게임 유통과 마케팅 지원 기업) 업체와의 공동 제작을 통해서 해외 시장에서의 판매를 고려하고 있다.

그렇다면 게임 기업의 해외시장조사에서 고려해야할 사항은 무엇일까? 여러 가지가 있겠지만, 해당 시장의 소비층이 어떻게 구성되는가를 파악하는 것이 가장 기본적인 사항일 것이다. 해당 기업이 기존 게임의 해외 진출을 염두에 두고 있다면, 국내의 게임 사용자와의 유사성이 높은 수요자 계층이 진출하고자 하는 해외 시장에도 존재하는지 확인해야 할 것이며, 새로운 게임을 제작하고자 한다면, 어떤 게임에 대한 수요자가 많은지 혹은 아직 발굴되지 않은 게임 수요층이 있는 데 기존의 경쟁사들이 파악하지 못하고 있는 것은 아닌지에 대한 조사가 필요하다.

소비층에 대한 분석을 위해서는 인구통계학적 측면에서의 접근, 라이프스타일에 대한 접근, 사회경제적 측면에 대한 접근을 통해서 기업이 판매하고자 하는 온라인 게임의 가장 적합한 수요 시장이 누구이며 어떤 특성을 갖고 있는지를 분석하는 것이 필요할 것이다. 즉, 해외시장조사를 통해 판매 가능성이 있는 소비 시장에 대한 세분화 분석이 필요할 것이다.

또한 경쟁자에 대한 조사가 필요할 것이다. 기존 소비자 계층을 대상으로 하는 현 시장에서의 경쟁 게임 회사와 게임 콘텐츠는 무엇이 있는 가를 파악하는 조사가 필요할 것이다. 이를 통해서 현 시장에서의 경쟁 강도와 이 기업의 마케팅 전략에 대한 조사가 필요할 것이다.

그리고 게임 유통과 관련한 유통업자 및 제반 인프라에 대한 조사가 필요할 것이다. 온라인 게임사가 직접 게임 유통과 마케팅을 담당할 수 있으나, 현지 문화나 유통 관행 등의 차이로 인해서 직접 실시하는 경우에는 위험이 커질 수 있다. 따라서 유통 관행 및 유통업자를 조사하는 것이 필요하다. 또한 온라인 게임의 경우 인터넷 인프라의 중요성이 크다. 우리나라와 같이 PC방과 같은 게임 서비스 채널과 더불어 초고속 인터넷 서비스 기반이 잘 갖추어져 있는 나라에서는 크게 문제가 되지 않으나 모든 해외 시장이 동일한 환경을 갖추고 있는 것은 아니다. 해당 시장의 온라인 게임 사용자들의 인터넷 인프라 실태에 대한 조사가 선행되어야 한다.

마지막으로는 국가의 정책이나 규제 등에 해당되는 조사가 필요하다. 우리나라의 경우 온라인 게임 폐해로 인한 각종 규제가 이루어지고 있다. 셧다운(Shutdown)제와 같은 게임 시간 제한 등이 이에 해당한다. 해당 국가에서는 이러한 게임 사용과 관련된 제한이 있는지, 게임 유통을 위한 심의 제도가 있는지, 혹은 게임 아이템 판매 등과 관련된 규제 및 세금 관련 법 제도에 대한 조사가 필요하다.

상기한 내용 이외에도 성공적인 해외시장진출을 위해서는 다양한 주제로의 시장조사가 선행되어야 하며, 조사는 궁극적으로 기업의 시장 진출과 관련한 의사결정문제의 해결이라는 궁극적인 목적을 달성할 수 있어야 한다.

가. 해외시장조사의 포괄적 정의

해외시장조사는 조사 주체가 누구이고 어떤 목적이냐에 따라서 다양한 형태의 조사가 이루어질 수 있기 때문에 광범위한 정의가 가능하다. 특히 기업들의 무역 업무를 지원하는 정부의 유관 기관들로 무역협회, KOTRA, 수출입은행 등의 기관들은 특정 국가가 아니라 전 세계 국가를 대상으로 하여 기업들의 수출입 업무 지원을 위한 시장 조사 업무를 수행하고 있고 기업의 위탁을 받아 조사를 대행하고 있다.

포괄적인 의미에서의 해외시장조사는 전 세계를 하나의 시장으로 간주하여 정치, 경제, 사회, 상거래 등의 제반 상황 및 여건들을 조사하여 기업의 문제를 해결하고 대응 전략을 수립할 수 있도록 하기 위한 총괄적인 조사라고 할 수 있다.

이런 의미에서 광의의 해외시장조사는 대상 국가의 지리, 기후, 정치제도, 화폐 등의 일반개황정보에서부터 거시경제현황조사, 일반경제현황조사, 상품 시장 및 유통 채널 전반에 대한 현황 조사 등을 포함한다.

나. 협의의 해외시장조사

협의의 해외시장조사는 기업이 특정 상품의 판매를 위해서 소비자에 대한 조사, 해당 제품 및 상품에 대한 조사, 상품 가격 현황 및 추이 조사, 판촉 및 판매 채널에 대한 조사, 상품 시장의 산업 구조 및 경쟁 기업 현황 조사, 거래 대상과 거래처 등을 조사하는 것을 말한다. 즉 기업이 특정 상품의 성공적인 판매를 위해 필요로 하는 관련 정보의 조사를 말한다.

예를 들어, 기업이 수출입을 통한 시장 확대를 원한다면 무역 거래 체결을 위한 목적으로 특정 상품의 판매 및 구매 가능성을 조사하여 분석하는 과정이 협의의 해외시장조사라고 할 수 있다.

정리하면 해외시장조사는 조사 주체와 목적에 따라 진출하고자 하는 시장의 관련 정보를 체계적으로 기록하고 정리하여 이를 분석함으로써 조사를 통해 해결하고자 하는 의사결정문제를 지원하기 위해 수행되는 조사라고 정의할 수 있다.

제2절 해외시장조사의 필요성

해외시장조사는 정보의 기록과 수집 정리, 분석을 통한 의사결정지원을 위해 수행된다. 특히 해외시장조사는 시장에 대한 정보 제공을 통해서 시장 진출로 발생할 수 있는 여러 가지 비용과 위험을 줄임으로써 시장 이익을 극대화할 수 있기 때문에 기업은 많은 비용을 들이더라도 실시한다.

시장 조사의 필요성을 정리하면 아래와 같다.

① 새로운 시장 발굴 및 확보

② 효과적인 시장 진입 전략 및 진입 후 경쟁 전략 수립

③ 해당 제품의 수출입 가능성을 파악하여 구체적인 마케팅 전략 수립

1) 새로운 시장 발굴 및 확보

새로운 시장의 발굴이란 해외시장조사를 통해서 우리 기업 제품이 가장 성공적으로 판매할 수 있는 시장을 탐색하는 것을 말한다. 특히 시장 조사는 기존 시장의 동향 파악을 통해 적합한 시장을 찾는 것도 중요하지만, 드러나지 않는 소비자의 욕구를 파악하여 잠재된 시장을 파악하는 것도 중요하다. 즉, 기대하지 못했던 시장을 발굴함으로써 기회를 파악하고 이를 통해 시상 신출 세품의 판로를 개척할 수 있다.

가. 제품 수명 주기와 시장 발굴

제품 수명 주기는 제품의 탄생과 소멸까지의 과정을 시간과 매출액과의 관계를 통해서 나타낸 것으로서, 단계별 시장의 특징을 통해 기업의 전략 수립에 도움을 줄 수 있다. 제품 수명 주기를 이해하고 이를 고려하여 해외시장조사를 실시한다면 새로운 시장 진출 기회를 창출할 수 있다.

그렇다면 제품 수명 주기를 어떻게 활용할 수 있을까? 제품 수명 주기는 아래 그림에 따라 크게 네 단계로 구분된다.

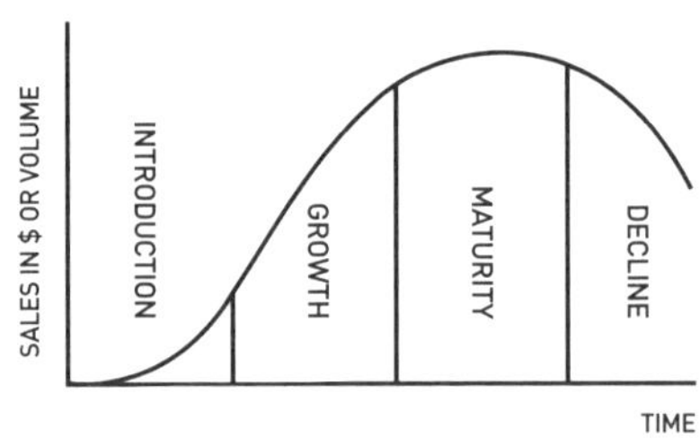

[그림 1-1] 제품 수명 주기

먼저 도약기(Introduction)로 제품이 처음 시장에 알려지고 도입된 시기로서 보통 이 단계에는 많은 제품 개발비와 광고비가 투입되는 시기이다. 매출이 본격적으로 이루어지지 않은 상태이며, 유사한 개념의 서로 다른 제품들이 시장에서 경쟁하는 시기라고 할 수 있다. 두 번째는 성장기(Growth)로서 이 시기에는 도입기의 많은 유사한 제품들 중에서 시장에서 주목받는 한 두 제품들이 등장하게 된다. 이 제품의 사양과 기술을 토대로 많은 기업들이 유사 제품을 생산하게 되며, 관련 상품으로서 보완상품 시장이 본격적으로 성장하게 된다. 매출이 빠르게 성장하여, 많은 기업들이 시장에 진출하나 시장 수요가 공급보다 빠르게 성장하기 때문에 기업의 수익과 더불어 시장의 성장이 빠르게 이루어지는 시기이다. 세 번째로 성숙기(Maturity) 단계로서 이 단계의 기업의 매출이 가장 많이 일어나는 시기이다. 흔히 캐쉬카우(Cash Cow) 사업이라고 하면 성숙기 시장에 해당하는 경우가 많다. 그러나 시장 수요의 성장이 둔화되거나 정체되기 때문에 기업들 간의 시장 점유율 경쟁이 일어나게 되므로 이러한 점에서 마케팅 비용이 많이 소요되는 시점이다. 광고나 판촉 등의 비용 지출로 인해서 수익이 하락하는 시점이다. 마지막으로 쇠퇴기에서는 제품에 대한 수요가 급격히 하락하는 지점으로 대체 기술이나 상품의 등장으로 제품이 소멸하는 시기로서 매출과 수익이 동시에 하락하는 시점이다.

그렇다면 제품 수명 주기는 해외시장의 발굴에 어떻게 활용될 수 있을까? 먼저 기업의 해외시장진출 동기에는 현재 시장의 치열한 경쟁으로 인한 수익성 악화 즉 성숙기 시장에서의 수익 하락과 기술과 제품의 진부화로 인한 시장 쇠퇴로 새로운 비즈니스 탐색 필요성을 들 수 있다. 따라서 기업은 새로운 시장으로의 진출을 모색하게 된다. 그런데 해외시장의 경우 현재 시장과는 다른 제품 수명주기 단계에 있는 경우가 있다. 예를 들어 제품수명주기 단계로 보았을 때 다른 단계 즉, 도입단계나 성장단계에 있는 시장이라면 이 시장으로의 진출은 제품 판매의 새로운 기회가 될 수 있으므로 적합하다.

예를 들어, 과거 브라운관이나 평면 TV시장은 최근 PDP, LCD, LED TV 및 스마트 TV의 등장으로 이미 시장에서 거의 사라졌지만, 저개발국 국가 등에서는 여전히 시장이 존재하거나 성장하는 시장이 될 수 있다는 것이다. 이러한 점을 고려한다면 시장 조사는 상이한 제품 수명 주기에 있는 여러 시장을 발굴하는 목적으로 이루어질 필요가 있을 것이다.

나. 제품 수명 주기의 형태와 시장 전략

제품 수명 주기는 일반적으로 도입기, 성장기, 성숙기, 쇠퇴기의 네 단계를 거쳐 시장에서 제품이 사멸되는 과정을 보여주지만, 여러 가지 이유로 제품 수명 주기의 변화가 일어난다. 이런 변화를 고려하여 해외시장조사가 이루어져야 한다. 이런 변화를 네 가지로 정리할 수 있다.

① 재주기형
② 연속성장형
③ 패션(Fashion)형
④ 패드(Fad)형

먼저 재주기형의 제품 수명 주기는 쇠퇴기에 접어든 제품이 판촉활동의 강화나 제품 포지셔닝(Positioning)을 달리하는 방식으로 다시 한번 새로운 성장기를 맞이하는 경우를 말한다.

두 번째로 연속 성장형의 제품 수명 주기는 기존 제품의 수명 주기 중에 제품이 갖는 새로운 제품 특성이나 용도, 사용자를 발견하거나 혹은 개발함으로써 제품 수명 주기가 계속해서 이어지는 경우를 말한다. 잘 알려진 기업으로 존슨앤존슨(Johnson & Johnson)은 유아용으로 개발한 샴푸 제품이 부드러운 머릿결을 원하는 고객들에게 적합하다는 것을 알아내어 여성용 샴푸 제품으로 출시한다. 미국의 화학 회사인 듀퐁(Du Pont)사는 자사에서 개발한 나일론 섬유를 초창기에는 질긴 섬유를 필요로 하는 제품들을 출시하였다. 그러다가 해당 제품이 생활 용품으로서의 가능성이 있다는 점에 착안하여 양말, 카페트, 셔츠 등의 용도로 확대됨으로써 지속적인 성장을 하게 되었다. 즉, 연속 성장형의 경우는 기존 제품이 성장 단계에서 성숙 단계로 넘어갈 때, 이 제품의 새로운 용도를 찾아 성장 단계를 보다 길게 가져갈 수 있도록 한 경우라고 할 수 있다.

세 번째로는 패션형으로 일반적으로 패션은 특정 시점에서 다수의 대중들에 의해서 선호되는 제품의 유행을 말한다. 패션형의 제품 수명 주기는 일정 주기하에서 성장과 쇠퇴를 반복하는 제품의 수명 주기를 말한다. 미니 스커트의 경우 1970년대에 유행했다가 2000년대에 들어서 다시 유행이 되기 시작했는 데

이러한 제품의 수명 주기는 쇠퇴기에서 다시 도입기로 순환하는 형태를 보인다.

마지막으로 패드(Fad)형은 급격하게 사회에 확산되었다가 소멸하는 형태의 제품들의 수명 주기를 말한다. 사회에 갑작스럽게 소개 되어 큰 유행으로 성장하게 되었다가 급속하게 사라지는 형태의 제품들이다. 80년대 양배추 인형이 그랬으며 PC나 콘솔 기반의 게임들과 같은 제품들이 이런 특성을 지닌다. 이 제품은 사회적으로 유행된다는 특징 때문에 패션형과 유사한 특징을 갖고 있으나, 반복되지 않기 때문에 패션형의 제품 수명 주기와는 차이를 보인다.

위의 네 가지 형태의 제품수명주기는 진출하고자 하는 시장에서의 제품의 특징, 고객의 특징 등을 고려할 때 시장 진출 기회를 제공할 수 있다. 특히 재주기형, 연속성장형, 패드형 모두 시장 수요자에 대한 조사를 통해서 판매 기회를 창출할 수 있는 제품수명주기 형태라고 할 수 있다. 자사의 제품이 진출 시장에서 어떤 수명 주기의 형태를 띨 것인지 시장조사를 통해 확인함으로써 보다 효과적인 시장 진입이 가능할 것이다.

2) 효과적인 시장 진입 전략 및 진입 후 경쟁 전략 수립

시장 진입 전략의 수립을 위해서는 해당 시장의 구조에 대한 분석이 선행되어야 하며 이러한 분석이 이루어진 후에 자사의 경쟁 역량 즉 강점과 약점 분석을 하고 경쟁 전략을 수립할 수 있다.

이를 위해 진출 대상 시장의 시장규모, 인프라, 가격, 경쟁구도, 유통 구조, 수입 규제 등을 조사 분석함으로써 해당 지역에 대한 진출 및 대응 방안을 마련할 수 있다. 또한 시장 구조에 대한 분석 뿐만 아니라 중요한 것이 구소 외적인 법규제, 환경 단체나 시민 단체 등의 이익 단체 들에 대한 분석 역시 선행되어야 한다.

이러한 분석을 통해서 정부가 시장 진출을 고려하고 있는 경우라면 정부 간 협력 방안과 대응 방안을 마련할 수 있을 것이며, 기업의 경우라면 해외시장 진출 방식으로 수출, 직접투자, 합작투자 등의 시장 진출 방식을 결정할 수 있을 것이다.

시장 구조에 대한 분석은 산업 구조에 대한 분석으로 완료할 수 있다. 진출하고자 하는 국가의 산업 구조에 대한 분석은 마이클 포터의 산업구조분석 도구를 사용하여 산업의 매력도에 대한 평가를 할 수 있다.

가. 산업구조분석 (Five Forces' Analysis)

포터의 산업구조분석은 기업이 새로운 신규 사업을 시작하기 위해 진출하고자 하는 산업에 대한 수익성을 분석하기 위한 도구로써 사용된다. 산업구조분석 모형은 특정 산업의 진출 기업의 수익성을 결정하는 요소를 다섯 가지로 구분하여 진출기업과 다섯 가지 요소 간의 상호 관계를 통해서 수익성을 평가하는 분석방법이라고 볼 수 있다. 산업의 매력도 즉 기업이 현 산업에 진출하고자 할 때 기대할 수 있는 수익성에 영향을 미치는 다섯 가지 요소는 아래와 같다.

① 경쟁강도
② 구매자의 교섭력
③ 공급자의 교섭력
④ 대체재의 존재
⑤ 잠재 진입자의 존재

특히 공급자의 교섭력과 구매자의 교섭력은 기업이 제품 생산을 통해서 획득할 수 있는 가치 중 누가 더 많은 부분을 획득할 수 있느냐를 결정하는 요소로서, 제품의 가치창출사슬인 가치사슬(Value Chain)의 개념으로 이해할 수 있다. 많은 가치를 창출하나 구매자의 교섭력과 공급자의 교섭력이 커지면 기업이 획득할 수 있는 수익은 줄게 된다.

또한 잠재 진입자의 존재는 산업의 진입장벽을 말하는 것으로, 진입 장벽이 높아질수록 추후에 시장에 진입할 수 있는 기업의 수가 적기 때문에 미래의 경쟁이 크지 않아 안정적인 기업 수익의 창출이 가능할 것이라고 볼 수 있다.

산업구조에 대한 분석은 국내 시장에서 새로운 사업을 시작할 때나 기존 사업에 대한 지속 타당성에 대한 분석뿐만 아니라 진출하고자 하는 해외 시장에서의 조사에서도 반드시 수행되어야 한다. 특히 해외 시장의 경우 시장에 대한 불확실성이 크기 때문에 보다 면밀한 검토가 필요하다. 각각의 요소가 어떻게 기업 이윤 창출에 영향을 주는가에 대해서 살펴보도록 하자.

① 경쟁강도

산업 내 경쟁기업의 수가 많아질수록 기업 간 협력은 어려워지고 경쟁은 심화된다. 이는 산업 전체의 수익성을 낮추는 결과를 낳게 된다. 쉬운 예로 팀 단위의 작업을 할 때 팀원의 수가 많아지면 한 자리에 모이기도 어렵고 합의된 의사 결정을 이끌어 내기가 어려워진다.

또한 산업 내 존재하는 경쟁 기업들의 규모가 유사할 경우에는 협력보다는 경쟁이 치열하게 된다. 시장 점유율이 매우 높은 기업은 보통 시장 전체에 다양한 형태의 영향력을 행사하게 된다. 가격이나 제품의 규격 등에 대해서 사실 상의 시장 표준을 제시하고 이를 시장 전체에 강요하는 형태로 영향력을 행사한다. 이렇듯 시장 주도적 기업의 움직임에 의해 다른 경쟁 기업들이 따라가는 형태로 경쟁 기업들 간의 협력이 이루어진다. 그러나 모든 기업들이 비슷한 규모의 시장 점유를 하고 있는 경우에는 이런 주도 기업 중심의 협력이 아니라 주도 기업이 누릴 수 있는 시장 지배적 위치를 확보하기 위해서 기업들 간의 경쟁이 치열하게 된다.

기업의 이윤은 여러 가지 요인이 있겠지만 시장 수요의 변화에 영향 받는다. 또한 기업이 속한 산업에 따라서 시장 수요의 변동성이 큰 산업도 있고 수요가 안정적인 산업도 있다. 시장 수요가 안정적이라는 것은 기업의 이윤 역시 안정적이기 때문에 기업의 협력이 보다 쉽게 될 수 있다. 그에 반해서 시장 수요의 변동성이 크면 클수록 기업의 경쟁은 심화된다. 왜냐하면 수요의 변동성은 기업 이윤과 직결되며 기업 이윤은 기업의 생존과 관련되기 때문에 수요의 변동이 커서 불황이 왔을 때 기업 이윤에 큰 타격이 된다면 기업은 불황을 대비하기 위해 호황일 때에 공격적인 전략을 통해서 보다 많은 이윤을 확보하려 할 것이다. 이는 수요의 변동 사이클의 모든 단계에서 기업 간 경쟁을 심화시킬 것이다.

② 구매자의 교섭력

구매자의 교섭력에 가장 큰 영향을 미치는 것은 구매자들의 수와 이들의 구매량 분포를 들 수 있다. 구매자들의 수가 많고 이들의 구매량이 크지 않다면 구매자들 개개인이 기업에 줄 수 있는 영향력은 매우 낮을 것이다. 그러나 구매자들의 수가 많다고 하더라도 특정 구매자의 구매량이 매우 높은 경우라면 기업은 그 구매자의 요구에 의해 영향을 받게 된다. 또한 구매자들의 수가 적은 경우 소수의 구매자들이 기업 매출의 상당 부분을 차지할 가능성이 높기 때문에 이들이 구매를 거부하게 되면 기업의 존립에 큰 위기가 오게 된다.

두 번째로 제품 자체가 갖고 있는 특성을 들 수 있다. 기업이 생산하는 제품이 시장 표준 기술을 따르는 제품이라면 구매자들은 현 기업과의 관계에서 만족스러운 계약을 하지 못한다면 다른 제품으로 쉽게 바꿀 수 있게 된다. 표준 기술이 있는 제품 시장에서는 다른 제품으로 바꾸더라도 구매자들은 기존의 제품과 기능상의 차이점이 크게 없기 때문에 새로운 사용법을 익혀야 한다거나 기존 기능을 사용하지 못하는 불편함과 같은 비용이 없어 쉽게 바꾸게 된다. 이는 기업 입장에서 구매자들과의 관계에서 끌려다니게 되는 결과를 낳게 된다.

③ 공급자의 교섭력

첫 번째로 공급자들의 수를 들 수 있다. 더 많은 공급자들이 있다면 기업의 교섭력이 높아질 것이고 공급자들의 수가 적거나 독점 공급자라면 기업의 교섭력이 낮아지고 이는 기업의 이윤을 낮추는 결과를 낳게 될 것이다.

두 번째로는 공급자 시장의 표준화 여부이다. 공급자가 제공하는 공급 자재나 부품 등이 표준화되어 있다면 기업은 계약 관계에서 한 공급자를 고수할 필요가 없다. 따라서 기업의 교섭력이 높아지고 이는 기업 이윤에도 긍정적인 영향을 준다.

세 번째로는 기업이 공급자 시장으로의 진출 가능성 여부다. 기업이 공급자 시장으로의 진출이 가능할 때 공급자와의 교섭에서 유리한 위치를 차지할 수 있다. 어떤 기업은 공급자와의 계약 관계에서 유리한 위치를 얻기 위해 부품이나 자재 공급 시장에 진출하는 경우도 있다. 이때 기업은 부품이나 자재를 공급받을 때 일정 부분은 자사 공장에서 나머지 부분을 외부 공급업자와의 계약을 통해서 납품 받는다. 이때 기업은 부품 가격 협상에서 보다 유리한 위치에 있게 된다.

④ 대체재의 존재

기업이 생산하는 제품과 서로 밀접한 관련이 있어 그 제품을 대체할 수 있는 특성을 갖고 있는 상품 시장 즉 대체재의 존재는 기업의 수익성에 영향을 미칠 수 있다. 에어컨을 생산하는 업체는 선풍기 생산 업체와의 경쟁을 생각할 수 있고 맥주 생산 업체는 와인 생산업체와의 경쟁을 오페라 공연은 뮤지컬 공연과의 경쟁을 생각할 수 있다. 수출 제품이 현지 시장에 진입했을 때 대체성이 강한 현지 제품이 존재한다면, 가격 조정이 원활하지 못할 것이기 때문에 높은 수익을 기대하기 힘들다.

⑤ 잠재진입자의 존재

잠재진입자의 존재에 영향을 주는 것은 특정 산업의 진입장벽이라고 할 수 있다. 진입장벽은 해당 국가의 정부 규제에 의해서도 일어날 수 있지만, 산업이 갖는 특성을 통해서 일어날 수도 있다.

예를 들어 특정 산업으로의 진입 시에 많은 자본 투자가 필요한 산업이 있을 수 있다. 특히 정유, 철도 등의 많은 초기 투자가 필요한 산업의 경우에는 수익성이 좋다고 해서 모든 기업들이 진입할 수 있는 것은 아니다. 초기 투자비용이 큰 산업은 비교적 진입 장벽이 큰 산업이라고 할 수 있다.

또한 규모의 경제 효과가 큰 산업이 이에 해당한다. 규모의 경제 효과란 대규모의 생산 설비를 갖고 있는 기업이 획득할 수 있는 이점으로 소규모 설비의 기업에 비해서 저렴하게 생산할 수 비용상의 경쟁력을 말한다. 특히 국내 기업 중에서 성숙기 단계의 기업으로 대단위 생산설비를 갖고 있지만, 시장이 포화되어 더 이상 성장이 어려운 경우 해외 시장에 진출함으로써 수익 창출의 기회를 획득할 수 있다. 특히 시장이 성숙기에서 쇠퇴기에 접어들 경우 유휴 설비가 발생하게 되는 데, 해외 시장의 진출은 유휴 설비를 활용할 수 있으면서 동시에 비용 상의 이점을 활용할 수 있는 기회가 된다.

3) 해당 제품의 수출입 가능성을 파악하여 구체적인 마케팅 전략 수립

산업구조에 대한 분석을 통해 시장 진입 여부와 진입 방법을 결정하게 되면, 제품에 대한 수출입 가능성의 판단을 통해 구체적인 마케팅 전략 수립에 해외 시장조사가 필요하다. 특정 제품의 수출 및 해외 생산의 경우의 조달 문제에 대한 시장 물색, 거래 상대방에 대한 신용 조사와 현 시장에서의 경쟁 제품의 특징 및 마케팅 전략 분석을 통해서 수출입 가능성을 파악한다.

수출입을 시작하기 위한 초기 단계로서 해외시장조사를 통해 현지 시장에서의 목표 세분 시장과 해당 제품에 대한 각종 상거래 정보를 조사함으로써 수출입 가능성을 모색할 수 있다.

이러한 과정을 통해서 기업은 해당 시장에서의 구체적인 마케팅 전략의 수립이 가능하게 된다. 일반적으로 마케팅 전략의 수립은 해당 국가의 시장 세분화, 목표 시장 선정, 선정 시장에서의 가치 포지셔닝(Positioning)의 단계를 거치고 난 뒤 판매 제품의 가격 결정, 제품과 서비스의 기획, 유통 방식의 결정과 판촉과 홍보 전략의 수립의 단계를 거치게 된다.

가. 시장 세분화와 포지셔닝 전략 수립

수출입 가능성의 평가를 위해서는 무엇보다도 기업의 제품이 가장 높은 가치를 제공할 수 있는 현지 시장이 존재하는가를 파악하는 것이 중요하다. 기업이 취급하는 제품 시장의 전체 고객이 어떻게 구성되어 있는지 파악하고 이들을 세분화할 수 있는 기준을 통해 세분 시장에 대한 정보를 얻어내는 것이 필요하다.

- 세분 시장의 구분 (Segmentation)

세분 시장을 나누는 기준은 여러 가지가 있겠지만, 인구통계적 정보, 가치관이나 라이프 스타일, 사회경제적 특성 들의 다양한 기준을 사용하여 세분 시장을 구분할 수 있다. 세분 시장의 구분 기준은 같은 제품이라 하더라도 국내 시장과 현지 시장의 기준은 달라질 수 있다. 따라서 세분 시장의 구분 기준의 적용에 있어서는 국내 시장의 기준을 참고로 하되 다양한 기준을 활용하는 것이 필요하다.

또한 세분 시장은 구분이 명확해야 한다. 즉 세분 시장 내의 고객들 간의 동질성은 높으며 세분 시장들 간의 동질성은 낮아야 한다. 즉 세분 시장들 간은 명확하게 구분이 되는 기준들이 존재해야 한다. 세분 시장들 간에는 서로 상호 배타적이어야 하며 각 세분 시장들은 전체 시장을 포괄해야 한다.

세분 시장은 또한 접근 가능해야 한다. 특히 해외 시장인 경우 유통 관행이나 고객들의 유통망 선호도 및 광고나 홍보의 효과적인 채널에 대한 정보가 국내 시장에 비해서는 미약하다. 특정 세분 시장을 목표 시장으로 정했을 때 이들을 대상으로 한 실질적인 마케팅이 가능하도록 세분 시장을 나누어야 한다.

또한 각각의 세분 시장은 충분히 크고 기업의 판매 수익이 보장되어야 한다. 모든 세분 시장이 이에 해당하지는 않겠지만, 기업이 특정 시장을 목표로 할 때 그 시장의 크기가 매우 작아서 기업의 마케팅 비용 및 투자 비용을 매출로서 회수하기 어려운 세분 시장들은 바람직하지 않다. 따라서 기업의 마케팅 대상이 될 수 있는 충분한 수익이 보장되는 세분 시장이어야 한다.

- 목표 시장의 선정 (Targeting)과 가치 포지셔닝 (Positioning)

이렇게 세분 시장들을 구분하면 현지 시장에서 가장 높은 가치를 제공할 수 있는 세분 시장을 선정하는 단계가 필요하다. 앞서 언급했듯이, 현지 시장의 고객은 국내 시장과는 매우 상이하다. 같은 제품이라도 다른 가치와 혜택을 느낄 수 있기 때문에 이러한 점을 고려하여 목표 시장을 선정하는 것이 필요하다.

목표 시장을 선정하면, 해당 시장의 고객에게 전달하고자 하는 제품의 가치를 결정하는 것이 필요하다. 패션 제품이라면 고품격의 브랜드 제품이라던지, 자동차라면 가족의 안전을 중시하는 차, 세제라면 건강과 청결을 제공해 주는 제품 등 고객에게 소구할 수 있는 구체적인 가치를 결정하는 단계가 포지셔닝 단계이다.

나. 마케팅 믹스 전략 수립

마케팅 믹스(Marketing Mix) 전략이란 목표 고객의 설정(Targeting)과 이들을 대상으로 제품이 전달하고자 하는 가치를 결정하는 단계(Positioning)가 이루어진 뒤에 이를 효과적으로 달성하기 위해 필요한 마케팅 수단을 결합한 전략이라고 할 수 있다. 마케팅 믹스 전략 수립을 위한 마케팅 수단으로는 가격(Price), 제품(Product), 유통(Place), 판촉(Promotion)을 들 수 있다. 포지셔닝에서 결정한 제품을 통해 고객에게 전달하고자 하는 가치는 위의 네 가지 마케팅 수단에 의해서 달성되어야 한다.

기업이 추구하고자 하는 가치가 브랜드 프리미엄이 있는 고품질의 제품이라면, 가격보다는 제품의 품질이나 유통 방식, 판촉에서 해외 시장 고객들에게 이를 효과적으로 전달할 수 있어야 한다. 브랜드의 가치를 높이기 위해서는 유통 방식에서도 현지 시장에서의 고가의 브랜드가 유통되는 백화점이나 고소득층들이 중심이 되는 지역에서의 유통에 초점을 두어야 한다. 또한 판촉에서도 가격 할인이나 쿠폰 등의 저렴한 이벤트보다는 프리미엄 브랜드 제품을 선호하는 현지 시장 고객들이 좋아하는 비금전적인 형태의 서비스 전략에 치중하는 것이 중요하다.

반면에 저렴하면서도 내구성 있는 브랜드로서 현지 시장 고객들을 목표로 하고 있다면, 제품의 품질에서의 우수성을 보장할 수 있어야 하며 더불어 저렴한 가격으로 제품을 제공하기 위해서 불필요한 광고나 판촉 활동을 줄이고, 이러한 브랜드를 선호하는 현지 시장 고객들의 접근성이 높은 유통망을 선택하는 것이 중요하다.

또한, 해외시장조사를 통해서 마케팅 전략 수립 시에는 마케팅 수단의 효과적인 결합을 위해서 이를 실행할 수 있는 유통망, 판촉방법이나 판촉대행사 등에 대한 조사가 충분히 이루어져야 한다.

제3절 해외 시장 조사의 실행

해외 시장 조사는 직접 조사와 간접 조사의 방법으로 나뉜다. 각각에 대해서 알아보도록 하자.

1) 해외 시장 직접 조사

직접 조사는 기업의 문제 해결을 위해 직접적으로 관련 있는 정보의 획득을 위한 조사라고 할 수 있다. 일반적으로 기업은 시장 진출 타당성 및 진입 후의 효과적인 이윤 창출을 위해서 해외 출장을 통한 자료 조사를 실시하게 된다. 이렇듯 기업이 자사의 의사결정문제의 해결을 위해 직접 관련된 정보를 수집하는 조사를 직접 조사라고 한다.

가. 해외 전시회를 통한 조사

해외 시장에 대한 이해를 높이고 자사 제품에 대한 시장의 반응을 파악하는 방법으로는 관련 상품의 해외 유명 전시회나 컨퍼런스에 참가하는 방법도 있다. 일반적으로 해외 전시회나 박람회는 제품의 전시를 통해 외국 바이어들에게 물건을 팔거나 혹은 바이어로 참가해서 수입 물품을 구매하는 기회로 생각할 수 있으나, 시장 정보의 중요한 수집 기회이기도 하다.

특히 상품별로 해외 유명 전시회들이 있는 데, 이 전시회에는 많은 유명 바이어들이 참석하기 때문에 이들로부터 제품에 대한 평가와 의견을 통해 시장에 대한 정보를 수집할 수 있기 때문에 매우 유용한 시장 조사라고 할 수 있다. 또한 해외 전시회에는 세계의 주요 업체들이 모두 참여하기 때문에 한 장소에서 다양한 기업 제품들 즉 경쟁 제품들에 대한 정보를 수집할 수 있어 새로운 상품 및 기술 동향에 대한 파악도 가능하다. 또한 해외 전시회의 경우 지속적인 참여를 통해 제품들의 변화 추이 분석, 신기술의 적용 제품들에 대한 관찰, 경쟁 제품들의 변화 추이 양상 파악, 수입상의 취향 파악 및 변화 분석 등의 조사가 가능하다.

세계적인 박람회로는 하노버 박람회, 프랑크푸르트 박람회 등이 있는 데 하노버는 산업 박람회로서 기계류, 설비, 엔지니어링, 자동화 기기 등의 박람회이다. 프랑크푸르트 박람회는 여러 제품들의 박람회가 이루어지는 데 소비재 박람회, 문구 및 선물용품 박람회, 악기 박람회, 의류 박람회 등이 있다. 무엇보다도 중요한 것은 관련 산업에서의 대표적인 세계 박람회를 검색하고 지속적인 참여를 통해 동일 바이어에게 지속적으로 제품을 노출하고 관계를 유지하는 것이 시장 조사의 측면에서나 제품 판매에서 유리하다.

나. 현지 시장 조사의 활용

현지 시장 조사는 현지 방문을 통해서 관련 제품 시장의 시장 참여자, 정책 담당자와 거래 담당자들을 면담하는 방식으로 진행된다. 특히 현지 수입 업자 즉 바이어들에게 자사 제품을 시연하고 반응을 청취하고 기록함으로써 제품에 대한 시장 수요의 존재 여부, 판매를 위한 제품의 개선 사항 및 가격 책정과 관련된 정보를 수집할 수 있다. 또한 도매상 및 유통업자들과의 면담을 통해서 유통 관행에 대한 정보, 적정 도매 및 소매 가격, 유통 촉진을 위한 유통업자에 대한 인센티브 제도, 도매업자 및 소매업자들 통한 최종 소비자의 성향에 대한 정보 등을 수집할 수 있다.

그러나 현지 시장 조사는 직접 해외 출장을 해야 하는 관계로 시간과 비용이 많이 소요된다. 또한 현지 시장 참여자 및 유통업자들과 만나는 것이 쉽지 않기 때문에 현지의 대리인을 활용하거나 지역 상공회의소, 한상 네트워크, 혹은 KOTRA 지역관 및 대사관 등을 거쳐야만 하기 때문에 많은 절차가 필요하다.

다. 외부 위탁 조사

일반적으로 외부 위탁 조사는 기업이 직접 조사에 참여하지 않기 때문에 간접 조사라고도 볼 수 있으나, 실질적으로 조사되는 내용은 기업의 문제와 관련한 정보이므로 직접 조사로 분류하는 것이 바람직하다.

외부 위탁 조사는 해외의 컨설팅 회사 및 현지 시장 조사 대리인을 활용하거나 국내의 정부 지원 기관을 활용하는 방법이 있다. 외부 위탁 조사의 경우에는 전문적이고 상세한 정보를 획득하기 위해서는 전문 시장 조사 기관을 활용하는 것이 좋다. 광고 회사나 리서치 회사 등이 이에 해당하는 데, 조사의 범위나 기간, 수집하고자 하는 정보의 내용에 따라서 많은 비용이 수반될 수 있다.

또한 현지의 지인을 통한 조사 방법이 있다. 이 경우에는 현지 지인의 전문성에 따라서 정보의 정확성이나 질이 결정되기 때문에 비용상의 이점이 있을지는 몰라도 시장 정보 획득의 효율성 측면에서는 그다지 좋지 않은 방법이 될 수 있다.

정부 지원 기관을 이용하는 방법은 비교적 정확한 정보를 제공해주며 저렴한 비용으로 제공되기 때문에 충분한 자본의 여력이 없는 중소 기업의 경우 바람직한 조사라고 할 수 있다. 대표적인 기관으로는 대한투자진흥공사(KOTRA)가 있으며, 온라인을 통한 무역거래알선업체로 (주)EC21이나 (주)ECPlaza 등도 해외 시장과 관련된 정보 조사를 통해 무역 마케팅 및 수출 업무 지원 서비스를 제공하고 있다.

2) 해외 시장 간접 조사

간접 조사는 관련성은 적으나 진출 해외 시장에 대한 이해를 높이고, 시장 전반에 대한 현황과 앞으로의 동향 파악을 통해 시장 진출 전략 수립에 도움이 되는 정보를 제공한다.

간접 조사의 대표적인 방법이 문헌 조사이다. 문헌 조사는 해외시장조사의 초기 단계에 주로 수행되는 조사로 직접 조사가 어려운 경우에 사용되는 방법이다. 그러나 직접 조사가 수행된다고 해서 문헌 조사를 하지 않는 것은 아니다. 문헌 조사를 통해서 얻어진 자료가 모두 조사 목적과 직접 관련된 것은 아니지만, 조사 대상이 되는 시장이나 제품, 기술 동향 및 특정 시장에 영향을 줄 수 있는 세계 경제, 사회, 정치 환경 전반에 대한 포괄적인 정보를 제공하기 때문에 직접 조사와 병행해서 실행되는 것이 바람직하다.

해외시장조사와 관련된 대표적인 문헌 조사의 자료원들은 국내외 대외 정책기관 발간 자료, 영리 혹은 비영리 경제 기관 발행물, 무역관련 유관 기관의 정기 간행물 등으로 서적, 홍보 책자, 기사와 같은 인쇄물이거나 데이터 베이스 등의 디지털화된 자료의 형태를 띠고 있다.

특정 국가나 국가별 경제 및 수출입 통계 자료는 UN의 무역통계연보를 활용하거나, IMF에서 발간하는 세계경제전망 자료, 혹은 국제금융통계 등의 자료를 활용할 수 있다. 국내 기관으로는 무역 협회나 관세청, 수출입 은행 등에서 발간하는 무역통계 연보 및 월보, 해외 국가별 보고서 등을 참고하여 진출 시장에 대한 기초 자료를 수집하고 분석할 수 있다.

문헌 조사는 시간과 비용이 적게 드는 것이 일반적이다. 그러나 시장 환경을 정확하게 파악하거나 특히 제품 시장에서의 소비자의 동향이나, 공급자, 유통업자 등에 대한 세부적인 정보를 파악하는 데에는 한계가 있다.

Discussion Question

토의 문제

1. 해외시장조사는 무엇이며 어떤 필요에 의해서 수행하는가?

2. 광의의 해외시장조사와 협의의 해외시장조사는 어떤 공통점과 차이가 있는가?

3. 온라인 게임의 해외 시장 진출을 위해서 고려해야할 것이 있다면 무엇인지 생각해 보시오.

4. 제품 수명 주기란 무엇인가? 수명 주기의 각 단계별로 시장 수요는 어떻게 변화하는가?

5. 제품 수명 주기는 기업의 해외시장진출 동기에 어떻게 영향을 주는가?

6. 시장 경쟁에서 경쟁 강도를 결정하는 요인들에는 무엇이 있는가?

7. 시장 세분화의 기준에는 어떤 것들이 있으며 세분 시장은 어떤 요건을 갖추어야 하는가?

8. 마케팅 믹스란 무엇이며 포지셔닝과는 어떤 관련성을 갖고 있는가?

9. 해외시장조사에서 직접 조사는 무엇이며 어떤 장단점을 갖고 있는가?

10. 간접 조사를 통한 해외시장조사를 실행할 경우의 문제점은 무엇인가?

| 제2장 |

해외시장조사와 수출마케팅

학습 목표

해외시장조사의 유형에 대해서 학습한다.
해외시장조사에 포함되어야 하는 내용에 대해서 학습한다.
해외시장조사를 토대로 수출마케팅 전략 수립의 방법을 학습한다.
거래 상대방의 신용 조사의 개념과 방법을 이해한다.

학습 목차

제1절 해외시장조사의 형태

해외시장조사는 기업의 관점에서 본다면 특정 상품에 대한 판매 또는 구매 가능성을 조사하는 것으로 대개의 경우에는 수출 유망 시장을 다양한 측면에서의 정보 분석을 통해 몇 개 정도로 압축하여 선정하는 것이 필요하다. 즉, 자사 제품의 가격 또는 비가격적인 경쟁력을 감안하여 몇 개의 나라를 목표 시장으로 정한다.

해외시장조사는 위의 목표 달성을 위해서 반드시 조사가 되어야하는 내용들이 있다. 달리 표현하면, 해외시장조사 보고서의 구성요소라고 할 수 있다. 구성요소는 아래와 같다.

① 해당 국가의 경제 정책 및 동향 조사
② 해당 국가의 산업 현황 조사
③ 기업 주도하의 제품의 판매/구매 가능성에 대한 조사

1) 경제 정책 및 동향 조사

경제 정책 및 동향 조사는 주로 해당 국가의 거시 경제적 현황과 미래 현안에 대한 정보가 주로 담겨져 있다. 따라서 주요 국가에 대한 현 경제의 주된 문제, 경제 전망과 정부 경제 정책의 변화 등을 조사 분석하여 기업이나 정부 혹은 개인 등에 제공한다.

이 조사는 주로 정부 기관이나 민간 경제 연구소 등에서 실시하는 데 이렇게 제공된 자료는 궁극적으로 타국과의 경제 협력이나 정부 투자, 기업의 해외 시장 진출 등에 활용된다. 예를 들어, 한국과 베트남 간에 자유무역협정을 추진한다고 하면 베트남에 대한 일반 경제 동향 및 리스크, 경제 정책의 변화 및 거시경제 현황 및 현안 등에 대한 정보를 제공함으로써 정부 및 수출입에 관심 있는 기업들에게 도움이 될 것이다.

본 조사에는 해당 국가의 국가에 대한 일반 개황, 주요 경제 지표, 경제 동향 및 주요 현안, 경제 정책의 변화, 최근 이슈와 이에 대한 한국 기업의 대응 방안 등에 대한 내용을 담고 있다.

2) 해당 국가의 산업 현황 조사

해당 국가의 산업 현황 조사의 주된 목적은 조사 대상 산업에 영향을 미치는 현지 국가의 일반 경제 상황과 더불어 해당 산업의 구조와 과거 및 미래 동향에 대한 정보를 수집하는 것이다.

이러한 조사는 해당 국가에 진출하고자 하는 다양한 산업의 많은 기업들에게 진출에 필요한 산업 전반에 대한 정보와 경제 상황에 대한 정보를 제공함으로써 진출 가능성에 대한 객관적인 평가와 실질적인 시장 진출 전략을 수립할 수 있도록 돕는다.

산업 현황 조사는 해당 국가의 다양한 산업과 관련하여 산업 구조 및 해당 국가의 산업 정책, 산업별 동향과 현안, 외국인 투자의 현황, 산업 전망과 산업 간 협력 가능성 등에 대한 내용이 주요 조사 내용이 된다.

3) 기업 주도하의 제품의 판매/구매 가능성에 대한 조사

기업은 해외시장 조사를 통해서 특정 시장에 자사 제품의 판매 기회를 파악하고 위협이 될 수 있는 요인들에 대해서 조사한다. 이를 통해서 수익 창출의 가능성을 탐색하는 데 이를 위해 기업은 자사 제품의 현지 시장에서의 경쟁력을 평가한다. 이런 목적으로 수행되는 기업의 시장조사는 상품의 수요동향, 생산동향, 가격동향, 유통구조와 수출입 동향 등이며 수출입 관리 제도에 대한 부분 역시 조사함으로써 수출 관련 제반 사항에 대한 정보도 수집한다. 기업의 시장 조사는 현지 국가에서 현재 판매되고 있는 제품과 자사 제품의 상대적인 경쟁력 비교와 더불어 현지 국가의 시장 수요의 잠재적 크기와 매출 규모에 초점을 둔다.

제2절 해외시장조사의 내용

해외시장 조사를 구성하는 내용은 크게 목표 시장에 대한 조사, 시장 및 수요 동향에 대한 조사로 상품의 수요 동향, 경쟁 동향, 생산 동향, 가격 동향, 유통 구조, 수출입 동향 및 수출입 관리 제도에 대한 조사 내용으로 구성된다.

1) 목표 시장에 대한 조사

목표 시장에 대한 조사는 목적 시장 국가의 일반 개황 정보를 포함하여 국가 리스크, 경제 정책 및 경제 동향, 수입관리 제도 등 시장 전반에 대한 정보를 조사한다.

가. 일반 개황 정보

해당 시장에 대한 일반 개황 정보는 국가의 지리적 특성, 인구통계적 특징으로 민족 구성, 언어 등의 정보, 행정조직, 정치 시스템, 사회 및 문화 특징과 상관습 등의 정보를 조사한다.

- 지리적 특성

첫 번째로 지리적 특성으로는 위치정보, 국토면적이나 인구, 기후적 특성과 시간대, 인접 국가 등이 될 수 있다. 대체적으로 인구가 많고 국토면적이 넓을수록 시장 규모나 잠재성이 높다고 평가할 수 있다. 그러나 국토면적이 넓은 것이 항상 긍정적으로 작용하지는 않는다. 해당 국가의 운송이나 물류, 교통 인프라가 좋지 않다면 면적이 넓은 것은 오히려 기업의 물류 비용을 증가시키기 때문에 부정적인 영향을 줄 수 있다.

또한 기후적 특성은 매우 중요하게 고려할 점이다. 이는 제품의 디자인이나 기능에 영향을 줄 수 있는 데, 이는 기후권에 따라서 사람들의 생활방식이 다르고 그에 따른 소비 형태나 제품 선택의 기준이 달라지기 때문이다. 고온 다습한 기후는 제품의 수명에 영향을 줄 수 있으며, 제품의 기능적인 측면에서도 소비자의 요구 사항이 달라질 수 있기 때문에 기후에 대한 고려가 필요하다. 또한 현지 기후에 맞춘 제품의 변형에 드는 비용을 고려할 수밖에 없기 때문에 중요하게 고려해야 할 부분이다.

또한 인접 국가와의 관계도 중요한 데 인접 국가와 경쟁 관계에 있다거나 적대 관계에 있다면 지정학적 리스크가 높아지기 때문에 시장 진출의 저해 요인이 될 수 있다. 또한 인접 국가와 자유무역협정이나 관세협정을 맺고 있다면 인접 국가를 통한 시장 진출도 가능할 것이다.

- 행정 조직

행정 조직은 궁극적으로 국가 정책을 결정하는 의사결정체계로서 현지 산업의 구조와 정책에 영향을 줄 수 있다. 따라서 수출을 하는 기업이나 현지 직접투자를 하는 기업 모두에게 중요한 고려사항이다. 행성 소직과 관련해서는 국가명, 수도, 정부 조직, 주요 도시 등이 조사 대상이 된다.

- 정치 시스템

정치 형태는 정부 형태, 국가 원수, 의회, 주요 정당 및 국제 기구 가입 현황 등이 된다. 정치 시스템은 해당 국가의 사회적, 정치적 안정성에 영향을 줄 수 있으며 정치적으로 불안한 국가의 경우 대금지급 불이행 등의 위험성이 증가한다.

- 사회 및 문화적 특징

모든 국가별로 다양한 사회적 문화적 특징들이 있다. 대표적으로 그 나라의 독특한 가치관, 사고방식, 상관습, 생활습관, 시간에 대한 관념 등이 이에 해당하는 데 이에 영향을 미치는 중요한 요인으로는 그 나라를 구성하는 민족 구성, 공식 언어, 종교의 구성, 해당 국가와 관련된 특이할 만한 역사적 사건(영연방 국가, 독립 국가)등이며 그 밖에 조사할 내용으로는 회계연도, 도량형, 공휴일과 공식 화폐가 있다.

나. 국가 리스크

리스크는 수출 기업이라면 거래 상대방의 지급불이행 위험을 말하며, 수입업자라면 매매물품을 수령하지 못할 수 있는 위험을 말한다. 해당 국가에 대한 투자나 혹은 매매 상에서 발생할 수 있는 리스크는 아래의 네 가지로 구분할 수 있다.[1)]

① 경제 리스크
② 지정학적 리스크
③ 사회적 리스크
④ 환경 리스크

경제 리스크는 해당 국가의 경제적 안정성을 평가할 수 있는 지표로서 정부의 재정 수지, 정부와 기업의 외채 규모, 자산 시장의 안정성, 유가 및 에너지 공급 상황, 정부의 경제 정책의 신뢰성 등이 이에 해당한다. 자산 시장은 금융시장의 안정성을 의미하며 부동산이나 주식, 채권 등의 금융 시장의 위험 요인들을

1) 이순철, 김정포, 해외시장조사론, 두남출판, 2011.

말한다. 특히 정부의 외채 규모는 국가 재정의 안정성에 영향을 주며 국가가 외채 상환이 어려운 경우 환율 변동에 의해 진출한 우리 기업들이 환위험에 노출된다. 따라서 정부의 외채 규모가 다른 국가들에 비해 어느 정도 규모인지, 그리고 비슷한 경제 규모의 상대 국가들과 비교했을 때 위험한 수준인지에 대한 파악이 필요하다.

지정학적 리스크는 인접 국가와의 적대관계, 테러리즘, 국내 민족 간 갈등, 종교 분쟁으로 인한 내전 가능성 등이라고 할 수 있다. 특히 우리나라의 경우 남북이 대치한 상태에서 지속적인 긴장 상태를 유지하고 있기 때문에 지정학적 리스크가 크다고 할 수 있다. 또한 이라크나 아프가니스탄의 경우 종교적, 정치적 갈등으로 인한 테러리즘과 내전 등으로 인해 리스크가 높다고 볼 수 있다.

사회적 리스크는 사회의 안정성을 해치는 요인들로서 최근 급속한 경제 성장의 영향으로 도시화가 급진전되고 있는 데 이로 인해 일부 국가에서는 지역별 빈부 격차가 심화되는 문제에 직면하고 있다. 특히 중국이나 인도에서 이러한 일들이 벌어지고 있는 데, 이는 사회적 안정성을 해치는 위험 요인이 될 수 있다. 또한 정부의 과잉 규제나 부정부패 역시 시장 진출을 저해하는 위험 요인이 될 수 있다. 아프리카나 저개발 국가의 경우 내전이나 민족 간 갈등으로 지정학적 리스크도 높지만, 언제 바뀔지 모르는 정부 조직으로 인해 정부 관료들의 부패가 심하여 기업들은 추가적인 위험을 감수해야 한다.

환경 리스크는 환경오염으로 인한 문제로 해당 국가의 수실 오염이나 식수 부족 등이 해당된다. 물 공급의 문제로 인해 현지 투자를 목표로 하는 기업은 공장 운영을 위한 물 공급을 제대로 받지 못하는 위험에 노출될 수 있다.

다. 경제 정책 및 경제 동향 정보

경제 정책과 동향에 대한 정보는 크게 주요 경제 지표에 대한 조사, 해당 국가의 거시 경제 동향, 대외 경제 동향, 대외 부채 및 외환 보유고 현황의 네 가지로 구분해서 조사한다.

- 주요 경제 지표

주요 경제 지표를 통해서 해당 국가의 성장 가능성, 생산 잠재력, 물가 상황, 환율 변동 추이와 더불어 무역 규모 등을 사전에 파악할 수 있다. 일반적으로 주요 경제 지표라고 할 때 조사 대상 자료는 실질GDP증가율, 명목GDP, 1인당 GDP, 물가 상승률, 수출/수입 규모, 경상수지와 외환보유고, 외채, 실업률과 환율변동 추이에 대해 조사를 실시한다.

경제 지표의 조사는 무엇보다도 안정적인 경제 성장이 가능한 국가인지, 경제 규모는 어느 정도인지, 환율은 안정적으로 관리되고 있는지, 외환 보유고나 경상수지 및 무역 수지 등을 조사하여 외부 충격에 대해서 안정적일 수 있는 국가 및 경제 시스템인지 확인해야 한다. 또한 수출입 규모에 대한 파악을 통해서 시장 진출 시 충분한 판매 잠재력이 있는지 파악하는 것도 중요하다.

- 거시 경제 동향

해당 국가의 거시 경제 동향은 크게 경제성장률, 인플레이션, 재정수지의 세 가지 측면에 대해 검토한다. 경제성장률은 최근 5년간 추이를 비교하되 산업 분야 중에서 어느 분야가 성장에 크게 기여하고 있으며, 어느 분야가 성장을 저해하는가에 대한 분석이 필요하다.

인플레이션은 앞서 소비자 물가 지수(CPI, Consumer Price Index) 변화율 조사를 통해서 파악할 수 있다. 물가 상승은 여러 가지 원인이 있을 수 있다. 두 가지로 나누어 볼 수 있는 데 수요 견인형 인플레이션과 공급 주도형 인플레이션이다.

흔히 경제 성장으로 인한 경기 호황으로 많은 돈이 시장에 유입되고 소비자들의 구매욕이 상승함에 따라 물가가 상승하는 것을 수요 견인형 인플레이션이라고 한다. 수요 견인형 인플레이션의 경우, 경기가 호황임을 의미하기 때문에 물가 상승은 기업에게 기회가 될 수 있다. 이는 소비자의 구매력도 높고 물가도 상승하기 때문에 매출 신장의 기회가 될 수 있기 때문이다.

공급 주도형 인플레이션은 제품 생산의 원가가 높아짐으로써 발생하는 물가 상승 현상을 말한다. 이는 수요 견인형과는 달리 경기 호황인 경우에 발생하는 것은 아니다. 과거 70년대 오일 쇼크나 중동 분쟁 등 외부 충격에 의해서 물건 생산의 원가가 높아지는 것으로서 소비자의 구매력이나 경기와는 관계없이 일어난다. 더군다나 이러한 외부 충격은 오히려 경기를 후퇴시킬 수 있고, 그에 따라 소비자들의 소득을 줄이는 결과를 낳을 수 있다. 따라서 물가 상승이 일어나고 있다고 해서 반드시 긍정적으로 시장을 전망해서는 안 되며 물가 상승의 원인이 무엇인지에 대해 명확히 파악하여 이를 토대로 시장 진출 타당성을 검토해야 한다.

재정 수지는 정부의 재정 상태를 파악하는 것으로서 현재 정부의 재정 상태가 흑자인지, 적자인지 혹은 균형 상태인지 파악하는 것이다. 정부 재정 수지는 정부의 부채 상환 능력 및 국가 경제 시스템의 안정적인 운영 능력을 의미한다. 그러나 재정 적자가 항상 부정적인 것은 아니다. 경기 불황인 경우 정부는 재정 투자를 통해서 경제 활성화를 시도한다. 이때는 정부의 재정 적자가 중기적으로 경기 활성화를 유도함으로써 시장 진출에 호기가 될 수 있다. 따라서 재정 적자를 부정적으로 보기만 해서는 안 된다. 정부 재정이 적자 상태가 계속 유지되거나 적자가 급격히 늘고 있다면 상기한 원인 이외의 문제가 무엇인지 파악하여 시장 진출 여부를 결정해야 한다.

- 대외 경제 동향

대외 경제 동향이란 수출입 동향을 말한다. 해당 국가의 전체 수출입 규모를 산업별, 품목별로 분석하고 상위 5위 제품에 대한 조사를 실시한다. 또한 기업의 판매 제품과 관련한 해당 국가의 수출입 규모와 최근 변동 추이를 파악한다.

수출 기업이라면 해당 국가의 수입 규모를 우선 조사해야할 것이며, 어느 국가로부터의 수입 규모가 가장 큰 가에 대한 분석을 한다. 또한, 최근 5년간 수입 규모의 변동 추이와 해당 국가별 분석이 필요하다.

뿐만 아니라 대외 부채나 외환 보유고에 대한 조사도 실행되어야 한다. 특히 저개발 국가나 개발 도상국의 경우 급격한 경제 성장과 더불어 정부와 민간 부문에서의 투자 확대로 인해 부채 규모가 큰 경우가 있다. 대외 부채가 큰 경우에는 외부 충격에 취약하게 된다. 특히 정부의 재정 수지에 비해서 부채가 큰 경우에는 정부의 상환능력이 떨어지는 관계로 정부의 조달 채권의 금리가 높아지고, 환율이 절하하게 되는 결과를 낳게 된다. 따라서 정부 및 공공기관의 부채 규모에 대한 조사가 필요하다.

또한, 환율의 변동에 대해 이에 대응할 수 있는 외환 보유고의 규모 역시 중요하다. 국가별로 자국 수출 기업의 경쟁력을 높이고 내수 기업을 보호하기 위해서 환율과 관련하여 정부나 중앙은행이 개입하는 경우가 있다. 그러나 외환 보유고가 충분하지 않은 신흥 시장은 투기적인 자금의 유입에 의한 환율 변동에 적극적으로 대응하지 못하여 취약함을 보이기도 한다. 따라서 진출 시장의 외환 보유고에 대한 조사도 수행되어야 한다.

2) 소비자 조사

소비자 조사는 대상국의 소비자들의 인구통계적 특성을 포함한 다양한 형태의 정보를 포괄한다. 대상국의 인구규모, 소비자 기호 및 생활수준, 소비자의 연령별, 지역별, 소득별 분포를 조사하며, 소비자의 구매동기와 구매장소, 구매 방법과 구매 시기 등에 대한 정보와 더불어 상품에 대한 만족도, 구매자의 향후 변화에 대한 조사를 실시한다.

3) 산업 조사

산업 조사는 대상 국가의 산업 구조에 대한 분석으로 경쟁기업, 공급기업, 유통기업에 대한 분석과 더불어 대체 상품 현황 및 산업의 진입 장벽에 대한 분석을 실시한다. 특히 경쟁 기업에 대한 분석과 관련하여 경쟁자의 마케팅 전략 및 현황에 대한 분석을 말한다. 일반적으로 마이클 포터의 산업구조분석 방법론에 의거하여 산업 구조가 기업의 수익성에 미치는 영향에 대한 정성적인 평가를 한다.

4) 시장 및 수요 동향에 대한 조사

시장 수요에 대한 조사는 시장 잠재력 조사, 취급 상품의 수급 현황에 대한 조사, 시장 성장률에 대한 조사와 제품 수명 주기 등에 대한 조사를 말한다.

가. 상품의 수요 동향

상품의 수요 동향에서는 시장 규모, 해당 품목의 수입 규모, 한국제품의 수입현황 그리고 시장 특성 및 앞으로의 전망과 현안 등에 대해서 조사하게 된다.

특히 시장 규모에서는 조사 기업이 목표로 하는 전체 시장의 생산 규모라고 할 수 있다. 따라서 현 시장에서의 경쟁 업체수, 업체별 종업원 수, 전체 생산 규모 등을 의미한다. 특히 제품별로 상기한 규모에 대한 조사를 시행하며 기업별 생산 규모와 더불어 주요 수요처에 대한 조사도 실시한다.

또한 수입 시장 동향 파악을 위한 조사로는 진출 제품의 수입 규모를 파악하여 최근 추이와 더불어 수입 국가별로 구분하여 조사한다. 또한 한국 제품의 수입 현황과 앞으로의 전망에 대한 조사를 실시한다. 시장 특성과 관련하여 외부 충격 즉 급격한 환율 변동이라던가 글로벌 금융 위기와 같은 시장 변화가 있을 때 해당 시장의 기업이나 소비 계층은 어떻게 반응하는 지 조사한다.

나. 경쟁 동향

목표로 하는 해당 국가의 시장에서의 경쟁 기업 및 해당 기업의 주요 브랜드 제품에 대한 현황을 파악한다. 특히 경쟁 기업만을 고려하는 것이 아니라 제품을 현지 생산할 경우 가능한 조달 기업체, 유통 기업체들의 현황을 파악하여 시장 진출에 유리한 환경인가를 판단한다.

특히 상위 5개 브랜드 제품에 대한 시장 점유율 현황과 추이를 조사하고 각 브랜드의 성공 요인이나 마케팅 전략에서의 특이 사항에 대해서 정리한다. 또한 각 브랜드와 진출 기업 제품을 비교 분석하여 우리 제품의 경쟁력을 평가하고 목표 시장에서의 가능한 포지셔닝 대안들을 파악한다.

다. 생산 동향

최근 3년 내지는 5년간 현지 시장의 관련 제품의 생산 규모와 증가율에 대해 조사한다. 특히 관련 제품의 총 판매 중에서 수입 제품의 비율과 현지 기업 제품의 판매 비율을 조사하고 비율 변화의 추이를 분석하여 현지 국가 소비자들의 해외 브랜드 선호도에 대한 정보를 획득한다.

현지 기업을 중심으로 주요 생산업체의 생산량 추이와 각 생산 업체별 일반 정보 및 유통경로와 AS 정책, 마케팅 전략 등에 대해서 조사한다.

라. 가격 동향

주로 현지 시장의 상위 5개 브랜드에 대한 가격 변동 추이에 대해서 조사한다. 제품의 다양한 버전이 있는 경우에는 각 버전 모두에 대해서 조사하고 외부로 드러나지 않는 실질적인 가격 할인 혜택이 제공여부 등을 각 제품별 특이사항에 정리하여 분석한다.

특히 현지에서 제품 가격을 결정하는 주요 원인에 대해서 파악한다. 홍보 비용이나 판촉, 유통과정에서의 부가적인 비용 등 현지 판매 과정에서 부가적인 비용 발생 원인에 대해서 분석한다.

마. 유통 구조

현지 생산 업체 및 수입 제품의 유통 구조와 특성을 조사한다. 현지 업체나 수입 제품 브랜드들이 관행적으로 사용하는 유통 방식에 대해서 조사한다. 특히 온라인 판매망을 활용하고 있는지, 그 의존도는 어떻게 되며 기존의 오프라인 유통망을 활용한다면 비중은 어떻게 되고 주로 어느 유통망을 통해서 판매하는 가에 대한 정보를 수집한다. 또한 현지 주요 유통업체에 대해서 조사하며, 관련 제품 소비자의 접근성 측면에서 주요 유통업체에 대한 평가를 실시한다.

바. 수출입동향 및 수출입관리제도

수출보다는 현지 국가의 수입 동향에 초점을 두어 최근 수입 시장 규모의 추세를 조사한다. 수입 시장 규모 및 주요 수입 국가에 대한 조사를 실시하며, 주로 수출입 동향 변화의 원인에 대한 조사를 실시한다.

또한 진출 시장의 정부가 수입에 대해서 호의적인지 부정적인지에 대한 조사를 실시한다. 수입에 대한 관세, 각종 세제 및 세율 등을 조사하고 관세 감면이 있다면 어떻게 활용할 수 있는지에 대해서 조사한다. 특히 수입을 하는 경우 수입 허가가 필요한 가에 대해서도 확인하며 절차와 비용에 대한 조사도 필요하다. 원활한 수입 허가를 위해서 이용할 수 있는 현지 전문업체들에 대한 조사도 병행한다.

제3절 수출 마케팅 전략 수립

수출 기업이 진출하고자 하는 목표시장을 정하고 수출 거래의 방향과 지침을 설정함으로써 수출 마케팅 전략을 수립할 수 있다. 수출 마케팅 계획 수립을 위해서는 아래와 같은 내용을 포함하여야 한다.

1) 자사 환경의 분석

가. SWOT 분석과 수출 마케팅 전략

자사 환경의 분석이란 대상 시장에서의 수출 전략 실행을 위해서 자사의 강점(Strength), 약점(Weakness)을 분석하는 내부 환경 분석을 실시한다. 기업의 내부 환경은 수출 전략 실행을 위한 기업의 내부의 자원으로서 자본, 생산설비, 인력, 제품이나 기술 등이 될 수 있다. 해외 시장 조사를 통해서 얻어진 자료를 바탕으로 하여 수출 전략 실행에 도움이 될 수 있는 충분한 자원이 있다면 강점이 될 것이고, 전략 실행에 차질을 일으킬 수 있는 부족한 자원은 기업의 약점이 될 것이다.

해외 시장 환경 즉 기업이 통제할 수 없는 외부 환경요인으로서 에서 기업에게 수익 창출의 가능성을 제공할 수 있는 시장 기회(Opportunity), 기업의 수출 전략 실행을 어렵게 만들거나 수익 창출을 저해할 수 있는 위협 요인(Threat)에 대한 분석을 실시한다. 이를 통해 기업의 강점과 약점을 토대로 분석한 기회 요인을 활용할 수 있는 전략을 수립하며 강점와 약점을 토대로 하여 위협 요인에 대처할 수 있는 수출 마케팅 전략을 수립한다.

위와 같이 기업 전략 수립을 위해 기업의 내부 강점, 약점 및 외부의 기회와 위협 요인에 대한 분석을 SWOT 분석이라고 한다. 해외시장조사는 기회와 위협 요인에 대한 실질적인 정보를 제공함으로써 자사 환경 분석을 통한 전략 도출을 가능하게 해 준다.

나. 자사 환경 분석을 통한 마케팅 역량 분석

SWOT 분석에 수출 전략 실행을 위한 기업의 자금 사정 및 최대 생산 가능량을 분석한다. 또한 기업의 SWOT 분석을 토대로 도출된 전략을 기반으로 마케팅 실행 전략을 수립하며 효과적인 마케팅 수행을 위한 기업의 역량으로서 상품력, 영업력, 관리력, 정보력에 대한 평가를 실시한다.

2) 거시 환경 분석

거시 환경 분석이란 제품과 관련한 세계적인 거래 동향에 대한 조사를 말한다. 즉 제품 관련 산업의 성장 추이를 전 세계 시장 모두를 통틀어서 분석하는 것을 말한다. 이를 통해 앞으로의 제품 관련 미래 동향과 수출 관련 장기 전략 수립에 활용할 수 있다.

뿐만 아니라 세계 경제 현황 및 변화에 대한 분석도 필요하다. 세계 경제 동향에 따라서 수출 지역 국가의 경제 상황이 어떻게 변화할 것인지, 혹은 수출 제품 생산을 위한 원자재나 원료, 부품 등의 가격 및 수급이 어떻게 변화할 것인가에 대한 분석이 필요하다.

3) 경쟁자 환경 분석

현지 국가의 기업이나 현지 시장으로 수출을 하고 있는 우리나라의 경쟁기업, 그리고 타국의 경쟁 기업들에 대한 조사를 실시한다. 이들이 시장에 출시하고 있는 제품별, 브랜드별 가격 및 특징, 유통 방식, 서비스의 특징, 그리고 마케팅 방식의 차이점 등에 대한 포괄적인 조사를 실시하여 각 제품의 경쟁력을 평가한다.

특히 경쟁 제품들에 대한 소비자의 만족도, 선호도 혹은 충성 고객 계층이 있는지 분석하고 이들 소비자들의 특징을 파악함으로써 경쟁 제품 고객 층에 대한 포괄적인 정보를 획득한다.

또한 경쟁 제품의 시장 점유율 및 매출액, 순이익 등의 자료와 더불어 성장률에 대한 조사를 실시한다. 또한 성장률 하락 기업들의 원인을 파악하고 정리함으로써 우리 제품의 수출 마케팅 전략에 활용할 수 있도록 한다.

4) 현지 시장 조사

현지 시장 조사는 직접 방문 조사나 KOTRA나 현지 대리인이나 전문 시장 조사 기간을 통한 외부 위탁 조사를 실시한다. 특히 관련 제품의 유명 해외 전시회나 박람회에 직접 부스를 설치하여 제품을 전시하고 바이어에게 판매를 하거나 참관을 통해서 최신 제품과 기술 동향 및 경쟁 제품의 변화 추이에 대한 정보를 획득한다.

5) 해외 거래선 확보

해외 거래선은 궁극적으로 현지 시장의 바이어를 확보하는 것으로서 가장 선행되어야 할 것은 거래선에 대한 신용조사이다. 특히 수출 대금을 받아야 하는 기업의 입장에서는 거래선의 자금력이나 영업 능력을 중요하게 조사하여 확인해야 한다.

또한 현지 시장 즉 수입 시장에서 거래선의 위치가 어떻게 되는 가를 파악하는 것도 중요하다. 즉 수입 시장에서 주요한 구매자이고 동업자들 간의 평판이 좋은지 아니면 소량 구매자이거나 혹은 신용이 좋지 않은 구매자인가를 조사하는 과정이 필요하다.

장기적인 거래 가능성에 대한 평가도 필요하다. 구매량이 많고 장기적인 관계를 원하는 바이어는 수출 기업의 입장에서는 우량 고객이라고 할 수 있다. 따라서 거래선이 장기적인 관계를 유지함으로써 수출 기업뿐만 아니라 자신에게도 이득이 될 수 있는지 검토하는 것이 필요하다.

위와 같은 과정을 통해서 해외시장조사 결과를 토대로 기업의 수출 마케팅 전략을 수립할 수 있다.

제4절 신용 조사

해외시장조사는 대부분 제품 판매 시장으로서의 다양한 시장 환경의 측면에서 이루어진다. 현지 시장의 소비자, 경쟁자, 유통업자 및 공급자와 정부 및 사회경제적 인프라 중심으로 조사가 이루어진다. 그러나 제품을 직접 최종 소비자에게 판매하지 않는 이상 별도의 유통 경로로 판매하거나, 이러한 유통망을 활용하지 않고 제품 수출을 하는 경우라면 현지 바이어를 통해서 제품을 판매하게 된다.

따라서 해외시장조사가 곧 현지 국가에서의 이윤 창출을 위한 판매 기회 및 위협 요인의 파악이라면 신용 조사 역시 간과되어서는 안 될 중요한 조사라고 할 수 있다.

1) 신용 조사의 목적

신용 조사는 상대방과 거래관계를 체결하기 전에 상대방의 신용 상태에 대한 정보를 획득하여 거래의 위험성을 낮추기 위한 목적으로 실시된다. 특히 무역을 통한 물품 매매에서는 매수인이 매매 계약상의 결제조건대로 계약을 이행하지 않는 신용 위험(credit risk)이 국내에서 이루어지는 거래에 비해서 매우 크다. 예를 들어, 바이어가 수출 대금을 지급하지 못하는 상황으로 파산, 지급은행의 지급 거절 등에 의한 부도 위험, 전쟁이나 천재 지변, 국가 간섭 등의 비상상황으로 인한 피치 못할 지급 지연 혹은 불능 상태 등이 원인이 될 수 있다. 뿐만 아니라 매도인이 계약을 위반했다고 주장하여 일방적으로 지급을 거절할 수도 있다.

이러한 지급 불능으로 인한 매매의 위험성을 해결하기 위해서는 거래 상대방의 다양한 측면에 대한 조사가 필요하다. 이는 일반적인 시장조사와는 다른 관점에서 진행되어야 한다. 예를 들어 거래 상대방의 재정 상태나 영업 능력 그리고 거래 상대방의 현지 국가의 객관적인 정세 등을 고려하여 신용 상태에 대한 평가를 내린 뒤 거래를 시작하는 것이 바람직하다.

2) 신용조사를 통한 주요정보

신용조사는 거래 상대방에 대한 신뢰도를 측정하는 것으로 정성적인 형태의 조사와 정량적인 형태의 조사를 생각해 볼 수 있다. 신뢰도 측정을 위한 세 가지 요소는 3C라고 하여 Character(상도덕), Capital(보유 자본), Capacity(지급능력)로 나뉘어 진다.

가. 거래 상대방의 Character

기래 대상 기업이나 바이어의 성격이라고 할 수 있는 데, 신용 조사에서는 이를 거래 상대방의 성실설, 평판, 영업 태도 및 계약에서의 채누번세 이행의 성실성과 열의 등, 계약 이행과 관련하여 거래 상대방의 도의적인 태도와 관련된 부분이라고 할 수 있다. 정성적인 형태로 조사되는 데이터로서 거래 상대방과의 면담이나, 동업자와의 면담 혹은 과거 거래자를 통한 조사를 통해서 확인할 수 있다.

나. 거래 상대방의 Capital

거래 상대방의 보유 자본이란 재정 상태, 즉 수권 자본(Authorized capital)과 납입 자본(Paid-up capital), 자기자본과 타인 자본의 비율 등으로 지급 능력과 관련된 거래 상대방의 재무 상태를 나타낸다. 이는 계량화된 데이터로서 상대방의 재무 제표에 대한 분석을 통해서 유동성, 안정성, 성장성 등에 대한 지표 분석을 통해서 재정 상태에 대한 객관적이고 정량적인 평가를 할 수 있다.

그러나 해당 국가의 기업 재무 공개 정보가 불명확하거나 신빙성에 문제가 있는 경우에는 재무 제표에 기반한 분석에도 한계가 있을 수 있다.

다. 거래 상대방의 Capacity

거래 상대방의 영업 능력과 관련된 요소로서 궁극적으로는 대금 변제 능력과 관련이 있다. 예를 들어 거래 상대방의 연 매출액, 업체의 형태(제조업인지 유통업인지), 연혁 및 해당 국가의 영업 네트워크 등에 해당한다.

3) 신용조사의 방법

신용조사는 주로 은행을 통한 조회나 동업자를 통해 조회하는 방법, 국제적으로 저명한 신용조사 기관을 통하는 방법, 그리고 신용보증기금이나 한국수출보험공사, KOTRA 등을 이용하는 방법이 있다.

가. 은행을 통한 신용조사

신용 평가 대상의 주거래 은행이나 오랫동안 거래해왔던 은행을 통해 조사하는 방법이다. 그러나 주거래은행의 경우에는 자사 고객에게 불리한 정보를 제공하지 않으려는 경향이 있으므로 이 점을 유의해야 한다.

나. 국제적인 신용조사 대행 기관을 이용

국제적으로 유명한 신용조사 대행기관으로는 Dun & Bradstreet(D&B)사, Bradstreet British사 등이 있다. 이들은 신용조사를 전문업으로 하는 단체로, 해당 국가는 물론 세계 주요 도시에 통신원이나 조사원을 파견하여 현지 조사를 할 뿐만 아니라 각국의 신용조사 기업들과의 연락을 취함으로써 신용 조사를 위한 정보 수집을 하고 있다.

다. 정부 유관 기관을 통한 신용조사

우리나라에는 한국수출보험공사, KOTRA의 해외신용조사대행서비스, 신용보증기금의 신용조사부 등이 신용조사와 관련된 서비스를 대행해주고 있다.

Discussion Question

토의 문제

1. 해외시장조사의 세 가지 형태에는 무엇이 있는가? 각각에 대해서 설명하고 차이점을 논의하라.

2. 해외 전시회나 박람회에 참가하고 참관하는 것은 어떤 면에서 해외 시장 진출을 기획하는 기업에게 도움을 줄 수 있는가?

3. 현지 시장 조사는 무엇인가? 어떤 점에서 장점이 있으며 어떤 문제점이 있는가?

4. 대상 국가의 일반 사항으로서 자연지리에 대한 조사는 어떤 정보를 말하며 정보를 시장 진출 여부 결정에 어떻게 활용할 수 있는가?

5. 국가 리스크란 무엇인가? 수출입 기업에게 국가 리스크가 주는 영향은 무엇인가?

6. 지정학적 리스크란 무엇이며 왜 이것이 문제가 되는가?

7. 인플레이션 현황을 조사하기 위해서 조사해야할 지수는 무엇이며, 물가상승률은 시장 진출 기업에 호재일까? 악재일까? 설명하시오.

8. 정부의 재정 수지와 부채에 대한 조사는 어떤 상황에서 반드시 필요한가?

9. 현지 국가의 유통 구조와 관련하여 조사가 필요한 것들에는 무엇이 있는가?

10. 해외시장에 수출을 하는 기업으로 해당국의 수입관련 제도로서 조사되어야 할 항목들은 무엇인가?

사례연구. 해외시장조사 사례 - 베트남 주류산업 시장조사

1. 국가의 일반사항(자연지리, 행정)

1) 베트남 자연지리

- 지리적 위치 : 동남아시아 인도차이나 반도의 동쪽 해안으로, 동경 107° 50", 북위 16° 10" 동쪽으로는 통킹 만, 남쪽으로는 남중국해, 남서쪽으로는 타이 만과 닿아 있으며, 북쪽에 중국이 서쪽에 라오스와 캄보디아가 국경을 맞대고 있음. 베트남의 국토는 해안을 따라 남북으로 길게 뻗어 있어, 남북의 길이는 약 1,650km이고 동서의 길이 가운데 가장 좁은 곳은 약 50 km. 섬을 제외한 해안선의 길이는 약 3,260 km이고 해안을 기점으로 12해리의 영해와 200해리의 배타적 경제 수역을 선언하고 있음. 베트남은 중서부를 통과하며 북부 산간 지역' 홍강 삼각주' 해안 저지대' 서부 고원, 메콩강 삼각주로 나뉨
- 기후 : 베트남은 남북으로 긴 국토의 특성으로 고지를 제외한 전 지역이 열대몬순기후의 영향이 강해 강우량이 많고 습도가 높음. 열대지대 외곽과 산간지대는 기후가 온화한 편. 대체로 5~10월이 우기, 11월에서 이듬해 4월까지가 건기에 해당. 연간 강수일은 100일 가량, 평균 강수량은 1,500~2,000mm, 습도는 약 80%. 연 중 일조시간은 평균 1,500~2,000시간,몬순의 영향으로 약 22~27 ℃의 주변 국가에 비해 약간 낮은 연평균 기온
- 베트남 행정 : 인구는 약 91,519,289명. 면적은 331,210㎢. 언어는 베트남어

2. 대상국가의 정치상황

1) 베트남의 정치

- 베트남에서는 1976년에 남북이 통일된 이후 공산당에 의한 일당 지배 체제가 계속 되고 있다. 정치면에서의 통제는 매우 엄격하고 공산당이 아닌 정당의 존재는 일체 허용되지 않는다. 국회가 존재하지만 5년마다 열리는 공산당 대회가 국가 운영을 결정하는 최고기관이다. 국가주석, 수상, 공산당 서기장의 3가지 요직이 있는 데 국가와 당의 최고인사다. 국가주석-대통경의 지위, 실권은 적고 형식적 존재, 수상-행정실무의 최고 책임자, 공산당서기장- 실질적 최고 지도자
- 베트남은 1995년 7월, 아세안에 가입했고 같은 해 11월에는 미국 빌 클린턴 대통령이 미/베 간의 외교 관계가 정상화 되었음을 공식적으로 발표
- 베트남 국제기구가입 현황 : UN ILO FAO HCR IOM IFC UNESCO IMF IFC WHO UNDP ICRC UNICEF IPU ADB IBRD ITV ASEAN, WTO 가입신청중
- 정치적 부패 : 베트남 정치의 특색은 공산주의 국가에서 나타나는 개인독재의 경향은 없고 베트남 공산당에 의한 집단지도체제가 정착해 있으며 독재국가에서는 드물게 정치적 부패가 만연

3. 대상국가의 경제상황

1) 경제일반개황

- 베트남 국가 신용등급 : 2009년 3월, OECD 국가신용도 평가회의에서 베트남 은행산업내 부실자산 및 우발채무의 증가, 상품수지 및 재정수지 적자 확대 등의 부정적인 측면이 부각되면서 신용등급이 기존 4등급에서 5등급으로 하향 조정하였으며, 2010년 3월 및 2011년 3월 회의에서도 베트남 경제 회복세에 대한 불확실성 등으로 5등급이 유지됨.

[거시경제지표]

구분	2008	2009	2010	2011
경상 GDP(억US$)	890	920	1,064	1,160
1인당 GDP(US$)	1,024	1,070	1,168	1,300
경제성장률(%)	6.23	5.32	6.78	5.9
물가상승률(%)	22.97	6.88	9.19	18.1
실업률(%)	4.6	5.5	2.88	2.27
대미달러환율	16,583	18,119	19,501	20,828
수 출(억불)	626.9	571.0	716.3	962.6
수 입(억불)	807.1	699.5	840.0	1,057.7
무역수지(억불)	-180.2	-128.5	-123.7	-95.1

2) 화폐 단위 : 동(D), 베트남에서 발행되는 은행권의 액면은 500,000동 100,000동 50,000동 20,000동 10,000동 5,000동 2,000동 1,000동 500동 200동의 10종류이고, 5,000동 2,000동 1,000동 500동 200동권은 동전으로도 발행된다. 따라서, GDP 명목기준 : 1354억$, GDP PPP 기준 : 3208억$

3) 회계 연도 : 1월 1일 ~ 12월 31일

4. 제품 시장 규모와 추이

1) 현지 제품 시장의 규모

- 알코올(맥주를 제외한 주류) 소비의 경우 맥주보다 시장규모가 작지만 베트남의 주류시장은 향후 5~10년 세계에서 주목할 만한 규모의 시장이 될 것으로 예상되고 있다. 왜냐하면 8000만이 넘는 인구, 매년 1.5%의 인

구증가율과 37%의 음주 가능인구 증가로 인해 시장 잠재력이 날로 증가하고 있기 때문이다.

- 베트남 정부에 의하면 최근 국민의 소득수준 향상에 따라 베트남의 주류 시장 지배구조는 변화하는 것으로 나타나고 있다고 한다. 베트남 국민의 선호 주류는 저가의 현지산 제품, 가정에서 빚은 주류 등 가격이 구매 결정요인이었으나 최근에는 고급 주류의 판매도 증가하는 것으로 나타나고 있다. 2009년 가격대별 주류 시장 구성 현황을 보면, 고급 제품의 시장 점유율은 판매량에서 12%이나 금액에서 약 20%를 차지하고 있고 가격대가 1만5000동 수준의 중급 주류는 판매량과 금액에서 각각 45%, 50% 차지했고, 저가 주류는 각각 43%, 30% 차지했다.
- 베트남은 전국에 400여 개 양조장이 운영되나 연간 1억 리터 이상 생산이 가능한 시설은 5%에 불과하며, 1500~2000만 리터 생산시설은 약 15%, 기타 시설은 100만 리터 이하 수준이다. 그래서 주류시장규모에 비해 베트남 내의 공급이 저조하다는 것을 판단할 수 있다.
- 베트남 주류 시장은 2009년 전년 대비 4.4% 증가한 143억불 규모로 증가하였으며 소비자들의 주류소비가 지속적으로 증가할 것으로 전망되며 젊은 소비자와 여성의 소비확대로 점진적인 시장 확대가 예상된다.

2) 대상 제품 수입시장동향

- 베트남 내 수입맥주의 성장도 빠르게 증가하고 있다. 현재 하이네켄의 판매 국가중 베트남이 세계 3위를 기록하고 있으며 조만간 2위로 올라갈 것으로 전망하고 있다.
- 최근 베트남의 소득수준 향상되면서 대도시를 중심으로 외국산 맥주 및 와인 등 고급 주류 소비도 점차 증가한 추세이다.
- 베트남의 지역별 주류 소비패턴도 변화하는 데, 하노이를 중심으로 하는

베트남 북부지방은 최대의 주류 시장이며, 2009년 한 해 동안 베트남이 수입한 주정과 주류는 각각 3200만 달러, 450만 달러 규모였다.

3) 한국제품의 수입현황 및 전망

- 수석밀레니엄이 토종 위스키 '36.5도 골든블루'를 이달 말부터 필리핀, 대만, 베트남, 인도네시아 등 동남아시아와 미국에 본격 수출하는 등 위스키가 주류업계의 새로운 달러 박스로 떠오르고 있다. 소주 · 막걸리로 시작된 주류업체들의 해외 시장 공략이 위스키로 확대되고 있는 것이다.

4) 시장 특성 및 전망

- 과시욕이 강한 베트남 국민들의 특성으로 형편이 허락하는 범위에서 국내맥주보다 고급이미지의 수입주류제품을 선호하고 있다.
- 베트남 정부는 자국산 주류제품의 소비확대를 위해 수입산 주류에 대한 관세 및 소비세 부과를 통해 간접 지원하나, 오히려 암시장 거래 증가, 가짜 주류 범람 등의 부작용이 발생하고 있다.
- 다국적기업의 활발한 투자진출, 현지 기업의 생산시설 확대 등을 통해 볼 때, 베트남의 주류 시장 전망은 매우 밝은 것으로 판단됨. 베트남 주류 시장 긍정적인 전망요인은 무엇보다 소득수준 향상에 기인하며, 기타 베트남 정부의 지원과 관광산업 육성, 젊은 소비층의 증가가 예상되기 때문이다.
- 베트남 정부는 주류산업 성장률을 연간 13%로 전망하고, 2010년까지 주류 생산 25억 리터, 2015년 40억 리터, 그리고 2025년까지 60억 리터 생산 시설 확충을 완료하겠다고 밝힘. 한편, 베트남 수류산업협회는 주류 제품의 수출 확대도 추진할 계획인바, 2015년까지 1억5000만 달러 수출 달성을 위해 지원키로 하다.

- 그 밖에 베트남정부는 베트남산 주류의 품질 향상과 관리를 위해 최신 증류 공법을 채택한 기기를 도입한 투자기업에 대해 각종 인센티브를 제공키로 했고, 소규모 영세 생산 기업에 대해서는 식품 안전도 강화 등을 추진할 계획인 것으로 알려져 있다.

5) 경쟁자 및 주요 브랜드 현황

- 덴마크의 칼스버그는 단독 투자 및 Hanoi Beer, Habeco에 대한 지분 투자 형식으로 진출하였다.
- 남아프리카 공화국 초대 주류 회사인 SABMiller는 베트남의 Vinamilk와 영국의 Scottish &Newcastle사는 Vinataba와 합작회사를 운영하는 데, 장기적으로 베트남에서 주류생산을 목표로 하고 있다.
- 현지 기업인 Sagon Beer, Alcohol and Soft Drink(Sabeco)와 Habeco도 적극적인 마케팅 활동을 전개함. 2009년 현재 Sabeco와 Habeco의 주류 브랜드 시장점유율은 각각 44%, 15%이다.
- 한편, 2009년 11월 칼스버그사는 베트남 주류기업인 Hue Brewery 지분을 50% 인수할 계획이라고 밝히고 베트남에서의 시장지배력 확대를 시도할 것이다.
- 후발 베트남 진출기업으로 일본의 Sapporo는 2009년 12월 칼스버그와 Vinataba 합작회사인 Kronenbourg Vietnam(칼스버그 50 : Vinataba 50)의 칼스버그 전지분과 Viantaba 지분 65%를 사들여 베트남 시장 진출에 성공했으며, 향후 신규 공장 설립을 준비하는 것으로 전해지고 있다.

| 제3장 |

조사문제의 설정과 가설수립

학습 목표

조사 문제란 무엇이며 설정 필요성에 대해 이해한다.

조사 문제 규명을 위한 배경 지식에 대해 이해한다.

가설의 개념과 특징, 수립 방법에 대해 학습한다.

학습 목차

제1절 조사 문제 설정의 중요성

제2절 조사 문제의 설정을 위한 사전 작업

제3절 조사 문제의 규명을 위한 배경 지식

제4절 가설의 설정

토의 문제

제1절 조사 문제 설정의 중요성

해외시장조사는 여러 단계를 걸쳐서 진행되지만, 모든 단계 중에서 가장 처음이며 중요한 단계가 조사 문제를 정의하는 것이라고 할 수 있다. 문제가 무엇인지 명확하게 규명되어 있어야, 조사 목적, 조사 대상, 조사 방법과 실행 등과 같은 일련의 조사 계획을 수립할 수 있기 때문이다.

문제를 정의한다는 것은 해외시장조사에서의 기업이 직면하고 있는 시장 기회나 위협 요인들에 의해 의사결정이 필요한 문제를 구체적으로 규명한다는 것이다.

1) 기업의 외부 환경 변화에 의한 시장 조사

기업의 외부 환경이란 기업이 통제하지 못하나 기업 경영에 영향을 주는 요인으로 시장의 변화라고 할 수 있다. 시장의 변화는 새로운 경쟁자의 등장, 소비자의 변화, 정부 정책이나 제도의 변화, 공급자나 유통업자 등 가치 사슬 상의 변화, 글로벌 시장의 변화 등을 들 수 있다.

이러한 외부 환경의 변화는 기업에게 기회(Opportunity)나 위협(Threat)이 되기도 한다. 위협은 기업의 수익과 생존에 영향을 미치는 요인이라고 할 수 있으며 기회는 기업의 성장과 새로운 수익원 창출에 영향을 줄 수 있다.

가. 시장 변화로 인한 위협 요인의 증가

예를 들어, 국내 시장의 경쟁이 치열하여 해외 시장으로의 진출을 염두에 두고 있는 게임 제작 기업을 생각해 보자. 이 기업의 현재 시장에서의 위협 요인으로 여러 가지를 생각해 볼 수 있을 것이다.

① 게임에 대한 부정적인 인식의 확산
② 게임 산업 사행성 및 사회적 파장으로 인한 정부의 규제 강화
③ 게임 소비층의 소득 감소
④ 국내 경쟁 게임사의 시장 진입과 다국적 게임 기업의 국내 시장 진출
⑤ 경쟁으로 인한 마진의 감소

위의 다섯 가지 요인은 현재 기업이 직면하고 있는 외적인 위협 요인이라고 할 수 있다. 따라서 이 기업은 해외 시장 진출을 통해 이를 극복하려고 한다. 즉 기업이 직면한 위협을 극복하고 새로운 수익 창출을 위해서 해외 시장 진출을 목적으로 하고 있으며 이것이 과연 타당한 것인지 조사를 통해 확인하고자 한다. 그렇다면 이 기업은 '해외 시장 진출 타당성 검토를 통한 새로운 시장 기회와 수익 창출'이라는 문제를 해결하기 위한 진출 가능한 시장에 대한 조사를 실시 할 것이다.

나. 시장 변화로 인한 기회의 증가

또 다른 예로, 최근 웰빙 트렌드와 지속가능한 성장 및 환경에 대한 관심은 소비자들의 소비 트렌드에도 영향을 미치고 있다. 조금 비싸더라도 환경 보호에 기여하면서 자신의 건강을 지킬 수 있는 상품 소비로의 전환이 일어나고 있다. 또한, 합리적이고 경제적인 소비에 집중하기 보다는 자신의 개성을 살리는 감성적 소비를 추구하는 경향이 나타나고 있다. 이러한 시장의 변화는 많은 기

업들에게 새로운 제품과 서비스의 판매 기회를 높여주고 있다. 과연 기업들은 이러한 소비 트렌드의 변화에 어떻게 대처하는 것이 좋을까? 이러한 트렌드의 변화가 기업의 현 산업만 일어나는 단기적인 현상인지 아니면 중장기적으로 일어날 변화인지에 대한 조사와 확인이 필요할 것이다.

최근 패션 산업에서는 패스트 패션(Fast Fashion)이 화두가 되고 있다. 보통 계절별로 패션 상품이 기획되고 생산되어 소비되는 것과는 달리 패스트 패션 제품은 주단위로 빠르게 기획과 생산, 유통이 일어나며 이 과정을 모두 한 기업이 담당하기 때문에 보다 저렴하게 시장에 판매될 수 있다는 점에서 주목을 받고 있다. 특히 패스트 패션은 시장의 패션 트렌드를 빠르게 반영할 수 있다는 점에서 최근 패션 소비자들의 관심을 받고 있다. 패스트 패션 상품의 인기로 인해서 전통적인 패션 상품이나 명품 상품들을 취급해왔던 백화점 등에서도 패스트 패션 매장을 유치하는 등의 변화를 꾀하고 있다. 이는 시장 변화로 인한 패스트 패션 상품 소비의 증가로 인해 전통적인 패션 상품 유통을 고수해왔던 백화점이 채택한 변화라고 할 수 있다. 이러한 시장의 변화와 기회를 인지하고 기업의 전략을 바꾸기 위해서 시장 조사가 필요하다.

다. 불확실성과 시장 조사

시장의 변화는 무엇보다도 기업이 통제할 수 없으나 중장기적으로 기업의 수익과 생존, 성장에 영향을 줄 수 있는 부분이나, 기업 경영에서의 불확실성을 증가시켜준다고 할 수 있다. 따라서 시장 조사는 이러한 불확실성을 줄이면서 예측가능한 기업 경영을 가능하게 한다.

2) 기업의 내부 환경 변화에 의한 시장 조사

기업의 조사는 위에서 논의 했던 시장 외적인 변화로 인한 새로운 기회와 위협 요인에 의해서만 이루어지는 것은 아니다. 기업의 내적인 변화 역시 새로운 조사의 원인이 되기도 한다.

가. 계획된 변화

기업의 시장 조사는 외부의 변화에 의해서만 일어나는 것은 아니다. 대부분의 기업은 성장을 위해서 새로운 제품을 도입하고 서비스를 기획하며, 새로운 광고와 판촉 전략을 도입하여 시장을 확대하고 수익을 창출하는 데 전력을 기하고 있다.

예를 들어, 최근 스마트폰 시장에서는 화면 크기 경쟁이 일어나고 있다. 초기 스마트폰이 3인치 정도의 크기였으나 점차 4인치 화면의 스마트폰이 출시되다가 최근에는 5인치까지 화면이 커진 신제품이 시장에 출시되고 있다. 화면이 커질수록 휴대성이 떨어지며, 배터리 수명에도 영향을 주는 데다가, 커진 화면을 잘 활용할 수 있는 애플리케이션 프로그램들도 보급이 되어야 한다. 이러한 화면 경쟁은 기업 내부의 기술 개발이나 역량을 확보하는 전략 수립도 중요하나, 화면이 커진 스마트폰에 대한 소비자들의 반응과 만족도 등에 대한 조사가 필요할 것이다. 또한 타사 제품과의 경쟁을 위한 효과적인 광고나 판촉, 유통 방식 등에 대한 기획이 필요할 것이다. 이를 위한 조사의 필요성이 제기된다.

기업은 새로운 브랜드를 도입함으로써 브랜드 확장 전략을 시도할 수도 있을 것이다. 이는 기업이 성장을 위한 계획된 변화라고 할 수 있다. 예를 들어 여성복을 중심으로 판매를 하던 의류 브랜드가 남성복, 유아복 등으로 확대해 나가는 것도 계획된 변화라고 할 수 있다. 또한 이렇게 브랜드를 확대해 나가기 위해서는 시장 수요에 대한 철저한 조사가 필요할 것이다.

최근 아웃도어 시장의 활성화로 인해서 기존의 아웃도어 브랜드 이외에도 많은 기성복 의류 업체들이 아웃도어 시장으로 진출하고 있다. 이것은 시장 외부적인 변화라고 볼 수도 있지만, 기업의 내부적인 성장을 위한 계획된 변화라고 할 수도 있을 것이다.

나. 기업 이윤의 제고

기업은 이윤창출을 위해서 기존 제품을 개선하고 서비스 만족도를 높이는 전략을 취할 수 있다. 이를 위해 시장 소비자를 대상으로 하여 제품의 문제점이나 개선점 혹은 서비스의 만족도 등에 대한 정보를 획득하여 이를 반영함으로써 수익 창출을 할 수 있다. 이는 기업이 제공하는 제품이나 서비스의 가치를 높임으로써 장기적인 이윤 창출을 위한 목적으로 수행되는 조사라고 할 수 있다.

또한 기업은 비용절감을 통해서 이윤을 높일 수 있다. 비용절감을 위한 기업 구성원들에 대한 조사나 아이디어 수집을 통해서 비용 낭비를 막고 지출을 줄일 수 있는 새로운 방안을 찾아낼 수 있을 것이다.

3) 기업의 의사결정과 조사문제

시장 조사에서의 조사 문제 규명이라는 것은 기업의 의사결정과 관련된 의사결정 문제의 규명과 의사결정 문제의 해결을 위한 정보를 획득하기 위한 조사문제의 규명이라는 두 가지로 구분할 수 있을 것이다.

일반적으로 기업의 의사결정 문제는 기업 내외부적 환경의 변화로 인한 자극으로 인해 발생하게 되며, 이러한 의사결정 문제의 해결을 위한 조사가 실시되기 때문에 조사 문제는 의사결정 문제가 규명된 이후에 결정된다고 할 수 있다. 의사결정문제는 기업의 담당자가 어떠한 행동을 취하도록 지침을 주는 것이라고 한다면 조사 문제는 실제 조사자가 의사결정담당자의 결정을 지원할 수 있는 정보를 제공하기 위한 목적으로 수립된다고 할 수 있다.

기업의 의사결정 문제와 조사 문제를 비교하면 아래와 같다.[2)]

[표 3-1] 의사결정 문제와 조세 문제와의 비교

	의사결정문제	조사문제
1	신제품의 포장 개발	여러 가지 가능한 포장 디자인의 효과성 평가
2	새로운 점포 개설을 통한 시장 침투확대	점포 개설을 위한 유망 입지의 평가
3	점포 방문객의 증대	점포의 이미지와 입지 측정
4	반복 구매(재구매) 확대	반복 구매량의 측정과 고객 만족도 측정
5	신제품 도입	유사 제품 시장에서의 소비자 만족도
6	고객 충성도 제고	재구매 사유 조사 및 서비스 만족도 측정

따라서 조사 문제의 규명은 궁극적으로 기업의 의사결정을 지원하기 위한 정보 수집의 목적으로 가장 첫 단계에 이루어져야 하며, 명확하고 구체적으로 규명됨으로써 정확한 정보가 획득되어야 한다.

2) 채서일, 마케팅 조사론 3판, 비앤엠북스, 2005에서 발췌하여 일부 수정

제2절 조사 문제의 설정을 위한 사전 작업

보다 효과적인 조사가 되기 위해서는 조사의 의뢰자인 기업의 의사결정 담당자와의 토의, 관련 분야의 전문가 조사, 문헌 자료와 같은 2차 자료의 분석, 조사 관련 분야에 대한 정성적 연구가 필요하다.

1) 의사결정 담당자와의 토의

의사결정자는 조사를 의뢰한 사람으로 조사를 통해서 의사결정에 도움이 될 수 있는 정보를 원하는 사람이다. 따라서 의사결정자의 의도나 이들이 직면하고 있는 고민과 문제 혹은 기회에 대해서 정확히 파악하는 것이 효과적인 조사와 문제 규명에 필요하다. 조사자가 기업의 현재 상황, 의사결정자의 의견이나 생각, 문제 해결을 위해서 의사결정자가 요구하는 구체적인 사항, 의사결정자가 원하는 정보의 형태 등에 대해서 명확히 알고 있어야 한다.

또한 중요하게 고려해야 할 것은 의사결정자의 불확실성에 대한 태도이다. 의사결정자에 따라서 시장 기회나 위협 요인들에 대한 대처 방식에서 위험을 받아들이는 태도가 다르다. 위험 기피자인지 문제 해결을 위해서 어느 정도의 위험을 받아들일 수 있는 지에 따라서 조사의 방향이 달라질 수 있기 때문에 문제의 규명을 위해 의사결정자의 위험에 대한 태도를 이해하는 것도 도움이 될 수 있다.

그리고 의사결정자는 조사 결과를 통해서 여러 가지 대안을 알기 원한다. 의사결정자는 현재 문제에 대해서 자신의 생각과 경험에 기반을 두어 여러 가지 대안들을 사전에 갖고 있는 경우가 있다. 의사결정자는 조사를 통해서 자신이 갖고 있는 대안의 비교를 위해 보다 구체적인 정보를 얻기 원하며 자신이 알고 있는 대안 이외의 추가적인 대안에 대해서도 알고 싶어 한다. 따라서 조사자는 이러한 점을 고려하여 의사 결정자가 생각하고 있는 대안들을 파악하고 이를 비교할 수 있는 구체적인 자료를 조사함으로써 의사결정자의 문제를 해결해 줄 수 있다.

뿐만 아니라 조사자는 의사결정자가 고려하고 있는 문제 해결을 위한 모든 대안들에 대한 결과나 평가, 그리고 대안들의 장단점을 구체적으로 밝히기 위해 필요한 조사 설계의 방법에 대해서 충분히 파악하고 있어야 한다. 이를 통해서 조사 문제를 좀 더 명확히 규명할 수 있으며 효율적인 마케팅 조사를 할 수 있게 된다.

문제 감사(Problem Audit)는 의사결정자와의 상호작용 과정에서 문제를 규명하는 데 좋은 도구라고 할 수 있다.[3] 문제 감사는 시장 조사와 관련하여 문제의 기원과 본질을 이해할 목적으로 하는 검토 활동이라고 할 수 있다. 문제 감사는 아래의 사항들을 기반으로 하여 의사결정자와의 토론을 통해 의사결정자가 직면하고 있는 문제를 구체화함으로써 조사 문제의 규명을 위한 기틀이 될 수 있다.

① 행동이 필요한 의사결정을 하게 만들거나 문제의 배경을 파헤치게 만든 사건들
② 의사결정자가 유효하게 이용할 수 있는 또 다른 선택안
③ 또 다른 선택안을 평가하는 데 사용될 수 있는 결정 기준

3) 이명식, 최천식, 구자료, 마케팅 리서치, 형설출판사, 2005.

④ 리서치 수행결과에 의거해서 제시될 수 있는 잠재적 행동

⑤ 의사결정자의 질문에 해답을 제시해 줄 수 있는 정보

⑥ 의사결정에 관련된 기업 문화

의사결정자는 문제에 대한 모호한 생각을 갖고 있을 수 있다. 특히 기업이 현재 직면하고 있는 현상의 원인과 관련하여, 의사결정자는 자신의 생각과 경험에 의거하여 한 두 가지 원인에 초점을 두어 문제 발생의 다양한 상황을 고려하지 못한다. 따라서 궁극적인 문제 해결을 위해서는 다양한 원인이 있을 수 있음을 생각하여 핵심이 되는 원인을 파악하는 것이 중요하다.

다양한 가능한 원인을 파악함으로써 이러한 원인이 실질적으로 기업의 현재 문제와 관련이 있는지, 그리고 특정 원인에 의한 현상이라면 어떤 방식으로 이것을 기업의 현재 전략에 적용하여 상황을 개선하거나 발전시킬 수 있는지 파악하는 것이 조사 문제가 될 수 있다.

2) 2차 자료의 분석

1차 자료(Primary Data)는 조사 문제와 직접 관련되는 자료로서 흔히 조사자가 직접 조사 대상자를 토대로 취득하게 되는 자료이다. 그에 반해 2차 자료(Secondary Data)는 문제와는 관련이 없으나 문제에 대한 이해를 높이고 문제가 발생하게 된 배경 지식을 제공하는 자료라고 할 수 있다. 그러나 2차 자료도 처음 만들어질 때는 자료 조사자는 특정한 조사 목적을 갖고 조사한 것이기 때문에 자료 작성자에게는 1차 자료라고 할 수 있다.

2차 자료는 일반적으로 특정 산업의 연구 기관이나 협회, 정부 기관, 상업적 시장 조사 기관 등에서 작성한 보고서나 연구 자료 등으로 인쇄물이나 디지털

화된 자료의 형태로 얻을 수 있다.

조사 문제를 규정하기 위해서 2차 자료를 분석하는 이유는 조사자가 앞서 의사결정자와의 면담을 통해서도 문제를 명확히 할 수 있지만, 좀더 많은 정보를 획득하고 이를 토대로 관련 분야에 대한 이해를 높임으로써 문제를 정교화할 수 있기 때문이다. 특히 조사자는 의사결정 담당자보다 해당 산업이나 관련 분야에 대한 이해도가 낮을 수 있다. 따라서 조사 문제를 정리하는 데 분야에 대한 이해와 통찰력이 부족하여 의사결정자가 기대하는 정보를 제공할 수 있는 적절한 조사 문제를 규정하지 못할 수 있다. 따라서 조사자의 2차 자료 분석은 조사 문제 규정을 위한 조사자의 관련 분야 이해와 배경 지식 확보를 위해 필요하다.

3) 관련 분야 전문가 조사

조사자는 조사 의뢰자인 의사결정자의 관련 산업 분야의 전문가 일수도 있지만 그렇지 않은 경우가 많다. 따라서 해당 분야의 전문적인 지식을 보유한 외부 및 기업 내부의 전문가와의 면담을 통해서 조사 문제를 규명하는 데 도움을 얻을 수 있다. 전문가 조사는 사전에 다룰 질의 및 주제 목록을 정리하여 진행하는 것이 필요하다.

전문가 조사의 궁극적인 목적은 결론의 도출에 있기 보다는 조사 문제와 관련한 조언을 구하는 것으로서 규정한 조사 문제에 대한 검토 및 2차 자료 조사 후의 질문 사항 등을 확인하는 것이다.

제3절 조사 문제의 규명을 위한 배경 지식

앞서 조사 문제 규명을 위해 실시해야 하는 사전 작업에 대해서 논의하였다. 의사결정자와의 논의는 조사 의뢰자의 의견과 생각을 청취함으로써 의사결정 문제를 지원할 수 있는 효율적인 조사 설계를 위한 조사 문제의 규명을 위해서 필요하다.

또한 조사 문제를 규명하기 위해서는 조사자가 관련 분야에 대한 이해를 높이고 배경 지식을 갖출 필요가 있다. 이를 위해 연구 기관이나 관련 산업 협회, 정부 기관 등의 자료를 검토하고 조사하는 것이 필요하다.

그렇다면 위와 같은 방법으로 관련 분야에 대한 이해를 높이기 위한 배경 지식에는 어떤 것들이 있을까? 관련 분야의 과거 동향과 미래 예측 정보, 조사 의뢰 기업의 내부 환경 현황, 그리고 시장 구매자의 특성, 법적인 환경과 경제환경, 기업의 마케팅 및 기술 역량 등의 정보라고 할 수 있다.

1) 관련 업계의 동향

조사 의뢰자가 속한 산업의 동향 정보를 파악하는 것은 조사 문제를 명확히 하는 데 도움이 된다. 의뢰 기업의 판매량이나 시장점유율 정보 및 전체 업계의 동향 정보로서 경쟁 현황, 성장률, 수익성 등에 대한 지표는 조사 분야에 대한 배경 지식을 높이는 데 도움이 된다.

특히 최근 몇 년 간의 과거 정보에서부터 관련 협회의 미래 시장 예측과 관련된 정보를 조사하는 것이 필요하다. 이는 현 기업이 직면하고 있는 문제를 정확히 파악할 수 있는 데 기여할 뿐만 아니라 기업이 알지 못하고 있는 미래 시장 기회나 위협 요인들을 알아내어 조사 문제에 반영할 수 있기 때문이다.

또한 조사 의뢰 기업과 전체 산업과의 비교 조사가 필요하다. 기업의 성과와 산업 전체의 동향은 반드시 일치하지 않는다. 이는 기업의 경쟁력을 파악하는 것과 동시에 문제를 파악하는 데도 도움이 된다. 현재 기업이 현재 매출이 꾸준히 성장하고 있더라도 업계 평균 매출 성장률보다 적다면 이것은 현재 기업의 영업력에 문제가 있다는 것을 암시한다. 반대로 기업의 수익이 하향하는 추세이지만, 업계 평균 수익이 더 급격히 하향하고 있다면 현재 기업은 전체 업계의 불황에서도 잘 버티고 있는 것으로, 혹은 경쟁력이 있다고 해석할 수 있다.

단, 이러한 정보를 수집하는 것은 전체 조사 단계에서 너무 많은 비용과 시간을 소요해서는 안 된다. 동향 파악의 정확성을 높이는 것은 항상 비용이라는 제약 하에서 고려되고 결정되어야 한다.

2) 기업의 내부 환경

기업은 다양한 자원을 보유하고 있다. 흔히 공장, 기계나 설비 등은 유형 자원으로 브랜드, 기술 및 노하우 등의 무형 자원으로, 그리고 종업원들은 인적 자원으로 분류된다. 이러한 기업 내부 환경에 대한 이해를 넓히는 것도 조사 문제 규명에 도움이 된다.

이를 위해서는 의사결정담당자 이외에 기업의 다양한 부서의 담당자들과의 면담이 필요하다. 기업이 직면한 문제와 관련하여 기업 내부적으로 이를 해결할 수 있는 역량으로서의 자원들이 무엇이 있고 이것을 어떻게 활용할 수 있는지에 대한 정보를 획득하는 것은 문제 규명에 도움이 될 수 있다.

기업의 업무 프로세스나 조직 문화, 분위기, 작업 환경 등과 같은 내부 환경 요인들은 눈에 잘 보이지 않으나 기업의 직면한 문제 해결에 직접적으로 영향을 주는 요인들이다. 따라서 조사 전 이러한 부문에 대한 정보를 획득하는 것은 효율적인 조사에 도움이 된다.

3) 시장 구매자의 특성

시장 구매자는 거의 대부분의 조사에서의 중요한 응답자로서 이들의 의견과 태도, 신념 등의 정보를 통해 이들의 앞으로의 구매 행동에 대해서 예측하는 것이 중요하다고 할 수 있다. 따라서 관련 분야의 구매자에 대한 정보를 획득하여 해당 시장의 동향을 파악해 두는 것은 조사를 위해 필요하다. 조사 문제 규명을 위한 구매자 정보는 이들의 개인 신상과 같은 인구통계적 정보에서부터 라이프 스타일, 사회경제적 상황, 현재의 사용하는 제품의 만족도나 선호도 등으로 이를 정리하면 아래와 같다.

① 구매자 및 비구매자(잠재구매자 포함)의 인구통계적 특성
② 제품의 소비 관행 및 제품 사용 목적
③ 소득 수준 및 가격 민감도
④ 구매자 및 비구매자의 사회경제적 특성
⑤ 가치관 및 라이프 스타일 정보
⑥ 제품 및 서비스에 대한 선호도 및 만족도
⑦ 유통 채널에 대한 선호도

4) 법적인 환경과 경제 환경

경제 환경은 거시적인 경제 변수와 관련된 요인으로 관련 산업 및 구매자 시장 전반에 영향을 미치는 변수이다. 따라서 조사에서 반드시 고려되어야 할 영향 요인이며, 산업의 특징과 연관 지어 이해할 필요가 있다. 특히 경제 변화에 그다지 영향을 받지 않는 산업의 경우 경제 환경 변수를 조사에 크게 고려할 필요가 없다. 그렇지 않은 경우라면 경제 동향에 대한 점을 조사 초기 단계뿐만 아니라 조사 설계 단계에서 고려해야 한다.

제4절 가설의 설정

조사 문제가 설정되고 나면 문제의 해결을 위해서 조사 문제를 체계적으로 분석하여야 한다. 시장 조사는 기존의 이론에 의해서 뒷받침 되어져야 하며 객관적인 증거를 기초로 하여 진행되어야 한다.

가. 이론과 가설

우리가 흔히 이론(Theory)라고 하는 것은 현 시점에서 진실이라고 가정되는 본질적 기술에 기반을 둔 개념 체계라고 할 수 있다. 즉 이론이라고 하는 것은 현재 많은 사람들에게서 진실 혹은 사실이라고 말할 수 있는 개념 체계로써 현상을 설명하고 예측하는 데 사용된다.

자연과학이나 사회과학에서는 다양한 이론을 토대로 자연 현상이나 사회 현상을 설명하고 있다. 또한 이전의 많은 사람들이 관찰하고 인지하고 있던 것과 다른 새로운 현상이나 사례들이 등장하여 이것이 기존의 이론으로 설명되지 않는다면, 새로운 조사를 통해 기존의 이론이 설명하지 못했던 것을 설명할 수 있는 새로운 이론 체계를 수립할 수 있다. 따라서 이론은 사회 현상과 사연 현상의 원인을 설명하고 이들 간의 인과관계(Causal Relationship)을 체계적으로 제시함으로써 사람들이 세상을 이해할 수 있는 사고의 폭을 넓혀준다.

많은 자연과학의 이론들은 현상을 설명하기 위해서 발전되어 왔고 지금도 끊임없이 발전하고 있다. 과거 만유인력의 법칙으로 잘 알려진 아이색 뉴턴(Issac Newton)의 역학을 토대로 발전해온 물리학은 아인슈타인의 양자역학(Quantum Physics)이 등장하기 전까지는 획기적인 전환점이 없었다. 아인슈타인이 원자 수준에서의 물질의 원리에 대한 이론을 제시하고 증명하기까지 뉴턴 역학이야 말로 세상 물질의 작동 원리를 설명하는 중요한 이론이었다.

사회과학 영역에서도 끊임없이 많은 이론들이 만들어지고 있고 이러한 이론들은 사람의 내면의 심적 현상에 대한 원인과 그로부터 외부로 표현되는 행동과의 인과 관계를 설명하는 심리학부터 사회적 관계의 성격이나 원인, 결과 및 개인과 집단 간의 상호 작용을 연구함으로써 사회 현상의 원인을 규명하는 사회학, 경제 주체들의 합리성을 기반으로 이들 간의 상호 작용의 결과로써 나타나는 경제 현상을 연구하는 경제학 등 여러 분야에서의 이론들이 만들어 지고 있다.

나. 사회과학의 특징과 시장 조사

특히 시장 조사는 소비자의 행동과 관련하여 사회과학의 많은 이론들을 토대로 이루어지고 있다. 조사는 기존 이론들을 기반으로 하되 객관적인 증거 즉 관찰을 통해 얻어진 실증 자료를 기반으로 하여 조사 문제에 대한 해답을 얻기 위한 개념 틀을 정립한다. 기업의 의사결정문제에 대한 해답은 반드시 하나일 필요는 없으며, 가능한 해답은 기존의 이론을 토대로 할 수 있다면 논리적으로 설명할 수 있는 형태로 구성되어야 한다.

사회과학의 이론을 토대로 하는 시장 조사는 기업의 문제 해결에 대한 다양한 해답을 찾아낸다. 사회 과학은 사람과 사람, 사람과 조직, 조직과 조직 그리고 이를 둘러싼 많은 외부 환경에 노출되어 있기 때문에 개방형 시스템이라고 한다. 따라서 다양한 요인이 현상에 영향을 줄 수 있기 때문에 시장 조사를 통해서 얻어낼 수 있는 해법도 다양할 수 있다. 또한 얻어진 해법도 모든 영향 요인을 고려하지는 못하기 때문에 절대적으로 맞는 것이라고 볼 수는 없다.

정리하면, 시장 조사는 기업이 직면하는 문제에 대한 모든 가능한 해답을 얻기 위한 조사로서, 객관적이며 실증적인 자료의 조사를 통해 문제를 현 시점에서 가장 잘 설명하고 해결할 수 있는 답을 찾아내는 것이라고 할 수 있다. 자연과학의 경우의 많은 조사들은 실험실 환경 즉 외부 환경의 요인들을 배제하고 조사가 이루어지기 때문에 사회과학에 비해서 보다 확실한 진리라고 말할 수 있다.

1) 가설의 개념

시장 조사의 관점에서 시장 조사가 기업 문제 해결을 위한 여러 가지 해답 중에서 가장 잘 설명할 수 있는 답을 찾는 것이라고 할 때, 조사를 통해 답으로서 인정받기 전의 잠정적인 답, 즉 기술문(statement) 혹은 명제를 가설이라고 한다.

가설은 '연구자에게 관심이 있는 어떤 요인이나 현상에 대한 증명되지 않은 기술이나 명제(propositions)'라고 할 수 있다. 시장 조사에서의 가설은 기업이 현재 직면하고 있는 문제, 즉 현상에 대한 원인을 규정하여, 원인과 결과의 인과관계의 형태로 현상을 설명하는 임시적인 기술문(tentative statement)라고 할 수 있다.

모든 이론은 원인에 해당하는 변수(variable)와 결과에 해당하는 변수 간의 관계를 서술함으로써 현상을 설명하고 앞으로의 예측을 할 수 있다. 이론이 되기 위해서는 객관적인 검증, 즉 실증 자료를 통해서 현상에 관심이 있는 누구든지 같은 조건하에서 동일한 결과를 얻을 수 있어야 한다. 아래 사례를 통해서 가설을 어떻게 세울 수 있는지 알아보도록 하자.

사례 1. 한 IT 제품 제조 기업은 자사의 제품의 판매 촉진을 위해 기존의 TV나 라디오, 잡지 등의 대중매체 광고와 더불어 인터넷을 통해 광고를 실시하고 있다. 이는 최근 IT 제품 구매자들의 연령대가 낮아졌고, 이들의 인터넷 사용 비율이 높아졌다고 판단되었기 때문이다. 그런데 이 기업은 최근 광고하고 있는 신제품의 매출이 급격히 하락한 것을 보고 문제가 있다고 판단되어 매출을 다시 올리기 위해 새로운 전략을 수립하고자 한다.

위의 사례에서 기업이 직면한 중요한 문제는 바로 기존의 대중 매체 광고에서 인터넷 광고로 확대했음에도 제품의 매출이 줄었다는 것이다. 기업은 매출을 높이기 위한 전략을 수립하는 것이 중요한 의사결정이 될 것이다. 이를 위해서는 우선 매출이 줄어든 현상에 대한 원인이 무엇인가를 알아내는 것이 급선무이다. 그렇다면 왜 낮아졌을까? 여러 가지 가설을 생각해 볼 수 있을 것이다. 첫 번째로, 인터넷 광고는 본 제품의 IT 제품의 판매 신장에 도움이 되지 않았다라고 생각할 수 있다. 광고를 확대했음에도 매출이 떨어진 것은 광고의 효과가 크지 않았거나 없었고 혹은 광고의 내용이 오히려 제품 이미지에 좋지 않게 전달되었을 수도 있기 때문이다. 두 번째로 생각할 수 있는 것은, 바로 경쟁 기업이 보다 효과적인 광고를 했기 때문일 수도 있다. 다른 가설로는, 광고의 확대는 좋았으나, 광고에서 전달한 제품 정보와 실제 제품 사용 시와의 차이가 있었기 때문 일수도 있다.

위의 세 가지 가능한 가설에 대해서 시장 소비자에 대한 실질적인 조사를 실시한다. 첫 번째로 인터넷 광고의 효과가 없었는지, 즉 우리 기업의 인터넷 광고에 대해 인지 하고 있는지 여부를 조사할 수 있을 것이다. 두 번째로 우리 기업과 경쟁 기업의 광고를 비교했을 때 어느 광고의 인지도가 더 높았는지에 대한 조사를 실시할 수 있을 것이다. 마지막으로 우리 제품에 대한 만족도 조사를 실시할 수 있을 것이다.

이런 검증을 마치게 되어, 사실로 입증된 가설을 기반으로 하여 기업은 매출 신장을 위한 새로운 전략 수립을 할 수 있을 것이다.

2) 가설의 특징

가설은 몇 가지 특징을 갖고 있다. 각각의 특징은 가설 수립에서 꼭 염두에 두어야 할 사항이다.

가. 가설은 조건문과 결과문의 선언문 형태를 띈다.

첫 번째로 대부분의 가설은 '만약 A라면 B이다'라는 선언문의 형태를 띄고 있다. 이때 A라면에 해당하는 것은 B라는 결과를 낳게 되는 선행 조건에 해당하고 B는 A의 결과로 나타내게 된 현상이라고 할 수 있다. 아래 사례를 통해 구체적인 가설의 예를 알아보자.

> 사례 2. 최근 주류 시장의 경쟁이 치열해 짐에 따라서 이 기업은 현재 시장 점유율을 유지하거나 혹은 더 높일 수 있는 전략을 도입하고자 한다. 특히 광고를 통해서 매출을 높이는 전략을 생각하고 있다. 따라서 보다 효과적인 광고 전략을 위한 방안을 논의하고 있다.

이 기업이 원하는 것은 광고의 효과성을 높여 매출액을 높이고자 하는 것이다. 그렇다면 매출액에 영향을 줄 수 있는 효과적인 광고는 어떤 요건을 갖추어야 할까?

첫 번째로 생각할 수 있는 것이 광고 시간대이다. 조사자는 주류 광고의 시간대가 온가족이 TV를 시청하는 시간대보다는 조금 늦은 시간대의 광고가 더 효과적이라고 생각한다. 이는 심야시간대의 시청자들의 경우 성인들이 많고 늦은 밤의 광고는 회식자리가 없이 일찍 퇴근한 직장인들에게 보다 효과적일 것이라고 생각하기 때문이다. 그렇다면 이를 토대로 어떤 가설을 세울 수 있을까?

두 번째로 생각할 수 있는 가설은 광고가 이루어지는 장소이다. 길거리 옥외 광고가 적당할지 혹은 음식점 광고가 적당할지 여러 가지 가설이 가능할 것이다. 옥외 광고라면 버스 정류장이나 지하철 역도 가능할 것이고 운전자가 신호 대기로 잠시 정차하는 교차로에서 눈에 잘 띄는 곳에 위치시켜도 될 것이다. 혹은 음식점에 광고하여 식사를 하면서 주류를 선택할 수 있도록 광고를 할 수 있을 것이다. 그렇다면 이를 토대로 어떤 가설을 세울 수 있을까?

세 번째로 생각할 수 있는 가설은 효과적인 광고를 위한 광고 모델이다. 먼저 확인해봐야 할 것은 광고 모델에 의해서 주류 판매가 크게 달라질 수 있는지에 대한 조사이다. 광고 모델이 주류 광고의 효과성에 크게 영향을 주지 않는다면 비용이 높은 인지도 높은 광고 모델을 등장시킬 필요는 없을 것이다. 또는 주류에 따라 광고 모델의 효과가 달라질 수도 있다. 그렇다면 맥주를 주로 판매한다면, 혹은 소주를 판매한다면, 위스키나 그 밖의 주류라면 어떨까? 확인이 필요한 부분이다. 그리고, 만약 광고 모델에 의한 주류 판매의 효과가 높다면 인지도 높은 모델은 어떤 요건을 갖추어야 할까? 가수 혹은 TV 스타, 영화 배우 등 여러 가지 경우가 있을 것이고, 이는 소비자 조사를 통해서 확인할 수 있을 것이다. 그렇다면 세 가지 경우를 고려하여 가설을 세워 본다면 아래와 같이 정리할 수 있을 것이다.

가설 1. 심야 시간 대에 광고를 하면 광고의 인지도가 높을 것이다.
가설 2. 버스 정류장에 광고를 하면 광고의 인지도가 높을 것이다.
가설 3. 음식점의 메뉴판에 광고를 하면 광고의 인지도가 높을 것이다.
가설 4. 인기 모델로 광고를 하면 광고의 인지도가 높을 것이다.
가설 5. 인기 모델로 소주 광고를 하면 광고의 인지도가 높을 것이다.
가설 6. 인기 TV 스타로 맥주 광고를 하면 광고의 인지도가 높을 것이다.

나. 하나의 조사에서는 여러 가지 가설이 존재할 수 있다.

위의 사례 2를 통해 기업의 문제를 해결하기 위한 여러 가지 가설을 수립해 보았다. 위의 가설들은 모두 시장 조사를 통해 실증 자료 즉 조사 대상이 되는 집단을 대상으로 실제 응답을 통해 검증해야 할 것이다. 주류 광고와 인지도에 대한 조사라면 주류 소비 계층은 20세 이상을 대상으로 조사를 실시해야 할 것이다. 이는 조사 문제에 따른 조사 가설의 검증은 관련 있는 대상자들에 대한 조사로 이루어져야 하기 때문이다.

다. 가설의 변수들은 구체적으로 정의되어야 한다.

위의 가설에서 광고의 인지도라는 개념을 볼 수 있었다. 그러나 광고의 인지도라는 것은 매우 추상적인 개념이다. 인지도는 과연 무엇일까? 사전의 정의에 따르면 '무엇에 대하여 알고 있는 정도'라고 정의하고 있다. 그러면 어느 정도 알고 있는 것을 말할까? 어떤 사람은 광고의 세세한 부분을 모두 기억하고 있는 것을 인지도라고 할 수도 있을 것이고, 어떤 사람은 광고의 핵심적인 내용만을 기억하는 것을, 어떤 사람은 광고에서 제시된 브랜드 정도만을 기억하는 것을 인지도라고 말할 수 있을 것이다. 요약하면, 가설에서 언급되는 개념들 즉 변수들은 그것을 받아들이는 사람들에 따라서 다르게 해석할 수 있는 추상적인 부분이 존재한다.

따라서 가설에서의 변수가 추상적이어서 사람에 따라서 다르게 해석될 수 있다면, 조사자가 생각한 개념과 조사자의 결과를 보고받는 의사결정자가 생각하는 개념이 다를 수도 있다. 이럴 경우, 조사 결과를 해석하는 과정에서 달라질 수 있을 것이다. 특히 조사자가 여럿인 경우라면 조사자별로 가설에 대해 다르게 이해하고 조사를 진행할 수도 있을 것이다. 따라서 추상적 개념에 대한 통일이 필요한 데, 이렇듯 가설에서 언급되는 추상적 변수에 대한 개념을 하나로 정립한 정의를 개념적 정의라고 한다. 모든 가설의 변수 즉 선행조건과 결과를 표현하는 변수들에 대한 개념적 정의를 내려주어야 한다.

3) 가설 설정의 필수 요건

가설은 조사의 정확성을 위해 아래와 같은 필수 요건을 갖고 있어야 한다.

① 경험적으로 검증 가능해야 함
② 간단 명료하게 표현되어야 함
③ 조사 문제의 해결을 위한 목적으로 만들어져야 함
④ 논리적으로 간결해야 함
⑤ 가설의 변수들은 계량적인 형태 혹은 계량화할 수 있어야 함
⑥ 가설 검증의 결과는 광범위한 적용이 가능해야 함
⑦ 명백한 사실은 가설이 될 수 없음
⑧ 동의반복적인 관계는 가설이 될 수 없음

가설은 무엇보다도 경험적인 검증이 되어야 한다. 이는 실증, 즉 사람의 오감을 통한 관찰을 통해서 얻어진 객관적인 자료를 통해서 가설에서 주장하는 잠정적 사실에 대한 검증이 이루어져야 한다는 것이다. 예를 들어, 초자연적인 현상, 점성술이나 예언 등과 같은 사실에 대한 가설은 실증이 불가능하기 때문에 가설로서 적합하지 않다.

가설은 누구나 이해할 수 있는 간단 명료한 용어를 사용해야 하며, 표현과 관련된 용어 선택에서 뿐만 아니라 변수들 간의 관계에서도 이해하기 쉽게 간결한 것이 좋다. 모든 가설이 그래야만 하는 것은 아니지만, 가설이 논리적으로 이해하기 쉬우려면 원인에 해당하는 변수와 결과에 해당하는 변수로 구성하는 것

이 좋다. 원인에 해당하는 변수가 두 개 이상 나열되면, 특별한 경우가 아니라면 두 개의 가설로 나누는 것이 좋은데, 이는 원인에 해당하는 변수 간에도 상관관계나 인과 관계와 같은 변수 간 관계가 존재하게 되면 가설을 입증하는 것이 복잡해지기 때문이다.

가설은 또한 검증을 위한 과학적인 방법으로 통계학의 분석 방법을 사용하기 때문에 변수값들이 수치화될 수 있어야 한다. 즉 계량적인 형태의 변수로 가설을 구성하거나 혹은 변수를 수치화할 수 있는 계량적인 형태의 변수로 변환할 수 있어야 한다. 예를 들어 매출액, 방문횟수, 구매빈도, 광고시청 횟수, 제품 사용 기간 등은 계량화될 수 있는 변수이다. 그러나 충성도, 인지도, 만족도 등은 쉽게 계량화할 수 없는 변수이다. 따라서 위의 변수들은 계량화 즉 수치화하기 위해서 현실 세계에서의 관찰 즉 측정할 수 있는 형태로의 재정의가 필요하다. 이를 조작적 정의라고 하며 계량화가 어려운 변수들의 조작적 정의는 여러 가지 계량 변수를 통해서 측정하게 된다. 이는 추후에 구체적으로 설명하겠다.

또한 가설 검증의 결과는 광범위하게 적용될수록 좋다. 이는 반드시 그래야만 하는 것은 아니지만, 가설이 지나치게 국한된 상황에서의 해답만을 제공함으로써 다른 상황에 적용될 수 없다면 가설로서의 가치가 떨어지고 조사의 가치도 하락하게 된다. 조사는 기존의 이론을 토대로 새로운 이론을 만들어 냄으로써 학문적으로나 실무적으로 지식의 폭을 넓혀주는 역할을 하기 때문에 다양한 분야에 적용가능성이 높아질수록 가치가 높아진다. 가설 수립 시에 그러한 점을 고려해야 한다.

마지막으로 가설은 너무 명백한 사실에 대한 가설을 세우거나 동일한 의미의 다른 용어들 간의 관계를 가설로 세워서는 안 된다. 예를 들어, 광고의 효율성이 높아지면 광고의 인지도가 높아진다 혹은 제품의 인지도가 늘어난다라는 가설은 자명한 사실이기 때문에 가설로는 적합하지 않다. 특히 이미 잘 알려진 이론이나 사실에 대해 가설을 세우는 것은 조사로서 큰 의미가 없다. 또한 동일한 의미를 갖고 있으나 다른 용어를 사용하여 마치 의미 있는 관계인 것처럼 가설을 세우는 경우도 있다. 이것을 동의반복(Tautology)라고 한다. 예를 들어 '매출액이 늘어나면 시장점유율이 늘어난다'라는 가설은 매출액과 시장점유율은 엄밀한 의미에서는 다르지만, 시장점유율의 계산이 한 기업의 매출액을 토대로 이루어진다는 점을 고려하면 사실상 같은 의미의 용어라고 할 수 있다. 이러한 형태의 가설은 조사 대상으로서의 가치가 없다.

또한 동의반복의 경우는 매우 유의해야 한다. 왜냐하면 같은 의미의 변수 간의 관계를 가설로 수립한 것이기 때문에 어떤 경우든지 이 관계는 사실이라고 나올 수밖에 없다. 다시 말하면 'A는 A이다'라는 가설을 검증한 것이므로 항상 참인 명제가 된다. 따라서 가설 검증을 통해 새로운 사실을 밝혔다고 주장할 수 있으나, 사실은 참일 수밖에 없는 사실을 검증한 것이다. 명백한 사실을 가설로 세우는 것과 동일하다고도 볼 수 있다.

4) 통계적 분석과 가설

위의 요건에 따라 수립된 가설은 실증을 위해 조사의 대상자들을 대상으로 가설 검증을 위한 자료를 수집하게 된다. 수집된 자료는 과학적인 가설 검증을 위해 통계적인 분석 방법을 사용하게 된다.

통계적인 분석 방법은 정량적인 데이터 분석 방법이기 때문에 가설 검증을 위해서는 변수들을 모두 계량화 할 수 있어야 하고, 측정된 값들은 모두 수치 자료이어야 한다. 이러한 이유로 직접적으로 정량화 될 수 없는 변수들은 측정을 위한 조작적 정의를 통해 측정 가능한 개념 즉 변수로 재정의하게 된다. 조작적 정의는 하나의 정의만 존재하는 것은 아니다. 추상적인 개념의 측정은 다양한 측정 도구 즉 설문 문항으로서 측정하게 된다. 따라서 조작적 정의는 하나의 개념 측정을 위해 다양하게 정의될 수 있다.

Discussion Question

토의 문제

1. 조사를 시작하게 하는 원인으로 기업의 외부 환경 변화란 무엇인가?

2. 기업은 내부적으로 계획된 변화를 통해 성장하고자 한다. 조사를 시작하게 하는 원인인 계획된 변화란 무엇인가? 예를 들어 설명하시오.

3. 기업의 의사결정문제와 조사문제는 동일한 것인가? 설명하시오.

4. 1차 자료란 무엇인가? 1차 자료 수집의 장점과 단점을 설명하시오.

5. 효과적인 조사를 위해서 기업의 의사결정담당자와의 면담이 필요한 이유는 무엇인가?

6. 조사 문제에 대한 이해를 높이기 위해 시행하는 전문가 조사는 무엇을 말하는가?

7. 가설이란 무엇인가? 이론과 가설은 어떤 관련성을 갖고 있는가?

8. 가설을 검증한다는 것은 어떤 의미를 갖는가? 가설 검증은 어떻게 하는가?

9. 가설이 갖는 특징은 무엇인가? 동의반복이 되는 가설의 예를 들고 무엇이 문제인지 설명하시오.

| 제4장 |

조사의 절차와 조사 유형

학습 목표

시장 조사의 절차에 대해서 알아본다.

조사의 다양한 유형에 대해서 학습 한다.

탐색적조사와 확인적 조사의 차이점과 종류에 대해서 학습 한다

학습 목차

제1절 시장 조사의 절차

시장 조사는 아래 그림과 같이 ① 문제의 인식과 규정 그리고 ② 조사 배경과 조사 목적 정의, ③ 조사 설계 및 계획서 작성, ④ 자료의 수집, ⑤ 자료의 분석 및 해석, ⑥ 보고서 작성의 단계로 나누어진다.

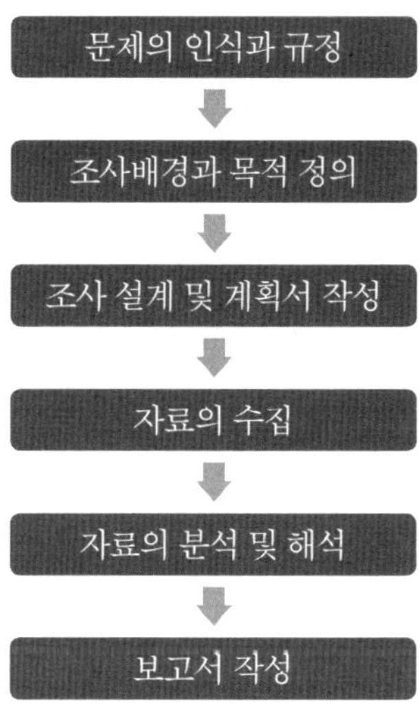

[그림 4-1] 시장 조사의 절차

시장 조사가 효율적으로 진행되기 위해서는 각 과정에 대한 면밀한 검토와 관리가 필요하다. 따라서 각각에 대해서 알아보도록 하자.

1) 문제의 인식과 규정

대부분의 시장 조사는 조사를 시작하게 되는 동기가 있다. 특히 시장 조사의 대부분은 시장을 통해 이윤 획득을 추구하는 기업에 의해서 이루어지기도 하며, 최근에는 산업별로 존재하는 협회나, 정부 기관들에 의해서 시장 조사가 이루어지기도 한다. 그러나 대부분의 시장 조사는 해당 시장의 변화를 인지하고 새로운 제품이나 서비스를 기획하며 유통 방식의 변화, 고객 만족을 제고함으로써 이윤 창출을 목적으로 하는 기업에 의해서 주도된다. 시장 조사는 기업 자체적으로 수행하는 경우도 있지만 전문 리서치 기관이나 개별 연구소 등을 통해서도 수행되기도 한다.

가. 기업이 직면하는 문제와 시장 조사

기업은 끊임없이 변화하는 기술과 시장 환경에 대한 지속적인 관찰을 통해 시장의 기회와 위협에 대응하고, 효과적인 대응을 위한 내부적인 역량과 자원 개발에 투자한다. 이를 위해 기업은 시장 조사를 통해 시장의 현황과 앞으로의 미래 변화를 예측하고 이에 대응할 수 있는 정보와 지식을 축적한다. 축적된 정보와 지식은 앞으로 기업의 새로운 수익 창출 기회를 파악하고 성장할 수 있는 전략적인 지침을 준다. 미래 변화를 사전에 파악함으로써 미래 시장 경쟁에서 보다 예측 가능한 기업 경영을 추구하기 위해 수행하나 때로는 기업의 외부 자극, 즉 기업이 원치 않은 상황이 발생하여 이를 해결하기 위한 방안과 전략 수립을 위해 조사를 실시하기도 한다.

기업은 현 시점에서 직면하고 있는 문제의 해결을 위해 조사를 수행한다. 기업의 문제는 여러 가지 원인에 의해서 발생할 수 있다. 제품이나 서비스의 만족도 하락, 유통 방식의 진부화, 소비 계층의 선호도 변화, 비용 상승 요인의 등장, 정부 규제 완화로 인한 경쟁의 심화 등이 기업이 직면한 문제의 원인이 될 수 있다. 시장 조사는 곧 이러한 다양한 원인들 중에서 실질적으로 기업이 현재 직면하는 문제의 직접적인 원인이 무엇이고 이에 적절한 대처를 할 수 있는 지침을 얻기 위한 목적으로 수행된다.

또한 기업은 앞으로의 시장 기회 탐색을 위해서도 조사를 실시한다. 기술의 진보와 소비자의 변화, 새로운 해외 시장의 경제발전으로 인한 구매력 상승 등은 시장 기회 탐색을 위한 동인이 될 수 있다.

나. 시장조사를 위한 문제의 인식과 규명

이렇듯 기업이 현재 직면하고 있는 문제를 인식하고 이를 정확히 규명하는 것은 시장 조사의 방향을 설정하기 위한 첫 단계로서 조사 단계 전반에 걸쳐서 가장 중요한 부분이라고 할 수 있다.

조사 문제를 지나치게 광범위하게 잡는 경우, 조사의 기간이 길어지고 비용도 커지게 되어 조사 자체가 실행되기 어려우며 조사가 완료되더라도 결과로서 얻어지는 정보가 기업의 의사결정에 실질적인 도움이 되지 못할 수 있다. 또한 조사 문제를 지나치게 협소하게 잡는 경우에는 조사 자체는 쉽게 진행될 수 있으나, 조사 결과를 적용하는 데 있어서 매우 제한적일 수 있다.

따라서 조사 문제를 규명하는 과정에서는 조사 의뢰자와의 논의를 통해 조사 문제가 의뢰자의 의사결정에 도움이 될 수 있는 유용한 정보를 제공할 수 있도록 적절하게 설정되었는지 파악하는 것이 중요하다.

또한, 조사자는 해당 기업의 문제가 등장한 배경에 대한 이해와 지식을 축적하는 것이 중요하다. 이는 조사자는 해당 분야에 대한 전문가일수도 있으나 그렇지 않은 경우가 많기 때문에 조사 의뢰자인 기업에 비해 시장의 과거 및 현재 동향 등 전반에 대한 지식이 부족하기 때문이다. 따라서, 해당 기업 내 부서 담당자들과의 면담이나, 관련 산업 분야의 전문가와의 면담, 관련 산업에 대한 각종 연구 보고서 등의 문헌에 대한 조사 등을 통해 이러한 지식을 축적해야 한다. 정리하면, 조사 문제 및 조사를 진행하는 과정에서 관련 분야에 대한 배경 지식을 보유함으로써 문제 해결을 위한 효과적인 조사를 진행할 수 있다.

2) 조사 배경과 조사 목적 정의

조사 문제가 규정되면, 조사의 배경과 조사 목적을 정의하는 단계가 필요하다. 앞에서 문제 규명 단계에서 논의했듯이 기업의 문제는 주로 기술이나 시장, 혹은 법이나 제도 등의 외부 환경의 변화와 기업 내부의 변화에 의해서 시작된다. 따라서 이러한 문제의 발생 원인이 무엇인지 내/외부의 환경적 배경을 명확히 이해하는 것이 필요하다. 특히 기업 내부 변화가 원인이 되고 있다면 기업 조직 내 많은 부분 중에서 어디를 진단하여 어떤 정보를 얻어야 이러한 문제 해결에 도움이 될 수 있는지 파악하여 구체적인 조사 목적을 수립하는 것이 필요하다.

가. 조사 배경 작성의 유의사항

특히 조사 배경에는 문제점을 인식하고 이를 해결 했을 때의 의의를 제시하는 것이 좋다. 문제의 해결이 필요한 이유와 더불어 긴급하지만 현재 문제점에 대한 해결 방안이 드러나 있지 않다는 것을 제시함으로써 조사의 동기와 필요성에 대한 설득력 있는 근거를 제시할 수 있어야 한다.

나. 조사 목적 작성의 유의사항

조사 목적에는 조사 배경에서 언급한 문제점에 대해서 보다 명확한 진술을 통해 조사를 통해 해결하고자 하는 것이 무엇인지, 그리고 이것을 어떻게 활용할 수 있는지에 대한 구체적인 진술이 필요하다.

조사 목적은 단순하고 구체적이며 단기적인 목표가 제시되어야 한다. 그렇지 않은 경우 조사 자체가 완료되기 힘들뿐더러 구체적이지 않은 조사 목적은 조사가 완료된 이후에도 조사 달성 여부에 대한 논란을 일으킬 수도 있다.

정리하면, 조사 배경을 이해하는 것은, 문제가 발생하게 된 다양한 외부 혹은 내부 환경의 요인에 대한 분석을 통해 문제 발생의 원인과 해결 대안이 될 수 있는 요인들이 무엇인지 파악하는 것이다. 이러한 요인들이 파악되면 구체적으로 조사를 통해서 얻고자 하는 정보가 무엇이고 이를 어떻게 획득할 수 있는 지에 대한 구체적인 지침을 얻을 수 있는 데 이를 통해서 조사 목적을 수립할 수 있게 된다.

이렇듯 기업의 문제를 규명하고 이 문제가 발생하게 된 주변 배경에 대한 이해를 통해 이를 해결하기 위한 정보의 범위를 설정하여 구체적인 목적을 규정하게 되면, 보다 정확한 조사 방법을 결정할 수 있게 된다. 조사 목적을 결정한 뒤에는 조사 설계와 계획서를 작성할 수 있게 된다.

3) 조사 설계 및 계획서 작성

조사 설계는 조사 전체 단계를 이행하고 이를 관리하기 위한 조사 계획을 작성하는 것이라고 할 수 있다. 조사 설계 단계에서는 조사 방법, 조사 대상, 조사를 위한 설문지 작성, 조사에 수반되는 비용과 인력, 조사 일정 등 조사 전반에 대한 내용을 기획한다. 이렇게 기획한 내용은 조사 계획서의 형태로 정리한다.

조사 설계 단계에서는 아래 사항을 중점적으로 다루게 된다.

① 조사 문제, 조사 목적 및 가설 검토

② 조사 대상 및 방법 결정

③ 자료 수집 절차와 분석 방법 결정

④ 조사 일정과 예산

가. 조사 문제와 조사 목적 및 가설 검토

조사 문제와 목적에 대한 검토는 첫 단계에서의 규정한 조사 문제에 대한 재검토와 조사를 통해서 해결하고자 하는 것이 무엇이며 어떻게 활용할 수 있는지에 대한 조사 목적의 검토이다. 또한 조사 문제를 해결하기 위한 연구 가설에 대한 검토를 실시하게 된다.

나. 조사 대상 및 방법 결정

조사 대상이란 연구 문제와 관련하여 자료 수집의 대상이 되는 조사대상물 혹은 조사대상자들을 지칭한다. 조사 대상은 항상 사람이 될 필요는 없다. 조사 문제에 따라서 매출액에 대한 현황 파악이 필요하다면 각 지역별 매장이 조사 대상이 될 것이며, 제품별 월별 매출 추이에 대한 조사가 필요하다면 생산 제품 전체가 조사 대상이 될 것이다.

조사 대상을 명확히 규명하는 것도 조사에 반드시 필요한 부분이다. 조사 결과의 신뢰성과 타당성 그리고 결과를 해석하고 이를 적용하는 과정에서 조사 대상은 매우 중요한 영향을 미친다. 조사 대상 집단이 조사 목적 달성을 위해 반드시 자료 수집이 필요한 대상과 차이가 있다면, 조사의 정확성에 문제가 발생하기 때문이다. 또한 전체 조사 대상자가 아니라 일부 조사 대상자만을 규정하여 조사를 실시하는 경우에도 조사 결과가 편파적이거나 왜곡된 조사 결과를 얻을 수 있기 때문에 조사 대상을 명확히 규정하는 것은 중요하다.

조사 대상의 규정에서 고려해야할 점 중에 조사대상자의 현실적인 접촉 용이성이 있다. 조사 대상을 명확히 규정하는 것도 중요하나, 실제 자료의 수집을 위해서는 접촉이 필요하며 조사 방법에 따라서는 조사대상자가 많은 시간을 할

애해야 한다. 이럴 경우 조사 대상자에게 자료 협조를 부탁하는 것이 매우 어려울 수 있다. 따라서 자료 수집이 용이한 조사 대상 집단을 규정하는 것도 중요한 고려사항이다.

조사 방법의 결정이란 문제 해결을 위한 자료 수집을 위해 어떠한 조사 방법으로 연구 대상자들로부터 자료를 수집할 것인가를 결정하는 것이다. 조사 방법은 조사 목적에 따라서 매우 상세한 자료를 요구하는 조사 방법이 필요할 수도 있으며 많은 시간과 비용이 소요되는 조사 방법을 선택해야 하는 경우도 존재한다.

조사 대상자들로부터 될 수 있으면 상세한 정보를 획득하는 것이 조사의 정확성에 있어서는 도움이 될 것이다. 그러나 이러한 조사는 시간이 많이 걸릴뿐더러 비용도 많이 수반될 수 있기 때문에, 시급한 의사결정을 필요로 하는 기업의 입장에서는 바람직하지 않을 수도 있다. 따라서 조사 방법은 조사 목적 달성을 위해서 의사결정의 시급성과 허용 가능한 예산의 범위 안에서 결정되어져야 하며 목적 달성을 위한 효율적인 방법이 선택되어야 한다.

다. 자료 수집 절차와 분석 방법 결정

자료 수집 절차에서 중요한 것은 조사 대상을 규정하는 것과 이들을 대상으로 자료를 수집하기 위해서 사용되는 설문지 작성이다. 설문지는 조사 방법에 따라서 혹은 연구 대상자에 따라서 달라질 수 있다. 조사 방법에 따라서 매우 짧은 설문지가 될 수도 있고, 정형화되어 있지 않은 형태의 설문 방식이 사용될 수도 있다.

또한 수집된 자료를 어떠한 통계적 방법으로 분석할 것인지에 대한 고려가 필요하며 수집된 자료의 형태에 따라서 분석 방법이 결정되므로 이러한 점을 고려하여 설문을 작성해야 한다.

라. 조사 일정과 예산 결정

조사 일정은 조사에 필요한 조사원의 수, 조사 전체 기간과 비용 등에 대한 구체적인 사항을 말한다. 일반적으로 허용된 조사 예산에 맞추어서 기간과 소요 인원 및 비용이 결정되는 데, 효율적인 조사가 될 수 있도록 일정과 예산 계획이 수립되어야 한다.

4) 자료의 수집

조사 계획서 작성이 완료되면 계획에 따라서 조사를 위한 자료 수집을 실행한다. 자료 수집 단계에서는 조사 문제와 관련된 조사 대상 집단을 규정하고 조사 일정에 맞추어서 조사를 실행한다.

가. 조사 대상 집단의 규명

앞서 언급했듯이 조사 대상 집단을 명확히 규정하고 이들에 대한 현실적인 접촉 용이성을 고려해야 한다. 예를 들어, 대학생을 대상으로 한 스마트폰 만족도 조사를 한다고 할 때, 전국에 있는 모든 대학생을 다 조사 대상 집단을 선정하기는 어려울 것이다. 이는 비용과 시간 측면에서도 어려울 것이며, 전국 대학생 모두를 조사하는 것이 아니라 일부를 추출해서 하는 조사라 할지라도 지역에 따라서는 대학생들과의 직접 대면을 통해서 자료를 수집하는 것이 어려울 수 있다.

최근 금융 산업에서는 VVIP 마케팅이 유행하고 있다. VVIP 마케팅은 최우량고객을 대상으로 한 고객관계마케팅으로 차별화된 서비스를 제공함으로써 기업의 장기적인 수익 창출을 위한 평생 고객 확보를 목적으로 시행하고 있다. 만약 한 기업이 이러한 VVIP 마케팅을 위해서 최우량고객의 가능성이 높은 부유층을 대상으로 마케팅 프로그램 개발을 위해 시장 조사를 한다고 해 보자. 그렇다면 조사 대상인 부유층을 대상으로 어떻게 이들로부터 자료를 얻을 수 있을까? 부유층을 국내 상위 5%의 경제력을 가진 집단이라고 규정해 보자. 이 경우 조사 대상 집단의 목록을 만들기도 어려울 뿐더러 목록이 만들어진다 해도 이들로부터 자료를 얻는 것은 매우 어려울 것이다.

나. 표본 조사와 표본 설계

또한, 조사 목적과 방법에 따라서 조사 대상을 관련된 모든 조사 대상으로 할 것인지 일부를 추출하여 조사를 실시할 것인지 결정해야 한다. 앞서 언급했듯이 비용이나 시간 제약으로 인해 조사 대상 집단을 정했어도 모든 조사 대상자를 조사할 수 없는 경우가 많다. 따라서 전체를 조사하기 보다는 일부를 추출하는 표본 조사로 진행하는 경우가 많다. 이러한 표본 조사를 실시하기 위해서는 전체 조사 대상자에서 표본을 추출하는 방식을 결정하는 표본 설계의 단계가 필요하다.

표본은 전체 조사 대상자에서 일부를 추출하여 별도의 조사 대상자 목록이라고 할 수 있다. 단 표본은 전체 조사 대상자를 잘 대표할 수 있도록 여러 가지 영향 요인들을 고려하여 추출되어야 한다.

다. 표본 설계 방법

표본 설계 방법은 크게 확률표본추출방법(Probabilistic Sampling), 비확률표본추출방법(Non-probabilistic Sampling)으로 나누어진다. 확률 표본 추출 방법은 조사대상자들이 표본으로 추출될 확률이 알려져 있는 경우로서 정교한 표본 추출 방법이나 시간과 비용이 많이 드는 단점이 있다. 또한 확률 표본 추출 방법을 사용하기 위해서는 조사자가 조사 대상 집단에 대한 상세한 정보를 알고 있어야 하기 때문에 사용하기가 용이하지 않은 경우가 많다. 그런 이유로 실제 시장 조사에서는 비확률표본추출방법이 많이 사용되기도 한다. 그러나 확률표본추출방법은 표본오차를 추정할 수 있다는 통계분석에서의 이점 때문에 가능하다면 사용하는 것이 조사의 정확성을 높이는 데 도움이 된다. 확률 표본추출 방법으로는 단순무작위추출방법(Simple Random Sampling), 층화추출법(Strafied Sampling), 군집추출법(Cluster Sampling)이 있다.

비확률 표본추출방법은 조사 대상자들이 표본으로 추출될 확률이 알려져 있지 않은 경우에 사용할 수 있는 표본추출방법으로 시간과 비용을 절감할 수 있다는 장점이 있다. 그러나 정교한 표본추출법은 아니며, 표본 오차의 추정이 어렵기 때문에 통계적 분석 방법 상의 이점은 없다. 비확률표본추출법에는 임의표본추출법(Convenience Sampling), 판단표본추출법(Judgemental Sampling), 할당표본추출법(Quota Sampling)이 있다. 각각은 장단점이 존재하기 때문에 조사 문제와 목적, 방법 등을 고려하여 선택해야 한다.

라. 설문지의 작성

조사 대상이 결정되면 선행 단계에서 결정된 조사 방법에 따라서 적절한 설문지를 작성하는 것이 필요하다. 설문지는 최대한 정확한 응답을 얻을 수 있도록 응답자의 입장에서 간결하고 명확하게 만들어져야 하며, 조사 방법에 따라서 차이는 있지만 설문지의 길이와 문항의 형식 등도 면밀하게 검토해야 한다.

마. 1차 자료와 2차 자료

흔히 시장 조사에서의 조사 자료는 1차 자료와 2차 자료로 분류된다. 1차 자료는 조사자가 조사 프로젝트를 수행하면서 직접적으로 수집하게 되는 자료를 말한다. 조사 대상자를 정하고 이들에게 설문지를 발송하여 자료를 수집하거나 면담을 통해서 자료를 얻게 되면 이 자료는 1차 자료라고 한다.

반면에 2차 자료는 조사자가 수집한 자료가 아니라 제 3자가 수집한 자료를 말한다. 제3자에 의해서 수집된 자료이기 때문에 간접 자료라고도 한다. 흔히 연구 기관의 연구 보고서, 리서치 전문 기관의 조사 보고서, 정부 기관이나 공공 연구소 등의 정기 간행물이나 보고서, 업계의 협회 등에서 발간한 연감이나 백서 등이 이에 해당한다. 따라서 2차 자료는 이미 제작된 자료이므로 쉽게 구할 수 있으며 비용도 직접 조사를 통해 얻어지는 1차 자료에 비해서 저렴하기 때문에 조사에 큰 도움이 될 수 있다.

그럼에도 불구하고 조사 목적 달성을 위해 1차 자료를 수집하는 이유는 2차 자료가 본질적으로 조사자의 조사 목적과는 다른 목적으로 취득된 자료이기 때문이다. 조사 문제가 다르므로 수집된 자료의 성격이나 자료를 통해 분석한 결과도 현재 조사자의 문제 해결에 직결되지 않는 경우가 많다. 더군다나 유사한 문제에 대한 조사라 할지라도 조사가 수행된 시점이 과거인 경우가 많기 때문에 조사 대상자의 변화가 일어났을 수도 있고, 조사가 이루어진 상황도 많이 달라져 있는 경우가 많다. 따라서 현 시점에서의 기업의 문제를 해결하는 데에는 적절치 않은 경우가 많다.

따라서 대부분의 시장 조사에서는 조사 목적에 부합하는 자료 수집을 실시한다. 이렇게 얻어지는 자료는 직접 조사하기 때문에 조사 과정에서 발생할 수 있는 오류나 문제점을 조사자가 통제할 수 있어 비교적 자료의 정확성과 신뢰성이 높다고 할 수 있다.

1차 자료를 얻기 위한 직접 조사는 조사 대상자와의 면담을 통한 자료 수집 방법으로 대인면담법, 우편을 통해 설문을 진행하는 우편설문조사법, 전화를 통한 자료 수집 방법인 전화면접법이 있으며, 조사 목적에 부합하는 방법을 선택해야 하며 조사 대상자의 협조와 승낙을 구하고 진행해야 한다.

5) 자료의 분석 및 해석

수집된 자료는 편집과 코딩(Coding)이라는 절차를 거쳐 통계 분석을 위한 정량 자료로서 정리가 된다.

가. 편집

수집된 자료의 통계 분석을 위해 완전하고 일관성 있는 자료를 확보하기 위한 작업이 편집 작업이다. 특히 자료의 정정이나 보완, 삭제 등이 편집 작업에서 이루어진다. 대표적인 작업으로 무응답 자료의 처리, 무성의한 응답의 제거 등을 실시하여 자료 분석의 정확성과 적용 가능성을 높인다.

나. 코딩

자료 분석을 용이하게 하기 위해서 조사 자료의 결과값을 계량화하는 작업이코딩(Coding) 작업이다. 조사 대상자들의 응답 결과에 대해서 수치값을 부여하는 방식으로 자료를 정리하여 통계 분석을 용이하게 하는 것이 코딩의 목적이다.

그러나 설문 방법에 따라서 수치화하기 어려운 답변들도 있다. 예를 들어, 질문에 대한 답변을 여러 가지 예시로 제공하는 다지선다형이나 양자택일형 문항의 경우에는 수치화 하기가 비교적 용이하다. 그러나 조사 대상자의 의견을 자유롭게 기입하는 방식의 자유문항형 설문의 경우에는 응답을 모두 분류하고 이를 토대로 수치를 부여해야 하기 때문에 코딩 작업이 길어질 수 있다.

이는 조사 방법에 따라서도 차이가 나타나는 데 설문 문항이 모든 조사자에게 동일하게 제시되는 정형화된 형태의 설문 문항을 사용하는 전화면접법이나 우편설문조사법의 경우에는 코딩 작업에 큰 시간이 걸리지 않는다. 그러나 조사 대상자 한 명에 대한 심층 면접을 실시하거나 여러 조사 대상자들 간의 토의를 통해 자료를 수집하는 표적집단면접법의 경우에는 조사자의 응답에 따라서 다양한 형태의 질의와 응답이 나올 수 있기 때문에 답변 자료를 정리하여 코딩하는 데 비교적 더 많은 시간이 소요된다.

다. 통계 분석과 해석

편집과 코딩을 거친 자료를 토대로 통계 분석을 실시하고 이를 토대로 결과를 해석하는 작업을 거친다. 수집된 자료의 특성에 따라 사용할 수 있는 통계 분석 방법이 제한되어 있기 때문에 적절한 통계 분석 방법을 선택하여 사용하는 것이 중요하다.

또한 통계 분석 방법을 사용할 때에는 왜 특정 방법을 사용하였는지 논리적인 충분한 설명이 필요하다. 또한 조사 의뢰자는 통계 분석 방법에 대한 지식이 없는 경우도 많이 있기 때문에 특정 분석법에 대한 기본적인 개념과 특징 그리고 기대할 수 있는 결과에 대한 소개가 있어야 한다. 또한 해당 분석 방법을 쓰게 된 타당한 이유에 대한 설명도 있어야 한다.

통계 분석을 위해서는 컴퓨터를 사용하게 되는 데, 기존의 프로그램 개발 언어(C, C++, Java 등)을 사용하여 직접 프로그램을 개발하여 분석할 수도 있으나 기존의 통계 분석 패키지 프로그램을 사용하는 것이 더 일반적이다. 시중에서 많이 사용하는 SAS, SPSS 등이 대표적이며, 조사 방법이나 목적에 따라서 특화된 분석 소프트웨어를 사용하는 경우도 있다. 예를 들어 구조방정식을 활용한 통계 분석을 실시하는 경우에는 LISREL이나 SPSS Amos 등을 사용한다. 대부분의 통계 패키지의 가격이 매우 높기 때문에 무료로 사용할 수 있는 오픈소스(Open Source) 통계 분석 도구도 많이 사용하고 있다. 대표적인 오픈소스 패키지로 R이 있다.

조사에서 가장 중요한 부분이 분석 결과에 대한 해석이다. 이는 조사 문제가 기존의 이론이나 조사 결과로 해결되지 않았던 미지의 영역을 다루는 것으로,

분석을 통해서 의미 있는 결과나 이론 혹은 현상을 이해하는 체계를 갖추기 위해서는 조사자가 해당 분야에 대한 충분한 지식을 보유하고 있어야 한다. 또한 분석된 결과를 토대로 참신한 제안을 하기 위해서는 뛰어난 상상력과 통찰력, 그리고 통계적 분석 기법에 대한 지식과 경험이 풍부해야 한다. 특히, 최근에는 많은 통계적 기법들이 지속적으로 등장하고 있으며, 이러한 분석 기법들을 사용하여 다양한 문제에 대한 과학적인 해석을 할 수 있다.

또한, 최근에는 통계학 뿐만 아니라, 컴퓨터 공학에서의 많은 이론들이 자료의 해석과 예측의 도구로써 활용되고 있다. 인공지능(Artificial Intelligence)의 방법들을 활용하여 대용량의 자료로부터 의미 있는 정보를 도출해 내는 데이터 마이닝(Data Mining) 기법들은 자료 해석을 위한 또다른 과학적 방법으로서의 가능성을 보여주고 있다.

6) 보고서 작성

최종 보고서는 조사 의뢰자의 의사결정에 도움이 될 수 있도록 작성되어야 한다. 무엇보다도 최종 보고서는 의사결정자와의 원활한 의사소통이 될 수 있도록 작성하는 것이 중요하다. 따라서 분석 결과를 도표나 그림 그리고 이해하기 쉬운 간결한 문장을 통해서 알기 쉽게 제시하는 것이 중요하며, 조사 문제의 해결과 조사 목적에 부합하도록 조사 결과를 정리해야 한다. 분석을 위한 조사 자료나 통계 분석 결과들은 보고서의 부록의 형태로 첨부한다.

유의할 점은 기업의 의사결정자는 통계학의 기법이나 방법론에 대해 익숙하지 않을 수 있으므로, 분석과 관련한 세부적인 내용들을 보고서의 주된 내용으로 제시하는 것은 그다지 바람직하지 않다. 그러나 조사 자료 및 분석 결과를 별도로 제공하는 것은 반드시 필요하다. 보고서를 열람하는 기업 관계자 중에서 조사 자료를 활용하여 다른 부문에 활용하거나 분석 결과를 통해 해당 부서의 전략 수립에 활용하고자 하는 사람들을 위해서 참고할 수 있도록 제공한다. 또한 조사의 원자료를 디지털 형태로 만들어 제공하는 것도 가능하다면 필요하다.

제2절 조사의 유형

대부분의 시장 조사는 위의 절차로 진행되지만, 조사의 목적에 따라서 조사의 형태가 달라진다. 조사 목적에 따라 조사는 탐색적 조사 (Exploratory Research)와 확인적 조사(Conclusive Research)의 두 가지로 구분된다. 또한 확인적 조사는 기술 조사(Descriptive Research)와 인과 조사(Causal Research)의 두 가지로 구분이 된다. 기술적 조사는 또 횡단 조사(Cross-Sectional Research)와 종단 조사(Longitudinal Research)로 나뉘는 데 이러한 조사의 유형을 구조화하여 나타낸 것이 그림 4-2이다. 각각에 대해서 알아보도록 하자.

1) 탐색적 조사 (Exploratory Research)

탐색적 조사는 조사의 초기 단계에서 실시하는 조사로서 조사와 관련하여 배경 지식을 쌓고 문제에 대한 통찰력을 얻기 위해서 하는 조사이다. 탐색조사는 일종의 예비조사로서 조사 문제의 규명 단계에서 실시하는 관련 분야의 전문가 조사, 조사 문제와 관련된 2차 자료 조사 등이 이에 해당된다.

가. 탐색적 조사의 목적

탐색적 조사는 기본적으로 연구 문제를 구체적으로 규명하고 문제와 관련한 변수들을 규명하고 이들 간의 관계를 파악하며 궁극적으로는 연구 가설을 도출하기 위한 조사라고 할 수 있다. 아래는 탐색 조사의 목적을 나열한 것이다.

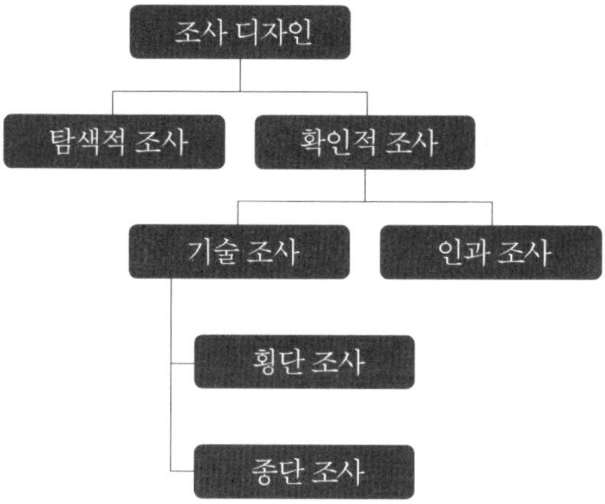

[그림 4-2] 조사의 유형[4)]

① 문제를 규명하고 정의

② 문제와 관련된 변수를 규명

③ 상황에 따른 변수들 간의 관계를 이해할 수 있는 통찰력 제고

④ 문제의 이해를 제고할 수 있도록 관련 분야의 정보 및 지식 축적

⑤ 문제 해결을 위한 우선 순위의 파악

⑥ 조사 시행 하기 위한 절차와 행위를 구체화

조사는 문제를 해결하기 위해서 실시하는 것이지만, 이 중에서 탐색적 조사는 조사 문제를 규명하기 위한 조사이다. 따라서 사전 조사 혹은 예비조사라고 불린다. 따라서 탐색 조사는 조사 문제를 보다 명확히 하기 위한 목적으로 수행되며 문제를 파악하는 과정에서 문제와 관련된 여러 가지 원인들 즉 문제를 야기한 변수(Variable)들을 파악하게 된다.

---

4) Malhotra, Naresh K., Marketing Design 3rd ed., Prentice Hall, Inc., 1999.

문제를 야기한 변수들은 원인에 해당하며 이들 원인 변수들은 변수들 간에도 서로 영향을 주고받는 인과 관계(Causal Relationship)가 존재할 수 있다. 따라서 탐색 조사는 다양한 변수들 간의 관계에 대해서 현재 확정할 수는 없으나 관계가 존재하고 있음을 파악하는 목적으로 수행된다.

변수들의 규명과 이들 간의 관계를 파악하기 위해서 조사자는 관련 분야에 대한 이해가 높아야 하며, 이를 위해서 다양한 문헌이나 분야 전문가 등을 통해 분야에 대한 지식과 정보를 축적하여 통찰력을 높여야 한다. 그렇게 함으로써 문제 해결을 위해서 어떠한 조사가 우선적으로 수행되어야 하며 어떤 목적으로 수행되어야 하는지 알 수 있다.

또한 탐색 조사를 통해서 문제가 구체화되고 우선순위에 따라 조사 목적이 명확해 지면 이후에 진행될 조사 절차와 방법에서도 구체적인 아이디어를 얻을 수 있게 된다.

따라서 탐색 조사는 조사 초기에 조사자가 조사를 효율적으로 진행할 수 있도록 준비할 수 있게 해 주며 조사의 방향과 단계를 결정하는 중요한 정보를 제공할 수 있다.

나. 탐색 조사의 사례

위의 내용을 토대로 아래의 사례에서 탐색 조사가 어떻게 활용될 수 있는지 알아보도록 하자.

사례 1. 한 온라인 게임 제작 업체는 여성을 대상으로 한 새로운 인터넷 게임을 제작하려고 한다. 제작을 위한 시장 조사를 위해서 한 리서치 기관에 의뢰하였다. 이에 리서치 기관의 조사자는 본 조사의 문제를 규명하기 위해 탐색 조사를 실시하려고 한다.

위의 사례에서 조사자는 여성 대상의 인터넷 게임 제작을 위해서 인터넷 게임 전반에 대한 예비 조사 즉 탐색 조사를 실시하여야 한다. 의뢰자인 기업은 당연히 여성 대상으로 제작하는 게임이 많은 여성들에게 인기 있고 높은 수익 창출을 할 수 있는 게임 개발을 원한다. 따라서 조사자 역시 이러한 게임을 만들 수 있도록 시장 조사를 통해서 충분한 정보를 제공해야 할 것이다.

그렇다면 조사자는 무엇을 알아내야 할까? 먼저 온라인 게임 업계의 최신 동향을 알기 위해서 게임 업계의 간행물이나 디지털콘텐츠산업백서 등을 통한 문헌 조사를 실시할 수 있다. 또한 게임 업계의 전문가나 협회 등의 관련 담당자와 및 게임 칼럼니스트 등의 전문가 조사를 통해서 인터넷 게임 동향을 파악할 수 있을 것이다. 무엇보다 중요한 것은 여성을 위한 게임이기 때문에 여성들을 대상의 현재 게임들에 대한 조사가 선행되어야 할 것이며, 기존의 연구 보고서나 언론 매체 등의 기사 등을 참고하여 여성들이 좋아하는 게임의 요건이 무엇인지에 대해서 파악해야 할 것이다.

이런 과정을 통해서 온라인 게임을 선호하는 여성들은 어떤 특성을 갖고 있는지 여성들이 온라인 게임을 선택하는 기준에는 어떤 것들이 있는지, 즉 게임 선택을 결정하는 변수들을 알아낼 수 있을 것이다. 이를 통해서 여성을 대상으로 한 게임 개발을 위해서 구체적으로 알아야 할 것이 무엇이고 어떤 점에 초점을 두어 조사를 해야 할지 구체적인 문제를 규명할 수 있게 될 것이다.

다. 탐색 조사의 종류

탐색 조사는 문헌조사, 전문가 의견 조사, 표적집단 면접과 사례 조사의 네 가지로 구분된다.

- 문헌 조사

탐색 조사의 하나로서 문헌조사는 기존에 발간되어 있는 문헌 자료를 이용하는 조사이다. 조사의 대상이나 분야에 대해서 잘 모르는 경우에 실행하는 최초의 연구로서 가장 신속하고 경제적인 조사 방법이라고 할 수 있다.

문헌 조사의 목적은 첫 번째로, 연구 초점을 명백하게 하며, 두 번째로 조사 문제와 관련된 전통적인 이론과 최근의 연구 경향을 파악하며, 세 번째로 관련 분야 조사에서 관행적으로 사용되는 자료 수집 방법이나 통계 분석법까지의 포괄적인 지식을 획득하는 것이다.

단, 문헌조사의 조사 자료들은 2차 자료로서 각종 학술연구지, 상업잡지, 통계자료집, 정부기관이나 관련 산업 협회의 정기간행물 등과 조사 분야 이외의 경영학, 경제학, 사회학, 심리학, 인류학 등의 다양한 학문 분야를 포함하는 출판물이 이에 해당한다. 그러나 조사 문제와 직접 관련된 주제의 자료가 아닌 경우가 많으며 설사 그렇다 하더라도 조사 시점의 시기나 조사 자료의 신뢰성이나 정확성이 보장되어 있지 않으므로 참고 자료로서 활용하는 것이 바람직하다.

- 전문가 의견 조사

조사 문제와 관련하여 전문적인 지식과 경험을 가진 전문가들로부터 정보를 얻는 탐색 조사 방법이다. 본 조사 역시 문제를 규명하고 관련 분야에 대한 지식을 얻음으로써 조사 전반에 대한 조사자의 이해를 높이고 통찰력을 제고하는 것이 목적이다. 특히 문헌 조사를 통해서 얻지 못하는 지식을 전문가를 통해서 얻을 수 있어 문헌조사를 보완할 수 있는 특징이 있다.

전문가 의견 조사의 목적은 첫 번째로, 문제와 관련된 변수들을 파악하고 이들 간의 관계에 대한 전문가들의 견해를 얻으며, 두 번째로, 여러 전문가들로부터 합치된 의견과 지식을 획득하는 것이 아니라 다양한 의견을 접함으로써 문제의 여러 가지 측면을 이해하여 문제의 성격을 보다 깊게 이해하는 것이다.

예를 들어, 앞서 사례 1에서의 온라인 게임과 관련된 조사를 실시한다면, 게임 전문가로서 게임 업계의 칼럼리스트나 게임 제작사의 개발자도 전문가가 될 수 있지만, 실제 게임을 많이 하는 게이머들 역시 전문가로서 조사의 대상이 될 수 있다.

- 표적집단 면접법

표적집단 면접법(Focus Group Interview)는 약어로 FGI라고도 하는 데 조사자가 소수의 응답자 집단을 대상으로 특정 주제와 관련하여 자유로운 토론을 벌이게 하고 이 토론에서 나온 답변들을 모아 필요한 정보를 획득하는 방법이다. 표적집단 면접법은 GDI(Group Discussion Interview)라고도 하며 대표적인 정성 조사의 한 방법이다.

대부분의 FGI의 진행 방식은 비구조적이고 비체계적이며 구성이 정형화 되어 있지 않기 때문에 구조적으로 작성되어 진행되는 다른 형태의 조사와는 달리 조사자에게 지침을 작성해서 이것에 맞추어 진행하도록 한다.

FGI의 특징은 특정 주제에 관하여 진행자가 응답자 집단과 비구조적인 진행 방식으로 대화한다는 것이다. 이는 집단을 대상으로 하기 때문에 구성원들의 상호작용을 현장에서 관찰하고 감지하며 집단 반응에서의 공통점을 확인함으로써 응답자들을 통한 조사 문제에 대한 정보를 획득할 수 있다.

- 사례 조사

사례 조사는 탐색적 조사의 한 방법으로 새로운 아이디어를 발견하고 분야에 대한 이해를 높이기 위해서 수행되는 예비조사라고 할 수 있다. 다면적인 관찰과 조사를 통해서 특정 사례의 특수하고 미묘한 부분을 파악하는 것이 사례 조사의 특징이다.

사례 조사는 특정 사례가 갖는 다양한 속성을 깊이 파악하기 때문에 여러 속성을 연결하여 해당 사례에 존재하는 포괄적인 인과 관계를 심도있게 조사할 수 있다는 장점이 있다. 따라서 연구 대상의 동태적인 변화를 분석할 수 있는 장점이 있다.

그러나 사례 조사는 명제나 가설의 검증을 위한 조사는 아니며, 연구 대상에 대한 기술과 탐구를 주된 목적으로 하고 있다. 따라서 학술적인 측면에서 한 사례에서 얻어진 인과 관계를 다른 사례로 일반화할 수 없으며 다른 사례와의 직접적인 비교도 불가능하다라는 특징을 갖고 있다. 특히 시간과 비용이 많이 소요되기 때문에 탐색 조사로서 사례 조사를 실시하는 경우 이점에 유념해서 실시할 필요하고 있다.

2) 확인적 조사 (Conclusive Research)

가. 인과 조사

인과 조사는 원인(Cause)과 결과(Effect) 변수간의 관계를 규명하기 위해서 사용되는 조사이다. 이 조사를 통해서 확증된 인과 관계를 통해 기업의 의사결정자가 기업이 직면한 문제의 원인을 파악할 수 있으며, 이를 토대로 앞으로의 예측과 더불어 새로운 전략 수립을 통해 문제를 해결할 수 있게 된다.

인과 조사는 조사를 통해 얻어진 인과 관계의 타당성이 명확하게 검증되어야 하며 검증을 위해서는 원인과 결과 변수 이외의 변수에 의한 영향이 철저히 배제된 상태에서 검증이 이루어져야 한다. 특히 인과 관계의 검증 과정에서 결과 변수에 영향을 줄 수 있는 또 다른 변수를 외생 변수(Exogenous Variable)이라고 한다. 한 조사에서 외생 변수의 영향이 강하게 나타나면 실증 자료에 의해서 인과 관계가 검증되었다 할지라고 정확성에 대해서 의문을 갖게 된다. 따라서 외생 변수의 영향을 배제할 수 있는 통제된 조사가 필요하다. 자연 과학에서는 실험실 환경에서 원인 변수 값만의 영향을 파악하기 위한 통제가 가능하나 사회 과학은 개방형 공간으로 결과 변수에 영향을 미칠 수 있는 다양한 외생 변수가 존재할 수 있기 때문에 보다 치밀한 조사가 필요하다. 이를 위해 인과 조사에서는 외생 변수의 효과적 배제를 위한 실험 설계(Experimental Design) 방법을 도입하여 조사를 실시한다.

인과 조사의 목적은 첫 번째로 현상에 대한 원인 변수와 결과 변수를 이해하기 위하여, 두 번째로 예측을 위한 원인 변수와 결과 변수 간의 관계의 본질을 파악하기 위한 것이라고 할 수 있다.

나. 기술 조사

기술 조사(Descriptive Research)는 탐색 조사와는 달리 시장을 구성하는 구성 요소들을 파악하여 이들의 특성이나 기능 등을 밝혀내기 위한 조사라고 할 수 있다. 예를 들어, 기업이 신제품을 출시하기 위해서 새로운 시장에 대한 조사를 통해 시장의 규모와 잠재력을 파악하기 위해서라든가, 현재 제품 구매자들의 인구통계학적인 특성이나 라이프스타일 정보 등에 대한 조사라든가, 새로운 소비 트렌드를 파악하기 위해 연령대별 조사를 실시한다든가, 제품의 시장 점유율 조사를 하기 위해 자사와 경쟁 회사의 매출액 조사를 실시하는 것 등의 조사가 기술 조사에 해당한다.

기술 조사는 아래와 같은 목적으로 인해서 수행하게 된다.[5)]

① 소비자, 판매원, 조직, 혹은 시장과 같은 관련된 집단의 특성을 기술하기 위해

② 일정한 행동을 하는 구체적인 집단에서의 비율을 추정하기 위해

③ 제품 특성의 인지도를 결정하기 위해

---

5) 이명식, 척천규, 구자룡, 마케팅 리서치, 형설출판사, 2005.

④ 마케팅 변수들이 관련되어져 있는 정도를 결정하기 위해

⑤ 구체적인 예측을 위해

기술조사는 시장 조사의 주된 대상은 소비자로부터 영업 사원이나 유통점, 혹은 공급자까지 기업의 수익에 영향을 미치는 다양한 주체들이 대상이 될 수 있으며, 특성에 대한 정보를 획득하게 된다. 즉, 기술 조사는 기업의 현재 상황에서 마케팅과 관련된 내외부 주체들의 특성 파악과 특정 상황의 발생 빈도를 조사하는 것이라고 할 수 있다.

또한 탐색 조사에서 규명된 변수들 간의 관계 즉 상호 관련성 정도를 파악하는 것이 기술 조사의 목적이다. 예를 들어서, 스마트 폰 구매 결정에 인구통계학적 변수는 어떤 관련성을 가지고 있는가를 조사하든가, 소비자의 라이프스타일의 변화가 유기농 식품이나 화장품 등의 매출에 어떤 관련성이 있는지 파악하든가, 성별이나 직업이 온라인 게임 사용 시간에 어떤 영향을 주는 가를 파악하는 형태의 조사가 기술 조사라고 할 수 있다.

또한 기술 조사는 미래 예측에도 활용될 수 있다. 많은 기업들은 효율적인 생산을 위해서 판매량 예측을 한다. 보다 정확한 예측을 통해서 수급의 문제를 해결하고 더 많은 매출을 달성하기 위해서이다. 따라서 기업은 월별, 제품별, 계절별, 고객별, 지역별, 유통매장의 형태별, 제품 수명 주기별로 다양한 매출 자료를 조사하고 이를 토대로 미래의 매출 추이가 어떻게 될 지에 대해서 예측을 한다.

그러나, 예측에서의 기술 조사는 앞서 언급했던 월이나 제품, 계절, 고객, 지역이라는 변수들과 제품 매출액 간의 인과 관계를 규명하는 조사는 아니다. 과거의 변수와 매출액 간의 관련성을 토대로 하여 예측하는 것으로 예측의 결과가 맞을 확률이 높을 것이라는 가정을 토대로 실시하는 것이다. 즉, 기술 조사는 예측이 필요한 변수(매출액)과 관련성이 높다고 판단된 변수(월, 제품종류, 계절 등)를 찾아내어 이를 토대로 미래를 예측하는 것으로 보다 엄밀한 예측을 위

해서는 인과 조사의 형태로 변수를 규명하는 것이 필요하다.

- 탐색 조사와 기술 조사

탐색 조사는 문제를 규명하는 것이 주된 목적으로 이를 위해 문제와 관련된 분야의 배경 지식을 축적하여 통찰력을 얻기 위한 여러 형태의 예비 조사를 실시한다. 탐색 조사의 단계에서는 문제와 관련 변수들을 파악하고 각 변수의 중요성을 이해하는 수준에서 이루어지지만, 기술 조사는 시작 단계에서 그보다 많은 정보를 보유하고 있다.

기술 조사는 문제가 규명되어 있거나 혹은 문제와 관련된 변수들 간의 관계에 대한 정보를 기반으로 하여 실시한다. 기술 조사를 통해서 변수들 간의 관련성을 보다 명확히 규명하고 중요하게 고려해야할 변수들의 특성을 파악하는 조사이다. 따라서 탐색 조사 이후에 실시하는 조사라고 할 수 있으며, 보다 체계적이고 철저한 계획하에서 실시된다.

아래는 기술 조사의 연구 분야와 주요 내용을 정리한 것이다.

[표 4-1] 기술 조사의 조사 분야와 조사 내용

조사 분야	조사 내용
시장 특성	• 시장 크기 • 소비자의 구매력 • 소비자의 인구통계학적, 사회경제적 특성
시장 점유율	• 자사의 시장점유율 • 경쟁사를 포함한 시장점유율의 변화 추이
매출 분석	• 지역별 매출 현황 • 유통 형태별 매출 현황 • 계절별 매출 현황 등 • 고객 1인당 매출액

제품 이미지	• 소비자의 제품 인지도 • 경쟁 제품과 비교한 제품 선호도 • 제품 만족도 • 제품 충성도
제품 사용 행태	• 제품 사용 목적 • 제품 사용 상황
유통 방식	• 현재 매장의 입지 분석 • 매장별 상권 분석 • 제품별 유통 형태 • 유통 경로 구성원 분석
시장 가격	• 제품별 가격 변화 • 가격 민감도

3) 기술 조사의 두 가지 유형

기술 조사는 특정 시점에서 조사 대상 집단의 특성을 조사하는 횡단 조사(Cross Sectional Research)와 특정 조사 대상을 정하여 이들로부터 일정한 시간 간격을 두고 반복적으로 조사하는 종단 조사(Logitudinal Research)가 있다. 각각에 대해서 알아보자.

가. 횡단 조사

횡단 조사는 한 시점에서 조사 대상 집단에서 일회 추출된 표본을 대상으로 한 조사를 말한다. 시장 조사에서 흔히 많이 사용되는 조사로 단일 횡단적 조사(Single Cross sectional Research)와 다중 횡단적 조사(Multiple Cross Sectional Research)로 분류된다. 단일 횡단적 조사는 하나의 응답자 표본이 조사 대상 집단으로부터 추출이 되며 정보는 한 번만 이 표본으로부터 획득된다.

다중 횡단적 조사의 경우 응답자들의 둘 혹은 그 이상의 표본으로 구성이 되며 각 표본으로부터의 정보는 일회 얻어지게 된다. 때로는 다른 표본들로부터 정보가 다른 시기에 얻어지기도 한다. 다중 횡단적 조사는 개별 응답자 수준이 아니라 결합된 수준에서 비교할 수 있도록 실행되기도 한다.

횡단 조사는 종단 조사와는 달리 특정 시점에서의 한 집단 혹은 다수의 집단과의 비교를 통해서 집단의 특성이나 집단 간 차이를 규명하는 조사이다. 따라서 집단의 변화를 보고자하는 종단 조사와는 달리 특정 시점에서의 차이를 보고자 하는 조사이므로 정태적(Static)인 성격을 갖는다고 말한다. 또한 횡단 조사는 한 집단 혹은 다수의 집단 간 차이를 규명하는 조사이기 때문에 조사 대상 집단의 크기가 종단 조사에 비해서는 커야 한다. 횡단 조사의 예를 아래 사례를 생각해 보자.

사례 1. 예를 들어 OO대학교에서는 4학년 졸업 예정 학생들을 대상으로 하여 취업 가능성을 높이기 위한 영어 교육 프로그램을 실시하였다. 세 가지 형태의 프로그램을 실시하였는 데, 하나는 토익 시험 전 1주일 단기 집중 프로그램이었고, 다른 하나는 토익 시험 한달 전에 실시했던 3주 교육 프로그램이었다. OO 대학교에서는 예산상의 제약으로 이번에 실시한 두 프로그램의 성과에 따라서 한 프로그램만을 지속적으로 지원하기로 결정하였다.

위의 예에서는 두 개의 집단이 존재한다. 1주일 단기 집중 프로그램을 이수한 집단과 3주 교육 프로그램을 이수한 집단이다. 두 집단의 성과를 측정하고 비교하기 위해서는 가장 먼저 영어 교육 프로그램을 이수했던 각 집단 학생들의 토익 성적을 집계해야 할 것이다. 그리고 각 집단별 토익 성적의 평균값을 통해서 집단을 비교할 수 있고, 프로그램 중에서 어느 것이 더 높은 교육 성과를 달성했는지 알 수 있을 것이다. 따라서 위의 사례에서는 상이한 영어 교육 프로그램을 이수한 두 개의 집단이 있었고 이들의 비교를 위해서 1회 측정한 토익 점수의 평균을 계산하였다. 비교를 통해서 어떤 프로그램이 더 우수한 가를 평가할 수 있게 된다.

횡단 조사는 시장 조사에서는 시장 세분화에 많이 활용된다. 소비자의 구매 행위는 여러 가지 소비자 개인 특성에 따라 달라질 수 있다. 성별, 연령, 직업, 교육수준, 거주 지역, 자녀수 등에 의해서 구매 행위가 달라질 수 있다. 또한 이들의 라이프스타일이나 가치관, 혹은 심리적 특성에 따라서도 구매 행위가 달라질 수 있다. 횡단 조사는 특정 시점에서 이러한 성별, 연령, 직업, 가치관 등과 같은 다양한 변수들을 기준으로 집단을 나누고 이 집단들 간의 구매 행위에서의 뚜렷한 차이가 있는가를 밝힘으로써 시장 세분화를 위한 적절한 변수를 찾아내는 데 활용되기도 한다.

- 서베이 리서치 (Survey Research)

횡단조사의 일종인 서베이 리서치는 시장 조사에서 가장 많이 사용되는 조사 방법이다. 대인면접법, 우편설문조사법, 전화면접법 등이 대표적인 사례인데, 응답자로 하여금 주제와 관련된 설문에 응답하게 함으로써 실증적인 자료를 수집하여 분석하는 조사방법이다.

서베이 리서치는 조사에서 알고 싶어 하는 응답자들의 반응을 조사할 뿐만 아니라 이들 응답자들의 개인 특성 정보를 수집함으로써 개인 특성에 따른 반응의 차이를 비교하는 형태로 의미있는 결과를 도출해 낸다.

나. 종단 조사

종단 조사는 관심있는 현상을 파악하기 위해서 한 집단을 대상으로 일정한 시간 간격으로 반복 측정하는 형태의 조사이다. 즉, 반복 측정을 통해 일정 기간 동안 조사 대상 집단의 변화를 관찰하고 이를 통해서 의미 있는 결과를 도출하는 목적으로 수행되는 조사라고 할 수 있다.

종단 조사는 한 시점에서의 집단 특성과 집단 간 비교를 목적으로 수행되는 횡단 조사와는 달리 장기간에 걸쳐 이루어지는 조사이기 때문에 동태적(Dynamic)인 특징을 갖고 있다. 또한 교차 분석을 통해 집단 간 차이로 결론을 내는 횡단 조사와는 달리 조사 대상이 되는 하나의 집단으로부터 바로 결과를 도출할 수 있다. 또한 조사의 대상이 되는 집단의 크기도 상대적으로 횡단 조사에 비해서 작지만, 조사가 장기간에 걸쳐 이루어지기 때문에 처음 조사 시점에서의 조사 대상 집단이 계속 유지되어야 하는 것이 난점이다. 종단 조사는 패널 조사, 추세 조사, 코호트 조사의 세 가지 유형이 있다.

4) 종단 조사의 유형

가. 코호트 조사

코호트(Cohort)는 특정 시기에 동일한 사건을 경험한 응답자들의 집단을 말한다. 이들은 같은 경험을 한 동질적인 집단으로 이들의 특성이 어떻게 변화하는 가를 조사하는 것이 코호트 조사의 주된 목적이라고 할 수 있다.

예를 들어 이동통신 회사에서는 특정 단말기 모델의 출시 시점에 가입했던 고객들, 특정 요금제를 도입했을 때 가입했던 고객들, 새로운 이동통신 서비스를 도입했을 때 초기에 가입한 고객 집단을 별도로 구분하여 이들을 대상으로 차별화된 마케팅을 실시하고 있다. 이들 집단은 대표적인 코호트로서 이들의 변화를 지속적으로 관찰하고 조사함으로써 마케팅 전략 수립의 도구로 활용하고 있다.

또한 우리나라의 386세대라고 불리는 1960년대에서 69년도에 태어난 세대들, 베이비 부머 세내들, 그리고 X세대, N세대로 분류되는 젊은 세대들은 모두 동질적인 성향을 지니는 응답자들 집단으로 코호트라고 할 수 있다. 예를 들어 이들을 대상으로 정기적으로 동일한 조사를 실시한다면 이들을 통해서 새로운 소비 트렌드를 알아낼 수 있고, 또한 앞으로의 행동을 예측할 수도 있을 것이다.

코호트 조사는 동일한 사건을 경험한 집단의 수가 다수인 경우에는 모든 대상을 조사하는 것이 아니라 일부를 조사하는 표본 조사의 방식을 택하며, 장기간에 걸친 조사가 이루어지는 중에 조사 대상의 이탈이 있는 경우에는 동일 코호트 내의 다른 조사 대상으로 교체하는 방식으로 조사를 진행할 수 있다.

나. 추세 조사

추세 조사는 조사 대상을 선정하지 않고 일정 기간 동안 반복하여 측정하는 경우를 말한다. 코호트 조사나 뒤에 설명할 패널 조사의 경우 조사 대상을 정하며 가능하다면 조사 대상이 계속 유지될 수 있도록 조사를 진행하는 반면에 추세 조사는 그렇게 하지 않는다.

왜냐하면, 추세 조사의 경우에는 조사 대상이 장기간에 걸쳐 필연적으로 유지될 수 없는 경우에 실시하는 종단 조사이기 때문이다. 예를 들어 우리나라 10대에서 20대를 대상으로 하여 이들의 소비 취향의 변화와 구매력의 변화에 대한 10년 동안의 장기 종단 조사를 실시한다고 하자. 이 경우 조사 초기에는 10대에서 20대에 해당되지만, 조사가 진행되는 과정에서 조사 대상자의 연령이 20대를 넘어서게 되는 경우가 발생한다. 이 경우 이들은 조사 대상에서 빠져야 하는 것이 정확한 조사를 위해 필요하다. 따라서 조사 대상의 특성이 변경되지 않는 코호트나 패널 조사와는 달리 조사 대상의 특성의 변화가 일어나기 때문에 조사 시 매번 다른 표본을 선정하여 조사를 실시하게 된다.

예를 들어, 독신 남성과 여성을 대상으로 한 소비 형태에 대한 조사, 신혼 부부를 대상으로 한 제품 선호도 조사, 청소년을 대상으로 한 온라인 게임 사용 실태 조사 등이 추세 조사의 예가 될 수 있다.

다. 패널 조사

패널 조사는 종단 조사의 대표적인 예로서 특정 조사 대상들을 선정해 놓고 반복적으로 조사를 실시하는 것을 말한다. 엄밀히 말하면 코호트 조사도 일종의 패널 조사의 한 예라고 할 수 있다.

- 패널 조사의 장점

패널 조사의 장점을 정리하면 아래와 같다.

① 조사 대상의 변화를 감지하기가 용이

② 많은 양의 자료 수집이 용이

③ 신뢰성 있는 정보 수집이 가능

패널 조사는 동일한 표본에서 동일한 변수에 대해 반복적으로 측정을 하고 이를 통해 의미있는 결과를 도출하는 것이 장점이다. 패널의 대상이 되는 조사 대상들의 개별적인 행동에서 변화를 살펴볼 수도 있고, 제품이나 서비스 디자인, 광고의 내용과 방식, 제품 패키지, 가격 정책, 유통 등의 마케팅 변수들을 위한 행동 변화의 연결 고리를 알 수 있게 하기 때문에 유용한 조사가 된다. 이는 동일한 조사 대상이 반복적으로 측정되기 때문에 매번 다른 표본을 조사하는 경우와는 달리 표본의 변화로 인한 오류가 없고, 조사 대상의 미미한 변화를 쉽게 감지할 수 있기 때문이다. 또한 패널 조사의 장점으로는 패널을 대상으로 많은 정보를 획득할 수 있다는 점이다. 패널 조사는 패널 참여자에 대한 보상을 해 주기 때문에 자료 조사에 적극 참여하게 된다. 따라서 상세한 정보를 요구하는 질의에 대해서도 적극적으로 응해 준다는 점이다.

패널 조사는 또한 정확한 정보를 얻을 수 있다는 장점이 있다. 횡단 조사의 경우에는 과거의 구매 행동에 대해 정보를 요구하기 때문에 조사자가 정확히 기억을 하지 못하거나 추측하는 과정에서 정보가 왜곡되거나 혹은 무응답이 발생할 수 있다. 그러나 패널 조사는 일정 기간 동안 정기적으로 조사를 하여 조사자의 변화를 지속적으로 기록하는 조사이기 때문에 과거 행동이나 구매 경험 등에 대한 회상에 덜 의존하게 된다. 따라서 횡단 조사에 비해서 정확한 정보를 획득할 수 있다.

- 패널 조사의 단점

패널 조사의 단점은 아래와 같다.

① 패널 구성원들의 대표성이 떨어질 수 있다.
② 응답에 대한 편향(Bias)이 발생할 수 있다.

패널 구성원들의 대표성의 문제는 조사 시작 단계에서의 패널을 구성하는 구성원들이 조사 대상 전체 집단을 대표하지 못하는 경우에 발생할 수 있다. 대표성이 떨어지는 조사 대상자로 구성된 패널은 조사 결과의 정확성이나 일반화에 문제가 발생하게 된다.

패널의 대표성이 떨어지는 경우는 세 가지 원인에 의해서 발생할 수 있다. 첫 번째로, 패널 참여에 대한 거절의 경우이다. 패널은 장기간 참여를 전제로 하고 있으며, 패널 참여자는 보상을 받으나 그에 따른 조사 협조의 의무를 지게 된다. 따라서 참여를 회피하는 조사 대상자들로 인해서 패널의 대표성이 떨어질 수 있다.

두 번째로는 패널 구성원들이 이탈하는 경우 혹은 패널에서 탈락하는 경우를 말한다. 패널이 초기에는 관심을 갖고 참여했으나 어떤 이유에서 패널 참여에 흥미를 잃고 도중에 이탈하는 경우에 패널의 대표성이 낮아질 수 있다.

세 번째로는 패널 참여에 대한 보상으로 인해서 대표성이 떨어질 수 있다. 이는 패널 참여에 대한 특정한 형태의 보상에만 관심을 두고 있는 대상자들만이 패널에 참여하는 경우, 그렇지 않은 사람들이 패널에서 빠짐으로써 패널의 대표성이 떨어질 수 있다. 패널은 조사 대상자 집단을 잘 대표할 수 있는 구성되어야 하나, 보상의 존재나 혹은 보상의 형태에 따라서 특정 계층의 사람들로만 패널이 구성되면 조사 대상자 집단의 일부만을 대표하는 패널이 될 수 있기 때문이다.

패널의 다른 단점은 응답에서의 편향이 발생할 수 있다는 점이다. 패널 조사는 같은 질의 사항에 대해서 일정 기간을 두고 반복 측정되기 때문에, 익숙한 질의로 인한 답변의 오류가 발생할 수 있다. 이를 시험 효과라고도 하는 데, 이미 한번 측정 즉 조사에 임했던 사람들은 측정에 익숙해지기 때문에, 답변에 무성의하게 대답하거나, 조사자에게 잘 보이려고 답변하는 문제가 발생할 수 있다. 즉, 조사자의 질의에 대한 의도를 파악하고 정답을 찾아내어 답변하려는 태도를 보인다는 것이다.

또한 조사 대상자들은 변화가 발생하여 이를 본인이 인지하고 있다 하더라도 이전 답변과 일관되거나 답변을 보다 강화하려는 경향을 보이는 오류를 범하기도 한다. 예를 들어 특정 제품에 대해서 여러 가지 이유로 만족했다라고 답변을 했다면, 추후 진행되는 조사에서도 이러한 자신의 답변을 유지하거나 보다 더 강화하려는 오류를 범할 수 있다는 점이다.

아래는 횡단 조사와 종단 조사와의 차이점을 정리한 표이다.

[표 4-2] 횡단 조사와 종단 조사의 차이

구분	종단조사	횡단조사
변화의 기록 용이성	용이함	불가능
수집할 수 있는 자료의 양	비교적 많음	비교적 적음
수집 자료의 정확성	비교적 정확성이 높음	정확성이 떨어짐
표본의 대표성	낮음	높음
응답의 편향	가능	비교적 적음

3) 탐색적 조사와 확인적 조사의 활용

지금까지 탐색적 조사와 확인적 조사에 대해서 개념과 특징 그리고 유형에 대해서 살펴보았다. 성공적이고 효율적인 조사를 위해서는 상황에 따라서 어떤 조사를 수행해야 하는 가에 대한 명확한 판단이 필요하다. 효과적인 판단을 위해 아래의 기준을 참고하자.[6)]

가. 조사 문제가 발생한 상황이 전혀 알려져 있지 않은 경우라면?

일반적으로 조사 문제와 관련된 상황에 대한 지식이 없는 경우라면, 탐색 조사가 적절하다. 탐색 조사는 문제와 더불어 문제 발생 상황 전반에 대한 이해와 통찰력을 높여주는 데 기여한다.

나. 조사 유형별로 단계별로 적합한 조사는?

일반적으로 탐색 조사는 전반적인 조사 설계의 기본적인 틀에서 초기 단계에 해당하며 대부분의 조사의 경우 확인적 조사로서 기술 조사와 인과 조사가 뒤 따라오게 된다. 특히 조사 문제 해결을 위해 수립하는 가설은 탐색 조사 단계에서 수립되며 기술 조사나 인과 조사를 통해서 검증 된다.

다. 탐색 조사는 항상 모든 조사의 시작이 되어야 하는가?

탐색 조사는 때로 조사의 초기 단계가 아니라 기술 조사나 인과 조사 뒤에 오는 경우도 있다. 이는 다른 조사의 진행 과정에서 알게 된 새로운 사실이나 추가로 알아야 하는 정보가 발생한 경우 중간 단계에서도 탐색 조사를 실시할 수도 있다.

---

6) 이명식, 최천규, 구자룡, 마케팅 리서치, 형설출판사, 2005.

라. 탐색 조사는 항상 시장 조사에서 필요한가?

탐색 조사가 문제를 규명하는 데 필요한 예비조사의 성격을 갖고 있지만, 모든 조사에서 탐색 조사가 필요한 것은 아니다. 조사자가 의뢰자 모두 조사 문제와 발생 상황에 대한 충분한 이해를 갖고 있다면 탐색적 조사를 수행하지 않고 기술 조사나 인과 조사로 진행할 수 있다. 예를 들어, 정기적으로 진행하는 인구조사나 소비자 만족도 조사, 브랜드 선호도 조사 등은 탐색 조사가 필요하지 않은 조사이다.

마. 기술조사와 인과조사는 둘 다 모두 수행해야 하는가?

기술조사는 마케팅 관련 주체나 변수들의 특징을 밝히고 설명하는 조사로서 변수들 간의 관련성 즉 상관관계를 파악하는 조사라고 할 수 있다. 변수 간의 상관관계는 엄밀한 의미에서 원인과 결과의 인과 관계를 밝혀내는 조사는 아니다. 따라서 조사 문제의 성격상 인과 관계를 명확히 파악하여 기업의 의사결정을 해야 하는 조사라면 인과 조사가 바람직하다. 즉, 모든 조사가 인과 조사를 통한 인과 관계의 검증이 필요한 것은 아니다. 인과 조사는 인과 관계를 명확히 함으로써 현상에 대한 체계적이고 논리적인 이론적 틀을 제공한다. 그러나 인과조사는 엄밀한 실험 설계가 필요하고 조사를 수행하는 데 많은 비용과 시간이 수반된다. 또한 새로운 이론 체계를 개발하는 학술적인 연구에 보다 적합하기 때문에 기업의 시급성을 요구하는 의사결정이나 예산의 제약이 존재하는 경우라면 비교적 빠르게 수행할 수 있으면서 조사 목적을 달성할 수 있는 기술 조사가 보다 바람직하다.

Discussion Question
토의 문제

1. 시장조사의 절차에 대해서 서술하라.

2. 조사 대상을 명확히 규정하는 것은 조사 결과에 어떤 관련성이 있는가?

3. 실질적인 조사를 위해서 조사 대상자가 갖추어야 할 요건은 무엇인가?

4. 표본 설계란 무엇을 말하는가? 표본 설계가 필요한 이유는 무엇인가?

5. 조사 결과의 정확성과 일반화를 위한 가장 적절한 표본 설계 방법은 무엇인가?

6. 2차 자료는 무엇인가? 시장 조사에서 2차 자료를 수집하는 이유는 무엇인가?

7. 조사의 유형을 크게 나누면 무엇이 있는가? 각 조사 방법의 목적은 무엇인가?

8. 종단조사는 무엇이며 어떤 조사 방법들이 있는가?

9. 확인적 조사로서 기술 조사와 인과 조사는 어떠한 공통점이 있으며 차이점은 무엇인가?

| 제5장 |

설문지 작성과 시장조사

학습 목표

설문 조사의 개념과 특징에 대해서 학습한다.

설문지 작성의 절차에 대해서 이해한다.

설문 작성을 위한 유의사항을 학습하여 효과적인 설문지 개발 방법을 학습한다.

학습 목차

제1절 설문 조사의 개념과 특징

1) 설문 조사의 개념

설문 조사는 해외 시장 조사를 위한 자료수집방법의 하나로서 조사 목적과 관련된 질문에 답하게 함으로써 자료를 수집하여 조사자의 시장에 대한 이해를 높이고 적절한 마케팅 전략을 수립하는 수단으로 활용된다. 특히 설문 조사는 체계적이고 계획적으로 실증 자료를 수집하여 분석하는 연구 조사 방법이라고 할 수 있다.

2) 서베이 리서치와 설문 조사

설문 조사는 흔히 서베이 리서치(Survey Research)의 한 방법으로 분류된다. 서베이 리서치는 설문지, 전화, 면접 등을 이용하여 응답자로 하여금 연구 주제와 관련된 질문에 답하게 함으로써 실증적 자료를 수집하는 연구 조사 방법이다. 서베이 리서치의 주된 목적은 인과 관계의 규명보다는 현상을 기술하고 설명하며, 예측하고 새로운 사실이나 경향 등을 탐색하는 목적이 있다고 볼 수 있다.

서베이 리서치는 아래와 같은 장점을 갖고 있다.

① 다수의 조사 대상들로부터 많은 정보를 획득할 수 있다.

② 현실을 정확하게 반영하는 자료를 얻을 수 있다.
③ 비교적 타당성이 높은 자료를 수집할 수 있다.
④ 한 번의 조사를 통해서 여러 주제에 대한 연구를 수행할 수 있다.

설문 조사는 서베이 리서치의 한 형태로서 위와 같은 장점을 동시에 갖고 있으나 서베이 리서치가 갖는 단점도 갖고 있다. 서베이 리서치의 단점은 아래와 같다.

① 측정하고자 하는 변수들에 대한 통제가 불가능하다.
② 응답자의 심리적 상태를 파악하기 어려운 경우가 있다.
③ 시계열적인 정보 획득이 어렵다.
④ 많은 연구 지식과 실습 경험이 필요하다.

서베이 리서치의 방법으로는 우편설문조사법 (Mail Questionnaire), 대인 면담법 (Personal Interview), 전화 면담법 (Telephone Interview)가 있다. 각각에 대한 비교를 통해서 설문 조사 방법이 어떤 서베이 리서치에 분류될 수 있는지 알아보도록 하자.

3) 우편설문 조사법

가. 개념과 장단점

우편설문 조사법은 정형화된 양식의 설문지를 우편을 통해 조사 대상에게 발송한 뒤 이를 회수함으로써 정보를 수집하는 방식이다. 조사 대상은 우편으로 받은 설문을 기입한 뒤 조사자에게 반송하는 방식으로 설문에 참여하게 되는 데 이때 수반되는 반송 비용은 조사자가 부담하는 방식이 일반적이다. 우편 설문 조사의 장점은 아래와 같다.

① 설문 조사 과정에서 전문가가 불필요하다.
② 소요 비용이 다른 조사 방법에 비해서 비교적 저렴하다.
③ 면담자의 개인 특성으로 인한 편견(Bias)의 발생을 방지할 수 있다.
④ 조사의 성격상 넓은 지역을 대상으로 조사가 가능하다.
⑤ 익명성으로 인해 솔직하게 응답할 수 있어 자료의 정확성이 높아진다.

우편설문 조사법은 직접 대면을 통한 조사에서 발생할 수 있는 조사자 혹은 면담자의 개인 특성으로 인한 자료 수집에서의 오류 혹은 편견이 발생하지 않는다. 예를 들어 면담 시 조사자 충분히 훈련 받지 않아 조사 대상자에게 불쾌감을 주거나 불성실한 태도로 질의하여 정확한 반응을 얻지 못하는 경우가 발생할 수 있다. 또한 조사 대상자들은 조사자에게 호의적으로 대하려는 경향이 있는 데, 이는 조사자의 뜻에 맞추어 응답하는 결과를 낳게 된다. 이런 점으로 인해서 수집된 자료의 신뢰성에 문제를 야기하게 된다. 우편 설문 조사법은 이러한 문제점이 없다는 것이 장점이다.

우편설문 조사법의 단점은 아래와 같다.

① 답변에 따른 추가적인 질문이 불가능하다.
② 명확하고 직선적인 질문만 가능하다.
③ 응답자에 대한 관리와 통제가 불가능하다.
④ 응답률이 저조한 경향이 있다.

우편설문 조사 시 정형화된 설문지를 통해 조사 대상자가 직접 기입하는 방식으로 자료를 수집하기 때문에 답변에 따라서 추가적인 질문을 할 수는 없다. 또한 조사 시 조사자가 참여하는 방식이 아닌 관계로 응답 과정 중에서 조사 대상자가 질문을 이해하지 못하거나 응답 방식에 의문이 발생하는 경우 이를 해결해 줄 수 없다. 따라서 설문지에 제시된 문항은 매우 명확하고 이해하기 쉬워야 하며 설문 응답 과정에서 모호함이 없도록 자세한 응답 요령을 알려주어야 한다.

또한 우편설문 조사의 대표적인 단점으로는 응답률의 문제가 있다. 조사자가 동석하지 않고 우편을 통해서 설문을 하는 방식인 관계로 조사 대상자는 설문에 응답해야할 필요를 느끼지 못하게 되는 경우가 많다. 이를 위해 조사자는 응답자 중 일부를 추첨하여 선물을 준다거나, 모든 응답자들에게 소액의 금전적 보상을 하는 방식으로 설문 응답을 유도하기도 한다. 그러나 대체적으로 응답률이 다른 서베이 리서치 방식에 비해서 낮은 편이다.

나. 응답률 제고를 위한 방법

우편설문 조사가 갖는 단점으로 낮은 응답률을 높이기 위해서는 여러 가지 방법을 도입하고 있다. 설문 회수율을 높이기 위해 아래와 같은 방법을 취할 수 있다.

① 설문 응답 여부에 대한 지속적인 확인이 필요하다.
② 응답자에게 금전적 혹은 비금전적인 형태의 보상이 필요하다.
③ 설문 과정에서의 철저한 준비가 필요하다.
④ 설문지의 응답을 용이하게 하는 것이 필요하다.
⑤ 설문 조사의 시기를 적절히 하는 것이 필요하다.
⑥ 설문지의 디자인을 효과적으로 구성하는 것이 필요하다.

설문의 회수율을 높이기 위해서 가장 필요한 것은 조사 대상자들에게 응답 여부를 확인(Follow-up)하는 것이다. 설문 조사 전체 기간을 고려했을 때 3번 정도 응답에 대한 확인을 하는 것이 적절하며, 대략 확인은 2~3주 정도에 한번 정도 하는 것이 바람직하다. 설문 조사 전체 기간이 그 보다 작다면 전체 기간을 1/3정도로 나누어 확인한다.

또한 조사 대상자의 응답률을 높이기 위해서는 응답에 대한 보상을 하는 것이 필요하다. 소액을 우편 설문에 동봉하는 경우도 있지만, 그것보다는 설문 응답자 중에서 추첨을 통해 일정액의 돈이나 선물을 제공하는 방법이 비교적 효과적이다. 뿐만 아니라, 조사 대상자에 따라서 조사 결과에 관심을 많이 보이는 사람들도 있다. 따라서 조사 결과를 정리한 연구 보고서 등을 송부하기로 약속하는 것도 응답률을 높이는 좋은 방법이 된다.

또한 설문 참여를 높이기 위한 근본적인 방법은 설문 조사에 대한 치밀한 준비를 하는 것이 필요하다. 우편설문 조사라고 해서 별도의 연락 없이 임의로 발송하는 것은 높은 응답률을 얻지 못하는 결과를 낳게 된다. 사전에 조사 대상자들에게 편지 또는 전화로 연락을 하여 조사에 대한 안내를 하며 가능하다면 조사의 배경이나 목적, 필요성 등에 대해서 조사 대상자들에게 설명을 하는 것이 필요하다. 또한 조사 기간의 종료일을 알려줌으로써 설문 응답자에게 응답을 위한 상세한 안내를 하는 것이 필요하다. 또한 조사 대상자들을 선별하여 응답에 적합한 설문 응답자를 결정하여 이들을 대상으로 우편 발송을 하는 것도 필요하다.

뿐만 아니라, 설문 응답을 편하게 하는 것도 중요하다. 설문 응답 결과를 반송할 수 있는 반송 봉투를 준비하는 것, 설문 내용의 길이를 적절하게 하여 응답하는 데 많은 시간 필요하지 않도록 하는 것, 익명성을 보장하여 조사 대상자의 솔직한 응답을 얻어내는 것 등이 필요하다.

또한 설문 조사의 응답을 목표로 하는 기간 내에 받기 위해서는 조사 시기를 적절하게 정하는 것도 중요하다. 휴가를 많이 가는 기간, 명절이나 공휴일이 있는 기간, 연말이 있는 기간 혹은 조사 대상자들의 소속 기관이나 지역 혹은 문화권에 따라 설문 응답을 하기 어려운 기간을 피해서 조사 시기를 잡는 것이 필요하다. 마지막으로 설문서의 디자인을 효과적으로 하는 것도 중요하다. 설문서의 크기나, 모양, 색깔 등이 설문 응답을 편하고 용이하게 할 수 있도록 한다.

2) 대인면담법

가. 개념과 유형

대인면담법은 조사자 혹은 면담자가 조사 대상자와의 직접적인 대면을 통해서 연구에 필요한 자료를 수집하는 방법이다. 조사 주제에 대해 응답자가 자신의 느낌이나 생각을 자유롭게 이야기하도록 함으로써 원하는 답을 이끌어내는 방식인데 이 과정에서 조사자는 응답을 이끌어내기 위해 여러 가지 질문을 하게 되며, 응답에 따라 응답자에 따라 다른 질문을 하게 된다. 대인 면담법은 응답자의 수에 따라서 두 가지 유형으로 나누어진다.

나. 심층면접법

심층면접법은 어떤 주제에 대해 한 응답자가 그의 느낌과 생각 혹은 신념을 자세히 묘사하거나 자유롭게 이야기하는 과정에서 조사 문제 해결을 위한 자료를 수집하는 방법이다. 이 과정에서 조사자는 응답자에게 다양한 질문을 던지게 되는 데 질문의 내용이나 회수는 응답에 따라서 달라진다. 이런 특징 때문에 정형화된 설문지 방식의 조사와는 달리 비정형화된 방식의 조사 방법이라고 한다.

비정형화된 조사에서는 응답자의 정확한 응답을 이끌어내기 위한 조사자의 조사 문제 이해도가 중요하다. 연구 문제에 대한 정확한 이해를 하고 있고 해결을 위해 필요한 정보가 무엇인지 정확히 인지하고 있어야 응답에 따라 적절한 질문으로 던짐으로써 원하는 자료를 얻을 수 있다. 이런 점 때문에 조사자들은 연구 문제에 대한 충분한 이해를 해야 하며, 응답자의 솔직한 응답을 유도하기 위해 조사 과정에서 편안한 분위기를 유도할 수 있어야 하며, 응답자가 이해하기 쉽게 질문을 던지고 이를 체계적이고 명확하게 정리할 수 있는 충분한 훈련이 되어 있어야 한다. 특히 조사자는 모든 응답자들이 자신의 느낌이나 태도, 신념을 표현하는 데 능숙하지 못하기 때문에 응답자들 스스로 생각을 정리할 수 있도록 유도해야 하며, 응답을 정확히 이해하고 이를 체계적으로 받아 적을 수 있도록 충분한 훈련을 해야한다.

다. 표적집단면접법

표적집단면접법은 심층면접법의 변형이라고 볼 수 있는 데, 조사자가 소수의 응답자 집단에게 특정의 주제에 대하여 토론을 벌이게 하는 과정에서 조사 문제 해결을 위한 자료를 수집하는 방법이다. 자유로운 토론 과정에서 조사자는 토론 참여자들의 반응을 통해 이들의 태도, 믿음, 느낌 등을 정리하여 자료를 정리하게 된다.

표적집단면접법에서 중요한 것은 조사자가 모든 사람들이 토론에 참여할 수 있도록 분위기를 만들어 주는 것이 필요하며, 토론이 조사 문제에서 벗어나는 경우 토론에 개입하는 것이 필요하다. 또한 한두 사람에 의해서 토론이 좌우되는 경우 모든 사람의 참여가 일어날 수 있도록 조사의 개입이 필요하다.

표적집단면접법의 경우 역시 조사자는 자유로운 토론이 일어날 수 있도록 개입하고 응답을 유도하기 위해 적절한 시점에서 개입과 질의를 할 수 있어야 하며, 응답자들의 반응을 체계적으로 정리하고 연구 문제에 대한 깊은 이해를 갖고 있도록 충분한 훈련이 되어 있어야 한다.

라. 대인면담법의 장단점

대인면담법 역시 장단점이 존재하는 데, 장점은 아래와 같다.

① 응답률이 높은 편이다.
② 미응답 항목이 줄어든다.
③ 잘못된 응답이 줄어든다.
④ 설문외의 응답자의 배경을 알 수 있다.

대인면담법의 경우 심층면접법이나 표적집단면접법 모두 직접 대면을 통해서 응답자 혹은 응답자들 집단으로부터 자료를 수집하는 방법이기 때문에 응답률이 높은 편이다. 특히 조사자가 직접 대면하지 않고 응답자가 직접 기입하는 방식인 우편설문 조사법과는 달리 대인면담법에서는 미응답이나 잘못된 응답의 문제가 발생할 가능성이 낮다. 이는 대인면담법을 통해서 자료 조사를 하는 경우, 설문지 응답 시에 문항에 대해 잘 이해하지 못해서 답을 못하여 미응답(Missing) 항목이 발생하거나 잘못된 응답을 하는 경우가 발생하는 일이 적다는 것이다. 이는 조사자가 응답자와 상호 작용을 하는 방식으로 자료를 수집하기 때문에 질문 과정에서 발생할 수 있는 오해가 줄어들기 때문이다.

대인면담법의 단점은 아래와 같다.

① 응답자에 대한 편견이 존재할 수 있다.
② 조사자의 훈련 정도에 따라서 자료 정확성의 문제가 발생할 수 있다.
③ 비용과 시간이 많이 소요 된다.

조사자는 응답자와의 면담을 통해서 자료를 수집하는 과정에서 응답자에 대한 편견을 갖게 되는 경우가 있다. 응답자와의 대화 과정에서 얻을 수 있는 응답자의 신상 정보, 외모나 태도 등에 의해서 영향을 받아 편향된 판단에 근거한 자료 수집을 할 수 있게 된다.

뿐만 아니라 조사자는 연구 주제에 대한 충분한 이해와 면담 진행 방식에 대한 충분한 훈련을 받지 않았을 때 정확한 자료 수집의 문제가 발생할 수 있다. 응답자의 답변이 모호하거나 충분하지 않을 때 적절한 질문을 통해 응답을 유도하고 정확한 느낌, 태도, 믿음에 해당하는 정보를 수집해야 하나, 충분한 훈련이 되지 않아 능숙하지 못한 조사자의 경우 그렇지 못하게 된다.

또한 대인면담법은 비용과 시간이 많이 소요된다는 단점이 있다. 심층면접법이나 표적집단면접법은 다수의 조사 대상자를 대상으로 하나의 설문지를 사용하여 동시에 진행할 수 있는 우편설문조사법과는 달리 응답자 한 사람씩 대면을 통해 조사해야 하며, 응답자에 따라서 자료 수집 시간이 달라지며 응답 질문도 상이할 수 있는 비정형화된 형태의 자료 획득 방법인 관계로 시간이 많이 소요된다. 또한 면담 방식으로 이루어지기 때문에 응답자들의 적극적 참여를 요구하는 관계로 응답자 섭외 및 참여에 대한 보상 등의 문제로 인해 비교적 많은 비용이 소요되는 특징을 갖는다.

마. 대인면담법에서의 조사자의 요건

앞서 대인면담법의 단점에서도 언급했듯이 대인면담법에서의 조사자는 충분히 훈련이 되어 있어야 한다. 이들은 아래와 같은 준비가 되어 있어야 한다.

① 조사 문제 관련 분야에 대한 지식

② 단정한 용모와 태도

③ 설문 내용과 목적에 대한 숙지도

④ 설문 문항을 정확히 전달할 수 있는 능력

⑤ 응답에 대한 체계적인 기록 능력

⑥ 응답의 구체적 진위 여부에 대한 확인 능력

조사자는 응답자와의 면담에서 응답을 유도할 수 있는 용모와 태도가 필요하다. 응답자를 불편하게 만드는 자세나 질문 방식 등은 정확한 자료 수집에 장애가 될 수 있다. 또한 설문 내용과 목적에 대해 명확히 알고 있는 것도 중요하다. 응답자에 대한 기본적인 문항은 주어지나, 응답자의 반응에 따라서 적절히 질문을 던져 조사에서 얻고자 하는 정확한 정보를 얻을 수 있어야 하는 데, 이를 위해서는 설문의 목적에 대해 상세히 알고 있어야 한다.

또한 조사자는 조사 문제와 관련 분야의 배경 지식도 보유하고 있어야 한다. 응답자는 면담 과정에서 조사자에게 질문을 던질 수도 있다. 이런 과정에서 조사자는 조사 문제에 대한 배경 지식을 동원하여 응답자에게 설명해야 하는 경우가 발생할 수도 있다. 이런 경우 조사자의 문제에 대한 배경 지식이 도움이 된다.

또한 설문 문항을 명확하게 이해시키고 전달하는 능력, 그리고 응답자의 응답을 조사 문제를 해결하는 데 도움이 될 수 있는 정보로 체계화하여 기록하는 것 역시 조사자가 가져야할 필수적인 요건이다. 또한, 응답자의 응답이 잘못된 응답이거나 의도적으로 감추거나 왜곡하는 경우에 이를 파악할 수 있는 능력이 필요하다. 솔직하고 정확한 응답을 유도하며 그렇지 않은 응답을 배제할 수 있는 조사자의 역량이 필요하다.

3) 전화면담법

가. 개념과 특징

전화면담법은 조사 대상자를 결정하고 전화를 통해 응답자에게 필요한 자료를 습득하는 방법이다. 전화면담법은 대인면담법에 비해서는 응답자에게 많은 불편함을 끼치지는 않으며, 직접적으로 응답자와 상호작용하기 때문에 우편설문조사법에 비해서 정확한 정보를 얻을 수 있다. 그러나, 전화상으로 이루어져 질의 시간이 제한적이 될 수밖에 없기 때문에, 대인면담법에 비해서는 상세한 정보를 얻는 데에는 한계가 있다. 왜냐하면, 전화상으로 이루어지는 조사의 경우 응답자가 집중하는 데에 한계가 있기 때문이다.

나. 전화면담법의 장단점

전화면담법은 아래와 같은 장점이 있다.

① 시간과 비용이 절약된다.
② 용모에 대한 신경을 쓸 필요가 없다.
③ 전화 상으로 이루어지기 때문에 상호 안전하다는 특징이 있다.

전화면담법은 대인면담법에 비해서 시간과 비용이 많이 절약된다. 우편설문조사법에 비해서는 시간과 비용이 많이 들지만, 대인면담법에 비해서는 적게 든다. 또한, 전화 상의 면담이므로 조사원의 용모 등과 같은 외형적인 부분에서의 고려가 불필요하다. 특히 대인면담법의 경우 조사원에 대한 훈련과 요건이 매우 중요하나 전화 면담법의 경우 비교적 정형화된 질문의 형태로 조사가 이루어지기 때문에 조사원에 대한 훈련의 필요성도 높지 않은 편이다.

전화면담법의 단점은 면담 시간의 제약이 있다는 것이고, 응답자의 전화 수신 장소나 시간에 따라서 응답의 정확성이 떨어질 수 있다는 점이다. 전화를 통한 설문 조사의 대표적인 한계점으로 전화 통화 시간의 제약이 있다. 전화를 통한 설문의 경우에는 응답자가 편의에 의해서 언제든지 응답할 수 있는 우편설문 조사나 응답자의 적극적 참여에 의해서 진행되는 대인면담법과는 달리 응답자가 오랫동안 전화상으로 설문 조사를 지속하길 원하지 않는 경향이 있다. 5분에서 10분 정도로 진행되는 것이 좋으며 10분을 넘게 되면 응답자는 설문에 집중하지 않거나 설문을 진행하더라도 응답자로부터 성실한 답변을 얻기가 어려워진다.

뿐만 아니라 전화를 받는 장소나 시간이 설문 응답이 어려운 경우라면 설문 진행이 아예 불가능하거나 하더라도 정확한 답변을 얻기 어려워진다. 따라서 전화면담법의 경우에도 성실한 응답을 위해서는 사전에 전화응답과 관련한 이메일이나 팩스 등의 다른 매체를 통해 공지를 하거나 참여 여부에 대한 회신을 받고 진행을 하는 방식을 취하는 것이 응답률을 높이고 성실한 답변을 구할 수 있다.

제2절 설문지 사용의 장단점

설문지를 사용하여 조사를 하는 경우에는 아래와 같은 장점이 있다.

① 일시에 측정하므로 측정 도구 변화에 따른 오류를 최소화할 수 있다.
② 오류 최소화를 통한 설문 조사 결과의 비교가 용이하다.
③ 빠른 시간에 핵심 정보의 수집이 용이하다.
④ 응답의 용이성과 정확성을 높일 수 있도록 응답형태를 정형화할 수 있다.

설문지를 사용하여 조사를 하는 경우에는 조사하고자 하는 변수를 측정하는 도구의 변화로 인한 측정 상의 오류를 줄일 수 있다. 이는 설문 문항은 조사 대상자들이 누구이건 간에 동일한 형태로 제시되기 때문에 설문지를 사용하지 않는 심층 면접법이나 집단 면접법과는 달리 측정 도구 즉 질문 문항이 변화하지 않기 때문이다. 또한 이런 측정 도구의 일관성은 조사 대상 집단이 다수인 경우에 집단 간 비교 시에도 도움이 된다.

또한 설문지 사용의 경우 면담법에 비해서 빠른 시간 내에 조사 대상자들로부터 필요한 정보를 수집할 수 있으며 응답의 용이성과 정확성을 높일 수 있는 문항을 제시하여 자료의 정확성을 높일 수 있다.

설문지를 사용하는 경우의 단점은 아래와 같다.

① 응답의 배경이나 원인을 분석하는 것이 곤란하다.
② 설문 응답자의 적격성 여부를 파악하는 것이 어렵다.

설문 문항은 객관적이고 일관된 측정 도구이긴 하나 조사 대상자의 특정 응답을 하게 된 배경이나 원인을 파악하는 데에는 한계가 있다. 대인면담법의 경우에는 응답에 대한 추가적인 질문을 통해서 왜 특정 답변을 했는지 이유를 확인하는 과정에서 수집된 자료의 정확성을 높일 수 있으며 응답의 진위 여부에 대한 파악을 할 수 있으나 설문지의 경우 그러나 추가적인 질문이 불가능하다는 단점이 있다.

제3절 설문지 작성의 절차

1) 설문지 작성의 개요

설문 조사의 시작 전 완성되어야 할 설문서는 조사 문제의 해결을 위한 조사 대상자에 대한 자료 수집의 수단으로써 응답자로부터 정확한 정보 수집을 할 수 있는 목적을 달성해야 한다.

설문지는 한번 완성되어 자료 수집을 하게 되면 잘못된 문항으로 인해 재설문을 하는 것이 사실상 불가능하기 때문에 처음 작성 단계에서 치밀한 검토가 필요하다. 따라서 설문지의 작성 단계에서 일차적으로 설문지를 만들고 이것을 조사 대상자의 일부나 혹은 관련 조사 문제의 전문가 등을 대상으로 설문지에 대한 사전 검토를 실시하는 것이 필요하다.

설문지의 문항 작성은 정해진 원칙이 있는 것은 아니다. 즉, 조사 문제의 해결을 위한 자료 수집을 위해서 사용할 수 있는 문항의 형태는 설문지 작성자에 따라서 다양한 형태로 만들어질 수 있다. 그러나 설문 문항이 정확한 자료 수집을 위한 목적을 달성하려면 꼭 지켜져야 할 유의사항들이 있다.

그렇다면 설문지 작성의 절차와 좋은 설문지 작성을 위한 방법들에 대해서 알아보도록 하자.

2) 설문지 작성의 절차

설문지 작성의 절차는 아래의 8단계로 구성된다.

① 필요한 정보를 결정한다.
② 자료 수집 방법을 결정한다.
③ 개별 설문 항목의 내용을 결정한다.
④ 설문 문항의 질문 형태를 결정한다.
⑤ 설문 문항을 완성하고 검토한다.
⑥ 질문(문항) 순서를 결정한다.
⑦ 설문지의 외형을 결정한다.
⑧ 설문지에 대한 사전 검토를 실시한다.

그러면 각각의 단계에 대해서 하나씩 설명하도록 하자.

3) 필요한 정보의 결정 (1단계)

설문지는 조사 문제를 해결하기 위한 자료 수집의 수단으로서 작성된다. 문제를 해결하기 위해서 조사자는 해결 방법을 찾기 위한 가설을 세우고 이를 검증하기 위한 실증 자료를 수집하게 된다. 모든 조사가 가설을 세우고 이를 검증함으로써 새로운 이론을 개발하고 이를 적용하는 형태로 진행되는 것은 아니다. 예를 들어 새로운 해외 시장 개척을 위한 시장에 대한 탐색을 위한 형태의 조사가 될 수도 있고, 이미 진출한 시장에서 새로운 제품을 출시하기 위한 제품 컨셉(Concept)을 만들기 위한 조사일 수도 있다. 때로는 제품의 디자인이나 포장, 가격 등에 대한 소비자 반응을 확인하고 이를 신제품에 반영하기 위한 조사가 될 수도 있다.

어떤 조사 목적이건 간에 조사자는 문제 해결을 위해 측정하고자 하는 여러 가지 개념들이 존재하며 이 개념들 간의 관계를 알고 싶어한다. 특정 포장 재질을 선택했을 때 소비자들의 만족도는 어떻게 될 것인가? 가격을 낮추었을 때 구매자들의 제품에 대한 이미지는 어떻게 변화할 것인가? 소비자들에게 구매 시에 마일리지 제공과 같은 금전적인 보상을 해 준다면 소비자들의 충성도가 높아질 것인가?

위와 같은 질문들에 대한 답을 구하기 위해서는 만족도, 제품에 대한 이미지, 충성도와 같은 개념들에 대한 측정이 필요하다. 이러한 개념들의 측정을 통해서 개념들 간의 관계 즉, 가격과 제품에 대한 이미지, 금전적인 보상과 충성도, 포장 재질의 변화에 따른 만족도 변화를 파악할 수 있다. 개념들에 대한 측정을 위해서 각 개념들은 조작적 정의(operational definition)의 형태로 재구성된다. 이는 설문 문항으로 개념을 측정하기 위해서 현실 세계에서 관찰할 수 있는 형태의 개념들로 재정의하는 것을 말한다. 예를 들어 소비자 만족도는 매우 추상적이고 구체적이지 않은 개념이다. 이 개념에 대해서는 조사자 뿐만 아니라 응답자들마다 다른 형태로 해석할 수 있다. 이 경우 측정을 위해서는 만족의 정도에 따라서 현실 세계에서 관찰이 가능한 소비자들의 행동이나 태도에 대한 문항을 사용하여야 한다.

정리하면, 필요한 정보를 결정하는 것이란, 조사 문제 해결을 위한 개념들의 측정을 위해서 구체적으로 어떤 정보를 획득해야 하는 지에 대한 문제로서 조사 대상자들의 응답을 통해서 얻어지는 태도나 신념, 느낌 등의 다양한 형태의 정보를 규정하는 것이라고 할 수 있다.

4) 자료 수집 방법의 결정 (2단계)

앞서 서베이 리서치의 유형으로 대인면접법과 전화면담법 그리고 우편설문조사법에 대해서 소개 하였다. 자료 수집 방법을 결정하는 단계에서는 위와 같은 세 가지 유형 중에서 어떤 방식을 택할 것인지 결정한다. 자료 수집 방법의 결정과 관련해서 중요한 고려 사항으로는 아래와 같은 것들이 있다.

① 복잡한 질문을 다룰 수 있는 정도
② 방대한 양의 자료 수집 여부
③ 얻어진 자료의 정확성
④ 면담자 영향의 통제가능성
⑤ 조사에 필요한 시간과 비용
⑥ 응답률

위의 여섯 가지 고려 사항들은 서베이 리서치의 세 가지 유형에 따라서 달리 나타나는 특징으로 대인면접법의 경우 복잡한 질문을 다루거나 방대한 양의 자료 수집, 정확성 면에서 우수하다고 할 수 있다. 조사에 필요한 시간과 비용 측면에서는 우편면접 조사법이 우수하며, 면담자 영향의 통제가능성 부분에서는 전화 상으로 이루어지는 전화면접법이나 우편면접 조사법이 상대적으로 높다고 할 수 있다.

또한, 전화면접법의 경우에는 앞서 언급했듯이, 전화 상으로 이루어진다는 특징으로 조사 시간의 제약이 있다. 따라서 설문지를 길게 만드는 경우 응답자의 성실한 답변을 이끌어 내기가 어렵다. 또한 우편설문 조사법의 경우에는 조사자가 배석하지 않은 상태에서 이루어지는 설문 조사이므로 비용 측면에서의 이점이 있고, 조사 시간의 제약이 없다는 점이 있으나, 응답자 스스로 설문을 진행할 수 있도록 설문 응답이 용이하고 문항이 치밀하게 구성되어야 하며 상세한 지시 사항이 첨부 되어야 한다.

위와 같은 특징으로 인해 설문지의 작성 전에 자료수집방법을 결정한 뒤에 설문지의 형태와 양, 그리고 표현 방식을 결정해야 한다. 각각의 자료 수집 방법에 따라서 특히 유의해야 할 점을 알아보자.

가. 대인면접법과 설문지 작성

대인면접의 경우 면접 시간이 길어질수록 호응도가 낮아지며 무응답의 비율이 높아진다는 특징을 보인다. 특히 1시간이 넘으면 이러한 경향이 높아지는데 이를 위해서는 면접 문항의 결정과 응답의 예상 시간을 고려하여 적절한 분량의 문항을 결정하는 것이 필요하다.

특히 대인면접법의 장점으로 자유응답형의 문항을 통해 응답자로부터 상세한 답을 구할 수 있다는 장점이 있고, 특정 응답을 하게 된 배경이나 이유를 파악하기 용이하지만, 조사자의 역량이나 기분 상태, 태도 등에 따라서 응답이 달라질 수 있기 때문에, 면접 문항의 일관성과 표준화에 초점을 두는 것이 필요하다.

나. 전화면접법과 설문지 작성

전화면접법의 경우 집전화나 휴대전화 등을 통한 면접 방법으로 최근 집전화보유 가정의 수가 줄어들면서 휴대전화를 통한 면접 비율을 높이는 조사들이 늘어나고 있다. 전화 면접법의 경우 조사자의 용모, 태도 등에 의한 영향이 비교적 적지만 설문의 길이가 길 경우 응답률이 떨어지는 경우가 많다. 또한 전화상으로 진행되기 때문에 시간의 제약이 있고, 이러한 제약으로 인해서 설문 문항은 간결하고 명확하게 하는 것이 중요하다. 알려진 바에 따르면 전화 설문의 질문과 응답 시간을 포함하여 10분 이상 넘게 되면 성실한 응답을 기대하기 어렵다고 한다.

다. 우편조사법과 설문지 작성

우편조사법의 경우 설문의 길이가 전화면접법에 비해서는 길게 제시할 수 있으나, 대략 30분 이내에 완성할 수 있는 길이로 만드는 것이 좋다. 또한 설문 문항을 구성할 때 상세한 작성 요령을 제시하여 무응답이나 왜곡된 응답이 나오지 않도록 구성하는 것이 필요하다.

5) 개별 설문 항목의 내용 결정 (3단계)

개별 설문 문항을 만드는 단계에서는 아래와 같은 사항을 유념하여 문항을 작성해야 한다.

① 응답자가 설문 문항에서 요구하는 정보를 알고 있는가?
② 꼭 필요한 질문인가?
③ 응답자가 문항에서 요구하는 정보를 제공해 줄 수 있는가?
④ 한 문항으로 충분한가?

설문 문항 중에는 응답자가 문항에서 요구하는 정보를 알지 못하는 경우가 있다. 특히 알더라도 정확하게 알고 있지 못하는 경우, 응답자는 추측에 의해서 응답을 하게 되는 데 이 과정에서 자료의 왜곡이 일어날 수 있다. 따라서 설문 문항은 응답자가 정확하게 대답할 수 있는 것을 묻는 형태로 만들어져야 한다. 정확하게 응답하기 어려우나, 조사에 따라서는 꼭 필요한 정보이고, 응답자를 통해서 반드시 알아내야만 하는 정보일 수도 있다. 이 경우 정확하게 답변할 수 있는 형태의 정보를 묻는 방식으로 문항을 개선할 필요가 있다. 예를 들어, 편의점에 대한 소비자의 만족도와 인지도 조사를 하기 위해서 '당신의 거주지 100m

이내에 있는 편의점은 몇 개인가요?'라는 질문에 답변하기 위해서 응답자는 거주지 100m 이내가 어디 까지를 말하며 거주지 100m 이내의 주변 거리를 모두 정확히 알고 있어야 한다. 이 경우 정확한 답변을 얻어내기가 힘들다. 이 설문 문항을 보고 응답자 스스로 조사를 해 볼 수도 있을 것이다. 그러나 이 경우 대부분이 응답자는 응답을 포기하거나 잘못된 추측에 의한 왜곡된 자료를 기입하게 된다.

또한 응답자가 정보를 제공할 수 있는 문항인지에 대해서도 확인이 필요하다. 즉, 응답자는 정확한 답을 갖고 있으나 현실적으로 답을 즉시 제시하는 것이 불가능하거나 불편한 경우를 말한다. 예를 들어, 답을 제시하기 위해서 시간과 비용을 들여야 하는 경우로 '작년 한 해 정기예금으로 납입한 금액은 얼마입니까?'라는 질문을 생각해 보자. 이 경우 답은 분명히 존재하나 이것을 모두 계산하려면 통장을 확인해 보거나 인터넷 뱅킹 사용자라면 인터넷 내역을 모두 조회해서 계산해 봐야 한다. 이 경우 응답을 위해 많은 시간이 필요하게 된다. 또한, 질문 자체가 구체적이지 못해서 정보를 제공하지 못하는 경우도 있다. 예를 들어 '당신이 가장 좋아하는 스마트폰 디자인은 어떤 것입니까?' 라는 질문을 생각해 보자. 분명 응답자가 좋아하는 스마트폰 디자인이 존재하나 이것을 구체적으로 표현하는 데는 어려움이 있을 것이다. 이러한 질문 역시 정보 제공을 어렵게 하는 곤란한 질문이다.

또한 응답자가 답을 회피하는 질문인 경우도 이에 해당한다. 예를 들어 사람의 신상과 관련된 민감한 정보에 해당하는 경우로 '당신의 체중은 어떻게 되느냐'라는 질문을 생각해 볼 수 있다. 응답자에 따라서는 크게 개의치 않을 수도 있으나 본인의 체중에 대해서 알리고 싶지 않은 사람들은 정확한 답이 있어도 답변을 회피하게 된다. '당신의 월소득은 얼마나 되는가?', '당신은 하루에 몇 시간 게임을 하는가?', '당신은 범죄에 연루된 적이 있는가?' 등의 질문은 응답자에 따라서 답변을 회피할 수 있는 질문들이다.

또한 질문에 따라서는 두 번 이상으로 나누어 질문이 필요한 경우가 있다. 예를 들어, 스마트폰의 만족도에 대한 조사를 한다고 해 보자. '당신이 사용하는 스마트폰에 대해서 만족하십니까?'라는 질문을 하게 되는 경우 응답자에 따라서는 스마트폰을 사용하지 않는 사람들도 있을 것이다. 이 경우 이 문항으로 조사하는 경우 사용하지 않는 응답자들은 무응답을 할 수 밖에 없을 것이다. 따라서 이 경우 두 개의 문항을 사용하여 사용자의 스마트폰 보유 여부를 묻고 보유한 사람에 한해서 만족도를 묻는 것이 바람직하다.

6) 설문 문항의 질문 형태 결정 (4단계)

설문 문항의 질문 형태는 자유응답형, 다지선다형과 양자택일형의 형태 중에서 하나를 결정하면 된다. 각 형태에 따라서 수집된 자료의 분석 방법이 달라지며, 자료 내용의 상세 정도 등도 차이를 보이게 된다. 각각에 대해서 알아보도록 하자.

가. 자유응답형

자유응답형은 말 그대로 응답자가 자신의 응답에 제약을 받지 않고 자유롭게 자신의 의견을 기입할 수 있는 형태이다. 예를 들어 아래와 같은 형식의 문항이라고 할 수 있다.

사례 1. 당신이 스마트폰을 구입할 때 중요하게 고려하는 것은 무엇입니까?
사례 2. 당신은 군가산점 제도의 부활에 대해서 어떻게 생각하십니까?

자유응답형은 다지선다형이나 양자택일형과는 달리 응답자에게 응답의 자유롭게 응답을 해 줌으로써 응답자에게 설문 주제에 대해서 생각할 수 있는 기회를 제공하며 응답자를 존중하는 느낌과 더불어 참여와 협조를 유도하는 효과가 있다.

자유응답형의 장점은 앞서 언급했던 설문 주제에 대한 주의 환기와 더불어 생각할 수 있는 여지를 제공하여 참여를 유도하는 것과 더불어, 응답자의 모든 가능한 답변에 대한 자료를 수집할 수 있다는 장점이 있다. 특히 다지선다형이나 양자택일형과 같이 응답의 예시를 제공하는 경우와는 달리 응답을 제한하지 않음으로써 조사자가 생각하지 못했던 부분에 대한 정보를 응답자를 통해서 알아낼 수 있다는 장점이 있다. 따라서 자유응답형 문항은 본격적인 조사 수행 전에 이루어지는 탐색 조사에서 많이 활용되는 문항 형태이다.

반면 자유응답형은 응답에 제한이 없기 때문에 다양한 응답에 대한 자료 처리가 필요하다는 단점이 있다. 자료 수집 뒤에 분석을 위한 자료의 분류 및 변환 과정 즉 자료 코딩(coding)이 필요한데, 자유 응답 문항의 경우에는 응답을 모두 일정한 기준에 따라서 분류하여 각각에 일정한 수치를 부여하는 과정이 필요하다. 더 큰 문제는 다양한 응답들이 몇 개의 항목으로 명확히 분류되지 않는 경우에는 응답의 유형이 많아져서 통계분석 후 이를 해석하는 데 어려움이 있게 된다. 때로는 일부 응답의 경우에는 분석을 위해 제외되거나 기타 항목으로 분류되어 조사결과에 반영되지 않는 경우가 발생하기도 하기도 한다.

나. 다지선다형

다지선다형은 흔히 중학교나 고등학교에서 볼 수 있는 객관식 문항의 시험 문제와 유사한 형태의 설문 문항을 말한다. 즉, 자유응답형에서 응답에 대한 제한 없이 자유롭게 서술할 수 있도록 하였다면, 다지선다형은 응답의 예시를 제공하고 이 중에서 응답자가 자신의 태도나 느낌과 일치하는 것을 고르도록 하는 방식이다. 아래는 다지선다형의 사례를 들고 있다.

사례 1. 스마트폰을 구매할 때 가장 중요하게 생각하는 것은 무엇인가요?( )

① 가격

② 브랜드

③ 사용용이성

④ 기능

⑤ 사후서비스 (AS)

사례 2. 당신은 군 가산점 제도의 부활이 필요하다고 생각하나요? ( )

① 매우 그렇다

② 그렇다

③ 보통이다

④ 아니다

⑤ 매우 아니다

사례 3. 당신의 학력은 어디에 해당되나요? ( )

① 초졸

② 중졸

③ 대졸

④ 대학원졸 이상

⑤ 무학

다지선다형의 장점은 아래와 같이 정리될 수 있다.

① 조사 대상자의 설문 협조가 용이하다.

② 조사 결과의 집계와 분석이 용이하다.

③ 응답 과정에서의 오류를 최소화할 수 있다.

다지선다형은 응답자에게 응답 예시를 제공함으로써 응답의 용이성을 높여주는 장점이 있다. 따라서 빠른 응답을 필요로 하거나 응답자가 조사 주제에 대한 배경 지식이 없는 경우에 답변 예시를 제공하여 수월하게 응답함으로써 자료를 수집할 수 있는 장점이 있다. 즉 협조가 용이하다.

또한 다지선다형은 응답 결과를 집계하고 분석하는 데 매우 용이하다. 자유응답형의 경우 응답을 분류하고 분류된 응답들에 수치를 부여하는 별도의 코딩 작업이 필요하나 다지선다형은 번호화된 예시를 제공하고 이를 집계하기 때문에 자료 코딩과 분석이 쉽게 진행된다.

마지막으로 다지선다형은 응답 예시를 제공함으로써 응답 과정에서 발생할 수 있는 오류가 최소화된다. 이는 자유응답형의 경우 설문 문항을 잘못 이해하여 잘못된 응답을 할 수 있는 데 반해 다지선다형은 사실상 답변 예시를 제공함으로써 응답자가 문항에 대한 잘못된 이해를 예시를 통해서 수정할 수 있는 가능성이 있어 정확한 응답을 유도할 수 있다.

반면에 다지선다형은 아래와 같은 단점이 있다.

① 많은 비용과 시간이 필요하다.
② 예시 항목의 순서가 응답에 영향을 줄 수 있다.
③ 응답자의 의도를 충분히 반영하지 못할 수 있다.

다지선다형 설문은 작성하는 데 많은 시간이 걸린다. 다지선다형은 문항의 예시 항목들은 서로 상호 배타적이어야 하며 모든 가능한 응답을 포함해야 하는 데 이러한 조건을 MECE(Mutually Exclusive and Collectively Exhaustive)라고 한다. 따라서 항목들 간에 의미상으로 중복되는 부분이 없이 명확하게 구분이 되어야 하며 응답자들의 반응을 고려하여 모든 응답이 다지선다형 문항의 예시로 포함되어야 한다. 그러나, 조사자는 응답자들의 모든 가능한 응답을 사전에 모두 파악하는 것이 어려우며 이런 이유로 문항을 제작하는 데 다른 문항 형태에 비해서 비용과 시간이 소요된다. 또한 정확한 조사를 위해서는 만들어진 다지선다형 설문 문항에 대한 사전 검토의 과정이 반드시 필요하다. 때로는 이런 점을 보완하기 위해서 기타 항목을 문항에 추가하고 기타를 선택하는 경우에 응답자가 스스로 답변을 기재하는 자유 문항형의 형식을 도입하여 다지선다형 질문의 한계점을 해결하기도 한다.

또한 문항에서 제시하는 예시 항목의 순서가 답변에 영향을 줄 수 있다. 이는 특히 앞서 설명한 MECE 원칙을 지키기 위해 다수의 예시 항목이 추가된 문항에서 발생하는 문제이다. 보통 예시 항목이 소수인 경우(5개에서 7개 이내)에는 응답자들이 항목 하나하나를 검토하고 답변을 하지만 많아지는 경우에는 처음 몇 개의 항목만을 보고 답변을 완료하는 경우가 많다. 따라서 중간에 있는 항목이나 마지막에 제시된 예시의 경우에는 응답 대상에서 고려되지 않는 경우가 많다. 따라서 특정 항목이 앞에서 제시되는 경우에는, 이 항목이 응답자의 답변과 유사하다면, 응답자의 실제 의사와는 달리 이 답변이 선택될 경향이 높다는 것이다.

또한, 응답자들이 질문에 대한 답을 명확히 알고 있지 않을 때에는 제시된 항목에서 중간에 해당하는 값을 선택하는 경향이 있다는 것이다. 즉, 명확하게 알고 있지 않는 경우 응답을 위해 사람들은 안전한 선택을 하게 되며 이로 인해 중간값으로 응답하게 된다는 것이다. 이런 점들이 다지선다형 질문 문항의 단점이라고 할 수 있다.

다. 양자택일형

양자택일형은 다지선다형 문항의 극단적인 형태로 둘 중의 하나를 택하도록 하는 방식이다. 아래는 양자 택일형 문항의 예이다.

사례 1. 당신은 스마트폰 선택에 가격이 가장 중요하다고 생각합니까?

① 예

② 아니오

사례 2. 당신은 군가산점 부활에 대해서 어떻게 생각하십니까?

① 찬성한다

② 반대한다

양자택일형 문항은 예, 아니오 혹은 찬성한다, 반대한다와 같이 서로 상반되는 두 가지 예시를 주고서 선택하게 하는 방식이다. 따라서 극단적인 선택을 강요한다는 단점을 갖고 있으며 이는 궁극적으로 실제 답변을 강하게 왜곡하는 결과를 낳게 된다. 실제로 군가산점 부활에 대해서 대체적으로 찬성하나 어떤 조건이 충족될 때만 찬성하는 경우라고 해 보자. 이때 응답자는 위의 사례 2의 질문에 대해서 찬성한다를 선택하게 될 것이다. 이 경우 실제 응답자의 의견보다는 더 강하게 군가산점 부활에 대한 의견을 표시하게 된다. 즉, 사람들의 어떤 주제에 대한 다양한 태도와 느낌 등이 양자 택일형 질문에서는 잘 드러나지 않는다는 단점이 있다. 따라서 양자택일형 문항을 사용하는 경우에는 보통이다 혹은 모르겠다라는 추가 예시를 두어 중간적인 입장이나 뚜렷한 의사 표시가 어려운 경우에도 응답할 수 있도록 보완하기도 한다.

그럼에도 불구하고 양자택일형 문항은 설문 조사 결과의 코딩과 분석이 용이하며, 응답이 매우 용이하다는 점, 이런 이유로 쉽게 설문 조사의 협조를 이끌어 낼 수 있고, 조사자의 영향을 배제할 수 있다는 장점을 갖고 있다.

단점에도 불구하고 양자택일형 문항을 사용하는 또 다른 이유는 양자택일형이 응답자를 구분하는 데 유용하게 사용될 수 있기 때문이다. 앞서 스마트폰 사용자의 만족도 조사의 경우 스마트폰 사용 여부를 확인하여 사용자와 비사용자를 나누어 각 집단별로 조사 목적에 맞는 설문 문항을 제시해야 할 것이다. 이 경우 양자택일형 문항을 사용하는 것이 바람직할 것이다.

7) 설문 문항의 완성과 검토 (5단계)

문항별로 응답 형태를 결정한 뒤에는 설문 문항을 만들고 이를 검토하는 과정이 필요하다. 설문 문항은 궁극적으로 조사 문제 해결을 위한 자료를 수집하기 위해 응답자의 반응을 측정하는 도구이며, 절대적인 문항 작성 지침은 없으나 자료 수집의 객관성과 명확성, 용이성을 위해 지켜야할 유의사항들이 존재한다. 아래는 설문 문항 완성을 위해 반드시 고려해야할 사항들이다.

① 문항에 의미가 명확히 구분되는 쉽고 명료한 단어를 사용하자.
② 다지 선다형의 경우 모든 가능한 응답을 포괄하는 응답 항목을 제시하자.
③ 응답 항목들 간에 중복된 의미를 갖는 항목이 있어서는 안 된다.
④ 하나의 설문 문항으로 두 가지 질문을 해서는 안 된다.
⑤ 응답자에 대한 가정이 포함된 질문을 해서는 안 된다.
⑥ 단어의 뜻을 명확히 설명하여 질문을 해야 한다.
⑦ 지나치게 자세한 응답을 요구하는 질문을 해서는 안 된다.
⑧ 응답이 곤란한 질문은 직접적으로 물어서는 안 된다.
⑨ 특정 응답을 유도하는 질문을 해서는 안 된다.
⑩ 그리고, 와, 과 등의 조사를 문항에 넣을 때 유의해야 한다.

첫 번째로 질문에 사용되는 단어는 매우 쉽고 명확한 단어를 사용해야 한다.

흔히 조사자들은 한 분야의 전문가로서 분야에 대한 지식과 이해가 높은 사람들이다. 이런 이유로 조사자들이 문항을 만들 때에 조사자들 집단 사람들만이 이해할 수 있는 학술 용어나 전문 용어 등을 문항에 사용하는 경우가 있다. 그러나, 응답자들은 조사자들과 같은 지식 배경을 갖고 있지 않으며 설사 갖고 있더라도 조사 대상 모두가 갖고 있다는 확신이 없기 때문에 질문에 사용되는 용어는 누구나 쉽게 이해할 수 있는 보편적인 용어를 사용하는 것이 좋다. 특히 특정 분야에서만 사용하는 약어나 외래어 중에서 대중매체 등을 통해서 충분히 알려져 있다고 해도 이를 인지하지 못하는 응답자들도 있기 때문에 사용에 유의하여야 한다. 예를 들어 충성도를 의미하는 로열티(Loyalty)라는 용어를 생각해 보자. 기업 경영이나 마케팅에서는 고객 충성도라는 의미의 로열티라는 용어를 많이 사용한다. 그러나 경영이나 마케팅에 대한 배경 지식이 없다면 로열티에 대해서 이해하지 못할 수도 있고 다르게 해석할 수도 있다. 예를 들어 로열티라는 외래어는 특허 기술 라이센싱(Licensing)에 대한 비용으로서의 로열티(Royalty)라고도 해석할 수 있다. 따라서 문항에서 사용하는 단어의 선택은 될 수 있으면 누구나 이해할 수 있는 쉽고 명확한 단어를 사용하여 오해나 무응답이 발생하지 않도록 하는 것이 중요하다.

두 번째로 응답 항목들 간의 의미상의 중복이 있어서는 안 된다. 특히 우리말에서 사용되는 형용사나 부사 중에는 응답자들에 따라서 의미상의 구분을 명확하게 하기 어렵거나 중복이 되는 의미를 갖는 것들이 있다. 예를 들어 '자주', '종종', '거의', '전혀' 등과 같이 의미는 다르나 구분하기 어렵거나 중복된 의미를 갖는 단어들이 있다. 이 경우에 응답자들은 자의적으로 의미상의 구분을 하여 잘못된 응답을 하거나 중복된 의미라고 판단되는 경우 답변 자체를 하지 않게 되는 경우가 발생한다. 따라서 이런 경우를 피하기 위해서는 횟수나 빈도수를 직접적으로 언급하여 쉽게 구분할 수 있도록 하는 것이 필요하다. 아래 사례가 응답을 어렵게 하는 단어가 포함된 대표적인 예이다.

사례 1. 당신은 편의점에서 얼마나 자주 구매 하십니까?

① 매일 구매한다.
② 자주 구매한다.
③ 종종 구매한다.
④ 보통이다.
⑤ 거의 구매하지 않는다.
⑥ 전혀 구매하지 않는다.
⑦ 결코 구매한 적이 없다.

세 번째로 하나의 설문 문항으로는 하나의 응답을 구하는 질문을 해야 한다. 설문 문항을 만드는 과정에서 발생할 수 있는 실수로 한 문장에서 ~과, ~와, 그리고를 사용하여 두 가지를 묻는 문항을 만드는 것이다. 아래의 사례를 살펴보자.

사례 2. 당신은 스마트폰 구매에 가격과 디자인이 중요하다고 생각합니까?
사례 3. 당신은 우리나라 기업들의 수출이 경제성장과 국민복지에 기여한다고 생각합니까?

사례 2와 3은 한 질문 문항에서 조사 '~과'를 사용하여 두 가지를 묻고 있음을 볼 수 있다. 사례 2에서는 스마트폰 구매에 중요한 요인으로써 가격과 디자인을 동시에 물어보고 있으며 사례 3에서는 수출이 경제성장과 국민복지라는 두 가지 측면에 기여하고 있는지 물어보고 있다. 위의 사례 모두 한 질문에서 두 가지를 묻고 있다. 이 경우 질문을 두 가지로 나누어서 묻는 것이 바람직하다. 왜냐하면 스마트폰 구매에 중요한 요인으로 가격과 디자인 모두를 중요시하는 사람은 답변하기가 용이하겠지만, 가격만을 중요하게 생각하는 사람이 있을 수 있으며, 디자인 만을 중요하게 생각하는 사람도 있을 수 있다. 따라서 이런 구분을 명확하게 하기 위해서 두 개의 질문으로 구분해서 묻는 것이 바람직하다. 아래는 사례 2와 사례 3을 개선한 결과이다.

사례 2. (개선) 당신은 스마트폰 구매에 가격이 중요하다고 생각 합니까?
당신은 스마트폰 구매에 디자인이 중요하다고 생각합니까?
사례 3. (개선) 당신은 우리나라 기업의 수출이 경제성장에 기여한다고 생각 합니까?
당신은 우리나라 기업의 수출이 국민복지에 기여한다고 생각 합니까?

네 번째로 질문에는 응답자에 대한 가정을 하고 특정 질문을 해서는 안 된다. 이는 응답자가 어떤 사실에 대한 태도나 신념을 갖고 있음을 조사자가 가정하고 하는 질문을 말하는 데, 응답자가 조사자의 가정과 일치하는 경우라면 문제가 되지 않을 수 있다. 그러나 그렇지 않는 경우라면 응답자는 조사자의 질문에 대해서 무응답을 하거나 왜곡된 답변을 하게 된다. 아래 사례를 보자.

사례 4. 스마트폰 구매에서 가격을 중요하게 생각한다면 어느 정도의 가격대가 적정하다고 생각하십니까?
사례 5. 수출이 국민복지에 크게 기여한다고 생각한다면 수출 신상을 위해 가장 필요한 정부 정책은 무엇이라고 생각합니까?

위의 두 사례는 모두 질문에 조사자의 가정이 내포되어 있다. '가격을 중요하게 생각한다면…', '수출이 국민복지에 … 기여한다고 생각한다면' 의 가정을 하고 있는 데 이 가정은 응답자에 따라서는 동의하지 않는 것이 될 수 있다. 대부분의 경우 위와 같은 경우 동의하지 않는 응답자는 무응답을 하게 된다. 특히 설문지를 통한 조사의 경우 조사자가 배석하지 않고 응답자 스스로 기입하기 때문에 응답자에 대한 잘못된 가정으로 인해서 무응답이 발생했는지, 응답자의 실수로 무응답이 발생했는지 알 수 없게 된다. 따라서 위와 같은 사례에서는 응답자에 대한 가정을 하는 문구를 삭제하고 이를 별도의 질문으로 나누는 것이 이러한 문제를 해결할 수 있는 한 가지 방법이다. 아래는 위의 사례 4, 5를 개선한 결과이다.

사례 4. 당신은 스마트폰 구매에서 가격이 중요하다고 생각합니까?

① 예

② 아니오

(예라고 답한 분만 답변하시오) 어느 정도의 가격대가 적정하다고 생각합니까?

사례 5. 당신은 우리나라 기업의 수출이 국민복지에 기여한다고 생각합니까?

① 예

② 아니오

(예라고 답한 분만 답변하시오) 그렇다면 수출 신장을 위해 가장 필요한 정부 정책은 무엇이라고 생각합니까?

다섯 번째로 단어의 뜻을 명확하게 하는 것이 중요하다. 단어가 하나 이상의 의미를 갖는 경우 어떤 의미에서 단어가 사용되고 있는 가에 대해서 명확히 해주어야 한다. 예를 들어 앞서 언급했던 로열티의 경우 외래어이기 때문에 두 가지로 해석 될 수 있는 문제가 있다. 아래 사례를 살펴보자.

사례 6. 당신은 스마트폰 구매에서 스마트폰의 기능이 중요하다고 생각합니까?

사례 7. 당신은 우리나라 기업의 수출 신장이 국가 경제 발전에 도움이 된다고 생각합니까?

사례 8. 취업에 회계 기본 지식을 알고 있는 것이 도움이 된다고 생각합니까?

위에서 스마트폰 구매에서 기능을 언급하고 있다. 그러나 기능이라고 하는 것은 매우 다양하게 해석될 수 있다. 어떤 사람은 스마트폰의 중앙처리장치인 CPU의 코어(Core)수를 생각할 수도 있고, 어떤 사람은 메모리 크기를 먼저 떠올릴 수도 있을 것이다. 편리한 디자인, 휴대성 등 스마트폰의 기능과 관련하여 응답자별로 여러 가지를 머릿속에 떠올리며 응답을 할 것이다. 이렇게 다의적으로 해설될 수 있는 단어로 문항을 구성하면 원래 조사자가 생각하고 있는 스마트폰의 기능의 개념과는 다른 개념으로 이해한 응답자들의 답변을 얻게 되어 조사 결과를 믿을 수 없게 된다.

마찬가지로 국민복지라는 개념도 매우 모호하다. 국민복지라는 것이 세금을 통한 복지 예산의 확충을 의미하는 것인지, 수출로 인한 일자리 창출로 인한 경제적 부를 통한 복지를 의미하는 것인지, 아니면 이 모든 것을 포괄한 개념인지 명확하게 해 줄 필요가 있다. 회계 기본 지식이라는 단어도 매우 모호하며 다의적으로 해석될 수 있다. 기본 지식이라 하면 회계 용어를 이해하는 정도를 말하는 것인지 아니면 재무제표의 기본적인 개념을 이해하는 정도를 말하는 것인지 응답자에 따라서 다르게 해석할 수 있는 여지가 있다. 따라서 위의 경우에는 보다 상세하게 설명할 수 있는 단어를 제시하거나 단어 뒤에 부연설명을 해주는 방식으로 단어에 대한 의미를 명확히 해 주는 것이 필요하다. 아래는 위 사례의 개선 결과이다.

사례 6. (개선) 당신은 스마트폰 구매에서 메모리의 크기가 중요하다고 생각합니까?

사례 7. (개선) 당신은 우리나라 기업의 수출 신장이 세수 증가로 인한 복지 예산의 증가에 도움이 된다고 생각합니까?

사례 8. (개선) 취업에 회계 기본 지식(재무제표의 개념을 이해하는 것)을 알고 있는 것이 도움이 된다고 생각합니까?

여섯 번째로 응답자들에게 지나치게 상세한 응답을 요구해서는 안 된다. 이는 조사자들이 흔히 문제 해결을 위해 상세한 자료를 얻고자 하는 욕심에 비롯되는 경우가 많다. 실제로 응답자들은 상세한 답변을 요구하는 경우에 시간과 비용을 들여서 알아낼 수 있는 경우도 있지만, 여러 가지 제약으로 인하여 그렇지 못한 경우가 많다. 아래 사례를 살펴보자.

사례 9. 당신이 작년 한 해 방문했던 편의점은 몇 곳인가?

사례 10. 당신이 OO 브랜드의 TV 광고를 작년 한 해 몇 번이나 시청했는가?

위의 질문은 매우 구체적이고 상세한 답변을 요구하는 것으로 조사자의 문제 해결에는 도움이 될 수 있으나 응답자로부터 정확한 답변을 기대하기는 어렵다. 왜냐하면 응답자의 기억력에는 한계가 있으며 이를 알아낼 수 있다고 하더라도 즉시 답변이 어려운 데다가 응답에 비협조적으로 될 가능성이 높다.

또한, 응답자가 대답하기 곤란한 질문에 대해서는 직접적인 질문을 하지 않는 것이 좋다. 사회적인 통념이나 윤리상 직접적인 답변이 어려운 질문이 있다. 예를 들어 성적인 질문이나 비윤리적인 행동에 대한 직접적인 질문, 개인 사생활과 관련되어 노출하고 싶지 않은 개인 정보를 직접 묻는 질문 등은 피해야 할 질문이며 무응답을 얻을 가능성이 높으며, 때로는 이후 질문에 대해서도 비협조적인 태도를 취하는 결과를 낳을 수 있다. 아래는 이러한 이유로 피해야할 질문 사례이다.

사례 11. 당신은 아이들에게 폭력을 행사한 적이 있습니까?

사례 12. 당신은 운전 중에 중앙선 침범을 한 적이 있습니까?

사례 13. 당신은 탈세를 한 적이 있습니까?

위의 사례 11, 12, 13은 사회 통념상 설사 한 적이 있더라고 솔직한 답변을 하기 어려운 질문들이다. 따라서 위와 같은 질문은 무응답이나 정확한 답변을 기대하기 어렵다. 따라서 위의 사례들은 아래와 같이 간접적인 형태의 질문으로 묻는 것이 가능하다.

사례 11. (개선) 사회에서 아이들에 대한 폭력이 이루어지고 있다고 생각합니까?

사례 12. (개선) 요즘도 운전자들이 중앙선 침범을 하고 있다고 생각합니까?

사례 13. (개선) 우리나라에서 여전히 탈세를 하는 사람들이 있다고 생각합니까?

그리고, 대답을 유도하는 질문을 해서는 안 된다. 이는 질문에 대한 부연설명을 하는 과정에서 전문 연구 기관이나 대중매체 뉴스, 전문가의 인터뷰 내용 등의 사실을 추가함으로써 응답자의 느낌이나 태도에 영향을 미치는 경우이다. 사람들은 권위가 있는 기관이나 전문가들에 의해 영향 받기 쉽기 때문에 이러한 부연 설명은 응답자의 솔직한 의견과 태도와는 다른 왜곡된 응답을 이끌어 낼 수도 있다. 아래의 사례를 살펴보자.

사례 14. 최근 대한의사협회에서는 간접흡연이 직접 흡연하는 것보다 더 건강에 치명적일 수도 있다는 연구 결과를 발표하였다. 이런 점을 고려할 때, 당신은 건물 내 흡연을 금지하는 것에 대해서 어떻게 생각하십니까?

위의 사례는 대한의사협회라는 권위 있는 전문기관의 발표 내용을 문항에 부연함으로써 간접흡연에 대한 응답자의 기존 태도와 생각에 영향을 주고 있다. 응답자의 기존 생각이 대한의사협회의 연구 결과와는 관계 없이 간접 흡연에 대해서 반대하고 건물 내 흡연에 대해 금지하는 태도를 갖고 있었다면 문제가 없다. 그러나 그렇지 않은 경우라면 대한의사협회의 연구결과를 인용하는 것은 응답자에게 설문 응답을 하기 전의 생각에 영향을 줌으로써 원래 얻고자 하는 것과 다른 답변을 얻게 된다. 따라서 정확한 조사를 위해서는 위와 같이 특정 답변을 유도할 수 있는 질문을 해서는 안 된다.

다지선다형 질문에서 흔히 볼 수 있는 경향으로 응답자가 잘 모르는 경우에 중간값을 선택하는 경향이 있다는 점을 인식하고 있어야 한다. 또한 다른 항목에 비해서 보다 상세하게 설명된 것을 선택하는 경향이 있기 때문에 이러한 점을 고려해서 설문 문항을 만드는 것이 필요하다.

또한 설문 문항이 지나치게 어렵게 구성되어 답변을 위해 많은 생각을 하게 하는 문항 역시 바람직하지 않다. 왜냐하면 답변을 위해 많은 시간을 투입하는 경우, 답변을 위해 잘 모르는 사실에 대해서도 무리한 추측을 하여 왜곡된 답변을 할 수도 있기 때문이다.

8) 문항 순서의 결정 (6단계)

문항을 작성하고 이전 단계에서 언급된 유의사항들을 검토하여 문항을 완료하면 질문의 순서를 결정하는 것이 필요하다. 문항 순서를 결정하는 단계에서 유의할 점을 정리하면 아래와 같다.

① 첫 질문은 연구 주제와 관련하여 쉽고 단순하며 흥미를 유발할 수 있으면

좋다.

② 질문 항목 간의 관계를 고려하여 질문 순서가 특정 답을 유도하는 형태가 되어서는 안 된다.

③ 응답자가 답변하기 곤란한 질문은 가능한 뒤에 위치시키는 것이 좋다.

일반적으로 첫 질문은 쉽게 답변할 수 있으며 설문의 주목적인 조사 주제를 상기시킬 수 있는 것이 가장 적절하다. 또한 자유응답형의 문항을 첫 문항으로 제시하여 응답자에게 조사 주제와 관련하여 생각해서 답변해 볼 수 있도록 하는 방법도 가능하다. 무엇보다도 첫 질문은 응답자에게 설문 전체에 걸쳐서 적극적인 참여를 유도하며 지속적인 협조가 가능하도록 흥미를 유발할 수 있는 문항이 적절하다.

또한 응답자가 답변하기 곤란한 질문들은 될 수 있으면 설문 문항의 뒤에 위치시켜 처음부터 설문 진행이 어렵게 만들어서는 안 된다. 예를 들어 응답자의 신상에 대한 정보는 될 수 있으면 뒤에 위치시키는 것이 좋다. 설문 도입 단계에서 개인 신상에 대한 정보 보호에 대한 문구를 삽입하면 응답자에 따라 개인 정보를 기입하는 것에 대해 꺼려할 수 있으므로 뒤에 위치시키는 것이 좋다. 또한 답변 자체가 어려운 경우가 있다. 심각하게 생각해서 답변해야 할 질문들은 가능하다면 설문 후반부에 위치시키는 것이 좋고, 관련성 때문에 다른 질문들과 함께 있어야 한다면 질문 그룹에서도 뒤쪽에 위치시키는 것이 좋다.

또한 질문 항목 간에 위치에 따라서 답변에 영향을 줄 수 있는 경우에도 질문 순서의 배치를 고려해야 한다. 한 질문에 대한 답변으로 인한 연상 작용으로 다음 질문의 답변에 영향을 줄 수 있다면, 객관적인 조사가 될 수 없기 때문에 질문을 멀리 떨어뜨려 배치하는 것이 필요하다.

9) 설문지 외형의 결정 (7단계)

질문 순서가 결정되면 설문지의 외형을 결정하는 것이 필요하다. 일반적으로 설문지는 아래의 다섯 가지 부분으로 구성된다.

① 설문의 목적과 협조 요청
② 식별을 위한 자료
③ 설문과 관련된 지시 사항
④ 설문 문항
⑤ 응답자 분류를 위한 문항

일반적으로 설문의 도입부에는 설문 조사의 목적과 수행 기관, 때로는 작성 및 제출 요청 기간에 대한 정보가 제시된다. 또한 응답자의 협조를 구하는 문구와 설문에서 수집되는 개인 정보의 보호에 대한 언급이 있게 된다. 때로는 설문 결과를 원하는 응답자에게 제공할 것을 약속하기도 한다.

설문의 첫 페이지에는 또한 설문지 구분을 위한 식별 번호와 응답자의 이름, 주소 그리고 조사를 실시한 면접자의 이름 그리고 면접 일시 등이 기록된다. 모든 설문이 언급한 내용을 포함하고 있지는 않다. 개인 정보 노출을 꺼려하는 경우에는 응답자의 이름이나 주소 등에 대한 정보를 기입하지 않기도 하며 우편 설문조사나 설문지를 응답자에게 직접 배포하는 경우에는 면접자의 이름이나 일시 등을 기록하지는 않는다. 설문지 구분을 위한 식별 번호의 경우 조사 대상 집단이나 조사 기간 등의 구분을 위한 별도의 번호 체계를 만들어 사용하기도 한다.

설문과 관련한 지시사항은 조사자가 설문 기입 시에 동석하는 경우보다는 그렇지 않은 경우에 보다 상세하게 기록되어 있어야 한다. 앞에 언급한 우편설문 조사의 경우에는 응답자 스스로 설문을 완성할 수 있을 정도로 상세한 안내가 필요하며 특히 설문의 완성과 이를 회신하는 일련의 과정 모두에 대한 설명이 반드시 제시되어 있어야 한다. 마찬가지로 설문을 응답자에게 직접 배포하는 경우에도 설문을 언제까지 완료해 주어야 하는지, 완료된 설문을 어떤 방식으로 수거할 것인지에 대한 안내가 되어 있어야 한다.

지시사항 뒤에는 조사를 위한 설문 문항이 제시되며 최종적으로 설문의 마지막에는 응답자를 분류하기 위한 문항이 제시되게 된다. 분류 문항은 대부분 응답자들의 특성을 파악하기 위한 정보 수집 문항으로 인구통계적 변수들을 묻는다. 예를 들어, 연령대를 묻거나, 직업이나 성별, 대학생을 대상으로 하는 경우에는 학년이나 학과, 소속 대학, 재학이나 졸업 여부 등에 대해서 묻게 된다.

보통 이러한 문항들은 설문의 마지막에 제시되는 것이 일반적이나 조사 문제에 따라서 인구통계학적 변수가 설문 진행과정에서 중요한 분기가 되는 경우에는 앞에서 묻기도 한다. 예를 들어 연령대에 따른 스마트폰 사용 방식이나 선호도에 대한 조사라고 해 보자. 이 경우 연령대에 따라 다른 내용의 조사가 이루어져야 하는 관계로 연령에 대한 질문을 먼저 하고 이후의 설문이 진행되어야 한다.

10) 설문지에 대한 사전 검토 실시 (8단계)

설문지에 대한 사전 검토를 사전 조사(pilot test)라고 한다. 앞서 언급되었던 여러 유의사항들을 고려하여 심사숙고해서 설문지를 만들었다 하더라도 예상치 못한 문제점들이나 개선점들이 존재할 수 있다. 특히 조사자들은 자신의 연구나 산업 분야의 전문가이기 때문에 분야에 대한 지식이 충분하고 이를 전달하는 데에는 역량을 갖고 있으나 조사는 그렇지 못한 사람들을 대상으로 할 수 있다. 따라서 설문 문항에 대해서 조사자와 조사 대상자들이 서로 다른 방식으로 이해할 수 있고 이로 인해 원하는 답변을 얻지 못할 수 있다. 따라서 이러한 자료 수집에서의 오류와 왜곡을 막기 위해서 사전 조사를 실시하게 된다.

사전 조사는 편의상 조사 대상자들 중에서 일부의 계층 사람들을 대상으로 진행할 수도 있다. 이것은 시간과 비용을 감안하는 방법이나, 일반적으로 사전 조사는 설문 조사를 실시할 조사 대상자에 해당하는 모든 계층의 사람들을 대상으로 사전 조사를 실시하는 것이 바람직하다. 유의할 점은 사전 조사를 위한 설문 조사를 경험한 조사 대상자들에게 영향을 주어 실제 조사에서의 답변이 왜곡될 수 있다는 점을 유의해야 한다. 이는 유사한 내용의 조사가 이어지는 경우 이전 조사가 이후 조사의 답변에 영향을 미칠 수 있는 상호작용 효과 때문이다. 이를 외생변수 효과라고도 하는 데, 이를 조사에서의 가설 검정의 결과를 왜곡하는 결과를 낳게 되므로 조사에서는 배제해야할 부분이다.

또한, 조사 대상자를 통해 사전 조사를 마치고 설문지의 문제점을 파악한 뒤에는 시장 조사 전문가들에게 설문지에 대한 평가를 요청할 수도 있다. 이들은 조사 전문가로서의 지식을 활용하여 조사 대상자들이 파악하지 못했던 설문지의 문제점을 지적하고 개선해 주는 역할을 한다. 이런 과정을 통해 설문 문항들을 개선하고 보완하는 것을 완료한다.

제4절 설문지의 완성과 분석을 위한 사전 준비 작업

위의 단계를 모두 마치면 설문지가 완성이 되는 데 이렇게 만들어진 설문지를 배포하여 조사를 시행한다. 설문지의 완성과 더불어 수거된 설문지의 자료 분석을 위한 준비가 필요한데 이를 위한 코딩(Coding) 지침을 마련해 두는 것이 좋다.

1) 코딩의 개념

코딩(Coding)은 설문지를 구성하는 각 문항별 답변 결과에 대해서 일정한 번호 혹은 숫자를 부여하는 체계를 만들어 실제 수집된 자료에 적용하여 분석을 위한 자료로 정리하는 과정이라고 할 수 있다. 흔히 이러한 체계를 정리한 코딩 지침을 코딩집이라고도 한다.

2) 코딩 지침 작성 유의사항

코딩 지침을 마련하기 위해 가장 어려운 부분이 자유응답형으로 된 항목이다. 자유응답형 문항의 경우에는 다지선다형이나 양자택일형과는 달리 사전에 응답에 대한 숫자를 부여할 수 없다. 이는 자유응답형의 특성상 다양한 답변이 나올 수 있으며 사전에 알 수 없고 수집된 이후에나 알 수 있기 때문에, 자료가 수집된 이후에 이를 적절히 분류하여 숫자를 부여하는 방법을 결정한다. 따라서 가장 나중에 만들어지는 코딩 지침이라고 할 수 있다. 자유응답형 문항의 응답을 분류할 때에는 다지선다형 항목을 만들 때 적용했던 MECE원칙을 적용하여 응답자들의 응답을 서로 중복되는 부분이 없도록 분류하고 모든 응답자들의 응답이 포함되도록 한 뒤에 각 응답들에 대한 번호를 부여해야 한다. 또한 다지선다형의 경우 주요 응답 이외의 항목으로 기타 항목을 추가했듯이, 자유응답형에서도 중요한 답변을 제외한 다른 것들은 기타로 분류하여 번호를 부여한다. 모든 답변에 번호를 부여하게 되면, 분석 결과를 해석하기 어려워지는 문제가 있기 때문에, 조사 문제 해결과 관련 있는 중요 응답을 분류하여 이들을 중심으로 번호를 부여하도록 한다.

또한 응답들의 구분이 불명확한 경우에는 응답을 하나로 묶기보다는 응답을 세분화하여 분류하는 것이 좋다. 이는 응답을 통해 얻은 다양한 정보를 하나로 묶어버리게 되는 경우 조사 대상자들에 대한 정보를 왜곡하게 된다. 따라서 최대한 응답자들의 다양한 의견이 분석에 반영될 수 있도록 코딩한다.

3) 코딩 기록 시의 유의 사항

통계 분석을 위한 코딩 시에 특히 유의해야 할 것은 무응답 자료들이다. 무응답 자료가 발생한 경우 여러 가지 처리 방법이 있는 데, 그중 하나가 무응답이 발생한 설문자료를 분석에서 빼는 방법과 무응답에 대해 별도의 숫자를 부여하여 분석에 활용하는 방법이다.

후자의 경우 보통은 무응답 자료의 경우 9나 0과 같은 숫자를 부여하여 분석에 활용하게 된다. 0이나 9가 응답에 활용된 값인 경우에는 다른 숫자값을 부여하여 사용한다.

Discussion Question

토의 문제

1. 서베이 리서치란 무엇인가? 서베이 리서치 방식을 사용했을 때의 장점은 무엇인가?

2. 우편설문조사법을 활용할 때의 장점은 무엇인가? 다른 조사법과 비교했을 때 우편설문 방식이 갖는 한계점은 무엇인가?

3. 우편설문조사의 응답율을 높이기 위한 방법들로는 무엇이 있는가? 설명하라.

4. 대인면담법에서 표적집단면접법은 무엇인가? 이 방법을 수행할 때의 난점이 있다면 무엇일까?

5. 전화면담법의 경우 설문을 통해 얻을 수 있는 정보의 질은 어떠한가? 다른 조사법과 비교해서 설명하시오.

6. 서베이 리서치 방법을 결정할 때 고려해야할 사항에는 어떤 것들이 있는가?

7. 질문 형태를 결정하는 데 가장 집계가 편리한 문항 형태는 어떤 것인가? 집계는 용이하지만 단점도 있다. 무엇인가?

8. 다시선나형 문항을 만들 경우 응답 항목을 작성할 때 유의할 점에 대해서 서술하시오.

9. 설문 문항에 약어를 사용할 경우의 문제점에 대해서 서술하시오.

10. 설문지의 사전 검토(pilot test)가 필요한 이유에 대해서 설명하시오.

| 제6장 |

조사 분석을 위한 통계학 방법론

학습 목표

통계학의 정의와 특징을 이해한다.

조사 분석을 위한 모집단과 표본 집단의 개념과 특징을 이해한다.

통계학의 유형과 분석을 위한 자료 척도의 차이점을 이해한다.

학습 목차

제1절 통계학의 정의와 특징

통계학은 조사된 자료의 과학적인 분석방법으로서 조사 문제의 해결을 위한 가설 검정과 이를 통한 이론의 확립, 나아가서는 이론을 통한 현상의 설명과 미래의 예측을 위한 학문이라고 할 수 있다. 해외시장조사에서 통계학은 시장을 이해하고 분석하는 과학적 도구로서 활용되며 이를 토대로 얻어진 분석 결과를 통해 시장을 이해하고 예측하며 제품의 개발과 마케팅 등의 기업 전략을 수립하는 중요한 수단이 된다. 본 장에서는 통계학의 개념과 특징 그리고 시장조사에서 통계학을 어떻게 활용할 수 있는지 알아보기로 한다.

1) 통계학의 정의와 특징

통계학은 브리태니커 백과사전의 정의에 따르면 '집단에서 임의로 취한 표본으로부터 얻은 수치정보를 근거로 사람 또는 사물집단의 특성을 알아내는 추론과학'이라고 한다. 따라서 통계학은 수치 정보를 근간으로 하고 있으며 표본이라는 조사 대상 집단의 특징을 알아내는 학문이라고 할 수 있다.

통계학은 기업의 의사결정의 측면을 강조하여 다음과 같이 정의할 수 있다.

'통계학은 효율적인 의사결정을 위해 자료를 수집하고 요약, 분석하며 결과를 해석하는 과정과 기법을 연구하는 학문이다.'

위에서 통계학의 정의에서 가장 중요한 부분은 바로 효율적인 의사결정을 위한 학문이라는 점이다. 통계학을 이해하기 힘든 수리적 방법이라고만 생각하는 사람들이 많으나 통계학은 의사결정을 위한 학문이며 수리적인 부분은 통계학이 과학적 방법이 되기 위한 필수적인 측면이라고 할 수 있다.

또한 통계학은 또한 자료의 수집이 필요한 학문이다. 의사결정을 위해 감과 느낌에만 의존할 수 없다. 실제 시장 현상을 이해하고 예측하기 위해서는 무엇보다도 시장에 대한 자료가 필요하며 이 자료를 통한 효과적인 의사결정을 도와주는 학문이 통계학이다. 따라서 문제 해결을 위해 시장 조사를 통해 얻어진 자료는 통계학의 분석 재료로 활용되게 된다.

그리고 통계학은 자료를 요약하고 분석하는 학문이다. 통계학의 많은 방법들은 얻어진 자료들을 정리하여 자료들에 내재된 특성을 하나의 요약값으로 나타낼 수 있다. 우리가 흔히 대중매체를 통해서 접하는 평균 임금, 평균 노동 시간 등은 조사를 통해서 얻어진 많은 자료의 특성을 평균이라는 하나의 요약값으로 나타내는 통계분석의 결과값이다. 평균 이외에도 중간값, 표준편차, 최빈값 등 여러 가지 요약값들은 통계 분석의 결과값이다.

또한 통계학은 분석 결과를 해석하고 이를 토대로 이론을 정립하여 현상을 설명하는 틀을 제공해 준다. 흔히 시장 조사에서는 시장 현상을 이해함으로써 현재 기업이 직면한 문제를 이해하고 해결하기 위해서 원인에 대한 가설을 수립하고 이를 검정하게 된다. 이 과정에서 통계학은 가설 검정의 분석 도구로서 결과에 대한 해석과 이론을 정립하는 수단으로 활용된다. 이 과정에서 다양한 수리적 분석 기법들을 제공하는 것이 통계학이라고 할 수 있다. 그렇다면 실제 사례에서 통계학은 어떻게 이용될 수 있을까?

사례 1. 스마트폰 제조회사의 마케팅 담당자들은 통계학을 이용하여 스마트폰 제품에 대한 소비자들의 선호도를 알아내어 최신 스마트폰의 개발과 관련 서비스의 개선 등에 이용하고자 할 것이다. 통계학은 소비자들이 원하는 스마트폰의 가격, 디자인, 기능, 사후 서비스 등에 대한 조사와 분석에 활용된다.

사례 2. 제약 회사에서는 새로운 의약품을 개발하여 이를 시판하려고 할 때, 거의 모든 국가에서 요구하는 절차로써 약품이 실제로 효과가 있는지에 대한 임상 실험을 하게 된다. 임상 실험을 통해서 환자에게 신약이 효과가 있는지 확인하고 싶어할 것이다. 이때 통계학의 기법은 신약의 효과를 과학적으로 검증하는 수단으로 활용된다.

사례 3. 자동차 보험회사의 보험 상품을 기획하는 담당자는 보험 가입자들에게 합리적인 보험료 체계를 만들기 위해서 과거 교통 사고와 관련된 정보를 수집하여 이를 연령별, 성별, 직업별 등의 여러 가지 기준을 적용하여 사고율을 계산하여 이를 보험료 책정에 활용할 것이다. 이때 통계학은 각 기준별로 최적의 보험료를 결정하여 보험회사의 위험을 줄이는 데 활용된다.

사례 4. 특정 지역구의 국회위원 후보자의 선거 참모는 해당 지역의 유권자들의 지지도를 연령별, 동별, 성별, 직업별 등으로 얼마인가를 파악하여 당선 가능성을 높이기 위해서 각 계층별로 차별화된 선거 전략을 수립하고자 할 것이다. 통계학은 계층별 지지율에 대한 정보를 제공하여 효율적인 선거 전략을 수립할 수 있도록 도와준다.

사례 5. 자동차 생산 공장의 공장장은 생산 제품의 불량률이 얼마가 되는가를 알아내어 원인이 무엇인지 파악하고 불량률을 낮추는 전략을 수립하고자 할 것이다. 통계학은 공장에서 생산된 제품의 불량률에 대한 정보를 제공하여 생산 제품의 품질 개선에 도움을 준다.

이렇듯 통계학은 경제나 경영 및 정치학을 비롯하여 심리학이나 교육학 등의 사회과학 분야를 포함하여 생물학, 물리학, 의학 등의 자연과학 등 다양한 학문에 활용되고 있다.

제2절 통계학에서의 모집단과 표본

통계학은 수집한 자료의 요약, 분석과 결과의 해석을 통해 조사자의 지식의 폭을 넓혀 준다. 이때 조사자는 알고 싶어하는 현상 혹은 관심 분야에 대한 조사 대상들을 결정하고 이들로부터 자료를 수집하게 된다. 앞선 장에서 논의되었던 설문지의 응답자들이 바로 이 조사 대상자들이 된다.

1) 모집단과 표본

통계학에서는 연구 문제와 관련하여 조사 대상이 되는 집단을 모집단이라고 지칭한다. 모집단의 정의는 아래와 같다.

- 모집단 (Population)
연구 문제와 관련된 조사 대상들의 전체를 말한다.

조사 문제와 위에 설명한 모집단의 사례를 들어보자.

사례 1. 대학생들을 대상으로 대학의 등록금 수준에 대한 조사를 실시한다고 할 때, 해당 조사의 통계 분석을 위한 모집단은 우리나라 대학생 전체가 된다.

사례 2. 특정 지역구의 국회의원 후보자가 지역 유권자(200,000명)를 대상으로 여론조사를 실시한다고 할 때, 이때 조사의 모집단은 지역구의 유권자 전체(200,000명)에 해당한다.

사례 3. 정원이 500명인 한 대학의 신입생을 대상으로 실시한 모의 토익 시험 결과의 평균을 알기 위한 조사를 실시한다고 할 때 이 조사의 모집단은 대학의 신입생 정원 500명이 된다.

사례 4. 한 공장에서 지난 한 주 동안 100대의 자동차를 생산했다. 이때 지난 한 주 생산제품에 대한 불량률에 대한 조사를 실시한다고 할 때 이 조사의 모집단은 지난 주 동안 생산한 100대의 자동차 전부가 된다.

모집단은 연구 문제와 관련된 조사 대상자 전체를 지칭하지만 모든 조사와 그에 따른 통계분석이 모집단을 대상으로 이루어지는 것은 아니다. 특히 모집단의 크기가 매우 큰 경우, 조사에 수반되는 비용과 시간이 커지는 문제로 인해서 모집단의 일부만을 대상으로 조사를 진행하기도 한다. 이렇듯 모집단의 일부에 해당하는 조사 대상자 집단을 표본(Sample)이라고 한다. 표본의 정의는 아래와 같다.

- 표본 혹은 표본 집단

모집단의 일부로 모집단의 부분집합을 말한다.

2) 표본조사와 전수 조사

위에서 논의한 표본 집단과 모집단은 조사 대상이 되는 집단으로 자료 수집의 대상이 된다. 모집단 전체 즉 연구 문제와 관련하여 조사 대상자 전체에 대한 조사를 전수(census) 조사라고 한다. 표본 집단을 대상으로 하는 조사를 표본 조사라고 한다.

가. 표본 조사의 필요성

대부분의 통계 조사는 모집단이 아닌 표본 집단을 대상으로 한 조사가 이루어지고 있다. 하는 데 표본조사를 실시하는 이유를 정리하면 아래와 같다.

① 비용과 시간 소요로 인한 문제

② 조사 대상의 파괴가 일어나는 경우

③ 모집단 전체 조사가 불가능한 경우

표본 조사의 가장 큰 이유는 조사 대상 전체인 모집단이 매우 크기 때문에 이들을 모두 조사하는 것이 많은 시간과 비용이 소요되기 때문이라고 할 수 있다. 모집단의 크기가 작은 경우라면 전체를 대상으로 조사하는 것도 가능하다. 그렇지만 대부분의 시장 조사에서의 조사 대상자들은 소비자이고 이들의 절대적인 수도 무시할 수 없지만, 이들의 거주지가 전국에 분산되어 있는 경우 이들을 접촉하여 자료를 수집하는 것이 사실상 불가능하다.

두 번째로 표본 조사를 실시하는 주된 이유 중의 하나로 조사 대상의 파괴나 손상이 이루어지는 경우이다. 이는 제품의 불량률 테스트나 수명 테스트 등에서 흔히 볼 수 있다. 제품 불량 여부를 파악하기 위해서 조사 과정에서 제품의 파괴가 일어날 수 있다. 예를 들어 제품의 강도를 측정하기 위해서 사실상 제품을 파괴하게 되는 경우인데 전체 생산품에 대한 조사를 실시하게 되면 제품의 강도에 대한 조사는 완료할 수 있다. 그러나 사실상 기업이 판매할 수 있는 제품이 없어지는 관계로 조사를 실시할 수 없게 된다. 전구 등의 여러 가지 부품들의 수명 테스트 역시 테스트가 완료된 제품은 사실상 사용 불가능한 제품이 되므로 모든 제품에 대한 조사는 사실상 불가능하다.

마지막으로 표본 조사를 실시하는 주된 이유로는 모집단에 대한 조사 자체가 불가능한 경우이다. 예를 들어 선거일 전에 특정 지역구의 국회의원 후보자가 당선 여부를 알고 싶어 지역구 유권자 전체를 대상으로 조사하는 것은 사실상 불가능하다. 또한 조사 대상자를 규정하는 것이 사실상 불가능하여 전체를 대상으로 한 조사가 어려운 경우도 있다. 예를 들어 우리나라 대학생을 대상으로 한 조사라고 할 때, 조사 기간 중에 대학을 졸업하거나 재적당하여 신분이 변동하는 경우 모집단의 변동이 있게 되어 모집단 전체에 대한 조사 결과라고 말하기 어렵게 된다. 이런 이유로 인해서 표본 조사를 실시하게 된다.

다. 표본조사의 대표성에 대한 문제

표본조사는 상기한 이유로 대부분의 시장 조사에서 많이 사용되지만, 표본 조사를 실시할 때 꼭 유념할 것이 있다. 이는 표본 조사의 대표성이다. 표본조사는 조사대상자 전체를 하지 않는 조사이기 때문에 모집단을 정확히 대표한다고 볼 수 없다. 이는 표본 집단이 갖는 한계점이라고도 볼 수 있다. 따라서 표본조사가 모집단의 특성에 대한 정확한 정보를 반영하기 위해서는 선발한 표본집단이 모집단을 잘 대표할 수 있는 표본의 대표성 (representativeness)이 보장되어야 한다. 모집단을 잘 대표할 수 있는 표본일수록 모집단 즉 조사대상자의 실제 특성을 정확히 알려줄 수 있는 조사 결과를 만들어 낼 수 있다. 그에 반해 표본이 전체 조사 대상자 중에서 어느 특정 집단만을 중심으로 선발된 조사 대상자들로만 구성되었다면 그 결과는 모집단의 특성을 제대로 반영하지 못할 것이다. 이러한 결과를 표본의 편향(Sample Bias)라고 한다. 아래는 모집단의 특성을 정확히 반영하지 못하는 표본의 사례들이다.

사례 5. 특정 지역구의 국회의원 후보자가 지역 유권자(200,000명)를 대상으로 여론조사를 실시한다고 할 때, 이때 조사의 모집단은 지역구의 유권자 전체(200,000명)에 해당한다. 표본 조사를 실시하기 위해서 60대 이상의 유권자 20,000명을 표본으로 선발하여 여론 조사를 실시하였다.

사례 6. 정원이 500명인 한 대학의 신입생을 대상으로 실시한 모의 토익 시험 결과의 평균을 알기 위한 조사를 실시한다고 할 때 이 조사의 모집단은 대학의 신입생 정원 500명이 된다. 표본 조사를 실시하기 위해서 영어영문학과 소속 신입생 50명을 선발하여 토익 시험 결과의 평균을 계산하였다.

사례 7. 한 공장에서 지난 한 주 동안 100대의 자동차를 생산했다. 이때 지난 한 주 생산제품에 대한 도장 상태 불량 여부에 대한 조사를 실시한다고 할 때 이 조사의 모집단은 지난 주 동안 생산한 100대의 자동차 전부가 된다. 공장 내 3개의 라인 중에서 A라인의 30대의 자동차를 대상으로 도장 상태에 대한 표본 조사를 실시하였다.

위의 사례 2는 여론 조사에서 특정 연령대인 60대 이상의 유권자들만으로 표본조사를 실시하였다. 우리나라의 경우 일반적으로 연령대별로 표심이 뚜렷하게 구분되는 경향이 높다. 따라서 사례 2에서의 표본조사는 특정 연령대의 유권자들로만 구성되어 있기 때문에 유권자 200,000명인 모집단을 대표하는 조사 결과라고 보기 어렵다. 혹시 전체 모집단이 60대의 유권자의 여론과 유사하게 나올 수도 있겠지만, 특정 연령대에 편향되어 있는 표본이므로 조사 결과가 실제값인 모집단의 특성을 정확히 반영하지 못할 가능성이 높다.

사례 3의 경우도 마찬가지로 신입생 중에서 인문대학 학생들만을 대상으로 모의 토익 점수의 평균을 조사하였다. 영어영문학과의 경우 신입생이긴 하나 비교적 타 학과의 학생보다는 어학 성적이 높을 것이다. 따라서 위의 표본으로 조사하게 되면 모집단의 실제 토익 점수보다 높게 나올 가능성이 있다. 이는 표본이 모집단을 잘 대표하지 못하는 편향이 일어났기 때문에 발생하는 차이라고 할 수 있다.

사례 4의 경우도 같은 공장 내에서 특정 라인에서의 생산품으로만 도장 상태를 점검하는 조사이다. 위의 사례만으로 표본의 편향이 도장 상태의 불량률에 어떻게 영향을 주었을지는 확실히 알 수는 없다. 그러나 특정 라인에 한정되어 표본을 선발하여 조사하는 경우에 특정 라인의 노동자들의 숙련도가 다른 라인에 비해서 높거나 혹은 신입 직원들이 많아 숙련도가 떨어진다면 이 라인을 통한 표본 조사는 실제 값을 더 크게 혹은 작게 만드는 왜곡을 일으킬 수 있다.

3) 모수와 통계량

앞선 사례에서 표본의 대표성이 보장되지 않는 경우 모집단의 특성을 반영하지 못하는 결과가 나타난다고 하였다. 흔히 모집단의 특성 값을 모수(Parameter)라고 하고 표본 조사를 통해 얻은 통계조사의 요약값 즉 표본집단의 특성 값을 통계량 (Statistics)라고 한다. 모수와 통계량의 정의를 정리하면 아래와 같다.

- 모수

모집단을 통해 얻어지는 모집단의 특성을 요약한 값

- 통계량

표본 조사를 통해 얻어지는 표본 집단의 특성을 요약한 값

표본 조사를 통해 얻어진 통계량은 모수값과는 차이가 있기 때문에 통계량은 흔히 모수값을 추정(estimation)한다고 말한다. 또한 표본 조사의 결과값은 실제 연구 대상 전체를 조사하지 않기 때문에 항상 오차가 발생할 수 있다. 표본 선정으로 인해 실제 모집단의 값을 반영하지 못하는 차이를 표본 오차(Sample Error)라고 한다.

통계학에서 통계량과 모수와의 관계는 모수는 조사 대상자 전체를 조사함으로써 얻어낸 실제값으로써 전수 조사를 통해서 얻어진 대상자 전체의 특성을 나타내는 요약값이다. 그러나 통계량은 표본 조사를 통해서 획득한 값이므로 실제값은 아니며 실제값과 유사하거나 차이가 있는 값이다. 표본의 대표성이 높아질수록 통계량 값은 모수값과 유사해지며 이때의 표본 오차는 줄어들게 될 것이다.

가. 모수와 통계량, 요약값

흔히 조사를 통해서 얻어지는 요약값 즉 하나의 값으로 집단의 특성을 나타내는 대표값은 여러 가지가 있을 수 있다. 보통 조사 대상자의 특성을 나타내는 대표적인 값으로 평균값이 있다. 평균은 가장 흔하게 사용되고 잘 알려져 있는 대표적인 조사 결과의 요약값이다. 그러나 이러한 요약값은 하나만 있는 것이 아니다. 조사 대상 집단의 내재된 특성을 대표할 수 있는 값은 평균을 비롯하여 중간값, 최빈값, 분산, 표준편차, 첨도, 왜도 등 다양한 값으로 나타낼 수 있다.

특히 분산이나 표준편차, 첨도 등의 요약값은 자료의 퍼진 정도를 나타내는 요약값들로 수집된 자료값들의 분포에 대한 정보를 요약해서 하나의 값으로 표시한다.

이러한 요약값은 모집단을 대상으로 하느냐, 표본집단을 대상으로 하느냐에 관계없이 사용될 수 있다. 흔히 모집단을 대상으로 한 요약값들은 모평균, 모분산 등 앞에 모라는 접두사를 붙여서 지칭하기도 한다. 그에 반해서 표본 집단을 조사해서 얻은 요약값들은 표본평균, 표본분산 등 앞에 표본이라는 접두어를 붙여서 지칭한다.

위와 같이 요약값들을 제시할 때는 모집단이냐 표본집단이냐에 따라서 이를 구분하기 위해 접두사나 접두어를 붙여서 표현한다. 모평균, 모분산 등의 요약값들은 모두 모집단의 특성을 나타내는 모수(Parameter)들이며 표본평균, 표본분산, 표본표준편차 등은 표본 집단의 특성을 요약한 통계량(Statistics)이다.

나. 평균값을 통한 모수와 통계량 비교

예를 들어 조사 대상이 한 수업을 듣는 대학 신입생 5명이라고 해 보자. 이 5명의 학생들 대상으로 모의 토익 테스트를 실시하여 550, 600, 650, 700, 750점의 결과를 얻었다고 해 보자. 이때 이 모집단의 토익 점수 산술평균은 650점이 된다. 이는 5명의 점수를 합하여 5로 나눈 결과이다. 이때의 평균값은 모수이고 정확히 말하면 평균값으로 모집단 5명의 자료를 요약한 모평균 값이 된다. 만약 이 5명 중에서 표본 집단을 선발하여 600, 700점을 획득한 두 학생을 결정했다고 해 보자. 이때 평균값은 역시 650점이 된다. 이때의 평균값은 두 학생의 점수를 합산하여 2로 나눈 값이다. 이때 평균값은 표본 집단을 대상으로 했기 때문에 통계량이며 표본 집단의 특성을 평균값으로 나타냈기 때문에 표본평균이라고 한다. 이때 모평균과 표본평균의 값이 일치한다. 이 경우에는 표본 오차 즉 표본 조사를 시행했을 때 모수값과의 차이가 없다고 볼 수 있다.

만약 550점과 650점의 두 학생을 표본으로 선발했다면 어떨까? 이때의 표본평균값은 600점으로 실제 모수값과 50점 차이가 있게 된다. 이는 표본이 갖는 한계인 표본 오차가 발생한 것으로 표본을 선택하는 방식에 따라서 오차가 존재할 수 있음을 알 수 있다.

다. 통계량과 모수 사례 비교

아래는 통계량과 모수의 사례를 나타내고 있다.

사례 8. 해외시장조사론 과목을 수강하는 40명의 학생으로부터 10명을 선발하여 이들의 중간고사 시험 점수의 평균을 계산하였다.

사례 9. 작년 대학수학능력 응시자 전원의 점수를 조사하여 평균 점수를 계산하였다.

사례 10. 우리나라 고등학생 및 대학생을 각각 50명씩 선발하여 이들의 흡연비율을 조사하였더니 그 결과가 60%가 나왔다.

위의 사례 8의 경우 과목 수강생 전체 40명은 모집단이다. 그러나 이들 중에서 10명을 선발하여 중간고사 시험 성적의 평균을 계산한 것이므로 통계량, 즉 표본평균 값이다. 사례 9의 경우에는 작년 대학수학능력시험 응시자 전원이 모집단이며 이들 전원의 점수를 모두 합산하여 평균을 계산하였기 때문에 모수를 계산한 것으로 모평균 값을 조사한 것이다. 사례 10의 경우 우리나라 고등학생과 대학생 전원을 대상으로 조사했다면 모수를 계산한 것이지만 고등학생 일부와 대학생 일부로 구성된 표본을 가지고 조사한 것이므로 통계량 값을 구했다고 볼 수 있다.

4) 표본 조사와 전수 조사의 비교

그럼 지금까지 언급했던 내용을 토대로 표본 조사와 전수 조사를 정리하여 비교해 보자. 아래 표는 표본 조사와 전수 조사를 비교한 표이다.

[표 6-1] 표본 조사와 전수 조사 비교

	조사방법	
	표본조사	전수 조사
소요 예산	적다	많다
자료의 사용기간	짧다	길다
모집단의 크기	크다	작다
특성에 대한 분산	작다	크다
표본추출 오차의 비용	낮다	높다
비표본추출 오차의 비용	높다	낮다
측정의 본질	파괴적이다	비파괴적이다
개인적 상황의 고려	고려한다	고려하지 않는다

(자료원 : Malhotra, Naresh K. Marketing Research: An Applied Orientation, 3rd ed., Prentice-Hall, 1999)

위의 표에서 표본 조사의 경우 '모집단의 크기'가 큰 경우에 활용하며 이것이 작은 경우에 전수 조사를 실시한다는 것을 나타내고 있다.

제3절 통계학의 구분

통계학은 기술 통계학과 추측 통계학으로 구분된다. 각각에 대해서 알아보자.

1) 기술 통계학

기술 통계학은 '수집된 자료를 요약 분석하여 자료에 내재되어 있는 특성을 알기 쉽게 나타내는 통계학의 영역'을 말한다. 여기서 기술이란 기술(Technology)을 의미하는 것이 아니라 무언가를 기술(Descriptive)한다는 의미로 정의된 것이다. 즉, 자료를 조사 한 뒤 자료의 내용 즉 특성을 정리하는 데 통계학의 방법이 사용되고 있다면 기술 통계학에 해당한다고 볼 수 있다.

예를 들면, 해외시장조사론이라는 과목을 수강하는 40명의 학생들의 중간고사 성적에 대해서 문의하는 학생들에게 중간고사 성적의 평균, 중간값, 표준편차 등의 정보를 알려주는 것은 전체 중간고사 성적 자료들의 특성을 요약해서 알려주는 것으로 기술 통계학에 해당한다고 할 수 있다.

대표적인 기술통계학의 사례로는 인구 센서스(Census) 조사가 있다. 우리나라에서는 정기적으로 인구 현황에 대한 정보 수집을 통해 국가 정책 수립에 활용하고자 인구 조사를 실시하고 있다. 인구 조사의 경우 대한민국 국민 모두를 대상으로 하는 조사로서 앞서 언급했던 전수 조사라고 할 수 있다. 인구 조사를 통해서 알 수 있는 정보는 우리나라 인구가 얼마인지, 연령대별 인구 현황, 성별 인구 현황, 기주지별 인구 현황, 직업 현황, 자녀수, 주거 형태, 소득 수준 등 다양한 측면의 우리나라 국민들에 대한 정보를 수집하고 이를 정리하여 알려준다. 인구 조사는 국가 정책 특히 노인 복지나 출산율 제고 정책 등에 활용될 수 있다. 이러한 통계 조사는 바로 인구 구성 특징을 요약하여 정리해 줌으로써 국가의 정책 의사결정에 도움을 주는 기술 통계학의 영역이라고 할 수 있다.

정리하면, 기술 통계학은 방대한 양의 수집된 자료를 몇 개의 요약값과 같은 숫자나 그래프, 표 등으로 요약하여 주어진 자료의 내용과 특징을 쉽고 빠르게 파악할 수 있도록 도와주는 통계학의 기법이라고 할 수 있다.

2) 추측 통계학

추측 통계학(Inferential Statistics)은 연구 문제와 관련 있는 조사 대상 집단 전체로부터 표본을 추출한 뒤 표본 조사를 통해서 얻게 된 통계량 값을 근거로 모집단의 특성인 모수 값을 추정(estimation)하고 검증하는 방법을 다루는 통계학을 말한다. 정리하면 '표본에 포함된 정보를 통해 이 표본이 추출된 모집단의 특성을 추측하는 데 사용되는 통계학'을 추측 통계학이라고 한다.

예를 들어 대학생의 흡연 비율을 알고 싶다고 할 때, 전체 대학생을 대상으로 한 조사는 많은 시간과 비용으로 실시하기 어렵다. 그렇다면 대학생들을 대상으로 표본 조사를 실시하여야 한다. 전국에 있는 대학생들을 표본의 편향이 없도록 최대한 골고루 200명을 선발하여 이들을 대상으로 표본 조사를 실시했다고 하자. 이 표본 조사 결과 대학생들의 흡연 비율이 56%가 나왔다고 하자. 그렇다면 이 비율은 우리나라 실제 대학생들의 흡연 비율이라고 할 수 있을까? 앞서 표본조사와 전수 조사의 차이에서 언급했듯이 분명 이 결과는 우리나라 실제 대학생들의 흡연 비율과는 차이가 있을 것이다. 그러나 전수 조사가 불가능한 상황에서 표본 조사의 결과값은 실제 값인 무수를 추측하기 위한 값으로서 활용될 수 있을 것이다. 즉, 표본 조사의 결과값, 통계량 값을 통해서 실제값인 모집단의 모수를 추측해 내는 통계학이 추측 통계학이다.

3) 시장 조사와 통계학

시장 조사에서는 위에 논의한 기술 통계학과 추측 통계학의 방법들이 모두 사용된다. 조사를 통해 얻어진 자료의 내재된 특성을 정리하고 요약하는 데에는 기술 통계학의 방법이 활용된다. 그리고 대부분의 시장 조사의 특성상 표본 조사를 하는 경우가 많기 때문에, 시장 현상을 이해하기 위한 가설을 수립하고 가설을 검정하는 과정에서는 표본 조사 결과를 바탕으로 하며 이로 인해서 추측 통계학의 방법들을 사용하게 된다.

4) 기술 통계학과 추측 통계학의 사례

몇 가지 사례를 통해서 기술 통계학과 추측 통계학이 어떤 차이가 있는가 알아보도록 하자.

사례 1. 어느 대형 할인 매장에서는 지역별 매장의 매출액을 상품별로 월별로 작성하여 월평균 매출액 최고액을 기록한 상품과 최저액을 기록한 상품을 조사하고 이를 매장별로 비교함으로써 매장 관리 전략을 수립하고자 한다.

사례 2. 어느 회사에서는 직무로 인한 스트레스 정도를 파악하기 위해서 전체 사원 2000명 중에서 200명을 선발하여 이들의 스트레스 지수에 대한 조사를 실시하였다.

사례 3. 최근 중국 시장에 진출한 H전자는 자사가 출시한 스마트 패드 제품에 대한 중국 소비자들의 만족도를 조사하기 위해서 북경, 상해의 두 개 도시를 선정하여 스마트 패드 고객 중 500명을 대상으로 만족도 조사를 실시하였다.

사례 4. KBO에서는 야구 관객들의 흥미를 이끌기 위해서 웹 사이트를 통해 1군 야구선수들을 대상으로 타자들의 타율, 타점, 홈런 등의 각종 정보를 요일별, 월별, 선수별, 구단별로 정리하여 제공하는 서비스를 시작하였다.

사례 1의 경우 지역별 매장의 매출액을 상품별로 월별로 요약 정리하여 매장별 관리 전략을 도출하기 위한 자료 조사이다. 이 경우에는 자료의 요약 정리를 통한 매출액 현황의 특징을 알고자 하는 통계조사이므로 기술 통계학의 활용 사례라고 할 수 있다. 사례 2와 3의 경우에는 조사 대상 집단에서 일부를 추출하여 표본 조사를 실시한 사례이다. 이때 조사 결과는 조사 대상 집단 전체가 아닌 표본이므로 모집단에 대한 모수를 표본 조사의 결과값으로 추정하는 목적의 통계조사라고 할 수 있다. 따라서 추측 통계학의 사례라고 할 수 있다. 사례 4의 경우에는 야구 선수들의 각종 정보를 요약 정리하여 선수 활동 특징에 대한 정보를 알려주고 있으므로 기술 통계학의 사례라고 할 수 있다.

제4절 통계학의 자료 척도

통계학은 자료를 요약 정리하여 분석하고 이를 해석하는 학문으로 자료의 수집을 위한 조사 대상자들의 응답을 얻는 과정이 필요하다. 그러나 통계학은 기업 경영이나 경제, 심리학, 정치학 등 사회과학에서의 분석 방법일 뿐만 아니라 물리학, 생물학, 화학 등의 자연 과학에서의 자료 분석에도 활용된다. 사람이나 사회 현상을 주된 문제로 인식하고 이를 설명하고 해결하기 위한 사회과학 조사에서는 사회 현상이 주된 문제로서 대부분의 조사 대상자들이 사회를 구성하는 사람이나 조직 혹은 사람과 조직이 되지만, 자연 과학에서는 주된 관심사는 자연 현상이 되며 현상의 주된 원인으로서 물질, 생명체 등이 된다. 조사 대상의 차이는 자료 수집 방식에서의 차이를 결정한다.

1) 측정과 척도

가. 측정의 개념

자료 수집을 위해 조사 대상자 혹은 대상물의 반응을 관찰하여 알아내고자 하는 이들의 속성에 일정한 값을 부여하는 것을 측정이라고 한다. 예를 들어, 아래와 같이 질문을 했다고 해 보자.

사례 1. 당신의 나이는 얼마입니까?

사례 2. 당신은 현재 스마트폰을 사용하고 있습니까?

사례 3. 당신은 현재 사용하는 스마트폰에 대해서 만족하고 있습니까?

위의 세 가지 질문을 통해 설문 응답자의 답변을 얻어낼 수 있을 것이다. 이들이 답변하는 것이 반응(Response)이며 이들의 답변에 일정한 값을 부여하는 것이 측정이다. 예를 들어 한 응답자가 나이는 25세, 스마트폰 사용 중, 현재 사용하는 스마트폰에 대해서 매우 만족하고 있음이라고 답변했다고 하자. 이때 응답자의 나이라는 속성에 대해서는 25세라는 값을 부여할 수 있고, 스마트폰 사용 여부라는 속성에 대해서는 '사용중'이라는 값을 부여할 수 있다. 스마트폰 만족 여부라는 속성에 대해서는 '매우 만족'이라는 값을 부여할 수 있다. 설문 응답자의 답변을 통해서 우리가 알고 싶어 하는 조사 대상자들의 속성(나이, 스마트폰 사용여부, 사용 스마트폰의 만족여부)을 알아낼 수 있으며 이 속성에 대한 일정한 값을 부여하는 과정이 바로 측정이다.

나. 자연과학과 사회과학에서의 측정

물리학이나 화학, 생물학과 같은 자연과학에서의 측정은 조사 대상이 자연현상과 관련된 물질이나 생명체 등을 대상으로 하여 조사자가 관심있는 속성으로 부피, 온도, 무게, 농도 등의 변화를 관찰하는 것을 말한다. 자연과학에서의 측정은 사회과학과는 달리 실험실 환경에서 실험 조작을 통해서 이루어진다. 그에 반해 사회과학에서는 조사 대상자인 사람이나 조직에 어떤 자극을 주고 그 반응을 관찰하고 기록함으로써 측정을 완료하게 된다.

다. 측정과 측정 척도

앞서 사례 1, 2, 3에서 보았듯이, 측정을 통해 값을 부여하는 방식에는 나이와 같이 숫자를 부여하는 방법도 있지만, 사용여부와 같이 집단이나 범수로 구분하는 측정도 있다. 또한 만족도를 조사하는 경우에는 만족의 정도를 매우 만족, 만족, 보통 혹은 불만족과 같이 정도나 순서를 나타내는 방식을 측정을 하기도 한다. 이렇듯 관심 있는 속성에 따라서 값을 부여하는 방식이 달라진다.

이렇듯 부여한 값들과 속성과의 관계에서 특정한 의미를 부여해 주는 방식을 측정 척도라고 한다. 예를 들어 성별을 묻는 질문이라고 한다면 성별이라는 속성에 대해서 일반적으로 남과 여라고 하는 두 개의 값을 부여하게 된다. 남과 여라고 하는 두 개의 값은 두 집단 혹은 범주를 의미하는 값이 되며 이러한 척도를 범주 척도 혹은 명목 척도라고 한다. 통계학에서의 측정 척도는 명목 척도, 서열 척도, 등간 척도와 비율 척도의 네 가지 형태로 구분된다.

그렇다면 왜 척도를 구분하는 것일까? 척도를 구분하는 이유는 바로 속성을 측정하는 척도에 따라서 얻어진 값을 분석하는 통계 기법이 달라지기 때문이다. 다시 말하면 성별을 구분하는 명목 척도는 모든 통계적 기법으로 분석할 수 있는 것이 아니라 제한적인 방법으로만 가능하다는 것이다. 앞서 사례에서 나이는 0부터 100 이상까지 다양한 숫자값으로 측정한다. 이 경우 성별과는 다른 통계 기법으로 분석할 수 있다는 것이다.

각각의 측정 척도에 대해서 알아보도록 하자.

2) 명목 척도

명목척도란 조사대상의 특성에 따른 분류나 이를 식별하기 위한 일종의 기준 역할을 하는 값을 부여하는 척도라고 할 수 있다. 명목 척도로 측정되는 속성들은 성별, 직업형태, 거주형태, 소속기관, 거주지, 제품 소유 여부 등으로 집단이나 범주를 의미하는 것들을 말한다.

예를 들어, 성별이라는 속성은 남, 여라는 두 개의 범주로 나뉜다. 이때 통계 분석을 위해서는 일정한 숫자를 부여하게 된다. 남자인 경우 1을, 여자인 경우 2를 부여할 수 있는 데, 이때 부여되는 숫자는 구분을 위한 것일 뿐 특별한 의미를 갖고 있는 숫자는 아니다. 이는 운동 선수들의 등번호와 유사하다. 등번호의 경우에도 선수들을 구분하기 위한 숫자일 뿐이지 숫자가 큰 것이 운동선수의 운동 능력이 더 크거나 작은 것을 의미하는 것은 아니기 때문이다.

단, 명목 척도의 경우에는 특정 속성값에 따라 부여되는 숫자가 일대일로 정확히 일치하여야 한다. 예를 들어 남, 녀, 노, 소의 네 개의 속성값에 대해서 남자는 1, 여자는 2, 노인은 1, 소인은 2와 같이 중복된 숫자값을 부여하는 것은 잘못된 방법이다. 또한 명목 척도에서 부여하는 값들은 조사자가 임의로 정할 수 있다. 예를 들어 종교의 유무를 구분하는 경우라고 하면 무교인 경우 0, 종교가 있는 경우를 1이라고 부여할 수 있으며, 무교를 1로 종교가 있는 경우를 2로 부여할 수 있다. 어떤 숫자 값을 부여하든지 서로 다른 속성값에 대해서 일대일로 대응되기만 하면 문제가 없다.

흔히 시장 조사에서는 응답자의 인구통계적 속성값으로 성별, 직업의 구분, 선호 브랜드 구분, 상표의 인지 여부, 제품의 보유 여부, 구입 점포, 구입 방법 등 대상을 식별하는 데 사용된다.

3) 서열 척도

서열 척도는 측정 대상들의 순위를 나타내는 척도로서 조사 대상자들의 속성값에 대한 크기에 대한 순위, 높고 낮음에 따른 순위, 많고 적음에 대한 순위 등 부여한 숫자값이 순위의 의미를 갖도록 하는 것을 말한다. 흔히 시험 성적을 기준으로 1등부터 순위를 매길 때 사용하는 숫자들이 서열 척도에 의해서 부여된 값이라고 볼 수 있다.

예를 들어, 10명이 달리기 경주를 한다면 1등부터 10등까지 숫자를 부여할 수 있다. 이때 각 숫자는 선수들의 달리기 능력이라는 속성에 값을 상징하는 것이라고 볼 수 있다. 또한 현재 출시된 스마트폰 제품 7종에 대해서 조사 대상자에게 선호하는 순서대로 나열하라고 한다면, 1등부터 7등까지의 브랜드를 조사할 수 있을 것이다. 이때 1등은 조사 대상자의 스마트폰 선호도라는 속성에 대해서 가장 높은 값을 보이는 스마트폰 브랜드가 될 것이다.

서열 척도는 명목 척도보다는 조사 대상자의 속성에 대한 더 많은 정보를 제공한다. 명목 척도를 통해 측정된 숫자값은 구분을 위한 것이지 크기가 갖는 의미는 없다. 그러나 서열 척도의 경우 숫자가 순위의 의미를 갖고 있기 때문에 정보의 양이라는 측면에서 유용하다고 볼 수 있다. 그러나 서열 척도는 측정대상들의 상대적인 위치를 알려주는 것이지 대상들이 가지고 있는 속성 간의 차이를 나타내 주지는 못한다.

앞서 달리기 경주의 예를 들어보자. 1등을 한 선수와 3등을 한 선수는 달리기 능력이라는 속성에서 1등 선수가 더 높다고 할 수 있다. 그러나 1등이 3등보다 2등 차이만큼 빠르다고 이야기 하지는 않는다. 왜냐하면 1등과 3등의 차이는 매우 클 수도 있고 매우 작을 수도 있기 때문이다. 1등부터 3등까지 선수들의 달리기 실력이 비슷해서 매우 작은 차이로 등수가 결정되었을 수도 있고 1등의 달리기 실력이 월등해서 매우 큰 차이로 순위가 결정되었을 수도 있다. 이런 이유로 인해 서열 척도에서의 값은 속성에 따른 위치를 상징하는 것이지 그 값의 차이가 의미를 갖는 것은 아니다.

서열 척도는 시장 조사에서 흔히 브랜드의 선호도 순위, 제품에 대한 만족도, 서비스의 친철도 등에서 많이 사용되며, 명목 척도 보다 많은 정보를 제공할 수 있기 때문에 서열 척도로 조사된 자료에 대한 분석을 위한 통계 기법도 더 다양하다.

4) 등간 척도

등간 척도는 서열 척도의 특징을 갖되 순위값 사이의 간격을 동일하게 부여하는 척도라고 할 수 있다. 따라서 등간 척도는 서열 척도가 갖는 모든 특징을 갖고 있으면서 조사 대상자들 간의 속성값의 차이를 비교할 수 있는 특징을 갖고 있다.

예를 들면, 등간 척도로 측정된 순위 1, 2의 차이와 5, 6과의 차이는 동일하다는 것이다. 앞서 서열 척도의 사례에서 달리기 등수의 경우 1등과 2등의 차이가 5등과 6등의 차이와 동일할 수는 없다. 1등과 2등의 달리기 실력이 비슷하고 5등과 6등의 차이가 클 수 있기 때문이다. 그러나 등간 척도의 경우 순위 간 차이의 크기를 일정하게 정해 값을 부여함으로써 순위 값의 차를 비교할 수 있는 특징을 갖고 있다.

등간 척도의 대표적인 예로 온도계를 들 수 있다. 우리나라는 섭씨 온도로 대기의 따뜻한 정도를 측정한다. 섭씨 온도는 1기압에서 물이 어는 점을 0도로, 물이 끓는 시점의 대기 온도를 100도로 정하고 이 사이를 99개의 눈금으로 나누어 온도를 표기하는 방식이다. 이때 99개의 눈금은 동일한 간격으로 나누어 나타낸다. 흔히 볼 수 있는 섭씨 온도계는 이와 같은 원리로 대기의 온도를 측정하는 도구이며 온도값은 등간 척도로 나타낸다. 따라서 등간 척도는 서열 척도의 특성을 동시에 갖고 있기 때문에 10도 보다는 20도가 더 따뜻하다고 말할 수 있으며 20도보다는 30도가 더 따뜻하다. 또한 등간으로 눈금을 나누었기 때문에 20도와 10도의 차이는 30도와 20도와의 차이와 동일하다.

등간 척도가 갖는 중요한 특징으로 절대 영점(zero)이 고정되어 있지 않다는 특징이 있다. 이는 해당 속성이 존재하지 않는 점이 없다는 의미이다. 온도계의 예를 들어 보자. 섭씨온도 0도씨는 열이 없다고 할 수 있을까? 더운 열대 지방에서 온 사람들은 매우 춥다고 생각해서 열이 없다고 할 수 있을 것이다. 그러나 매우 추운 지방에서 온 사람들에게는 섭씨 온도 0도씨가 오히려 따뜻하게 느껴질 수도 있다. 섭씨온도 0도씨는 열이 없어 온도가 존재하지 않는 점이 아니고 앞서 언급했듯이, 1기압에서 물이 어는 대기 온도를 0도씨로 임의로 정해 놓은 것이다. 온기가 존재하지 않는 점을 의미하지는 않는다.

이러한 등간 척도의 특징은 섭씨온도 체계를 사용하지 않고 화씨 온도로 변환해보면 더욱 확연해 진다. 화씨 온도의 경우 섭씨 온도 0도를 변환하면 아래의 공식에 따라서 32F도로 계산된다.

화씨 온도 = 9 × (섭씨 온도/5) + 32

따라서 화씨 온도의 개념으로 적용해 보면 섭씨 온도 0도는 열이 존재하는 점이 아니라 임의로 정해 놓은 기준이라는 것을 확인할 수 있다.

등간 척도는 서열 척도의 특성을 갖고 있으면서 부여된 숫자값이 더 상세한 정보를 제공하고 있기 때문에 적용할 수 있는 더 다양한 통계적 기법을 적용할 수 있다. 시장 조사에서는 브랜드 만족도, 서비스 만족도, 제품 만족도 등을 측정하는 데 많이 사용되고 있으며, 대학에서는 학생들을 대상으로 하는 강의 만족도나 교육 만족도 등의 조사에서 주로 사용된다. 흔히 리커트 척도라고 하여 5점 척도, 7점 척도라는 방식을 사용하는 데 이러한 척도법에 의해서 나온 값들은 서열 척도로 분석되기도 하고 등간 척도의 통계적 기법을 사용하기도 한다.

5) 비율 척도

비율 척도는 등간 척도의 특징을 갖고 있으면서 측정값 사이의 비율 계산이 가능한 척도이다. 다시 말하면, 측정 척도의 간격이 일정할 뿐만 아니라 측정 척도 자체에 비율의 의미가 내재되어 있는 척도라고 할 수 있다. 따라서 더 정교한 척도라고 할 수 있다. 대표적인 예로는 무게, 길이 혹은 화폐 단위 등을 들 수 있다. 비율 계산이 가능한 이유는 속성값의 절대 영점이 존재한다는 특징 때문이다. 절대 영점이란 속성이 0, 즉 존재하지 않는 것이 가능한 지점이라고 할 수 있다. 무게나 길이는 무게가 없다 혹은 길이가 없는 것이 존재한다. 따라서 0이라는 값을 절대 영점으로 해석할 수 있다.

또한, 비율 척도는 명목 척도, 서열 척도, 등간 척도의 특징을 모두 갖고 있으면서 이 세 가지 척도에서 사용할 수 있는 모든 통계적 기법을 통한 분석이 가능하다. 이는 비율 척도로 측정된 속성값은 대상을 식별하기 위한 값(명목 척도)으로도 사용할 수 있고, 속성값을 순위로 간주하여(서열 척도) 비교할 수도 있으며, 값의 차이를 비교(등간 척도)하는 것도 가능하다는 것이다. 달리 말하면 비율 척도는 다른 모든 척도에 비해서 많은 정보를 갖고 있으며 이런 연유로 다른 척도로의 변환 역시 가능하다는 특징을 갖고 있다. 아래의 사례를 살펴보자.

사례 4. 당신의 월 소득은 얼마인가요?
사례 5. 당신이 월 평균 통신비로 얼마를 지출하나요?
사례 6. 당신이 월 평균 전기세로 얼마를 지출하나요?

위의 사례 4, 5, 6은 모두 비율 척도로 측정될 수 있는 값들이다. 소득, 통신비, 전기세 모두 화폐 단위로 나타낼 수 있으며 절대 영점 즉 소득이 없거나, 통신비 지출이 없거나, 전기세 지출이 0인 점이 가능하다. 위의 사례 4의 질문을 아래와 같이 바꾸면 명목 척도로 측정할 수도 있다.

사례 4. (명목척도) 당신의 월 소득은 어느 정도라고 생각하나요?

① 월 1천만 원 이상
② 월 500만 원 이상, 1천만 원 미만

③ 월 300만 원 이상, 500만 원 미만

④ 월 300만 원 미만

위의 사례 4의 예시는 월 소득의 구간을 나누어서 범주화 시킨 것이다. 소득이라는 값은 비율 척도로 측정할 수 있지만 이것을 네 가지 범주로 구분하여 측정할 수도 있다. 그러나 비율 척도로 측정하는 것이 가장 많은 정보를 갖고 있기 때문에 측정하는 시점에서 위와 같이 조사를 하지 않고, 측정된 비율 척도 값을 등간이나 서열, 명목 척도의 형태로 변환하여 분석하게 된다. 이는 비율 척도로 측정된 값을 의미 있는 집단이나 범주로 구분하여 결과를 해석하는 것이 조사자에게 의미 있는 정보를 제공할 수 있기 때문이다.

또한, 비율 척도로 조사할 수 있음에도 불구하고 위와 같이 범주화하는 형태로 조사하기도 하는 데, 이는 설문 문항의 응답을 회피하는 경향이 있는 질문이거나 응답이 어려운 경우에 비율 척도를 사용하지 않는 경우가 있다.

지금까지 설명했던 척도를 기준으로 하여 각 척도와 그에 따라 사용할 수 있는 통계 기법 및 통계량에 대해서 정리하면 아래의 표와 같다.

[표 6-2] 척도 유형과 특징

	기본특성	사례	허용되는 통계량	
			기술통계량값	추론통계기법
명목척도	대상을 분류하는 척도	주민등록번호 선수 등번호 브랜드 구분 점포의 유형 성별, 종교 유무	퍼센트 최빈값	빈도분석 비모수통계 이변량 검증 교차분석

서열척도	측정 대상의 상대적 위치와 순위 표시	만족도 순위 인지도 순위 선호도 순위 사회 계층	중앙값 퍼센트	서열상관관계 ANOVA
등간척도	측정 대상의 속성 차이의 비교 가능	온도 사회적 이슈에 대한 태도나 의견 물가 지수, 주가 지수	범위 평균(산술평균) 표준편차	모수통계 회귀분석 요인분석
비율척도	절대 영점이 존재하는 비율 계산 척도	길이나 무게 연령 수입 기업의 비용 제품 판매량	기하 평균 조화 평균	모수통계 타 척도에서 사용가능한 통계 기법 모두

(자료원 : 이명식, 최천규, 구자룡, 마케팅리서치, 형설출판사, 2004의 내용을 수정)

제5절 척도와 척도법

1) 척도법의 개념

가설 검정을 위해 관찰된 현상을 계량화하여 수치를 부여하는 과정을 측정이라고 한다면 측정을 위한 도구는 척도이다. 명목, 서열, 등간, 비율 척도는 수집하고자 하는 자료의 특성에 따라서 나누어지는 척도라고 한다면 척도법은 가설 검정을 위한 실증 자료를 얻기 위해서 사용하는 여러 가지 측정 방법이라고 할 수 있다.

2) 척도법의 구분

척도법은 하나의 추상적인 개념(변수)을 계량화된 수치로 측정하기 위해서 단일 항목 즉 설문 조사인 경우 하나의 문항으로 측정하느냐, 아니면 두 개 이상의 문항으로 측정하느냐에 따라서 단일항목측정법과 다항목측정법으로 나뉜다.

척도법은 응답자에게 답변(변수의 값)을 얻어내는 과정에서 비교해서 답변하도록 요구하는 경우와 하나의 대상에 대한 답변을 얻어내는 것으로 구분할 수 있다. 비교를 통한 응답을 구하는 척도를 비교척도법이라고 하며, 한 대상에 대한 의견이나 태도, 생각 등을 묻는 척도를 비비교척도법이라고 한다.

비교 척도법은 대상 간의 순위나 정도 차이를 나타내기 때문에 서열 척도나 비율 척도의 자료를 얻을 수 있으며 비비교척도법은 등간 척도에 해당하는 자료를 얻을 수 있다. 비교 척도법과 비비교 척도법은 단일항목으로 개념을 측정하거나 다항목으로 개념을 측정하는 모든 경우에 활용할 수 있는 척도법이다.

- 단일항목 척도법과 다항목 척도법의 의미

경제, 경영, 심리, 정치 등 사회과학 분야의 조사에서는 변수들이 추상적이고 개념적이기 때문에 하나의 개념을 구성하는 다양한 차원들이 존재한다. 소비자 만족, 소비자 충성도, 브랜드 인지도, 제품 사용 용이성 등은 하나의 문항으로 측정할 수 없는 추상적인 개념이다.

예를 들어 소비자 충성도는 어떻게 측정할 수 있을까? 쉽게는 재구매를 자주하는 고객이 특정 브랜드에 대한 충성도가 높다고 볼 수 있을 것이다. 그러나 재구매하는 것만으로 충성도가 높은 고객이라고 할 수 있을까? 충성 고객이라고 하면 사용 제품에 대한 적극적인 홍보를 해 주는 고객으로 볼 수도 있을 것이다. 또한 충성도가 높은 고객은 제품 가격에 대해서 그다지 민감하지 않고 서비스에 대한 만족도가 높은 고객일 것이다. 뿐만 아니라 해당 기업의 신제품을 적극적으로 수용할 준비가 되어 있을 사람일 것이다.

상기한 것과 같이 소비자 충성도라는 개념은 다양한 측면을 가지고 있어 단일 문항으로 충성도를 측정한다는 것은 개념을 정확히 측정해 내지 못하는 문제가 발생할 수 있다. 즉 단일항목으로 구성된 측정 도구는 개념 측정을 정확히 하지 못하는 측정 오차가 발생한다. 따라서 여러 문항을 사용하여 개념을 측정하는 다항목 측정의 방법을 사용한다.

3) 척도법의 조건

정확한 개념 측정을 위해서 척도법은 단순성, 신뢰성, 타당성을 갖추고 있어야 한다.

가. 단순성

단순성이 의미하는 것은 척도법이 이해가 쉽고 계산이 쉬워야 한다는 것이다. 이는 설문 응답자 관점에서 응답하기 쉽게 복잡하지 않아야 한다는 점이다. 정확한 자료를 얻기 위해서는 설문자가 문항에서 요구하는 것이 무엇이고 그것에 대한 자신의 태도나 의견 등을 명확하게 정리하여 기록할 수 있어야 한다. 그러나 지나치게 단순한 척도법을 사용하는 것은 타당성이나 신뢰성 혹은 얻어진 자료의 유용성에 저해가 될 수 있다.

나. 신뢰성

신뢰할 수 있는 척도는 같은 대상자에게 여러 번 측정했을 때 항상 동일한 결과가 나오는 것을 말한다. 예를 들어 몸무게를 한 체중계로 측정한다고 해 보자. 처음 쟀을 때의 체중과 한 번 더 쟀을 때의 체중이 다르게 나온다면 어떨까? 매번 잴 때마다 다른 결과가 나온다면 이 체중계에 대해서 어떤 결론을 내릴 수 있을까? 이 체중계는 신뢰할 수 없는 몸무게 측정도구라고 생각할 수 있을 것이다. 왜냐하면 같은 사람이 여러 번 측정할 때마다 다른 결과가 나오기 때문이다.

신뢰성(reliability)란 시간적 간격을 두고 동일한 조건 아래 있는 측정 대상을 반복하여 측정하였을 때 각 반복측정치들 사이에 나타나는 일관성 정도를 말한다. 따라서 조사 결과 점수가 일관성 없이, 어제 측정한 결과와 오늘 측정한 결과가 예측 불가능하게 변화하여 믿을 수 없는 결과가 나왔다고 해 보자. 이 경우 조사 결과도 사용할 수 없을 것이며, 조사를 위해 사용했던 측정 도구 즉 설문 문항 역시 믿을 수 없을 것이다.

- 신뢰성과 측정 오차

측정 도구의 신뢰성을 어떻게 알아낼 수 있을까? 일반적으로 측정이란 실제값을 알아내기 위해서 측정 도구를 사용하여 측정값을 통해 실제값을 알아내는 것이다. 그러나 측정 과정이나, 측정 도구, 측정자, 혹은 측정 대상자나 측정 환경 등의 여러 가지 문제로 인해 측정값에는 오차가 발생한다. 실제값과 오차 간의 관계를 나타내면 아래와 같다.

실제값 = 측정값 + 체계적 오차 + 비체계적 오차

체계적 오차는 측정할 때마다 일정한 방향으로 발생하는 오차로 측정 도구의 타당성(Validity)에 영향을 준다. 예를 들어 아날로그 저울의 눈금의 0점 조정이 되지 않아 500그램 정도가 더 많이 나오도록 설정이 되어 있다면 몸무게의 측정값은 항상 +500그램의 오차가 발생할 것이다.

비체계적 오차는 매번 측정할 때마다 방향이 일정하지 않은 오차로 무작위적으로 발생하는 오차를 말한다. 체중을 잴 때마다 체중계의 오작동으로 인해서 매번 다른 값이 나온다면 이 체중계는 신뢰할 수 없게 된다. 즉 비체계적 오차는 신뢰성에 영향을 준다고 생각할 수 있다.

신뢰성이 떨어지는 측정 도구는 사용을 해서는 안 된다. 체계적인 오차의 경우에도 타당성이 떨어지는 문제가 있으나 신뢰성이 떨어지는 경우에는 측정 도구 자체를 사용해서는 안 되기 때문에 측정 항목의 신뢰성에 대한 면밀한 검토가 필요하다. 신뢰성이 떨어지는 측정 척도, 달리 말하면 설문 문항은 자료 수집에 사용되어서는 안 된다. 따라서 설문 조사의 결과를 제시할 때에는 반드시 설문 문항의 신뢰성을 보장할 수 있는 분석 결과가 함께 제시되어야 한다.

- 설문 문항의 신뢰성 확인

설문 문항의 신뢰성을 확인하는 방법으로는 재검사 신뢰도(test-retest reliability), 동형검사 신뢰도(parallel-form reliability), 반분법(Split-half reliability)과 내적 일관성에 의한 신뢰성 측정 방법이 있다. 설문 항목을 통한 조사 방법에서 가장 빈번하게 사용되는 방법은 내적 일관성에 의한 신뢰성 측정 방법이다. 각 방법에 대해서 간단히 알아보고, 내적 일관도 측정 방법에 대해서 상세히 알아보자.

① 재검사 신뢰도

동일한 측정자를 대상으로 동일한 측정도구를 이용하여 반복적으로 측정한 뒤에 두 개의 측정값들 사이의 차이를 분석한다. 두 측정값 차이가 크다면 측정 때마다 조사 결과의 차이가 크다는 것을 의미하므로 신뢰도가 낮다고 결론을 내릴 수 있으며, 결과의 차이가 적으면 신뢰도가 높다고 할 수 있다. 차이가 적을 때 측정 결과치가 크게 변화하지 않고 안정적으로 유지된다는 점에서 안정성 계수(Coefficient of Stability)라고도 한다.

신뢰 정도를 측정하기 위해서는 측정값들 사이의 상관관계를 측정하며 두 측정값 사이의 상관관계가 크면 신뢰도가 높다고 한다. 단 동일한 측정 도구를 사용하기 때문에 응답자가 측정 도구에 익숙해지는 문제가 발생할 수 있다. 익숙하기 때문에 발생할 수 있는 오류를 시험 효과라고 하는 데 이를 제거하기 위해서 측정 간격을 보통 2주 정도로 한다.

② 동형검사 신뢰도

동형검사 신뢰도는 앞서 재검사 신뢰도의 문제인 동일 측정 도구로 발생하는 시험 효과를 제거하기 위해서 같은 측정 도구가 아니라 유사한 측정 도구를 개발하여 측정한다. 측정값의 차이가 재검사 신뢰도와 마찬가지로 작을 때 신뢰도가 높다고 결론 내릴 수 있으며 크게 되면 신뢰성이 떨어진다고 볼 수 있다.

같은 집단에 대해서 두 동형 검사를 다른 시기에 실시하여 얻은 점수 간의 상관관계를 규명하여 관련성이 높으면 신뢰성이 높다고 평가한다.

③ 반분법

반분법은 다수의 측정 항목을 서로 대등한 두 개의 그룹으로 나누고, 두 그룹 간의 항목별 측정치 사이의 상관관계를 조사함으로써 신뢰성을 평가하는 방법이다. 이 방법은 문항 분석을 통해서 문항의 내용, 곤란도, 판별도 등을 고려하여 가장 동등한 두 항목을 선정하여 두 개의 그룹으로 나누어 문항 그룹을 만든다. 이 방법은 재검사 신뢰도, 동형검사 신뢰도와는 달리 한 번에 신뢰도를 추정할 수 있는 장점이 있고 동형검사의 경우 유사한 측정 도구를 만들어야 하는 부담이 있으나 이 방법은 이미 만들어진 문항 전체를 나누어 활용하므로 그러한 부담이 없다.

이상적인 방법이긴 하나 실행상의 어려움이 많아 짝수번 문항과 홀수번 문항의 두 집단으로 나누는 기우법, 전체 검사를 문항 순서에 따라 전과 후로 나누는 전후법, 무작위로 분할하는 단순 무작위법이 있다. 반분법은 상기한 두 방법에 비해 언급한 장점이 있으나, 문항을 나누는 방법에 따라서 신뢰성 값이 다르게 나올 수 있기 때문에 신뢰성을 정확히 파악하는 것이 어려울 수 있다.

④ 내적일관도에 의한 신뢰도

내적일관도는 크론바하 알파(Chronbach's alpha)계수를 활용하여 측정한다. 이 방법은 동일한 개념을 여러 문항으로 질문하여 이러한 항목들이 유사한 값을 갖는지 측정하는 방법이라고 할 수 있다. 내적일관도의 측정은 개별 문항의 측정값과 다른 문항들의 측정값들 간의 상관관계를 계산함으로써 신뢰성을 평가한다.

예를 들어 한 문항이 다른 문항들과의 상관관계가 낮게 나왔다면, 이 문항은 다른 항목들이 측정하는 개념과는 상이한 항목을 측정한다고 결론 내릴 수 있다. 따라서 신뢰성 있는 문항들로 설문을 구성하기 위해서는 다른 문항들과의 상관관계가 낮은 문항을 제거하는 방식을 따른다.

크론바하 α값은 0부터 1까지의 값을 갖는다. 특정 문항에 대한 크론바하 α값의 크기가 그 문항의 신뢰성이라고 할 수 있으며, 값이 1에 가까울 수록 좋다. 조사에 따라 신뢰성이 높은 항목의 기준이 달라지는 데 탐색 조사의 경우에는 0.5에서 0.6 정도면 신뢰성이 높다고 하며, 기술 조사의 경우에는 0.8이상의 값을 가져야 신뢰성이 높다고 한다.

반분법의 경우 문항을 두 개의 그룹으로 나누고 나누는 방식에 따라 신뢰성이 달라지나 본 방법은 설문 항목 전체를 가지고 나누는 것 없이 단일한 신뢰성 값을 얻을 수 있기 때문에 가장 많이 사용되는 방식이다.

대부분의 설문 조사에서는 본 방법으로 신뢰성 평가를 하며 설문지의 사전조사 시에 문항 제거를 위해서 활용하기도 하며, 조사 보고서에 항상 제시가 되어야 하는 분석이다.

다. 타당성

타당성(Validity)이란 연구자가 측정하고자 하는 개념이나 속성을 정확히 측정하였는지 나타내는 것이다. 측정값에서 체계적 오차가 커지면 타당성이 떨어진다고 할 수 있다.

예를 들어, 성장을 측정하는 데 키나 몸무게, 가슴둘레를 측정하지 않고 종아리나 발목 둘레로 측정하는 것은 성장이라는 개념을 측정하는 적절한 측정 척도가 아니다. 특정 브랜드 충성도를 측정하는 데 다른 브랜드를 얼마나 많이 알고 있는 가를 측정하는 것도 바람직한 측정 척도라고 볼 수는 없다. 일반적으로 지능을 검사하기 위해서 IQ 검사를 하고 적성을 측정하기 위해서 적성 검사를 활용하듯이 측정하고자 하는 개념을 정확히 측정하는 측정 도구는 타당성이 높은 도구라고 할 수 있다.

타당성의 측정에는 내용 타당성, 기준 관련 타당성, 개념 타당성이 있다.

① 내용 타당성

측정 항목이 조사자의 의도한 내용대로 제대로 측정하고 있는지의 여부를 말하는 개념이다. 예를 들어 측정 도구가 측정 개념이 가지고 있는 많은 속성들 중의 일부를 대표성 있게 포함하게 되면 내용 타당성이 있다고 한다.

내용 타당성은 조사 문제에 대한 전문가나 조사 참여자 등을 통해서 확인하며 논리적 사고에 입각한 주관적인 분석의 결과로 판단하기 때문에 계량적인 타당도의 값을 계산하지는 않는다. 따라서 적용이 용이하고 시간이 적게 들며, 질문 내용에 기초를 두어 관찰할 수도 있고 추정할 수도 있는 반면에, 주관적인 해석과 판단에 의한 오차나 착오가 개입될 수 있으며 통계적 검증이 이루어지지 않는 다는 단점이 있다.

② 기준 관련 타당성

사용하고 있는 측정 도구의 측정값과 기준이 되는 측정 도구의 측정값과의 상관관계를 통해서 타당성을 측정한다. 조사 대상의 속성을 측정해 줄 것으로 알려진 외적 변수와 측정 도구의 결과 간의 관계를 비교함으로써 타당도를 평가한다.

기준 관련 타당성은 어떤 조사가 무슨 행위가 일어날 것이라고 예측한 것과 실제로 대상자 또는 집단이 나타낸 행위 간의 관계를 측정하는 예측적 타당성 조사 방법과 동시적 타당성 조사 방법이 있다.

③ 개념 타당성

조작적으로 정의되지 않은 인간의 심리적 특성이나 성질을 심리적 개념으로 분석하여 조작적 정의를 부여한 후, 검사 점수가 조작적 정의에서 규명한 심리적 개념들을 정확히 측정하였는 가를 검정하는 방법이다. 개념 타당성은 응답 자료가 계량적 방법에 의해서 검정되므로 과학적이고 객관적인 방법이다.

개념 타당성의 유형으로는 서로 다른 개념들을 측정하였을 때 얻어진 측정 문항들 간에 상관관계가 낮다는 것을 통해 개념 간 차이를 구분함으로써 타당성을 평가하는 판별 타당성(Discriminant Validity)과 동일한 개념을 측정하기 위하여 서로 다른 측정 방법을 사용하여 측정한 측정치들 간에 높은 상관관계가 존재함을 보임으로써 타당성을 평가하는 수렴 타당성(Convergent Validity)이 있다.

- 타당성과 신뢰성 간의 관계

신뢰성이 없는 측정은 타당성이 없다. 신뢰성이 없는 측정 결과는 측정 도구의 문제와 더불어 조사 자료도 믿을 수 없기 때문에 타당성이 있다고 보기 어렵다. 그러나 타당성이 있는 측정은 항상 신뢰성이 있다고 볼 수 있다.

그렇다고 신뢰성이 있는 측정이 반드시 타당성이 있는 것은 아니다. 0점 조정이 잘못된 아날로그 저울이 정확하다면 신뢰성은 있으나 제대로 측정하고 있는 것은 아니기 때문에 타당하다고 볼 수는 없기 때문이다. 따라서, 타당성이 없는 측정은 신뢰성이 있을 수도 있다. 그러나 타당성이 없는 경우라면 신뢰성이 반드시 보장된다고 볼 수는 없다. 타당한 개념을 측정하지 못하는 데 신뢰성이 있다고 보기는 어렵기 때문이다.

4) 척도법의 종류

척도법은 자료의 형태에 따라서 서열 척도를 이용한 측정 방법, 등간 척도를 이용한 측정 방법, 비율 척도를 이용한 측정 방법으로 나눌 수 있다. 명목 척도의 경우에는 범주를 구분하는 정도로 자료가 수집되기 때문에 다지선다형 형태의 측정 방식을 사용한다.

가. 서열 자료를 측정하는 척도법

서열 자료를 측정하는 척도법으로는 순위법, 쌍대 비교법, 리커트 척도법 등이 있다.

① 순위법

순위법은 응답자들에게 특정 속성에 대한 순위를 정하게 하는 방법이다. 응답 방식의 이해가 쉽고 응답도 어렵지 않으나 비교할 대상이 많아지는 경우에는 시간이 많이 걸리고 부정확한 응답이 발생할 가능성이 있다.

사례 1. 순위법

아래 열거한 술 중에서 가장 선호하는 것을 1번으로, 다음으로 선호하는 것을 2번으로 하여 순위를 기록해 주십시오.

(1) 소주 ( )
(2) 맥주 ( )
(3) 양주 ( )
(4) 막걸리 ( )
(5) 와인 ( )

② 쌍대 비교법

쌍대 비교법은 두 개의 대상을 한 쌍으로 만들어서 특정 속성(변수)에 대해서 어느 쪽이 속성 값을 많게 혹은 적게 갖고 있는지 제시하게 하는 척도법이다. 보통 블라인드 테스트(Blind Test)의 형태로 커피, 소주, 맥주 등의 시음 행사에서 많이 볼 수 있는 방법이다. 쌍대 비교법 역시 순위법과 유사하게 답변이 쉬우나, 비교한 측정치들 간의 모순성이 발견될 수 있는 문제가 있다.

사례 2. (쌍대 비교법) 다음을 비교하여 선호하는 것에 O표 치시오.

(1) 소주 ( ) 맥주 ( )

(2) 맥주 ( ) 양주 ( )

(3) 양주 ( ) 막걸리 ( )

(4) 막걸리 ( ) 와인 ( )

(5) 와인 ( ) 소주 ( )

5개를 대상으로 쌍대 비교법을 적용하는 경우에는 2개씩 조합을 계산하면 모두 10개의 비교 쌍이 나온다. 위의 사례에서는 편의상 5개만을 제시했는 데, 비교 대상이 많아지면 기하급수적으로 비교 쌍이 많아지는 단점도 있다.

③ 리커트 척도법

리커트 척도 방법은 설문 조사 방법에서 가장 많이 사용되는 형태로 대상자가 각 문항에 대하여 찬성 또는 반대의 입장을 표시하는 데, 그 정도의 차이를 표시하게끔 하는 방식이다. 일반적으로는 한 개념을 측정하기 위해서 다수의 문항을 사용하기 때문에 다항목 척도법으로 분류될 수도 있다. 한 개념(변수)을 측정하는 각 문항의 점수를 합산하고 평균을 내어 응답자가 특정 개념에 대한 태도, 의견 및 믿음 등을 측정할 수 있다.

- 작성 절차

리커트 척도 형태의 문항을 만들 때에는 측정하고자 하는 변수에 대해서 응답자가 찬성하거나 반대하는 의견을 제시할 수 있도록 문항을 만들어야 한다.

리커트 척도법에 의한 문항은 다지선다형 형태의 문항으로 찬성과 반대의 정도를 나타낼 수 있는 선택 항목을 제시해야 한다. 또한 각 선택 항목들은 모든 문항에서 동일한 형태의 구조와 중요도로 표시되어야 한다. 즉, 어떤 문항에서는 찬성과 반대의 정도를 다섯 단계로 표시하고, 다른 문항에서는 7단계로 표시하면 안 된다는 것이다.

각 문항의 선택항목은 3에서 10개(3점 척도에서 10점 척도)까지의 선택 항목을 제시할 수 있다. 선택 항목의 개수가 많아지면 보다 상세한 응답자들의 태도나 의견을 조사에 담을 수 있기 때문에 유리하지만, 선택항목의 개수가 많아질수록 항목 간 차이에 대해서 응답자들이 혼란을 느낄 수 있다. 그러나 항목이 적어지게 되면, 응답자들의 차이를 조사 자료에 담기 어려운 문제가 있다. 따라서 대부분의 조사의 경우 5점 척도 내지는 7점 척도를 사용하는 것이 일반적이다.

이렇게 구성된 문항들을 중심으로 조사 대상 집단의 일부를 추출하여 설문지의 사전 조사를 실시한다. 사전 조사 결과를 취합하여 설문 문항의 신뢰성(내적 일관도)을 각 문항별 크론바하 알파값으로 평가한다. 평가 결과에 따라서 크론바하 알파값이 높은 문항을 선택하여 설문 문항으로 최종 결정한다.

- 리커트 척도의 장단점

리커트 척도는 평가자들의 주관을 배제할 수 있으며 보기 항목들의 간격을 동일하게 구성하는 경우 등간 척도의 자료로서 통계 분석을 할 수 있다. 특히 등간 자료의 경우에는 적용할 수 있는 통계적 방법이 다양해지기 때문에 대부분의 조사에서는 리커트 척도법의 결과를 서열 자료 보다는 등간 자료로 간주하여 통계 분석을 실시한다.

리커트 척도는 응답자의 태도가 비교적 중립적인 경우에는 응답을 통해서 얻을 수 있는 정보가 제한적인 단점이 있다.

사례 3. (리커트 척도)

다음은 AA 스마트폰에 대한 의견을 묻는 문항입니다.

(1) AA 스마트폰은 성능이 좋다.

① 매우 그렇지 않다. ② 약간 그렇지 않다. ③ 보통이다. ④ 약간 그렇다.

⑤매우 그렇다.

(2) AA 스마트폰은 디자인이 좋다.

① 매우 그렇지 않다. ② 약간 그렇지 않다. ③ 보통이다. ④ 약간 그렇다.

⑤ 매우 그렇다.

(3) AA 스마트폰은 AS가 좋다.

① 매우 그렇지 않다. ② 약간 그렇지 않다. ③ 보통이다. ④ 약간 그렇다.

⑤매우 그렇다.

나. 등간 자료를 측정하는 척도법

등간 자료를 측정하는 척도법으로는 리커트 척도법, 의미분별척도법, 스타펠 척도법 등이 있다. 리커트 척도법은 앞서 설명했기 때문에 의미분별척도법과 스타펠 척도법을 설명하겠다.

① 의미분별 척도법

척도의 양극점에 변수값의 측정을 위해 서로 상반되는 의미의 단어를 기입하여 질의를 통해 자료를 얻는 척도법이다. 변수의 속성을 나타내는 형용사나 표현을 제시하여 응답자들의 의견, 태도, 생각 등을 묻는 방식이다.

서로 상반되는 수식어를 사용하기 때문에 각 제품별 속성을 파악하여 제품에 따른 장단점을 파악하기 쉽다. 따라서 기업 이미지나 광고 이미지에 대한 소비자의 태도나 방향을 파악하는 데 도움이 된다.

보통 의미 분별 척도법의 경우에도 응답자들은 상반된 용어에 대해서 중간

점을 찾고 이를 기준으로 자신의 태도를 표현하기 때문에 홀수 개의 점을 제시하는 것이 좋으며 보통은 5점에서 7점 척도를 사용한다.

- 의미분별 척도법 자료의 분석 방법

각 문항에 대해서 척도점의 평균치를 계산하여 비교하는 평균치 분석 방법, 각 개념들이 의미 공간에서 차지하는 위치 사이의 거리를 측정하여 분석하는 거리 군집 분석, 요인 분석을 이용하여 요인 점수를 통해 응답자와 개념 또는 차원을 평가하는 방법인 요인평점 분석 방법이 있다.

- 의미분별 척도법의 활용

보통은 특정 제품이나 기업에 대해서 소비자와 제조 회사가 갖고 있는 이미지를 비교하는 경우에 많이 활용된다. 또한 경쟁 회사 제품과 자사 제품에 대한 이미지 비교에도 활용된다. 또한 신제품이나 기업 내 특정 제품에 대한 소비자들이 느끼는 제품 이미지를 분석하는 데에도 활용된다.

사례 4. 의미분별 척도법

A제품과 B제품에 대해서 적당한 항목에 표시하시오.

경제적	|---|---|---|---|---|---|	비경제적
신뢰할만한	|---|---|---|---|---|---|	신뢰못할
안전한	|---|---|---|---|---|---|	안전하지 않은

② 스타펠 척도법

스타펠 척도법은 의미분별 척도법을 변형한 형태로 척도점의 양극단에 상반되는 단어를 제시하지 않고 척도점의 중간에 하나의 단어를 제시하여 평가하는 방법이다.

중간 척도점에 하나의 단어가 제시되고, +1부터 +5까지는 단어가 갖는 속성을 많이 갖추고 있는 경우로, +5인 경우 가장 속성이 큰 경우 즉, 주어진 단어가 묻고 있는 대상을 가장 잘 설명하고 있는 경우를 말한다. 반대로 -1부터 -5까지는 해당 단어가 지칭하는 속성이 가장 부족하며, 대상을 잘 설명하지 못하는 것을 의미한다.

사례 5. (스타펠 척도법)

AA 스마트폰에 가장 적당하다고 생각하는 것을 고르시오.

+5

+4

...

+1

세련되었다.

-1

...

-4

-5

위에서 +2, +3, -2, -3은 편의상 생략하였다.

다. 비율 자료를 측정하는 척도법

비율 자료를 측정하는 방법으로 총합고정척도법과 비율분할법이 있다.

① 총합고정척도법

대상들에 대한 속성을 평가할 때 응답자들에게 일정한 수를 주고 측정하고자 하는 속성(변수)을 기준으로 보기 대상들에 점수를 할당하도록 하는 방식으로 반응을 측정한다. 시장 조사에서 많이 사용되는 척도법이며 비율 자료이기 때문에 상세한 정보를 획득하고 다양한 통계분석을 할 수 있다는 장점이 있으나, 보기 대상들이 많아지게 되면 점수를 할당하는 것이 어려운 문제점이 있다.

사례 6. (총합고정척도법)

당신이 휴양지(해외 리조트)를 선택할 때 중요하게 생각하는 정도에 따라 100점을 분할하여 할당하십시오.

(1) 서비스 ( )

(2) 가격 ( )

(3) 위치 ( )

(4) 주변사람 추천 ( )

(5) 명성 ( )

(6) 부대시설 ( )

② 비율분할법

대상들에 대한 속성을 평가할 때, 한 속성의 보유 정도에 따라 다른 속성들을 상대적으로 평가하도록 하는 방법이다. 예를 들어 위의 사례 6에서 명성을 100점이라고 했을 때, 서비스, 가격, 위치, 주변사람 추천, 부대시설은 몇 점으로 평가할 것인지에 대한 의견을 묻는 방식이다. 즉, 비교 항목(속성)에서 하나를 기준으로 정해 항목의 값을 수치로 부여하고 이를 기준으로 다른 항목에 대한 태도나 의견을 묻는 방식이다.

Discussion Question

토의 문제

1. 통계학이란 무엇인가? 통계학이 시장 조사에서 사용되는 이유는 무엇일까?

2. 모집단이란 무엇인가? 모집단과 표본의 주된 차이점은 무엇인가?

3. 전수 조사와 표본조사는 어떤 차이가 있는가? 어느 경우에 전수 조사를 실시하는가?

4. 표본 집단이 갖추어야 할 요건은 무엇인가? 표본 조사는 정확한가? 설명하시오.

5. 모수와 통계량의 개념을 비교해서 설명하고 사례를 들어보아라.

6. 통계학에서의 추측 통계학은 기술 통계학과 어떤 차이가 있는가? 사례를 들어 설명하시오.

7. 명목 척도의 개념과 특징을 설명하시오.

8. 같은 서열을 표현할 수 있다는 점에서 서열 척도와 등간 척도는 공통점을 갖고 있다. 그럼에도 불구하고 등간 척도가 서열 척도보다 많은 정보를 보유한 척도라고 한다. 이유를 설명하라.

9. 등간 척도에서는 절대 영점이 없다고 한다. 그 의미는 무엇인가? 사례를 들어 설명하시오.

10. 가장 많은 정보를 제공할 수 있는 척도순으로 나열한다면 어떻게 될까? 가장 다양한 통계분석을 사용할 수 있는 척도는 무엇인가?

| 제7장 |

조사를 위한 표본 설계

학습 목표

시장 조사를 위한 표본 설계의 개념과 필요성에 대해서 학습한다.

표본 추출의 절차에 대해서 학습한다.

확률표본추출방법과 비확률표본추출방법의 차이점에 대해 이해한다.

표본 크기의 결정 방법의 유형에 대해서 학습한다..

학습 목차

제1절 표본 설계의 개념과 필요성

1) 표본 설계의 개념

대부분의 시장 조사에서는 시간과 비용 상의 문제로 혹은 그 밖의 이유로 표본 조사를 실시한다. 표본 조사는 시장 조사에서만이 아니라 사회학이나 심리학 등의 사회과학분야의 연구에서도 사용된다. 또한 우리의 일상생활에서도 우리가 모르는 사이에 표본 조사의 결과를 많이 인용하기도 한다.

흔히 우리는 음식에 대한 평을 내릴 때나, 특정 기업 제품에 대한 평가를 할 때, 사람에 대한 평가를 할 때 표본을 기반으로 하여 평가를 한다. 이는 특정 기업 제품에 대한 평가를 할 때 모든 제품을 다 조사하여 평가를 하지 않으며, 특정인과 오랫동안 생활을 하지 않고 몇 번의 만남으로 사람에 대한 평가를 하며, 음식에 대한 평도 몇 번 먹어본 뒤에 맛에 대한 판단을 하는 것을 말한다. 이런 모든 일상생활에서의 평가는 표본에 근거하여 내리는 판단이다.

기업도 마찬가지이다. 기업의 많은 의사결정은 빠르고 신속하게 이루어져야 한다. 새로운 시장의 진입 여부, 새로운 제품이나 서비스의 도입 여부, 새로운 가격이나 판촉 프로그램의 기획과 대상의 결정, 유통망의 확대 여부 등 여러 가지 문제에 대해 기업은 빠르게 결정해야 하고 이를 위한 조사는 시간과 비용 측면에서 제한적일 수밖에 없다.

가. 표본 조사의 정확성과 표본 설계

그렇게 때문에 표본 조사는 우리의 일상생활에서나 기업 경영 전반에서, 혹은 정부의 정책 결정 등에서 흔히 사용되는 조사이다. 따라서 표본 조사의 정확성을 기하는 것은 보다 효율적인 의사결정을 위해 필수적인 것이라고 할 수 있겠다.

앞서 표본 조사에서의 표본의 대표성에 대해서도 논의했듯이, 표본 조사의 정확성은 표본이 모집단을 얼마나 잘 대표하고 있느냐에 달려 있다. 표본 조사가 조사 대상자 전체에 대한 조사가 아니기 때문에, 항상 오차가 발생할 수 있으며 이러한 오차를 줄이는 것이 표본 조사의 정확성을 높이는 것이라고 할 수 있다.

따라서 표본 조사에서의 표본을 선정하는 방법에 대한 연구는 시장 조사에서 필수적이며 조사의 정확성을 위한 표본 설계 방법에 대한 학습 역시 중요하다고 할 수 있겠다.

나. 표본 설계의 개념과 특징

표본 설계란 '표본 조사를 실시하기 위해서 모집단을 규명하고 대표성 있는 표본 추출을 위한 추출 방법을 결정하여 표본 집단을 선정'하는 것을 말한다. 따라서 표본 설계에서 중요한 것은 문제와 관련 있는 조사 대상자 전체인 모집단을 정확하게 규명하는 것, 모집단을 잘 대표할 수 있는 적절한 표본을 추출하는 방법을 결정하는 것, 그리고 시간과 비용 및 분석의 정확성을 고려한 적절한 표본의 크기를 결정하는 것이 중요하다고 할 수 있다.

단, 표본 설계에서 중요한 것은 시간과 비용을 절약하는 것이 반드시 능사가 아니라는 점이다. 적은 수의 표본을 선발하여 조사를 실시하는 경우에는 가장 빠르게 의사결정을 내릴 수 있는 정보를 얻을 수 있다. 우리가 흔히 일상생활에서 판단을 하는 경우가 대부분 그렇다. 새로 생긴 음식점에 몇 차례 방문한 뒤 우리는 음식점에 대한 평가를 내린다. 이런 경우 해당 음식점의 음식의 질이나 서비스에 대한 빠른 판단을 내릴 수 있다. 그러나 이 경우 시간과 비용을 절약할 수 있으나 정확성에 대해서는 보장할 수 없다. 즉 표본 조사를 한다고 시간과 비용 절약에만 몰두한다면 습득한 정보의 양과 질이 떨어지게 된다. 반대로 다수의 표본을 추출하는 경우라면 정확성을 높일 수 있으나 시간과 비용이 많이 들어 정확한 정보를 얻더라도 실질적으로 도움이 되지 못할 수 있다.

또한, 조사에 수반되는 기간과 비용에 조건이 있어 제한적이면 조사 규모에 영향을 준다. 이는 표본 설계에도 영향을 주는 데 표본 크기에 가장 큰 영향을 주게 된다.

2) 표본 조사와 전수 조사

앞서 논의했듯이 전수 조사는 조사 대상 집단 전체인 모집단을 대상으로 하는 조사이며 표본 조사는 모집단의 일부인 표본을 추출하여 시행하는 조사이다. 가능하다면 전수 조사를 하는 것이 조사의 정확성을 높일 수 있는 데, 전수 조사가 가능한 모집단의 유형이 있다.

가. 전수 조사가 가능한 모집단의 유형

가능하다면 전수 조사를 하는 것이 조사의 정확성을 높일 수 있는 데, 전수 조사를 할 수 있는 모집단은 일반적으로 작은 크기의 모집단이 이에 해당한다. 특히 구성원 하나하나를 식별할 수 있는 모집단 유형이어야만 전수 조사가 가능하다. 이를 달리 표현하면 조사 대상자가 명확하게 구분될 수 있는 상호 배타적인 특성을 보유한 집단이어야 한다. 이러한 특성을 가진 집단은 규모를 확인하기가 용이하다. 규모의 확인이 어렵거나 여러 특성으로 추론하여 정의할 수 있는 모집단이라면 표본 조사를 시행하는 것이 바람직하다.

또한 모집단의 특성이 많이 알려져 있어, 굳이 전수 조사를 할 필요가 없는 경우도 있다. 예를 들어 우리나라는 지역별로 정치 성향이 뚜렷하게 구분되는 경향을 보인다. 이 경우 정치 성향이 뚜렷한 집단에서는 굳이 전체를 조사할 필요는 없다. 왜냐하면 대부분이 비슷한 성향을 보이는 동질적인 구성원들로 이루어져 있기 때문에 전체를 조사하는 것은 많은 비용과 시간이 투입될 뿐 조사 대상자를 많이 늘린다고 해서 정보의 정확성을 높일 수 있는 것은 아니기 때문이다. 따라서 모집단에 대한 특성이 잘 알려져 있고 정보가 공개되어 있는 경우라면 전수 조사보다는 표본 조사가 바람직하며, 표본 조사를 실시할 때도 많은 표본을 추출할 필요는 없게 된다.

또한 전수 조사를 위해서는 모집단의 목록을 명확히 파악할 수 있어야 한다. 실제로 대부분의 시장 조사는 전수 조사가 불가능하며 새롭게 진출하고자 하는 해외시장조사나 신제품에 대한 시장조사의 경우는 더욱 어렵다. 이는 왜냐하면 조사 대상이 되는 구매자들의 명단을 확보하는 것이 사실상 불가능하기 때문이다. 따라서 이런 경우라면 표본 조사가 적합하다. 전수 조사가 가능한 분야는 이미 언급했던 인구 조사(Census)가 대표적이라고 할 수 있다. 추가로 회원제 업종이나 업태 등이 가능한 데 이 경우에도 잠재 고객까지 조사의 범위를 넓히게 되면 사실상 전수 조사가 불가능하게 된다.

전수 조사가 가능한 모집단 유형의 요건을 정리하면 아래와 같다.

① 조사 대상자 집단의 크기가 작아야 한다.
② 조사 대상자들이 명확히 구분될 수 있어야 한다.
③ 조사 대상자들의 전체 목록을 확보할 수 있어야 한다.
④ 조사 대상자들의 개인 신상 정보(Profile)가 있어야 한다.
⑤ 조사 대상자들 각각에 접촉(연락)할 수 있어야 한다.

전수 조사 시에는 모집단을 구성하는 개개인에 대한 기본적인 신상 정보가 있어야 한다. 이는 조사 대상이 되는 개개인들이 연구 문제와 관련된 모집단에 소속이 되어 있는 지 확인할 수 있는 정보가 되며, 대상자 개인을 구분할 수 있는 정보가 된다.

또한 모집단의 규모가 적다하더라도 조사 대상자 모두에게 물리적으로 접촉하고 연락할 수 있어야 한다. 대인면접법이든 우편설문조사법이든 간에 어떤 서베이 리서치 방법을 사용하더라도 조사를 위해서는 제한된 시간 안에 물리적 접근이 가능해야 한다. 때로는 조사 대상자 집단이 물리적으로는 접근이 가능하나 설문 조사 참여에 대해서 매우 부정적일 수 있다. 이는 집단의 성격에 따라서 결정되는 데, 이 경우 전수 조사가 불가능할 수 있다. 이러한 문제는 전수 조사 뿐만 아니라 표본 조사에서도 흔히 발생할 수 있는 문제이다. 따라서 조사 대상 집단의 특성을 파악하여 표본 조사를 실시하되 집단 특성을 감안한 표본 추출 방법을 택해야 한다.

나. 표본 조사가 자주 쓰이는 이유

표본 조사는 이미 언급했듯이 비용과 시간의 문제로 많이 사용된다. 이는 표본 조사가 갖는 신속성과 경제성이라는 특징으로 요약할 수 있다. 의사결정이 매우 신속하게 이루어져야 하는 경우라면 표본 조사가 적합하다. 이는 또한 표본 조사는 전수 조사가 불가능한 몇 가지 경우로 아래와 같은 상황에서 쓰인다.

① 모집단의 규모가 매우 큰 경우

② 모집단의 정확한 파악이 불가능한 경우

③ 모집단을 구성하는 조사대상의 파괴가 일어나는 경우

위의 세 가지 경우에서 표본 조사가 적합하지만, 또 다른 이점으로 표본조사는 비표본 오차를 줄일 수 있기 때문에 전수 조사보다 정확한 자료를 얻을 수도 있다. 전수 조사는 모집단 전체에 대한 조사로서 더 정확한 자료를 얻을 것이라고 생각할 수 있지만, 반드시 그런 것은 아니다. 이는 표본 오차와 비표본 오차에 대한 설명을 통해서 알아보도록 하자.

3) 표본 조사에서의 오차와 전수 조사

표본 조사에서 발생할 수 있는 오차에 대해서 표본 오차는 앞서 언급하였다. 그러나 표본 조사에서는 비표본 오차도 발생한다. 그렇다면 표본 오차와 비표본 오차는 어떤 차이가 있을까?

가. 표본 오차

표본 오차는 전수 조사가 아닌 모집단의 일부에 해당하는 표본을 추출함으로써 얻어지는 통계량으로 모집단의 특성 즉 모수를 추정하는 과정에서 발생하는 오차이다. 따라서 전수 조사에서는 발생하지 않는 오차라고 할 수 있다.

표본 오차는 표본의 크기와 표본이 갖는 특성, 그리고 표본을 추출하는 방법에 의해서 영향을 받게 된다. 그러나 표본 오차는 통계 이론에 따르면 표본의 크기가 일정 이상이 되면 표본 추출에 의한 오차는 크게 문제가 되지 않게 된다. 이 경우 표본을 추출의 과정과 방법이 표본 오차를 결정하는 중요한 원인이 된다.

일반적으로 표본 오차는 표본의 크기가 커질수록 그 값이 작아지며 표본 오차와 표본의 크기는 반비례 한다. 그러나 표본 오차를 줄이기 위해서 표본을 크기를 무한정 늘리는 것은 시간과 비용 측면에서 바람직한 것은 아니다. 따라서 표본 크기를 통해 표본 오차를 조절하는 것은 연구의 목적과 시급성 그리고 현실적인 요인 등의 요인들을 고려하여 효율적인 표본의 크기를 결정하는 것이 필요하다.

표본 크기를 결정하는 방법은 연구자 임의로 정하는 것이 아니라 통계 이론에 기반을 두어 결정해야 하는 데 이는 추후에 논의하기로 하자.

나. 비표본 오차

비표본 오차는 전수 조사와 표본 조사 모두에서 발생할 수 있는 오차이다. 비표본 오차는 표본 추출의 과정이 아니라 조사 단계에서 발생할 수 있는 오차이다. 예를 들어 설문지에서 제시된 설문 문항이 갖는 구조적인 문제 즉 설문 문항의 객관성과 논리성, 응답자 특성에 따른 영향, 면담 조사 시 조사자의 숙련도와 조사 태도의 문제, 응답자의 불성실한 태도와 응답 자세, 그리고 조사된 자료의 입력 과정에서 발생할 수 있는 실수 등이 비표본 오차를 결정하는 여러 사례들이다.

비표본 오차의 경우에는 자연과학 보다는 사회과학에서의 조사 단계에서 많이 나타나는 오차이다. 이는 실험실 환경에서 철저하게 통제된 자연 과학에서의 관찰과는 달리 사회 과학에서의 조사는 개방된 환경에서의 조사이고 사람이 개입되는 경우가 많기 때문에 비표본 오차가 발생하게 된다.

표본 오차의 경우에는 통계 이론에 따라서 표본 크기와 추출 방법 등에 따라서 오차의 크기를 계량적으로 측정이 가능하며 어느 정도 통제가 가능한 반면에 비표본 오차의 경우 측정이 불가능하기 때문에 비표본 오차를 줄이는 방법에 대해서 면밀한 검토가 필요하다.

다. 비표본 오차의 발생 사례

그렇다면 비표본 오차는 구체적으로 어떤 상황에서 발생할 수 있을까? 앞서 설명했듯이 조사 단계에서 주로 발생하는 데 조사 방법이나 조사 대상자 선정, 질문 방법, 조사 도구 등 여러 가지 단계에서 비표본 오차의 발생이 일어날 수 있다. 비표본 오차가 발생할 수 있는 상황은 아래와 같이 정리할 수 있다.

① 설문 문항에 의한 오차
② 설문 길이에 따른 오차
③ 조사 진행에 따른 오차
④ 조사 환경에 따른 오차
⑤ 무응답 문제
⑥ 조사원에 의한 오차
⑦ 응답자에 의한 오차
⑧ 조사 기간에 따른 응답자의 변화에 의한 오차

설문 문항에 의한 오차는 앞선 장에서 언급했던 설문 문항의 유의사항을 제대로 준수하지 못해 발생하는 오차를 말한다. 예를 들어 설문 문항에 답변을 유도하는 질문이나 응답자에 대한 가정을 하고 하는 질문들이 대표적인 예이다. 아래의 사례를 살펴보자.

사례 1. 당신은 20대에게 호평을 받고 있는 A사의 스마트폰과 작년에 출시했던 B사의 스마트폰 중에서 무엇을 선택할 것인가?

사례 2. 최근 다수의 주부들이 웰빙 식품에 대한 관심이 높아지고 있습니다. 당신이 주부라면 식품을 구매할 때 무엇을 가장 중요하게 고려하시겠습니까?

사례 3. 온라인 게임의 셧다운(Shutdown)제를 도입한다면 셧다운 시간은 몇 시부터 몇 시가 바람직하다고 생각하십니까?

위의 두 사례들은 설문 문항으로써 특정한 답을 유도하는 문구가 들어 있다. 사례 1의 경우에는 두 개의 스마트 폰 중에서 하나를 선택하는 문항이나 앞의 A 스마트폰의 경우 20대에게 호평을 받고 있다고 언급함으로써 답변을 하는 응답자가 20대나 유사한 연령대라면 A를 보다 선호할 것이며 20대의 취향을 싫어하는 연령대라면 B를 선택하게 할 것이다. 사례 2의 경우에는 웰빙 경향에 대한 문구를 추가함으로써 설문의 응답을 특정 답변으로 유도하는 문제점을 갖고 있다.

사례 3의 경우에는 응답자에 대한 가정을 함으로써 셧다운제에 대해서 반대하는 사람이라면 응답을 할 수 없게 되는 문제점을 갖고 있다. 이렇듯 설문 문항이 잘못 구성되어 있는 경우에는 비표본 오차가 발생하며 위의 문제에서의 비표본 오차는 정량적인 측정이 불가능하다.

두 번째로 설문 길이로 인한 오차가 발생할 수 있다. 보통 설문지의 길이는 작성에 걸리는 시간이 길지 않은 것이 좋다. 설문의 길이가 길수록 응답자는 집중력을 잃게 되며 뒤로 갈수록 응답의 성실성이 낮아지게 된다. 설문의 길이의 문제는 단순히 길다고 문제가 되는 것이 아니다. 설문 문항의 난이도도 설문 길이 못지 않게 응답의 정확성에 영향을 준다. 설문 길이가 짧더라도 문항의 난이도가 높아 오랜 시간이 걸린다면 역시 수집된 자료의 정확성에 영향을 줄 수 있다.

서베이 리서치 방식에 따라서 적정한 설문지의 길이는 달라질 수 있다. 그러나 일정 정도를 넘어서면 응답자의 집중력이 떨어지고 이런 상태의 응답은 신뢰성에 문제가 있을 수 있다. 대인면접법의 경우 지나치게 길어지는 경우 응답자가 짜증을 내는 경우가 있을 수도 있는 데 이 경우 조사의 진행이 불가능할 수도 있다.

세 번째로 조사 진행에 따른 오차가 있다. 동일한 조사 방법과 조사자가 참여하여 면담이 진행되더라도 진행 과정에서 예상치 못했던 사소한 요인에 의해서 조사 결과의 왜곡이 발생할 수 있다. 또한 조사 환경에 의한 오차도 발생할 수 있다. 심층면접법을 진행하는 장소가 매우 덥거나 매우 추워서 조사 과정에서 불편함을 느끼게 된다면 조사자의 질의나 응답자의 성실한 답변에 영향을 줄 수 있다. 또한 표적집단면접법을 실시하는 장소가 매우 좁거나 혹은 쾌적하지 못한 경우에도 토의에 방해가 되어 신뢰성있는 자료 조사가 어렵게 된다.

또한 무응답의 문제도 존재할 수 있다. 이는 앞서 설명했던 설문 문항의 문제로 인해서 발생할 수 있다. 응답자에 대한 잘못된 가정을 하는 문항에 대해서 응답자는 답변을 거부함으로써 무응답이 발생할 수 있다.

또한, 조사자의 숙련도에 의해서도 무응답이 발생할 수 있다. 이는 특히 브랜드 인지도 조사나 브랜드 순위를 조사하는 경우 주로 발생할 수 있다. 조사자가 적극적으로 질의하고 능숙하게 답변을 유도해 낸다면 응답자가 쉽게 브랜드를 상기하여 이들의 순위를 정하는 것이 원활할 것이나 그렇지 못한 경우에는 응답자에 따라서 실제 인지하는 것에 비해 적은 답변을 할 수 있다.

조사원이나 응답자에 의한 오차는 이들의 외모나 태도 혹은 그날의 기분에 따라서 발생할 수 있는 오차이다. 실제 조사에서는 여러 가지 변수가 조사원이나 응답자에게 조사 시점의 태도나 기분에 영향을 줄 수 있다. 조사 장소로 오는 과정에서 불쾌한 일이 있었다든가 조사 전날 언짢은 일이 있어 다음 날까지 조사자나 응답자의 기분에 영향을 준다든가, 조사 당일 조사원이나 응답자의 외모나 태도가 적절치 못하여 불성실한 태도로 임하는 경우 등이 이에 해당한다.

특히 조사자에 의한 오차는 매우 다양하게 나타날 수 있다. 조사원의 훈련 정도에 따라서 설문을 전달하는 요령이나 방식에서 차이가 있을 수 있다. 조사원이 임의로 질의를 변경하거나 요약해서 질문을 한다던가, 응답자의 외모나 태도에 영향을 받아 건성으로 질문을 하거나, 또는 응답자의 응답을 제대로 이해하지 못해 반응을 정확하게 기록하지 못하는 경우도 해당한다. 조사원이 불성실한 태도로 임하여 질의나 답변 기록을 일부러 왜곡하는 것도 비표본 오차의 사례라고 할 수 있다.

또한 조사 기간이 길어지는 경우 응답자의 상태 변화로 인해서 조사 결과의 왜곡이 일어날 수도 있다. 이는 특히 전수 조사의 경우 조사 대상자가 많기 때문에 전체 조사 기간이 길어질 수 있는 데, 이 과정에서 초기에 조사한 대상자와 조사 후기에 조사한 대상자의 상태의 변화가 일어날 수 있다. 예를 들어, 광고에 의한 브랜드 인지도 효과를 조사한다면, 초기에 조사한 응답자들은 광고에 노출 정도가 많지 않아 인지도 효과가 낮을 수 있는 반면에 후기에 조사된 응답자들은 기간 중 더 많은 광고에 노출됨으로써 인지도가 높을 수 있다. 또는 같은 시점에 광고를 보았다면 후기에 조사한 응답자들은 광고에 대한 기억이 희미해져서 인지도가 낮게 측정될 수도 있을 것이다.

라. 비표본 오차와 전수 조사

그렇다면 표본 조사는 왜 전수 조사보다 정확할까? 표본 오차는 앞서 언급했던 대로 표본 오차와 비표본 오차 모두 발생할 수 있는 데 반해서 전수 조사는 비표본 오차만이 존재하는 데에도 표본 조사보다 정확하지 않다고 말할 수 있을까?

표본 조사는 두 오차 모두 발생할 수 있는 조사이지만, 표본 조사는 조사 대상의 수가 적기 때문에 응답자와 조사자 모두를 통제할 수 있다는 측면에서 비표본 오차를 매우 낮출 수 있기 때문이다. 또 다른 이유로는 표본 조사는 표본 크기를 조절함으로써 표본 오차를 줄이며 계량적인 측정이 가능하여 통제가 가능하기 때문이다.

그에 반해 전수 조사의 경우 표본 조사에 비해서 많은 조사자를 대상으로 조사를 실시하며 수집된 자료의 양이 많기 때문에 조사 과정과 집계 과정에서 발생하는 비표본 오차가 크다. 조사원의 수도 많아야 하기 때문에 숙련된 조사원을 확보하는 것이 어려워 조사원에 의한 비표본 오차도 발생할 수 있다. 이에 반해 표본 조사는 소수의 숙련된 조사원과 집계하는 자료의 양이 적기 때문에 자료 입수와 자료 입수 과정의 통제가 가능하여 자료의 신뢰성을 높일 수 있다.

또한 전수 조사는 조사 기간이 길어져 조사 대상의 상태 변화로 인하여 오차가 발생할 수 있기 때문에 비표본 오차가 발생할 수 있다.

정리하면 표본 조사는 표본 오차가 존재하나 이를 통제할 수 있으며 비표본 오차는 조사 대상의 크기가 작은 관계로 통제가 용이하여 오차의 합을 계산했을 때 비표본 오차가 큰 전수보다 더 작을 수 있다는 점이다. 이런 점에서 표본 조사는 전수 조사 보다 더 정확한 자료를 수집할 수 있다.

아래 표는 표본 조사와 전수 조사의 오차에 대한 것을 정리한 표이다.

[표 7-1] 표본 조사와 전수 조사의 오차

구분	표본오차	비표본오차	합계
표본조사	○	◯	◯
전수 조사	×	◯	◯

위의 표에서 오차의 합계를 비교할 때 표본 조사가 적다는 것을 원의 크기로 나타내었다. 표본조사의 경우 두 오차 모두 발생하나 비표본 오차가 전수 조사에 비해서 작으므로 오차의 합계를 볼 때 정확성이 높다고 평가할 수 있다.

제2절 표본 추출의 절차

표본 추출의 절차는 아래와 같이 진행된다.

① 모집단을 정의한다.

② 표본 프레임(Frame)을 결정한다.

③ 표본 추출 방법을 결정한다.

④ 표본 크기를 결정한다.

⑤ 표본 추출 시행

1) 모집단의 정의

표본 추출의 첫 단계는 모집단을 확정하는 것이다. 모집단은 조사의 대상이 되는 집단으로 조사자가 직접적인 방법으로 자료를 수집하여 통계적 추정에 의해 문제 해결을 얻고자 하는 대상 집단이라고 할 수 있다. 다시 말하면 조사 대상이 되는 모든 개체들의 집합체라고 할 수 있다.

예를 들어 스마트폰 사용자들의 사용 목적에 대한 조사를 하고 싶다면 대상이 되는 모집단은 우리나라에 거주하는 스마트폰 사용 국민 모두가 될 것이다. 또한 스마트폰의 해외 시장 진출을 위해 중국의 북경이나 상해 등 주요 도시에서의 스마트폰에 대한 선호도 조사를 위해서는 해당 도시의 현재 스마트폰 사용자들이 모집단이 될 것이다.

흔히 시장 조사에서의 모집단은 성별이나 연령, 지역, 직업, 교육 수준 등의 인구통계적인 특성과 더불어 행태적 특성으로 제품 사용 여부, 재구매 여부, 사용 목적 등으로 묘사되어 규정되는 것이 일반적이다. 아래 사례는 이러한 예를 나타낸다.

사례 1. OO백화점 서비스에 대한 만족도 조사

모집단 : 수도권 거주 / 40대 이상 주부 / 자녀 유 / 월 2회 이상 백화점 이용자

사례 2. OO제품에 대한 인지도 조사

모집단 : 서울 및 광역시 거주 / 20~40대 남성 / 전문직 종사자

표본 추출을 위한 모집단을 규명하는 것은 보다 구체적으로 기준을 정하는 것이 필요하다. 왜냐하면 모집단이 명확히 규명되지 않으면 표본 추출 시에 편향(Bias)이 발생할 수 있기 때문이다. 따라서 모집단을 규정하기 위해서 아래의 네 가지 요소를 명확히 할 필요가 있다.

① 조사 대상물 혹은 조사 대상자

② 표본 단위

③ 조사 대상자의 지리적 위치

④ 조사 진행 기간

먼저 조사 대상자는 연구의 대상이 되는 개체 혹은 개인을 말한다. 시장 조사에서의 연구 대상은 다양한 데, 소비자나 제품, 서비스, 유통점, 경쟁기업이나 가정 등이 대상이 될 수 있다. 스마트폰 사용 목적에 대한 조사를 수행할 경우

조사 대상자는 스마트폰 사용자가 된다. 특정 기업 제품 사용자의 만족도 조사를 하는 경우라면 조사 대상자는 해당 브랜드의 현재 사용자가 될 것이다. 대통령에 대한 지지도 조사를 하는 경우라면 대한민국 국민 모두가 조사 대상자가 된다.

표본 단위란 표본으로 추출되는 요소나 요소들을 말한다. 조사 목적이 스마트폰 사용 목적이라면 조사 대상자는 스마트폰 사용자 전체를 말하는 것이고, 이때 표본 단위는 스마트폰 사용자 개개인이 될 것이다. 그러나 조사 대상물인 경우에는 표본 단위가 달라질 수 있다. 예를 들어 특정 기업의 디지털 TV의 판매량 조사를 한다고 해 보자. 이 경우 조사 대상은 해당 기업의 디지털 TV가 될 것이다. 판매량을 추정하는 것이 조사 목적이기 때문에 표본 단위는 디지털 TV를 판매하는 백화점이나 대리점 혹은 대형 할인점, 인터넷 쇼핑몰과 같은 유통점들이 표본 단위가 될 것이다. 또 다른 예로 새롭게 제작한 광고의 노출 정도에 대한 조사를 하고 싶다고 하자. 이 경우 조사 대상은 광고가 될 것이다. 광고가 매체를 통해 얼마나 노출 되는가를 조사하는 것이 목적이므로 광고가 실질적으로 제공되는 TV, 라디오, 인터넷, 신문, 잡지 등과 같은 매체들이 표본 단위가 될 것이다.

조사 대상자의 지리적 위치는 말 그대로 조사가 실질적으로 진행되는 물리적 공간을 지칭하는 것이다. 특정 브랜드의 초고속 인터넷 서비스의 만족도에 대해서 조사하려고 한다. 그렇다면 해당 브랜드를 사용하는 우리나라 전 지역의 모든 가입자를 모집단으로 선정해야 할까? 모집단의 범위를 선정하는 것은 조사 결과의 타당성(validity)과 신뢰성(reliability)의 평가에 중요한 영향을 준다. 또한 궁극적으로는 조사 결과의 일반화 즉 다른 사례로의 적용 가능성에 영향을 준다.

예를 들어, 대학생들이 성공적인 취업을 위해서 가장 중요하게 생각하는 스펙은 무엇인지에 대한 조사를 시행했다고 하자. 이때 모집단을 서울 및 수도권 지역의 학생들로 규정하여 조사를 진행했다고 하자. 이 조사 결과가 오류 없이

순조롭게 진행되었다 하더라도 이 결과를 우리나라 대학생 모두의 생각이라고 말하기에는 어려울 것이다. 이는 조사 대상은 대학생이지만, 조사가 진행된 곳이 서울 및 수도권 지역으로 한정되어 있어 타 지역 대학생들의 의견이 반영되지 않았기 때문이다. 따라서 위의 조사는 특정 지역에 국한되어 나타난 결과라는 한계점을 지니게 된다.

마지막으로 조사 진행 기간은 조사가 이루어지는 시작 시점과 끝 시점을 나타내는 것으로 지나치게 짧게 잡는 경우 조사 진행의 문제가 발생하며 지나치게 길게 잡는 경우 조사에 영향을 미칠 수 있는 외부적인 요인이 개입하여 조사의 신뢰성에 영향을 미칠 수 있다.

아래는 모집단 규정의 사례이다.

사례 3. 조사 문제 : OO 인터넷 쇼핑몰 사용자의 서비스 만족도 조사
조사 대상 : 20~40대 OO 인터넷 쇼핑몰 회원 고객
표본 단위 : 20~40대 OO 인터넷 쇼핑몰 회원
범 위 : 서울 및 광역시 거주자
시 간 : 20XX년 3월 1일 ~ 3월 31일

2) 표본 프레임을 결정한다.

표본 프레임이란 규정된 모집단을 대표할 수 있는 구성 요소들이나 표본 단위가 정리되어 있는 목록을 말한다. 즉, 모집단을 통한 표본 추출은 이러한 목록을 근거로 하여 여러 표본 추출 방법을 통해 이루어진다. 표본 프레임은 모집단을 정의하는 리스트나 디렉토리, 혹은 회원 명부나 전화번호부와 같이 물리적인 형태를 가지고 있다. 예를 들어 해외시장조사론이라는 과목이 있을 때 이

과목을 수강하는 수강생 명단은 모집단전체를 구성하는 표본 단위의 목록이라고 할 수 있다. 혹은 특정 기업 서비스를 사용하고 있는 회원들이나 회원사들의 목록 역시 표본 프레임의 사례라고 할 수 있다. 또한 산업 연감이나 산업별 협회의 회원 기업 명부, 기업의 마케팅 부서에서 보유하고 있는 구매자 명부 등이 이에 해당한다.

앞서 사례 3에서 OO인터넷 쇼핑몰 사용자의 서비스 만족도 조사를 실시한다고 할 때 조사 대상이 20XX년 3월 1일부터 3월 31일까지의 서울 및 광역시에 거주하는 20~40대 연령의 회원 고객이라면 이들의 목록을 회원 정보가 기록되어 있는 데이터베이스로부터 추출하여 표본 프레임을 만들 수 있을 것이다.

가. 이상적인 표본 프레임의 요건

표본 프레임은 표본 추출을 위한 목록으로 모집단 전체를 모두 포함하는 것이 바람직하다. 표본 프레임상에 모집단을 구성하는 개체의 중복이 있거나 개체가 빠져있으면 정합한 표본 프레임이라고 볼 수 없다. 즉 모집단과 표본 프레임이 정확히 일치하는 경우가 가장 이상적인 표본 프레임이라고 할 수 있다. 아래는 문제가 있는 표본 프레임의 사례이다.

사례 1. 표본 프레임이 모집단 내에 포함되는 경우
사례 2. 모집단이 표본 프레임에 포함되는 경우
사례 3. 모집단과 표본 프레임의 일부만 일치하는 경우

위의 세 가지 사례 모두 표본 프레임이 모집단을 잘 대표하지 못하는 경우이다. 첫 번째 사례는 표본 프레임이 모집단의 일부를 포함하지 못하는 경우이다. 대표적인 예가 전화번호부를 통한 시장 조사, 여론 조사를 들 수 있다. 최근 휴대전화가 보편화 되면서 일부 가정에서는 집전화를 설치하지 않는 경우가 많

다. 따라서 전화번호부를 통해 표본 프레임을 만드는 경우에는 집전화를 갖추지 않은 조사 대상자들이 빠지게 되는 문제가 발생한다. 또한 협회에서 발간한 산업 연감이나 회원사 명부를 활용하는 경우에도 과거 명부를 사용하는 경우, 최근 가입한 회원사들을 빠뜨리게 됨으로써 모집단 전체를 대표하지 못하는 문제가 발생한다.

두 번째 사례의 경우에는 표본 프레임이 모집단보다 더 많은 표본 단위를 포함하고 있는 경우이다. 예를 들어 회원사 명부를 통해 표본 프레임을 만드는 경우, 이미 탈퇴한 회원을 포함하는 경우를 들 수 있다. 다른 예로, 이동통신사에서 충성 고객을 대상으로 한 별도의 마케팅 프로그램을 도입한다고 해 보자. 일반적으로 충성 고객이라고 하면, 장기로 특정 이동통신사의 서비스를 사용하는 고객이라고 할 수 있다. 반면에 잦은 번호 이동을 한 고객들은 충성 고객이라기보다는 가격에 민감한 고객이라고 할 수 있다. 만약 충성 고객 명단을 만들기 위해서 단순히 가입 기간의 합계만으로 명단을 작성한다면 잦은 번호 이동을 했으나 사용기간의 합계로 볼 때 가입기간이 긴 고객들이 충성 고객으로 선발될 수도 있을 것이다. 또한 잡지사에서 1년 이상 정기 구독자를 대상으로 이들의 정기 구독 이유를 조사한다고 하자. 이때 정기 구독자 전체의 명단으로 표본 프레임을 구성하면, 1년 이내의 단기 구독자들의 명단도 포함되는 문제가 발생한다. 마지막 경우는 표본 프레임이 모집단 전체의 일부가 빠지거나 해당되지 않는 표본 단위를 포함하고 있는 경우로 가장 좋지 않은 경우이다. 따라서 표본 프레임의 모집단 대표성이 가장 낮은 경우로 표본 프레임 오차가 가장 큰 경우를 말한다. 이 경우 모집단을 재규정하거나 표본 프레임 구성에 대한 재검토가 필요하다.

나. 좋은 표본 프레임을 만들기 위한 방법

모집단과 표본 프레임 간의 차이가 커지면 표본 프레임 오차 역시 커진다. 따라서 표본 프레임 오차를 줄이기 위해서는 표본 프레임에 맞게 모집단을 재규정하는 방법이 일차적으로 활용될 수 있다. 즉 확보할 수 있는 목록에 맞추어 모집단을 재정의 하는 방법이다.

두 번째 방법은 조사 단계에서 표본 프레임 오차를 줄이는 것이다. 이는 표본 프레임 내에 모집단에 해당하지 않는 잘못된 표본 단위가 유입되는 것을 막는 방법으로, 응답자에 대한 선별 질문을 던지는 방식이다. 모집단의 요건을 갖추고 있는지 확인하는 질문을 응답자에게 던져 조사를 시작하기 전에 제거하는 방식이다. 그러나 시장 조사에서는 대부분의 경우 모집단과 정확히 일치하는 표본 프레임을 얻는 것은 불가능하다. 따라서, 조사자는 여러 가지 상황을 고려하여 표본 프레임 오차를 줄일 수 있도록 모집단과 표본 프레임 간의 관계에 대해서 면밀히 검토해야 한다.

3) 표본 추출 방법의 선택

표본 추출 방법을 선택하는 중요한 기준은 모집단에 대한 정보이다. 모집단이 매우 크거나 정보가 전혀 없다면 모집단에 대한 추출 방법은 매우 제한적일 수밖에 없다. 반면에 모집단에 대한 정보가 잘 알려져 있다면 보다 효율적인 표본 추출 방법을 적용할 수 있게 된다.

또한 표본 추출 방법의 결정에 중요한 고려 사항은 추출의 편의성을 중요시 하느냐 결과의 정확성을 중요시 하느냐이다. 추출의 편의성이란 표본 추출을 위해 큰 고민 없이 조사자의 편의에 의해 진행하는 경우를 말한다. 이 경우, 추출된 표본은 편향될 수도 있으며 모집단의 대표성도 떨어질 수 있다. 따라서 편의에 의한 표본 추출의 경우에는 결과의 정확성은 떨어지게 된다. 반면에 결과의 정확성이란 표본 추출의 정교함을 높여 조사의 신뢰성과 타당성을 높여 일반화가 가능한 것을 의미한다. 따라서 표본 추출의 시간과 비용이 높아질 수 있다.

위의 두 가지 고려사항을 감안할 때 표본 추출 방법은 추출의 편의성을 지향하는 비확률 표본 추출과 정확성을 지향하는 확률 표본 추출로 나뉜다. 그러나 비확률 표본 추출 방법이 오로지 편의에 의해서만 선택되는 것은 아니다. 연구대상에 해당하는 모집단이 매우 크고 정보가 없어 표본으로 추출되는 확률이 알려져 있지 않는 경우에는 비확률 표본 추출법을 사용하게 된다. 그러면 표본 확률 추출 방법과 비확률 표본 추출 방법을 알아보도록 하자.

가. 확률 표본 추출 방법

확률 표본 추출 방법은 표본 프레임에서의 표본 단위 하나가 선택될 수 있는 확률이 알려져 있으며 무작위로 추출하는 표본 추출 방법이다. 무작위 추출 방법은 표본을 선정하는 데 조사자의 주관을 배제할 수 있다는 점에서 표본의 편향(Bias)을 없앨 수 있다는 장점이 있다. 뒤에 설명할 비확률 추출이 조사자의 판단과 의견이 개입된 형태로 추출이 된다는 점을 고려할 때 좀더 객관적인 표본 추출 방법이라고 할 수 있다.

확률 표본 추출 방법은 표본 추출의 효율성이라는 측면에서 정확성에 좀더 초점을 두고 있는 방법이다. 조사의 정확성을 높이기 위해서 표본 추출의 객관성을 높이는 방법으로 비용과 시간이 많이 수반되는 특징을 갖고 있다. 반면에 정확성이 높아짐으로 앞서 언급했던 표본 오차가 줄어들게 되는 특징을 갖는다. 정리하면 표본 추출의 정밀도를 높이게 되면 비용은 증가하나 정확도가 늘어나게 된다. 정밀도를 높이기 위해 선택하는 확률 표본 추출 방법은 비용과 정확도 모두 높아지는 특징을 갖고 있다.

확률 표본 추출 방법은 단순무작위표본추출법, 층화표본추출법, 군집표본추출법으로 구분되며 각각의 방법에 대해서는 추후에 설명하겠다.

나. 비확률 표본 추출 방법

비확률 표본 추출 방법은 표본 프레임에서의 표본 단위가 추출될 확률이 알려져 있지 않을 때 사용하는 표본 추출 방법이다. 이런 이유로 조사자는 독단적으로 혹은 의도적으로 조사 대상을 표본 집단에 포함시키기도 하고 제외할 수도 있다.

비확률 표본 추출 방법은 표본 추출에서의 비용과 시간을 절감하는 추출 방법이다. 이는 조사자의 주관이나 편의에 의해서 표본을 결정하기 때문에 조사의 정확성을 높이기 위해 실시하는 확률 표본 추출 방법에 비해서 신속하게 표본 선정이 가능하다.

비확률 표본 추출 방법으로는 편의표본추출법(Convenience Sampling), 판단표본추출법(Judgemental Sampling), 할당표본추출법(Quota Sampling)이 있다.

아래의 표는 두 표본 추출 방법을 비교한 표이다.

[표 7-2] 확률 표본 추출법과 비확률 표본 추출법의 비교[7)]

	확률 표본 추출 방법	비확률 표본 추출 방법
표본추출 확률	연구대상이 표본으로 추출될 확률이 알려져 있음	연구대상이 표본으로 추출될 확률이 알려져 있지 않음
추출방법	무작위적 표본추출	인위적인 표본 추출
모수추정의 편기성	존재하지 않음	존재 가능
조사결과의 일반화	표본분석결과의 일반화 가능	표본분석결과의 일반화가 어려움
표본오차의 추정	표본오차의 추정이 가능	표본오차의 추정이 불가능함
경제성	시간과 비용이 많이 소요됨	시간과 비용이 적게 소요됨

7) 채서일, 마케팅 조사론 3판,비앤엠북스, 2005의 내용을 일부 수정 발췌

다. 표본 추출 방법의 기준과 단계

표본 추출 방법을 결정하는 기준은 아래와 같다.[8]

기준1 : 표본을 확률적으로 추출할 것인가? 편의적으로 추출할 것인가?

기준2 : 모집단이 어떻게 나누어질 수 있는가?

기준3 : 나뉘는 집단들이 단일 층인가? 계층적인 구조인가?

기준4 : 모집단 특성에 비례적으로 추출할 것인가? 불비례 할당할 것인가?

위의 기준을 바탕으로 표본 추출 방법의 결정에서 가장 먼저 고려해야 할 것은 확률 표본 추출 방법을 택할 것인지, 비확률 표본 추출 즉 편의에 의한 표본 추출 방법을 택할 것인지 결정하는 것이다.

다음에 고려해야 할 사항은 모집단을 구성하는 것이 하나의 집단인지 복수의 집단인지에 따라서도 표본 추출 방법이 크게 달라진다. 예를 들어 모집단이 계층적으로 구성되어 있으면, 다단 추출 방법을 선택해야 한다.

마지막으로 고려할 것은 모집단의 특성을 기준으로 하여 비례적으로 표본을 추출하면 비례할당을 하며 그렇지 않은 경우라면 불비례할당 방법을 택하게 된다.

그러면, 편의에 의한 표본 추출 방법인 비확률 표본 추출 방법에 대해서 알아보도록 하자.

---

8) 이정호, 누구도 알려주지 않은 마케팅 리서치 비법 노트, 커뮤니케이션북스, 2007.

제3절 표본 추출 방법

1) 비확률 표본 추출 방법

비확률 표본 추출 방법은 조사자의 편의에 의해 선택적으로 표본을 추출하는 방법이다.

가. 편의 표본 추출 (Convenience Sampling)

편의 표본 추출이란 조사자가 임의로 정한 시간과 장소에서 모집단에서 규정한 조사 대상자들을 접촉하여 이들을 표본으로 선정하는 것이다. 표본을 선정하는 것은 조사자가 임의로 선택하는 것은 확률 표본 추출 방법과 유사하지만 조사 대상자들이 선택될 확률이 알려져 있는 것이 아니기 때문에 확률 표본 추출 방법이라고 할 수 없다.

또한 확률 표본 추출 방법의 경우 모집단을 구성하는 표본 단위들이 추출될 확률이 모두 동일해야 한다. 또한 어느 한 구성원도 확률이 더 높거나 혹은 0이 되어서는 안 된다. 따라서 조사자 편의에 의한 시간과 장소에서 표본을 추출하는 경우에는 특정 표본 단위가 선택될 확률이 더 높거나 낮을 수 있기 때문에 확률 표본 추출이 아니다. 또한 조사자가 선택한 응답자들 중에는 좀 더 적극적인 사람이 있을 수도 있으며, 조사자의 외모나 태도가 맘에 들지 않아 표본으로 선발되는 것을 꺼릴 수도 있다. 이런 경우, 표본 단위가 선택되는 확률이 동일하다고 볼 수 없다. 아래는 편의 표본 추출의 사례를 들고 있다.

사례 1. XX 백화점 정문을 지나가는 사람들을 대상으로 조사를 실시

사례 2. 학교 학생회관에 들어가는 재학생들을 대상으로 조사를 실시

사례 3. 조사자의 소속 기업의 재직자들을 대상으로 조사를 실시

사례 4. 쇼핑몰의 푸드 코트에서 조사를 실시

사례 1의 경우 우리나라 백화점 서비스에 대한 만족도 조사를 실시하는 경우에 표본 추출을 한 경우이며 사례 2는 OO대학교의 학생들을 대상으로 표본 추출을 한 경우, 사례 3은 XXX 업종의 기업 종사자들을 대상으로 조사를 하는 경우의 표본 추출 방법, 사례 4는 우리나라 쇼핑몰의 푸드 코트 음식 만족도에 대한 조사를 실시하는 경우의 표본 추출 방법이라고 해 보자. 사례 1의 경우에는 우리나라 백화점에 대한 서비스 만족도임에도 불구하고 특정 백화점에 출입하는 사람들을 편의에 의해서 표본 추출한 경우이며, 사례 2, 3, 4 모두 전체 모집단을 대상으로 추출한 것이 아니라 특정 장소, 기업, 상점에 출입하는 표본 단위를 대상으로 추출한 편의 표본 추출이라고 할 수 있다.

나. 판단 표본 추출 (Judgmental Sampling)

판단 표본 추출은 조사자가 모집단의 구성원들에 대해 상세하게 알고 있을 때 적합한 표본 추출 방법으로 조사자의 판단에 따라서 조사 대상자를 임의로 선발하는 방식이다. 즉 조사자가 모집단에 대해서 자신이 알고 있는 정보에 근거하여 별도의 기준을 세우고 이 기준에 의해서 조사 대상자를 선별하는 방식이라고 할 수 있다.

판단 표본 추출법의 사례는 아래와 같다.[9)]

9) 이명식, 최천규, 구자룡, 마케팅 리서치, 형설출판사, 2005.

사례 1. 신상품의 잠재적 판매량을 측정하기 위한 테스트 마켓
사례 2. 산업재 마케팅 리서치에서 구매회사의 엔지니어를 선발하는 경우
사례 3. 법원에서 전문감정인을 활용하여 조사하는 경우
사례 4. 새로운 진열 시스템을 조사하기 위해 백화점 점포를 선택하여 조사

위의 사례들은 공통적으로 조사 목적과 관련하여 가장 관련성 있는 정보를 제공할 수 있는 조사 대상을 선별하고 있음을 알 수 있다. 이는 조사자의 판단에 근거한 것으로 비확률 표본 추출 방법의 공통적인 이점인 시간과 비용을 절약할 수 있는 표본 추출 방법이다.

모집단의 수가 크지 않고 구성 표본 단위에 대해서 상세한 정보를 알고 있는 경우에는 확률 표본 추출 방법이 적합하다고 했다. 그러나 항상 확률 표본 추출 방법이 적합한 것은 아니다. 왜냐하면 조사자가 표본 단위에 대해서 상세히 알고 있는 경우라면 조사 목적에 부합하는 자료를 제공할 수 있는 표본 단위만을 선택적으로 조사하는 것이 더 유리할 수 있기 때문이다.

예를 들어 특정 지역의 부동산 시장에 대한 동향 조사를 한다고 해 보자. 조사의 대상이 되는 모집단은 지역의 부동산 업자들 전부가 될 것이다. 특히 조사의 내용이 10년 간 해당 지역 부동산 동향이라고 해 보자. 만약 조사자가 지역 부동산 업자들의 수가 많지 않고 이들에 대해서 정확한 정보를 알고 있다면, 확률 표본 추출 방법을 토대로 임의로 업자를 선발하여 조사를 실시해도 될 것이다. 그러나 보다 효율적인 조사를 위해서는 모든 부동산 업자들을 표본 단위로 하지 않는 것이 바람직할 것이다. 가능하다면 적어도 10년 이상 지역에서 부동산 중개업을 해왔던 업자들만을 선별해서 조사를 실시하는 것이 더 효율적일 것이다.

정리하면, 판단 표본 추출 방법은 표본 단위의 선택 확률이 알려져 있고 모집단 구성 요소를 잘 알고 있는 상황이기 때문에, 무작위로 표본을 선택하는 확률

표본 추출 방법이 적합한 상황이라도, 조사 목적에 따라서 조사자의 판단에 의해서 사용할 수 있는 비확률 표본 추출 방법이다. 단, 판단 표본 추출 방법은 비확률 표본 추출 방법이 갖는 공통적인 한계점으로 일반화의 제약이 있다는 점이 단점이라고 할 수 있다.

다. 할당 표본 추출 (Quota Sampling)

비확률 표본 추출 방법 중에서 비교적 정교한 기법인 할당 표본 추출 방법은 비용과 시간을 절약할 수 있으면서도 정확성을 보이는 장점 때문에 실제 시장조사에서 많이 사용된다. 할당 표본 추출 방법은 모집단에 대한 사전 지식을 기반으로 하여 표본을 일정한 통제 기준, 예를 들면 성별, 연령별, 지역별, 교육수준별, 주거형태별 등의 인구통계적 변수들이나 사회경제적 변수들로 구분하고 이들의 구성비를 이용하여 표본을 임의 추출하는 방식이다.

할당 표본 추출에서 중요한 점은 바로 자료의 특성 즉 모집단을 분류하는 기준이 되는 변수를 찾아내어 이를 바탕으로 범주를 나누고 각 범주별 구성비를 계산하는 것이다. 따라서 할당 표본 추출 방법은 두 단계로 이루어지는 것이 일반적이다.

1단계 : 모집단을 구성하는 범주(Category)를 찾는다.
2단계 : 범주의 구성비를 계산하여 표본집단의 할당량(Quota)을 계산하다.

모집단의 범주는 앞서 설명했던 것처럼 집단의 특성에 따라서 성별, 연령 등 여러 가지 기준으로 만들어질 수 있다. 단 범주를 나누는 기준에 대한 정보는 조사자가 사전에 알고 있는 모집단의 특성에 의해 결정된다.

예를 들어, 성별과 자동차 보유 여부라는 두 가지 기준으로 범주를 나누게 되면 네 가지 범주가 만들어진다. (남성, 보유), (남성, 미보유), (여성, 보유), (여성 미보유)와 같은 범주가 만들어지면, 각 범주에 해당하는 조사 대상자들이 몇 명인가를 계산하여 범주별 구성비를 얻어낸다.

범주별 구성비를 계산하면 선발하고자 하는 표본의 개수에 맞추어 표본 할당표 (Quota matrix)를 만든다. 표본 할당표에서 결정된 각 범주별 표본의 개수에 맞추어 모집단에서 표본을 선발하되, 표본을 추출하는 방식은 앞서 논의되었던 임의 표본추출법이나 편의 표본추출법을 사용하게 된다.

아래의 표는 모집단의 범주값을 나타낸 표와 표본 할당표의 예이다.

[표 7-3] 모집단의 범주에 따른 분포

	자동차 보유	자동차 미보유	합계
남성	400 (40%)	100 (10%)	500
여성	200 (20%)	300 (30%)	500
합계	600	400	1000

[표 7-4] 표본 할당표

	자동차 보유	자동차 미보유	합계
남성	80	20	100
여성	40	60	100
합계	120	80	200

위의 [표 7-3]에서는 모집단 1000명에 대해서 두 가지 기준(성별, 자동차 보유여부)으로 나누었을 때의 범주에 해당하는 인원을 표시하고 있다. 각 전체 모집단에 대한 범주별 인원에 대한 비율은 [표 7-4]의 값 옆의 괄호 안에 표시하고 있다. 표본을 200명 선발한다고 하면 같은 비율로 (남성, 자동차 보유)는 40%인 80명을, (여성, 자동차 미보유)는 30%인 60명을 선발하면 되는 것이다.

위의 표를 기준으로 하여 각 범주별 인원을 선발하게 되는 데 선발 방식은 조사원의 판단이나 편의에 의한 비확률 표본 추출 방법을 사용하게 된다. 따라서 할당 표본 추출도 비확률 표본 추출의 한 방법으로 간주된다.

할당 표본 추출 시의 유의사항을 정리하면 아래와 같다.[10)]

① 모집단의 구성 비율은 최근에 얻어진 것이어야 한다.
② 조사 문제와의 관련된 모든 통제 특성으로 범주를 구분해야 한다.
③ 범주에 할당된 응답자의 비율이 정확해야 한다.
④ 표본 선정시 조사원의 편견이 개입될 수 있다.

2) 확률 표본 추출 방법

확률 표본 추출 방법은 모든 연구 대상이 표본으로 추출될 확률이 알려져 있고 무작위적인 방법을 사용하여 표본을 추출한다. 따라서 표본 추출 시의 조사자의 주관이 개입될 여지가 없기 때문에 조사의 정확성과 객관성이 높다고 할 수 있다.

그러나 많은 시간과 비용이 들며 표본 추출 과정도 복잡하고 어렵기 때문에 이 과정에서 발생할 수 있는 오류로 인해서 항상 정확성이 높다고 할 수는 없다. 그러나 확률 표본 추출 방법은 표본으로부터 얻어낸 통계량 값에 대한 표본 오차 값을 추정할 수 있다는 것이다. 따라서 표본 오차를 통해 조사의 신뢰도를 평가할 수 있게 된다. 확률 표본 추출 방법에 대해서 알아보자.

10) 채서일, 마케팅 조사론 3판, 비앤엠북스, 2005의 내용을 일부 수정

가. 단순 무작위 추출법

모집단 내의 개체들이 표본으로 선택될 확률이 알려져 있고 선택될 확률이 동일한 경우에 활용되는 방법이다. 예를 들어 전체 크기가 1000명인 모집단이 있다고 할 때, 모집단의 표본 단위가 선택될 확률을 동일하게 하여 표본 추출을 한다고 하자. 그러면 1000명 중에서 어떤 한 명이 선택될 확률은 1/1000이 되며 이 확률 값은 모든 표본 단위에 동일하게 적용된다.

표본의 개수를 50개라고 하면 50개를 선발하기 위해서는 난수값(Random Number)을 활용하여 임의로 추출하게 된다. 난수값은 난수표를 이용하여 무작위한 값을 뽑아 임의의 표본을 선택하는 데 활용된다. 예를 들어 표본 프레임을 구성하는 표본 단위 하나하나에 일련 번호를 매긴다. 각 일련 번호는 첫 번째 표본단위의 경우 1로 순서대로 붙이고 마지막 표본단위는 모집단 전체 크기인 1000을 붙인다. 그리고 나서 난수표에서 임의의 숫자를 선택하는 데 이 숫자가 24가 나왔다면, 일련번호 24에 해당하는 표본 단위를 선택한다. 이 과정을 원하는 표본의 개수가 나올 때까지 반복하면 된다.

단순 무작위 추출법은 대체로 모집단의 수가 적은 경우에 효과적이지만 모집단의 수가 많거나 표본의 수가 많은 경우에는 적용하기 힘들다고 알려져 있다. 또한 단순 무작위 추출법은 이러한 특징 때문에 대부분의 시장 조사에서는 흔히 사용되는 방법은 아니다.

나. 층화표본추출법 (Strafied Sampling)

층화(Strata)는 동질적인 성격을 갖는 모집단의 구성원들로 이루어진 세부 집단이라고 볼 수 있다. 층화표본추출법은 이렇게 만들어진 다양한 계층으로부터 계층을 구성하는 조사 대상자들을 단순 무작위 추출법에 의해 추출하는 방식이다.

따라서 층화표본추출법에서 중요한 것은 전체 모집단의 구성 요소들을 중복되지 않도록 동질적인 세부 집단인 계층을 구분하는 것이 중요하다. 또한 이 세부 계층의 크기에 따라 추출 표본의 크기를 결정하여 표본을 선발하게 된다.

예를 들어 자동차 선호도에 대한 조사를 할 때 성별로 차이가 있다고 해 보자. 그러면 남성과 여성으로 모집단을 층화할 수 있을 것이다. 또한 연령대별로 선호도가 다르다고 해 보자. 그러면 연령대별로 20대, 30대, 40대로 구분할 수 있을 것이다. 혹은 소득으로 선호도의 차이가 있다면 하위, 중위, 상위의 세 계층으로 구분할 수 있을 것이다. 성별로만 구분한다면 두 개의 층이 만들어질 것이고, 연령대별로 구분한다면 세 개의 층이 만들어질 것이다. 층을 구분할 때는 상호 배타적이어야 하며 전체 모집단을 포괄할 수 있어야 하며(MECE 조건), 각 계층의 구성원들은(남성 집단이나 여성집단) 동질적이어야 한다. 따라서 계층의 구분은 반드시 하나의 기준으로만 이루어질 필요는 없다. 예를 들어 성별과 나이의 조합으로 계층을 나눌 수도 있을 것이다. 이 경우에는 여섯 가지의 계층이 만들어진다. 또한 성별, 연령, 소득 세 가지 모든 기준으로 계층을 나눈다면 12개의 계층이 만들어질 것이다.

층화표본추출법은 위의 예에서 짐작할 수 있듯이 모집단의 특성에 대한 정보가 있어야 가능한 표본 추출 방법이다. 또한 정보에 따라서 계층이 많아질수록 모든 계층에서 표본 단위를 선발해야 하기 때문에 표본 추출에 비용과 시간이 늘어날 수 있다.

- 표본 추출 방법

층화표본추출 방법은 일차적으로 조사대상 모집단을 상호 독립적이고 포괄적인 소집단들로 나눈다. 이렇게 만들어진 소집단(계층)으로부터 표본을 추출하는 방식에서 두 가지 방법으로 나뉜다. 첫 번째가 비례층화추출법이고 두 번째가 불비례층화추출법이다.

- 비례층화추출법

비례층화추출법은 비확률 표본 추출법에서의 할당표본추출법과 매우 유사하다. 이는 상호 독립적인 계층들이 만들어지면 이것을 하나의 범주로 간주하여 구성 비율을 계산하고 이 비율에 맞추어 계층별로 표본을 추출하는 방식이다.

간단한 예를 들면, 전체 모집단에 남성이 300명, 여성이 700명이 있다고 해보자. 그러면 남성과 여성의 비율이 3:7이 된다. 그러면 표본을 각 층(남성 집단, 여성 집단)에서 선발할 때도 같은 비율로 선발한다. 예를 들어 50명의 표본을 비례 층화 추출법에 의해서 선발한다면 남성은 15명, 여성은 35명이 된다. 앞선 할당표본추출법의 예(표 7-3)를 살펴보면, 이 경우 계층을 구분하는 것은 두 가지 기준인 성별과 자동차 보유여부이다. 남성이면서 자동차 보유한 계층의 전체 인원은 400명이었고 이는 전체 모집단(1000명)의 40%에 해당된다. 그러면 이 집단에서의 표본 추출은 전체 표본의 개수를 100명이라고 한다면 40명을 선발하면 된다.

단, 할당표본추출법과의 차이가 있다면 비례층화추출법은 각 계층에서 표본을 선발할 때 확률표본추출법 중의 하나인 단순 무작위 추출법을 사용한다는 점이다. 할당표본추출법의 경우에는 비확률 추출 방법인 임의표본추출법이나 편의표본추출법을 사용한다.

비례층화추출법은 계층들 간의 차이가 크고 계층을 구성하는 구성원 간의 동질성이 높다. 따라서 동질성이 높은 집단에서는 정보의 정확성을 높이기 위해서 굳이 많은 표본을 선발할 필요가 없다. 반면 이질성이 큰 각각의 계층들에서는 반드시 표본을 선발해야 모집단의 상이한 특징들을 표본이 대표할 수 있게 된다. 따라서 여러 계층에서 각 계층의 크기에 비례하여 표본을 선발하는 것이다.

- 불비례층화추출법

불비례층화추출법은 실제 집단의 크기 비율만을 고려하는 것이 아니라 각 계층을 구성하는 구성원들의 이질성 즉 분산도를 고려하여 표본을 추출하는 방식이다. 이는 어떤 특정 계층이 가지는 영향도를 고려하여 이 계층에서 선발하는 표본의 개수를 결정하는 방식이다. 다른 말로는 가중 할당 방식이라고도 한다.

예를 들어 고객을 유지하는 기간에 따라서 기업의 매출이 어떻게 변화하는가를 알고 싶어 한다고 하자. 이때 모집단이 되는 현재 기업의 고객을 분류하는 기준으로 우수 고객과 일반 고객으로 나누었다고 하자. 조사 대상이 되는 모집단의 우수 고객은 100명이고 일반 고객은 900명으로 구성된다. 만약 앞서 비례층화추출법에 따라서 50명의 표본을 추출한다면 우수 고객은 5명, 일반 고객은 45명이 선발될 것이다. 그러나 고객 관계 마케팅 연구에 따르면 기업 매출에 상당 부분을 기여하는 고객은 우수 고객 집단이다. 따라서 위와 같이 표본을 추출하여 조사를 한다면 매출 기여가 작은 일반 고객들의 자료가 조사 결과에 많은 영향을 미치고 우수 고객의 영향을 매우 적게 반영되어 조사 결과의 왜곡이 발생할 수 있다. 따라서 이들의 영향력을 고려한다면 이들의 비율을 높여서 표본을 추출하는 것이 바람직할 것이다.

다. 군집 표본 추출법

군집 표본 추출법은 모집단에서의 표본들을 여러 개의 군집을 묶은 뒤에 군집을 임의로 선택한 뒤에 군집 안에서 표본을 추출하는 방법이다. 즉, 군집을 나누되 모든 군집에서 표본을 추출하는 방식이 아니라 군집을 선택한 뒤에 선택된 군집들 내에서 표본을 얻어내는 방식이다.

- 군집표본추출의 절차

먼저, 모집단을 상호 배타적인 소집단으로 분류한다. 이때의 소집단은 모집단을 대표할 수 있는 집단이어야 하기 때문에 이질적인 표본 단위로 구성된다.

이렇게 그리고 분류된 소집단 중에서 무작위로 하나의 집단을 선택한다. 그리고, 선택한 집단의 전체를 표본으로 사용하거나 일부를 표본으로 추출하게 된다.

- 군집표본추출법의 유형

군집 표본 추출법은 세 가지 유형으로 나뉜다. 1단계 군집 표본 추출법은 위의 단계로 분리된 부분 모집단에서 곧바로 표본을 추출하는 것을 말한다. 즉 군집들 중에서의 임의로 선정한 군집의 표본을 그대로 사용한다.

2단계 군집 표본 추출법은 부분 모집단으로부터 통계적 확률 분포에 의해서 표본을 선정하는 것을 말한다. 즉 표본의 일부를 선택하는 방식이라고 할 수 있다. 다단계 군집 표본 추출법은 모집단이, 군집의 계층적인 구조로 이루어져 있을 때 각 단계별로 군집 표본 추출 방법을 가장 낮은 계층까지 군집을 세분화하여 마지막 단계의 군집을 대상으로 전수 조사하는 방식이다. 예를 들어 우리나라 고등학생을 대상으로 한 다단계 군집 표본 추출법을 사용한다면, 시나 도가 첫 번째 계층이 될 것이고, 구나 군, 동이나 읍 혹은 리가 최종 계층이 될 것이다. 이런 방식으로 나누어진 계층에서 최종적으로 표본 단위를 추출하게 된다.

- 군집표본추출법과 층화표본추출법의 차이점

군집 표본 추출법은 세부 집단으로 모집단을 나눈다는 점에서 층화 표본 추출법과 유사하다. 그러나 군집 표본 추출법의 군집은 세부 집단들이 모집단을 대표할 수 있는 집단이라는 점이 차이가 있다. 다시 말하면 군집 표본 추출법에서 세부 집단을 나누는 방식은 집단 내 동질성을 높이고 집단 간 이질성을 높이는 층화 표본 추출 방법과는 달리 세부 집단 하나가 모집단을 대표할 수 있는 부분 모집단이 된다는 것이다.

따라서 하나의 세부 집단인 군집은 그 특성의 분포가 모집단과 유사해야 한다. 따라서 층화표본추출법에서의 세부 집단이 매우 동질적이어야 하는 데 반해서 군집표본추출법에서의 군집을 구성하는 표본 단위들은 모집단을 잘 대표할 수 있을 정도로 이질적이어야 한다.

- 군집표본추출법의 의의

군집표본추출법은 표본의 규모가 일정하다고 전제될 때 층화표본추출법이나 단순무작위추출법에 비해서 통계적 유의성이 떨어지는 경우가 많다. 이는 표본의 규모가 고정화됨으로써 표본추출로 인한 표본 오차의 폭이 커지기 때문이다.

예를 들어, 특정 기업이 생산하는 같은 기종의 흰색 스마트폰을 사용하는 사람 집단과 검정색 스마트폰을 사용하는 집단으로 나누는 경우라면 이들로부터 스마트폰 선호도에 대한 조사를 하는 경우에 큰 문제는 없을 것이다. 왜냐하면 흰색이나 검정색이나 색을 제외하고 같은 브랜드의 제품을 사용하는 소비자들이기 때문에 두 개의 군집으로 나누더라도 각 군집은 모집단 전체를 잘 대표한다고 볼 수 있다. 그런데, 만약 흰색 스마트폰을 사용하는 사람들과 검정색 스마트폰을 사용하는 사람들이 매우 다른 스마트폰 취향을 갖고 있고, 특정 색의 스마트 폰을 선호하는 사람들이 매우 유사한 특징을 갖고 있다면 군집표본추출방법보다는 층화표본추출방법이 적당할 것이며, 군집표본추출방법으로 한 집단을 선택하여 조사하는 경우에는 그 군집의 모집단 대표성이 낮아져 조사의 정확성이 떨어질 것이다. 즉 대표성이 떨어지는 표본을 선택함으로써 표본 오차가 발생하게 된다.

그럼에도 불구하고 시장 조사에서 군집 표본 추출이 많이 사용되는 이유는 표본 단위 하나를 추출하는 데 소요되는 비용이 적기 때문에 경제적으로 효율적인 표본 추출 방법이기 때문이다. 특히 표본 당 추출비용이 적기 때문에 대단위로 표본을 추출하는 경우 용이하다는 장점을 갖고 있다.

제4절 표본 크기의 결정

표본에서 가장 중요한 문제는 표본에서 나온 결과들이 모집단의 속성을 얼마나 잘 대표할 수 있는가의 대표성의 문제라고 할 수 있다. 표본의 대표성을 높이기 위해서는 지금까지 서술했던 표본 설계 단계에서의 표본 오차를 줄이는 방법도 있지만, 표본의 수를 조절하는 방법으로도 표본의 대표성을 높일 수 있다.

1) 표본의 크기와 적절성

표본 조사는 시간과 비용을 줄이면서 가장 정확한 모집단에 대한 정보를 획득함으로써 조사의 효율성을 높이기 위한 목적으로 시행된다. 그렇다면 모집단의 특성을 가장 정확히 추정할 수 있는 표본의 크기는 어떻게 될까? 이것이 바로 표본의 적절성(adequacy)을 말한다.

2) 표본 크기에 영향을 미치는 요소

적정표본의 크기는 보통은 모집단의 크기와 특성, 조사 목적과 동질성 여부에 의해서 좌우된다. 모집단의 크기가 작고 집단 특성에 대한 정보를 잘 알고 있는 경우라면, 전수 조사가 바람직할 것이고, 모집단이 동질적인 경우라면 소수의 표본을 추출해서 표본 조사를 시행하더라도 표본 오차가 적은 정확한 조사가 될 것이다.

3) 표본 크기 결정 방법

표본 크기 결정 방법으로는 신뢰구간접근법과 가설검정접근법이 있다.[11)]

여기서는 쉽게 계산할 수 있는 신뢰구간접근법에 대해서 알아보도록 하자. 신뢰구간접근법은 신뢰구간의 크기가 표본의 크기와 정도, 분산에 의해서 결정된다는 사실을 토대로 표본의 적정 크기를 유추하는 방법이다. 신뢰구간접근법의 절차를 통해서 표본 크기 결정 공식을 유도해 보자.

① 허용할 수 있는 오차의 크기를 결정한다. 이는 최대한 허용할 수 있는 표본 평균과 모집단 평균의 차이이다.
② 신뢰도의 수준을 정하는 데 이는 유의 수준(α) 값을 생각할 때 1-α값에 해당한다. 보통 유의수준을 5%로 한다면 신뢰도의 수준은 95%, 0.95가 된다.
③ 신뢰수준에 따른 Z값을 정하는 데 현재 95%의 신뢰수준을 정했기 때문에 이때의 Z값은 표준정규분포를 통해서 1.96정도의 값임을 알 수 있다.
④ 모집단의 표본 오차를 계산하는 데, 보통 모집단의 표본 오차를 아는 경우가 많지 않다. 따라서 흔히 쓰이는 방법으로는 표본의 최대값과 최소값의 차이를 6으로 나눈 값을 사용한다. 표본의 최대값과 최소값의 차이를 기술 통계학에서는 범위(Range)라고 하는 데 범위의 6분의 1값이 모집단의 표본 오차가 된다.

---

11) 채서일, 마케팅 조사론, 비앤엠 북스, 2005.

⑤ 이를 토대로 아래의 공식을 사용하여 표본의 크기를 계산한다.

표본 크기의 결정식 $n = \frac{Z^2}{T^2} S^2$

위에서 n값이 표본의 크기가 되며, Z값은 표준정규분포(평균이 0이고 분산이 1인)에서의 계산되는 값(신뢰도 95%라고 했을 때 1.96)이며, T는 허용 가능한 표본평균과 모집단의 평균차이로 오차의 범위이다. S값은 모집단의 표준 편차이다. 아래의 사례를 통해서 실제 표본의 크기가 어떻게 계산되는지 알아보자.

사례 1. AA 기업은 현재 고객을 대상으로 연령대가 어떻게 구성되어 있는가를 알기 위한 조사를 실시하고자 한다. 이를 위해 표본 조사를 실시하고자 하는 데 적절한 표본의 크기를 구하기 위해서 고객 중에 일부를 선택하여 조사해보니 가장 나이가 많은 사람이 32세였고 가장 어린 사람이 20세였다.

위의 사례를 기반으로 표본의 크기를 결정해 보자. 일단 최대값과 최소값의 차이인 범위값은 12이고 이를 6으로 나누면 2가 나오는 데 이것이 모집단의 표준 편차가 된다. 그리고 허용 가능한 표본평균과 모집단의 평균 차이를 1.0이라고 가정하자. 이때, 신뢰도 95%로 조사가 이루어지길 원한다면 Z값은 1.96이 된다. 이를 토대로 적정한 표본의 크기를 계산해 보자.

AA기업 조사의 적절한 표본 크기 $n = \frac{Z^2}{T^2} S^2 = \frac{1.96^2}{1.0^2} 2^2 = 15.68$

위의 결과에 따르면 15.68이 나온다. 즉 AA기업 고객 나이의 평균을 구하기 위한 적절한 표본의 수는 16명이라고 정리할 수 있다.

Discussion Question

토의 문제

1. 일상 생활에서 우리는 표본에 기반을 두어 생각을 정리하고 결정을 내린다. 사례를 들어 설명하라.

2. 표본 선정은 조사 결과의 일반화를 위해 중요하게 고려되어야 한다. 어떤 의미인가?

3. 반드시 표본 조사가 실시되어야 하는 경우는 어떤 경우인가? 예를 들어 설명해 보아라.

4. 표본 조사를 통해 어떤 정보를 추정하는가? 추정하는 과정에서 발생할 수 있는 오차는 무엇인가?

5. 표본 오차란 무엇인가? 표본 오차를 줄이기 위해서는 어떻게 해야 하는가?

6. 비표본 오차는 왜 발생하는가? 조사 과정에서 발생할 수 있는 비표본오차의 예를 하나 들고 어떻게 줄일 수 있는지 의견을 제시하라.

7. 표본 조사의 결과가 전수 조사보다 정확할 수 있다고 하는 데 사실인가? 본인의 의견을 제시하고 근거를 들어 설명하라.

8. 표본 프레임이란 무엇인가? 표본 프레임이 정확한 조사를 위해서 갖추어야할 요건은 무엇인가?

9. 모집단을 정의하는 데 필요한 요건은 무엇인가?

10. 판단표본추출법은 어떤 상황에서 적절한 표본 추출 방법인가? 예를 들어 설명하시오.

| 제8장 |

가설 검정과 통계 분석

학습 목표

가설 검정을 위한 절차에 대해서 이해한다.

가설 검정을 위한 통계적 분석 방법에 대해서 학습한다.

시장 조사에서 사용하는 다양한 가설 검정 방법을 학습한다.

학습 목차

제1절 가설 검정의 기본 논리

대부분의 시장 조사는 표본 조사의 형태로 진행된다. 이는 조사 대상자가 다수인 모집단의 경우이며, 그렇지 않을 때는 전수 조사를 실시한다. 표본 조사이건 전수 조사이건 궁극적으로는 조사 문제를 해결하기 위한 정보를 얻어내는 목적을 갖고 있으며 이를 위해 모집단의 특성을 파악하고자 한다.

전수 조사의 경우에는 조사를 통해 얻어진 자료를 통해서 모집단의 속성에 대한 직접적인 정보를 얻을 수 있다. 반면에 표본 조사의 경우에는 조사자는 모집단의 특성으로 알려진 속성에 대해서 어떤 변화가 있는지 판단할 필요가 있는 경우에 모집단에서 추출한 표본을 얻어진 정보를 근거로 하여 모집단에 대한 의사결정을 한다. 따라서 표본 조사의 경우에는 전수 조사와는 달리 표본을 추출하는 과정에서의 표본 오차가 존재하며 동시에 표본 추출과 관련 없이 조사 단계에서 일어날 수 있는 문제로 비표본 오차가 발생한다. 단, 표본 조사는 조사 대상자 수의 적기 때문에 전수 조사에 비해서 비표본 오차를 줄일 수 있으며, 표본이 무작위적으로 추출되는 확률 표본 추출 방법을 따른 다면 표본 오차에 대한 추정도 가능하다. 표본 조사는 전수 조사와는 달리 조사 결과를 통해 모집단의 결과를 100% 신뢰할 수 있지는 않으며 항상 표본 조사의 결과에는 오차 발생의 가능성을 염두에 두어야 한다.

표본 조사를 통해서 모집단의 특성에 대해 통계적으로 추론하는 대표적인 방법을 가설 검정이라고 한다. 우리는 모집단의 특성 즉 문제와 관련 있는 조사 대상자 전체에 대해서 알고 싶어하는 정보가 있다. 이는 기업이 직면하는 다양한 의사결정 문제를 설명할 수 있는 원인이며, 궁극적으로 문제의 해결안이 될 수 있는 정보이다. 예를 들어, 기업의 매출 하락의 원인이 제품이나 서비스의 만족도 저하라고 가정 한다면, 현재 제품 사용자나 과거 제품 사용자들에 대한 조사를 통해서 이들의 만족도를 측정하고 불만족하게 된 원인이 무엇인지 파악함으로써 개선점을 알아낼 수 있을 것이다. 위의 사례에서 매출 하락의 원인이 제품이나 서비스의 만족도 하락이라고 가정하는 것이 문제의 원인을 이해하는 가설이며, 이를 검증함으로써 기업이 앞으로 어떻게 해야할 지에 대한 지침을 줄 수 있다.

즉, 가설 검정은 기업이 직면한 문제를 이해하고 이를 해결하기 위해 문제와 관련 있는 조사 대상을 통해 실증 자료를 수집하여 과학적인 방법으로 검증함으로써 새로운 지식을 확보하는 것이라고 정리할 수 있다.

1) 가설의 설정

가설은 쉽게 정의하면 모집단의 특성인 모수에 대한 가정이나 예상이라고 할 수 있다. 그러나 가설의 검증을 위해서는 서로 상반된 두 가지의 예상을 제시하고 어느 가설이 조사와 일치하는가를 수집된 자료를 토대로 통계적인 방법으로 분석하여 실증한다. 이때 검증의 대상이 되는 두 개의 가설은 귀무가설(歸無假說, null hypothesis)와 실험가설(實驗加設, experimental hypothesis)로 나눌 수 있다. 실험가설은 대체가설(alternative hypothesis) 혹은 연구가설이라고 불리기도 한다. 두 개의 가설은 모집단의 특성 즉 모수에 대해서 서로 상반되는 주장을 하는 가설로서 가설 검증이란 이러한 두 개의 가설 중에서 어느 가설이 옳은지 검증하는 통계학에 기반을 둔 과학적인 방법이라고 할 수 있다.

가. 귀무가설의 개념과 특징

귀무가설은 모집단의 특성에 대한 일반적인 인식에 근거하여 설정하는 가설이다. 귀무가설은 모집단의 특성, 즉 모수 값에 대해서 기존의 일반적인 인식을 통해 얻어진 값의 변화가 없음 혹은 차이가 없음을 의미한다. 또한 조사가 여러 집단 간의 차이를 비교하는 횡단 조사라고 하면 여러 집단의 모수 값의 차이가 없음을 의미하는 가설이다.

귀무가설은 H_0라고 표기하며 모집단의 특정 모수가 일정한 값과 동일하다고 정의한다. 여기서 0은 아무것도 없다는 의미의 null을 의미한다. 귀무가설에서의 모수값은 일반적인 인식에 근거하여 설정되거나 현상태를 나타내는 값으로 귀무 가설이 통계적 방법을 통해 사실로 인정되면 모수 값은 변화 없다고 나타낼 수 있다. 즉 null의 의미는 귀무가설의 모수 값은 기존의 사실이나 현상과 차이가 없다는 것을 말한다고 볼 수 있다.

보통 귀무가설이 가설 검증 과정을 통해서 사실로 판명되면, 기존의 인식이나 현상황과 다른 것이 없다는 것을 의미하며, 횡단 조사의 경우 집단 간의 차이가 없다는 것으로 판명되는 것이기 때문에, 새로운 정보나 지식이 창출되지 않는 것을 의미한다.

그렇다고 귀무가설이 사실로 입증되는 것이 조사 문제 해결에 전혀 도움이 되지 않는 것은 아니다. 가설은 문제의 원인이 되는 변수를 찾아 해결 방안을 도출하기 위한 것이기 때문에 귀무가설이 입증되는 것은 해당 변수가 문제 즉 현상에 영향을 주지 않는 다는 것을 의미한다. 이는 달리 말하면, 문제에 대한 여러 가지 해답 중에서 하나를 제외할 수 있다는 새로운 지식을 제공할 수 있기 때문이다.

나. 실험가설의 개념과 특징

반면 실험가설은 모집단의 특성 값의 변화가 있거나 차이가 있다는 것을 의미하는 가설이다. 실험가설은 귀무가설이 주장하는 모집단의 특성값과 모집단 모수에 대한 표본 조사를 통해 얻어진 정보가 통계적인 분석 방법으로 볼 때 일치하지 않는 경우 받아들이게 되는 가설이다. 실험가설은 H_a로 나타낸다. 여기서 a는 alternative를 의미한다.

실험가설은 대체로 조사자가 입증하고자 하는 사실을 기반으로 만들어진다. 예를 들어 제품의 디자인이 제품 구매욕과 관련이 있다는 것을 입증하고 싶다면, 귀무가설에는 '제품의 디자인이 제품 구매욕과 관련이 없다', 실험 가설에는 '제품의 디자인이 제품 구매욕과 관련이 있다'라는 가설을 세워 이를 조사 자료를 기반으로 통계적으로 검증하면 된다.

따라서 귀무가설과는 달리 실험가설이 입증되는 경우에는 문제 해결을 위한 새로운 대안으로서의 정보를 획득할 수 있으며, 이를 토대로 기업의 의사결정 문제에 대한 지침을 제안할 수 있다.

따라서 두 가설은 상호 배타적인 가설이며 어느 한 가설이 옳게 되면 자동적으로 다른 가설은 틀리게 되는 결과를 낳게 된다. 따라서 동시에 두 가설이 옳거나 틀리는 경우는 존재하지 않는다.

아래의 사례를 생각해 보자.

사례 1. 한 대형 할인점에서 최근 인터넷 당일 배송 서비스를 시작하였다. 고객들에게 인터넷으로 쇼핑을 했을 경우 결제 완료 후 5시간 이내에 배송하는 서비스이다. 서비스를 시작한 이후 초기에는 사용자가 많았으나 점차 사용자 수가 줄고 있으며 배송 지연과 관련된 고객의 불만 전화가 끊이지 않고 있다. 이에 대형 할인점에서는 전문 리서치 기관을 통해서 배송 서비스의 문제점에 대해서 파악하려고 한다.

위의 사례에서 문제는 배송 서비스 사용자 수의 하락과 고객 불만이다. 그리고 이 문제가 과연 배송 지연에 의한 것인지 확인하여 배송 서비스 개선 여부를 결정하여야 한다. 따라서 입증하고자 하는 가설은 바로 배송 서비스의 사용자 수의 하락과 고객의 불만이 배송 지연에 의한 것인지 확인하는 것이 되어야 한다. 그렇다면 가설로 '배송 불만족으로 인해 배송 서비스 사용자가 감소하고 있다'라는 가설을 세울 수 있다. 그렇다면 배송 불만족이라는 것을 어떻게 측정할 수 있을까? 위의 예에서 알 수 있듯이 배송 지연이 주된 원인이라는 것을 알 수 있다. 본 할인점에서의 배송 서비스가 5시간 이내에 배송하는 것을 원칙으로 하고 있기 때문에, 배송 서비스 불만족이 배송 지연에 의한 것이라는 것을 입증하려면 아래와 같이 귀무가설은 배송 서비스의 지연이 없는 상황임을 고려하여 '배송 서비스 도달 시간이 5시간이 된다'라고 세울 수 있을 것이며, 실험 가설은 불만족으로 인한 배송 서비스 사용자의 감소를 입증해야 하기 때문에 '배송 서비스 도달 시간이 5시간이 넘는다'라고 세워야 할 것이다.

귀무가설과 실험가설을 세울 때 고려해야 할 점은 가설을 입증하기 위해서는 모집단 혹은 표본집단을 통해서 수집된 자료를 통해서 이를 검증한다는 것이다. 따라서 모집단의 특성을 요약할 수 있는 적절한 모수 값이나 표본 집단을 대표할 수 있는 통계량 값을 무엇으로 할 것인지 결정해야 한다. 가설 검정에서 주로 사용하는 요약값은 평균값이고 평균값을 사용하는 가설에 대한 통계적 분석 방법들이 많이 개발되어 있으므로 평균값으로 집단 특성을 요약하자. 그러면 모평균인 μ를 사용하여 가설을 세우자.

사례 1에 대한 귀무가설과 실험 가설

$H_0 : \mu = 5$

$H_a : \mu > 5$

위와 같이 귀무가설은 배송서비스 사용자 수의 감소와 배송 불만 즉 배송지연과의 관련이 없다는 것을 나타내기 위해서 배송 서비스 배송 시간의 평균은 5시간이라고 정하였다. 귀무가설은 5보다 배송시간의 평균이 작다고도 할 수 있을 것이다. 그러나 가설 검정을 위한 통계분석을 위해서 편의상 귀무가설에서는 모평균 값이 특정값과 같다고 가정을 하며 실험 가설에서는 입증하고자 하는 주장에 따라 특정값과 다르다(크거나 작거나)라고 제시한다.

다. 전수 조사와 표본 조사에서의 가설 검정

전수 조사의 경우에는 모집단 전체를 대상으로 조사하기 때문에 조사 집계를 통해서 바로 어떤 가설이 사실인가에 대해서 확증할 수 있다. 그러나 표본 조사에서는 일부 표본을 추출하기 때문에 표본이 갖는 대표성으로 인해 오차가 발생할 수 있다. 즉 표본 조사의 결과이므로 100%로 신뢰할 수 없기 때문에 조사 결과에 대한 오류를 항상 염두에 두고 조사 결과를 해석해야 한다. 이런 이유로 표본 조사의 경우 가설 검정의 절차가 복잡해진다.

2) 가설 검정의 절차

표본 조사에서의 가설 검정의 절차는 크게 아래와 같다.

① 귀무가설과 실험가설을 설정한다.
② 적합한 통계적 기법과 그에 부합되는 검정 통계량을 선택한다.
③ 가설 검정의 오류 수준을 결정한다.
④ 자료를 수집하고 가설 검정을 위한 임계값을 결정한다.
⑤ 기각영역을 결정한다.
⑥ 조사 결과를 토대로 분석하여 귀무가설 기각 여부를 결정한다.

가. 귀무가설과 실험가설을 설정

귀무가설은 어떤 변수를 기준으로 하여 차이가 없거나 변수의 영향이 없다는 것을 의미하는 것이므로 귀무가설이 기각되지 않으면, 실험가설이 기각되며, 사실상 새롭게 입증되는 것은 없다는 것이다.

반대로 귀무가설이 기각되어 실험가설이 채택되면, 이는 새롭게 얻어진 정보나 지식이 생겨났음을 의미하며 이는 의사결정자로 하여금 새로운 전략 수립이나 마케팅 기획의 필요성을 높여준다.

나. 적합한 통계적 기법과 검정 통계량의 결정

대부분의 시장 조사가 표본 조사인 관계로 귀무가설을 기각하고 실험가설을 채택하기 위한 가설 검정에서는 모수 값에 대해서 표본조사로 얻어진 통계량 값을 사용하게 된다. 앞서 사례 1의 귀무가설과 실험가설에는 배달시간의 평균값 즉 모평균 값이 제시되었으나, 표본 조사를 실시하였기 때문에 통계량 즉 표본평균값으로 가설 검정을 하게 된다. 표본평균은 어디까지나 모수를 추정하는 값에 불과하기 때문에 표본평균으로 의사결정을 하는 것은 오류의 발생 가능성이 높다. 단, 표본 조사의 경우 무작위추출을 통한 확률 표본 추출 방법이 전제되는 경우 표본 오차를 추정할 수 있기 때문에, 가설 검정의 결과를 제시할 때 오차를 제시함으로써 가설 검정의 오류 가능성에 대해서 알려주는 것이 일반적이다.

가설 검정 시 사용하는 표본 통계량을 검정 통계량이라고 하며 이러한 검정 통계량은 표본 통계량이 어떤 통계 분포를 따르느냐에 따라서 정규분포의 Z통계량, t분포의 t통계량, 카이스퀘어 분포의 카이제곱 통계량과 같은 검정 통계량 값들이 있다. 흔히 검정 통계량 값은 검정 방법의 이름과 연관이 있다. Z통계량의 경우에는 Z-test, Z검정, t통계량의 경우에는 t-test, t검정, 카이제곱 통계량의 경우에는 카이제곱검정이라고 한다.

위의 검정 통계량 값과 그 분포들은 가설에서 검증하고자 하는 사실이 무엇인지, 조사된 자료의 특성(표본의 크기, 모집단의 분포 정보 인지 여부 등)에 따라서 결정된다.

3) 가설 검정의 오류

가설 검정을 위한 검정 방법이 결정되면 가설 검정을 위한 오류 수준을 결정한다. 이는 가설 검정의 결과가 귀무가설이 기각되고 실험가설이 옳다고 입증이 되었을 때에 이것이 사실이 아닐 확률 즉 오류일 가능성을 말한다. 다시 말하면 이는 표본조사의 표본 통계량 값으로 가설을 검정하기 때문에 표본 오차로 인해 발생할 수 있는 가설 검정 결과의 오류 가능성을 나타내는 것이라고 할 수 있다.

귀무가설을 기각하기 위해서는 귀무가설이 옳지 않다는 충분한 근거가 표본에서 추출된 정보에 포함되어 있어야 한다. 그런데 모집단의 특성을 나타내는 모수는 전수 조사를 하지 않는 이상 알 수 없는 값이며 가설 검정은 표본에서 추출된 불완전한 정보를 기초로 하여 두 가설 중 하나를 선택하는 의사결정을 한다. 따라서 이 경우 잘못된 의사결정이 발생할 수 있는 데 이러한 잘못된 의사결정에는 두 가지 잘못된 결정이 있다.

가. 가설 검정의 오류 (제1종 오류)

귀무가설이 사실임에도 불구하고 귀무가설을 기각하는 잘못된 의사결정을 하는 결론을 내릴 수 있다. 귀무 가설이 사실임에도 불구하고 귀무가설을 기각하여 실험가설이 맞다고 주장하는 것을 제1종 오류라고 하며 Type I error라고 한다. 이때 제1종 오류가 발생할 확률을 α라고 한다. 제1종 오류는 표본 조사에서 유의 수준이라고 한다.

나. 가설 검정의 오류 (제2종 오류)

제2종 오류는 귀무가설이 사실이 아님에도 불구하고 귀무가설을 기각하지 않음으로써 실험가설을 기각하는 경우의 오류를 말한다. 이러한 오류를 Type II error라고 한다. 이때 제2종 오류를 범하게 될 확률을 β라고 표기한다.

다. 유의 수준과 가설 검정의 오류의 적용

대부분의 표본 조사에서 중요하게 다루는 오류는 제1종 오류이다. 이는 표본 조사의 목적이 실험 가설을 확증하는 것이 주 목적인데 잘못된 주장을 하는 1종 오류는 조사 전체의 신뢰성에 영향을 줄 수 있기 때문이다. 즉, 실험 가설이 틀린 것인데 맞다고 잘못 주장하는 경우의 심각성이 크기 때문에 제1종 오류를 더 중요시 한다.

앞서 1종 오류가 발생할 확률을 α값 표기한다고 언급하였다. α값은 조사자가 임의로 결정할 수 있는 값으로 표본에서 추출한 정보와 비교되어 귀무가설의 기각 여부를 결정하게 된다.

α값은 보통 1%에서 10% 이내의 값 중에서 하나를 선택한다. 그러나 대부분의 시장 조사나 학술 연구에서는 최대 5% 정도의 값을 관행적으로 사용하며 보다 엄밀한 조사를 위해서는 1%값으로 가설 검정을 한다. 이는 α값은 오류가 발생할 확률이므로 작게 설정할수록 더 엄밀하고 정확한 결과라고 간주할 수 있기 때문이다. 예를 들어 한 표본 조사에서 조사 결과 귀무가설이 기각되어 실험가설이 옳다고 검증되었다. 이때 유의 수준이 낮으면 낮을수록 조사 결과가 잘못된 결과일 가능성 즉 확률이 낮다는 것을 의미한다. 즉, 실험 가설이 옳다는 결론을 표본 조사를 통해서 내렸을 때, 사실 귀무가설이 맞는 데 실험 가설이 옳다고 잘못 판단했을 확률이 유의 수준 값이 된다. 따라서 유의 수준을 낮게

정하여 진행한 조사일수록 보다 신뢰할 수 있는 조사라고 간주할 수 있다.

예를 들어 같은 표본 조사더라도 유의 수준 값을 낮게 정하여 가설 검정을 하는 경우, 높게 정했을 때와는 다른 결론이 나올 수도 있다. 예를 들어 유의 수준 5% 하에서는 귀무 가설이 기각되어 실험 가설이 옳다는 결론이 나왔더라도, 유의 수준 1%로 귀무가설을 잘못 기각할 확률을 낮추어서 가설 검정을 하는 경우에는 실험가설이 입증되지 않을 수도 있다.

아래는 가설 검정의 오류를 정리한 표이다.

[표 8-1] 가설 검정의 오류

	귀무가설 사실인 경우	귀무가설이 사실이 아닌 경우
귀무가설 기각	제1종 오류(Type I error) $P(H_a \text{ true} \mid H_0 \text{ true}) = \alpha$	실험 가설이 사실임을 입증, 표본 조사의 오류 없음
귀무가설 기각 못함	귀무 가설이 사실임을 입증, 표본 조사의 오류 없음	제2종 오류(Type II error) $P(H_0 \text{ true} \mid H_a \text{ true}) = \beta$

위에서 $P(H_a \text{ true} \mid H_0 \text{ true})$와 $P(H_0 \text{ true} \mid H_a \text{ true})$는 확률 이론에서의 조건부 확률을 표현한 것으로 첫 번째는 귀무가설(H_0)가 참이라는 조건하에서 실험가설(H_a)가 참이라는 결론을 내릴 확률(P)을 나타낸 것이다. 후자는 귀무가설이 사실이 아닐 때, 즉 실험가설이 참일 때 귀무가설이 참이라는 결론을 내릴 확률을 말한다.

유의 수준이 표본 조사에서 보다 중요하게 간주되는 것은 사실이지만, 제2종 오류인 β값 역시 오류의 하나이므로 무시할 수 없는 부분이다. 그렇다면 β값은 어떻게 해석해야 할까? 보통 β값도 낮은 조사가 바람직한 조사라고 한다. 즉 두 가지 오류 모두 줄일 수 있는 것이 가장 좋은 조사라고 한다. 오류 모두를 줄일 수 있는 가장 좋은 방법으로는 표본의 개수를 늘리는 방법이 있다. 표본의 개수가 늘게 되면 표본 오차가 감소함으로써 두 오류의 크기도 낮출 수 있다고 통계학적으로 알려져 있다.

그렇다면 유의 수준을 낮춘다는 것은 가설 검정에서 어떻게 오류 발생 확률을 낮춘다는 것일까? 정리해서 말하면, 유의 수준을 낮춤으로써 귀무 가설을 기각할 수 있는 임계값과 기각 영역이 달라지게 되는 데 오류 확률을 낮추기 위해서는 보다 정교한 임계값과 기각 영역이 결정되어 조사의 정확성을 높이게 된다. 그렇다면 임계값과 기각 영역이 어떻게 결정되는가에 대해서 알아보자.

4) 임계값의 결정과 기각 영역

아래의 사례를 통해 임계값의 의미를 알아보자.

사례 2. 최근 PC에 사용되는 새로운 저장 매체로서 SSD(Solid State Drive)를 생산하고 있는 OO 일렉트로닉스라는 기업은 용량과 속도, 수명에서 기존 경쟁 제품과 월등히 우수한 신제품을 출시하였다. 그러나 출시 1년이 지난 지금 이전 버전의 제품에 비해서 매출액의 성장이 뚜렷하게 나타나고 있지 않다는 것을 알게 되었다. 특히 최근 들어 소비자들은 속도와 관련하여 불평하는 글들이 기업 게시판이나 관련 인터넷 동호회에서 논란거리가 되고 있다는 것을 알게 되었다. OO 회사는 본격적으로 이 문제에 대해 조사를 시작하기로 결정하였다. 참고로, OO 회사의 신제품의 데이터 쓰기/읽기 속도를 500Mb(500메가 바이트)로 출시하였다.

위의 사례에서 OO 일렉트로닉스라는 기업의 SSD 저장장치와 관련하여 매출액의 하락이 발생하고 있음을 알 수 있다. 기업의 매출 하락은 소비자들의 불평 중에서도 처리 속도와 관련이 있는 것을 알 수 있었다. 소비자들이 속도와 관련해서 불평을 하는 것은 제품 사용 중에 신제품의 제품 사양에서 언급된 500Mb의 속도 보다 낮게 나오기 때문일 것이다. 그렇다면 소비자들의 불평이 실제로 옳은 것인지에 대해서 확인하기 위한 조사가 우선적으로 이루어져야 할 것이다. 왜냐하면, 저장 속도와 관련한 문제인지 아니면, 제품을 사용하는 소비자들의 사용 환경의 문제인지 등, 여러 가지 원인에 의해서 속도 하락이 발생할 수 있기 때문이다. 우선 제품 자체의 문제가 있었는지 확인하기 위해서 신제품 중에서 일부를 표본으로 추출하여 소비자들의 불만과 같이 속도가 규격보다 낮게 나오는지 검증하려고 한다.

그렇다면 아래의 가설을 세울 수 있을 것이다.

$H_0 : \mu = 500$

$H_a : \mu < 500$

위에서 μ값은 OO 일렉트로닉스 사에서 출시한 SSD 제품 전체 즉 모집단의 데이터 처리 속도의 평균값을 나타낸다. 그러나 전체 모집단을 대상으로 조사하지 않는 표본 조사이기 때문에 조사 결과를 집계한 통계량으로 평균값을 추정해야 하며 이 과정에서 검정의 오류가 있음을 고려하여 가설 검정을 실시해야 한다.

예를 들어 50개의 SSD 제품을 추출하여 처리 속도를 측정하여 평균을 계산하였다고 하자. 이렇게 계산된 평균을 표본 평균이라고 하며 $\overline{X}$ 라고 한다. 이 값이 350Mb가 나왔다고 해 보자. 그렇다면 이 결과 귀무가설에서 주장하는 500Mb보다 작기 때문에 귀무가설을 기각할 수 있을까? 그렇다면 표본 조사결과 490Mb가 나왔다면 어떻게 결론을 내릴 수 있을까?

위의 경우 모두 확실하게 결론을 내릴 수 없는 이유가 바로 표본 조사이기 때문이다. 실제 제품들의 평균값 즉 모수는 500Mb로 이지만, 추출된 표본들이 350Mb에 가까운 표본들만 추출되면 귀무가설을 기각하여 제품에 문제가 있다고 결론 내릴 수 있다. 그러나 추출된 표본들이 500Mb 근처의 제품이나 넘는 제품이라면 실험가설을 기각하게 될 것이며 문제가 없다고 결론 내릴 수 있을 것이다.

그러나 위의 가설에서 표본 평균의 결과가 500보다 작으면 작을수록 귀무가설을 기각하는 것이 보다 합리적인 결정이라고 생각할 수 있을 것이다. 표본 평균의 결과가 비교적 작은 100Mb의 결과를 얻었고, 그리고 추출된 표본이 모집단의 크기와 비교했을 때 상당히 많은 수의 표본이 추출되었다면, 귀무가설이 틀렸다고 주장할 수 있을 것이다.

그렇다면 어느 값을 기준으로 귀무가설이 틀렸다고 주장할 수 있을까? 귀무가설을 기각할 수 있는 기준이 되는 값을 임계값(Critical Value)이라고 한다. 따라서 위의 사례 2에 따르면 임계값을 CV라고 하면 아래와 같은 의사결정 규칙을 만들 수 있을 것이다.

- 사례 2에 대한 의사결정 규칙

만약 $\overline{X}$ < CV 라면 귀무가설 기각 즉 실험가설 채택

만약 $\overline{X}$ ≥ CV 라면 귀무가설 채택

위에서 임계값을 계산하면 귀무가설을 기각할 수 있는 표본 평균 값의 영역이 계산되는 데 이것을 기각 영역이라고 한다. 기각 영역은 귀무가설의 기각 여부를 결정할 수 있는 표본 조사값의 범위라고 할 수 있다.

그렇다면 앞선 사례 1의 경우의 의사결정 규칙은 어떻게 될까? 사례 1에서의 임계값을 CV라고 해 보자. 사례 1의 경우에는 검정하고자 하는 사실이 배송이

원래 약속했던 시간보다 지연되는지 여부이므로 사례 2와는 다른 의사결정 규칙을 세울 수 있다.

- 사례 1의 의사결정 규칙

만약 $\overline{X}$ > CV 라면 귀무가설 기각 즉 실험가설 채택

만약 $\overline{X}$ ≤ CV 라면 귀무가설 채택

그렇다면, 임계값은 어떻게 결정될까? 임계값은 표본의 크기, 유의 수준, 검정 통계량의 분포에 따라서 결정된다. 즉 검정 통계량이 Z통계량이라면 Z분포에서 임계값을 계산하며, t통계량이면 t분포에서, 카이제곱 통계량이면 카이제곱 분포에서 결정된다. 임계값의 계산은 대부분의 통계 패키지에서 계산하여 그 결과를 제시해 준다.

5) 분석 결과를 통한 의사결정

위의 임계값과 기각 영역을 계산하면 표본 조사 결과값을 토대로 통계량 값을 계산한다. 위의 경우 표본 평균값을 계산하게 되는 데, 표본 평균값을 토대로 검정 통계량 값을 계산하여 임계값을 기준으로 만들어진 기각 영역을 고려하여 귀무가설의 기각 여부를 결정한다.

귀무가설의 기각 여부는 기각 영역과 검정 통계량 값을 비교하여 통계량 값이 기각 영역에 해당하는 경우 귀무가설을 기각하며, 해당하지 않으면 귀무가설을 기각하지 못하여 실험가설을 기각하게 된다. 귀무가설을 기각하더라도 가설 검정에서 처음 설정했던 유의수준값만큼의 조사 결과의 오류 확률이 있다는 것을 명심해야 한다.

또한 귀무가설의 기각 여부는 p값을 통해서도 귀무가설의 기각 여부를 결정할 수 있다. p값은 대부분의 통계 패키지에서 가설 검정 시에 제시해 주는 값으로서 임계값이나 기각 영역을 계산하여 귀무가설의 기각 여부를 확인하는 것보다 수월하게 가설 검정을 할 수 있다. p값의 정의와 활용에 대해서는 추후에 논의하도록 하겠다.

제2절 가설에 따른 검정 방법

앞서 사례 1, 2에서 보았듯이, 조사 문제에 따라서 검증하고자 하는 실험가설이 달라지며 이에 따라 의사결정 규칙도 달라지는 것을 볼 수 있었다. 사례 1의 경우에는 모수값이 특정한 값보다 크다는 사실을 검증하고자 했으며, 사례 2의 경우에는 모수값이 특정한 값보다 작다는 사실을 검증하고자 했다. 검증하고자 하는 사실에 따라서 모수값이 특정한 값과 다른 경우를 생각해 볼 수도 있다. 아래의 사례를 생각해 보자.

사례 3. 앞서 SSD를 제조하는 OO 일렉트로닉스는 10년 전부터 자기식 하드 디스크 드라이브를 제조해서 판매하던 기업이었다. 자기식 하드 디스크 드라이브는 소음과 발열로 인해서 SSD에 비해서 많은 인기는 없지만, 수요가 있기 때문에 지속적으로 생산하고 있다. 최근 과거에 생산했던 하드 디스크들에 대한 소비자들의 불평이 들어오고 있는데, 이것은 보증 기간 2년을 넘어선 뒤 제품이 급격히 고장이 잦아진다는 것이었다. 뿐만 아니라 최근 하드 디스크의 보증 기간 이내의 무상 AS 횟수가 부쩍 늘고 있는 것도 OO 일렉트로닉스 사의 최근 직면한 문제 중에 하나이다. OO 일렉트로닉스사는 위의 소비자들의 주장이 옳은지에 대한 조사를 실시하고자 한다.

위의 문제는 OO 일렉트로닉스사의 하드 디스크의 고장율 즉 수명에 대한 고객들의 지적이라고 정리할 수 있다. 첫 번째로 소비자들의 불만 중의 하나는 제품이 2년을 넘어서면 고장이 잦아진다는 점이다. 따라서 하드 디스크의 수명이 2년을 넘는지 그렇지 않은지에 대해서 알아볼 필요가 있다. 2년을 넘는다고 입증이 되면 소비자들의 불만은 예외적인 것이 되며, 그렇지 않으면 소비자들의 지적 사항에 대해서 심각하게 고려해야 한다.

또 다른 문제는 바로 2년 이내에 고장이 생겨 무상으로 AS를 실시하는 제품의 비중이 많아졌다는 것이다. 즉 수명이 2년에 못 미치는 제품들이 많다는 것이다. 따라서 위의 사례에서는 두 가지 즉 수명이 2년이 넘거나 혹은 2년이 되지 않는지 두 가지 사실에 대한 실험 가설을 세워야 한다. 이에 따라 가설을 세우면 아래와 같다.

사례 3에 대한 귀무가설과 실험가설

$H_0 : \mu = 2$

$H_a : \mu \neq 2$

위의 모평균 μ는 최근에 생산된 하드 디스크 전체의 평균 수명이다. 위의 실험 가설에서는 평균 수명이 2년이 아니라는 것을 검증해야 한다. 왜냐하면, 현재 기업이 직면한 문제는 2년을 정말 넘기는지 혹은 2년을 넘기지 못하는지를 동시에 검정해야 하기 때문이다.

1) 양측 검정과 단측 검정

가. 양측 검정

위와 같이 주장하고자 하는 사실이 특정한 값과 같지 않다는 것을 검정하기 위해서는 표본 평균의 값이 2보다 매우 크거나 혹은 2보다 매우 작아야 한다. 즉 특정값을 기준으로 하여 두 개의 임계값이 존재하게 된다. 위와 같은 검정을 양측 검정이라고 한다.

나. 단측 검정

그에 비해서 사례 1이나 2와 같이 특정값보다 매우 작거나 매우 크게 표본 조사의 결과가 나옴으로써 귀무가설을 기각하는 가설 검정을 단측 검정이라고 한다.

사례 1과 같이 모수값이 특정값보다 큰 경우에 귀무가설을 기각하는 경우, 즉 실험가설이 특정값보다 크다는 주장을 할 경우를 우측 검정이라고 하고 사례 2와 같이 모수값이 특정값보다 작은 경우에 귀무가설을 기각하는 경우, 즉 실험가설에서의 주장이 모수가 특정값보다 작다고 하는 경우에는 좌측 검정이라고 한다.

어느 검정을 사용하느냐는 조사자의 조사 목적에 따라서 달라진다. 그러나 일반적으로는 양측 검정을 사용하는 것이 좋다. 왜냐하면 같은 조건이라면 단측 검정보다는 양측 검정이 더 낮은 유의 수준 값을 사용하는 효과가 있기 때문이다.

이는 5%의 유의 수준으로 가설 검정을 할 때 단측 검정의 경우에는 임계값을 하나만 계산하므로 유의 수준 5%의 값으로 임계값을 계산한다. 그러나 양측 검정의 경우에는 사실상 좌측 검정과 우측 검정을 동시에 하기 때문에 임계값을 두 개를 결정해야 하며, 이때 임계값의 결정 시 유의 수준값을 반으로 나누어 2.5%를 각각의 임계값 계산에 적용한다. 따라서 양측 검정이 더 낮은 유의 수준 값을 사용하는 효과가 있다.

다. p-value을 이용한 가설 검정

p-value, p값은 표본 조사의 결과를 기반으로 계산된 검정 통계량의 값으로 계산된 확률 값으로서 귀무가설을 기각할 수 있는 가장 작은 유의 수준 α값이라고 할 수 있다.

예를 들어, 귀무 가설에서의 주장하는 모평균의 값이 사례 2와 같이 500Mb라고 해 보자. 표본 조사를 통해 얻어진 처리 속도의 표본 평균값이 480Mb라고 해 보자. 가설 검정을 위해서는 표본 평균값을 검정 통계량 값으로 환산하여 임계값과 비교하게 된다. 이때 검정 통계량 값이 예를 들어 25가 나왔다고 해 보자. 사례 2는 실험 가설을 보면 좌측 검정에 해당하므로 임계값보다 작아야지 귀무가설을 기각할 수 있다. 예를 들어 유의 수준을 5%라고 할 때 임계값이 30이 나왔다고 하면 귀무가설을 기각할 수 있게 된다.

그렇다면 위의 경우 표본 조사의 결과를 통해 계산된 검정 통계량 값이 있을 때 이것을 기각할 수 있으려면 얼마나 작을 수 있을까? 검정 통계량 값이 25이므로 임계값이 25까지 작아질 수 있을 것이다. 임계값이 작아진다는 것은 더욱 엄격한 기준으로 가설 검정을 한다는 것이다. 왜냐하면, 좌측 검정에서 모수 값보다 매우 작은 표본 조사 결과 값이 나와야 귀무 가설을 기각한다는 것이기 때문이다. 엄격한 기준을 적용한다는 의미는 조사 결과의 오류 확률을 줄인다는 의미로서 임계값을 낮춘다는 것은 유의 수준 값도 낮춘다는 의미이다. 즉, 현재 표본 조사 결과로 얻어진 검정 통계량 값으로 귀무가설을 기각할 수 있는 가장 작은 임계값을 계산하여 이 임계값이 계산된 유의 수준 값을 계산할 수 있다. 이때의 유의 수준 값이 p값이 된다.

위의 경우에는 검정 통계량 값이 5% 수준의 임계값이 30보다도 작기 때문에 실제 p값은 5%보다 작은 값이 나올 것이다. 그러나 표본 조사의 결과로 검정 통계량 값이 40이 나왔다고 한다면 임계값보다 작지 않기 때문에 귀무가설을 기각하지 못하게 된다. 이때의 p값을 계산해 보면 5%보다 큰 값이 나올 것이다.

왜냐하면 검정 통계량 값이 40이 나오는 경우 귀무가설을 기각할 수 있는 가장 작은 임계값은 40이 될 것이며 이때의 유의 수준 값은 5%보다 크게 나올 것이기 때문이다.

정리하면 p값을 계산하면 유의 수준 값과의 비교를 통해서 귀무가설 기각 여부를 쉽게 결정할 수 있다. 유의 수준을 5%라고 설정하고 표본 조사를 실시한 경우에 p값이 5%보다 작게 나오면, 임계값이나 기각 영역을 검토할 필요 없이 귀무가설을 기각하게 된다. 이는 달리 말하면 앞서 설명했던 것처럼 검정 통계량 값이 우측 검정인 경우 임계값보다 크게, 좌측 검정인 경우라면 임계값보다 작게 나왔다는 것을 의미하기 때문에 귀무가설을 기각하면 된다.

반대로 유의 수준이 5%일 때 p값이 5%보다 크게 나오는 경우라면, 귀무가설을 기각하기 못하게 된다. 이는 우측 검정인 경우 임계값보다 작고, 좌측 검정인 경우 임계값보다 크게 나왔기 때문에 귀무가설을 기각하지 못하는 것을 의미한다. 대부분의 통계 패키지에서는 통계분석의 결과로 검정통계량값, 임계값, 그리고 p값을 제시해 준다. p값을 토대로 가설 검정의 결과를 쉽게 해석할 수 있다.

2) 검정 통계량 값의 계산

검정 통계량 값을 계산하고 유의 수준 값과 표본 크기에 따라 임계값을 계산하는 것은 통계학의 이론을 토대로 한다. 먼저 앞서 임계값과 기각 영영에 따른 의사결정 규칙을 살펴보자. 사례 3은 양측 검정으로 두 개의 임계값을 갖는 데, 좌측 임계값을 CL 그리고 우측 임계값을 CR이라고 하자. 그러면 아래와 같은 의사결정 규칙을 만들 수 있다.

- 사례 3의 의사결정 규칙

만약 $\overline{X}$ > CR 이거나 $\overline{X}$ < CL 라면 귀무가설 기각 즉 실험가설 채택

만약 CL ≤ $\overline{X}$ ≤ CR 이라면 귀무가설 채택

우선 제1종 오류인 유의 수준 α값은 5%, 0.05이므로 다음과 같이 정의할 수 있다.

P(H_0를 기각 | H_0가 참인 경우) = α 이거나

P($\overline{X}$ > CR or $\overline{X}$ < CL | H_0가 참인 경우) = α

유의 수준이라는 것은 표본 평균 값이 기각 영역에 속할 확률을 의미하므로 1-α 는 반대로 표본 평균 값이 기각 영역에 해당되지 않을 확률을 말한다. 따라서 아래와 같이 표기할 수 있다.

P(CL ≤ $\overline{X}$ ≤ CR | H_0가 참인 경우) = 1-α

이는 확률 이론에 의해서 두 개의 배타적인 사건이 일어날 확률의 합이 1이라는 것과도 일치한다. 예를 들어 동전의 앞면이 나올 확률이 1/2이라면 뒷면이 나올 확률도 1/2로 합은 1이 된다. 위의 경우도 마찬가지로 H0가 참인 경우에 H0를 기각할 확률과 기각하지 않을 확률은 α + (1-α)로 합은 1이 된다.

이때 표본 평균은 모집단의 분포가 어떤 분포를 이루고 있든지 간에 표본의 크기가 충분히 큰 경우라면 중심극한정리(Central Limit Theorem)에 의해서 정규 분포를 갖는다고 알려져 있다. 이때의 정규 분포는 평균이 모집단의 모수 μ와 같고 표준편차는 모집단의 표준편차를 표본의 제곱근으로 나눈 $\sigma / \sqrt{n}$ 값으로 결정된다. n은 표본의 개수이다. 이때 정규 분포를 갖는 표본 평균 $\overline{X}$ 에서

평균인 μ를 빼고 표준편차로 나누게 되면, 평균이 0이고 분산이 1인 표준정규분포(Z분포)가 된다. 표본 평균 $\overline{X}$를 표준정규분포의 확률변수인 Z값으로 변환하게 되면 Z통계량 값, 즉 Z 검정 통계량 값을 얻게 된다. Z 통계량 값을 얻게 되면 위의 두 수식은 아래와 같이 변환될 수 있다.

$$P([CL-\mu]/\sigma/\sqrt{n} \le Z \le [CR-\mu]/\sigma/\sqrt{n}) = 1-\alpha$$

$$Z = [\overline{X}-\mu]/\sigma/\sqrt{n}$$

아래 그림을 참조하면 기각 영역과 채택 영역 그리고 임계값이 어떻게 관련되어 있는지 확인할 수 있다.

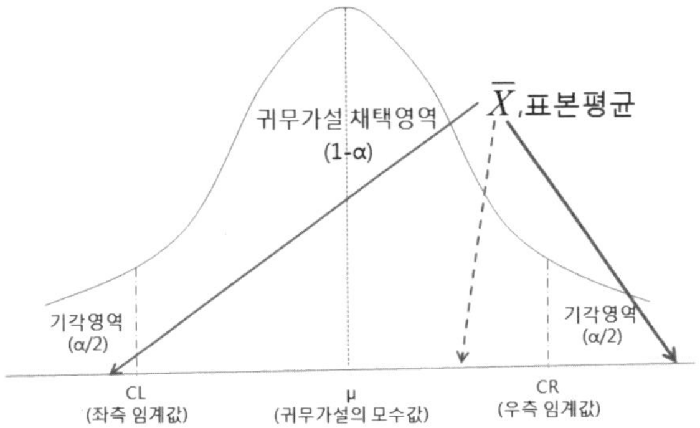

[그림 8-1] 중심극한정리에 따른 표본평균의 분포

참고로 위의 그림에서 표본 평균 값이 우측 임계값보다 큰 위치의 결과값이 된다면, 귀무가설을 기각하게 되고, 좌측 임계값보다 큰 위치의 결과값이 나온다면 역시 귀무가설을 기각하게 된다. 반대로 귀무가설 채택 영역에 해당하는 점선 화살표의 위치에 오게 되면 귀무가설을 기각하지 못하게 된다.

그렇다면 α값을 5%라고 정의하면 표준정규분포에서 첫 번째 수식의 $[CL-\mu]/\sigma/\sqrt{n}$ 값과 $[CR-\mu]/\sigma/\sqrt{n}$ 을 계산할 수 있게 된다. 양측 검정이므로 좌우 임계값을 계산하기 위해서는 α값을 1/2로 나누어서 계산해야 하므로 아래와 같이 정리된다.

$$[CL-\mu]/\sigma/\sqrt{n} = [CR-\mu]/\sigma/\sqrt{n} = 1.96$$

위의 수식을 정리하면 좌측 임계값과 우측 임계값인 CL, CR값을 계산할 수 있게 된다. 이때 모수 값 μ는 귀무가설에 제시된 특정값이며, n은 조사에서의 표본의 개수, 그리고 σ값은 모집단의 표준편차로서 모집단의 표본 편차를 아는 경우라면 그대로 사용하면 되고, 모집단의 표준편차를 모르는 경우라면 표본의 크기가 충분히 큰 경우 표본의 표준편차를 사용한다.

위의 임계값과 기각 영역 그리고 검정 통계량의 계산 방법은 한 집단의 모수를 추정하거나 집단 간 차이를 분포, 평균, 비율 혹은 중간값이나 순위를 통해 검증하는 통계 분석 방법에서 공통적으로 사용하는 방법이다.

가설 검정을 위해 무엇보다 중요한 것은 표본의 크기, 모집단 분포의 특성, 가설 검정에서 확인하고자 하는 가설의 특징 등을 고려하여 적절한 통계적 분석 방법을 찾아내어 분석을 수행하는 것이 중요하다.

제3절 시장조사의 가설 검정과 통계 분석

그렇다면 시장 조사에서 사용하는 통계적 분석 방법으로는 어떤 것들이 많이 사용될까? 분석에서 가장 먼저 사용되는 통계 분석은 바로 빈도 분석(Frequency Analysis)이다. 빈도 분석을 통해' 데이터의 분포와 대략적인 특징을 파악하고 나서 조사 목적 수행을 위해 적절한 통계적인 분석 방법들을 사용한다.

1) 조사에서 사용하는 통계 분석 방법

아래는 시장 조사에서 주로 사용하는 통계 분석 방법과 그 사용 빈도를 정리한 표이다.[12)]

[표 8-2] 시장 조사에서 사용되는 통계 분석

분석명	목적	사용빈도
빈도분석	모든 문항에 대한 기본적 분석	매우높음
교차분석	모든 문항에 대한 기본적 분석	매우높음
상관분석	중요도 산출, 변수 간 관련성 분석	높은 편
회귀분석	중요도 산출, 변수 간 인과관계분석	높은 편
요인분석	포지셔닝, 시장세분화, 측정도구 타당성 검토	높은 편

12) 하지철, 마케팅 조사 실무노트 III, 2010, 이담의 내용을 일부 수정하여 발췌

분석명	목적	사용빈도
신뢰성분석	측정도구(설문문항 등)의 신뢰성 검증	높은 편
대응분석	포지셔닝, 자료의 시각화	높은 편
구조방정식	브랜드, 고객 만족 등의 측정 모델 구축	보통
군집분석	요인분석과 연계한 형태의 시장세분화, 유사성이 있는 집단 구분	높지 않음
분산 분석	집단 간 평균 차이에 대한 통계적 검증	높지 않음
카이자승분석	집단간 비율 차이에 대한 통계적 검증	높지 않음

표에서 소개한 분석 중에서 사용 빈도가 높지 않다고 해서 모든 조사에서 사용되지 않는 것을 의미하는 것은 아니다. 군집분석이나 분산 분석, 카이자승 분석은 기업의 조사 문제의 해결뿐만 아니라 의학, 물리학, 생물학 등의 자연과학 영역에서의 이론 정립에도 많이 활용되고 있다.

2) 빈도 분석

빈도 분석은 입력된 자료들이 도수분포표(frequency table)상에서 어떠한 분포적 특성을 가지고 있는가를 파악하는 데 사용되는 분석이다. 빈도란 일반적으로 같은 현상이나 사건 등이 반복되는 회수를 지칭한다. 흔히 구매빈도, 출현빈도, 실수 빈도, 발생 빈도 등이 빈도를 나타내는 사례라고 할 수 있다.

빈도 분석은 조사에서는 설문지의 응답수를 집계하여 이를 정리하고 요약하는 데 많이 활용된다. 특정 문항에 대한 예시들에 대해서 얼마나 많은 사람들이 선택했고 그 비율이 어떻게 되는 가를 조사한다. 예를 들어 아래의 문항을 생각해 보자.

문항 1. 당신의 나이는?

① ~ 10대 이하 ② 20대 ③ 30대 ④ 40대 ⑤ 50대 이상

문항 2. 당신이 월 지출하는 통신비는?

① 2만 원 이하 ② 2만 원 초과 3만 원 이하 ③ 3만 원 초과 4만 원 이하
④ 4만 원 초과 5만 원 이하 ⑤ 5만 원 초과

첫 번째 문항을 통해서 조사에 참여한 사람들의 연령대별 분포와 비율을 알아낼 수 있을 것이다. 두 번째 문항을 통해서 조사 대상자들의 월별로 통신비를 얼마나 지출하는 지 각 금액대별로 분포와 비율을 파악할 수 있다. 빈도 분석은 위와 같이 설문 문항의 답변을 토대로 특정 답변의 빈도를 파악함으로써 조사 자료의 특성에 대한 정보를 제공한다.

빈도 분석은 또한 본격적인 통계 자료 분석 전에 수집된 자료의 문제점을 파악하는 데 활용될 수 있다. 특히 결측 자료를 파악할 수 있다는 점에서 유용하다. 조사 자료에서의 무응답 자료는 별도의 처리가 필요하다. 무응답이 있었던 설문 자료를 분석에서 제외할 것인지 아니면 무응답 자료를 포함해서 분석할 것인지는 조사자의 의사결정에 달려있다. 빈도 분석을 실시하게 되면 무응답 자료가 있는 경우 이를 파악할 수 있게 된다. 대부분의 통계 패키지에서는 무응답에 해당하는 자료를 별도로 명시하여 주기 때문에 쉽게 찾아낼 수 있다. 무응답 자료가 발생하는 경우 0이나 9 등의 별도의 수치를 입력하여 같이 포함하여 분석하거나 설문 응답 자체를 배제시키기도 한다.

3) 교차 분석

조사 문제의 해결을 위해 조사자는 다양한 변수들을 고려하게 된다. 조사자는 하나의 변수에 대한 분석보다는 다양한 변수들 간의 관계를 알고 싶어하는 경우가 많다. 이때 두 변수 혹은 그 이상의 변수들 간의 관련성을 분석하기 위한 통계 분석이 교차 분석이다.

예를 들어, 앞서 빈도 분석에서의 설문 문항들을 생각해 보자. 위의 설문에서는 응답자의 연령과 통신비를 조사했다. 그렇다면 연령과 통신비 간의 관련성이 있을지, 있다면 연령대에 따라서 통신비가 줄어드는지 아니면 특정 연령대의 통신비가 다른 연령대에 비해서 뚜렷하게 많은지에 대한 것을 알고 싶을 것이다. 이를 밝히기 위해서는 여러 가지 통계적 분석 방법이 활용될 수 있으나 두 변수 간의 관련성을 파악하기 위해서 가장 먼저 활용할 수 있는 방법이 교차 분석이다.

교차 분석은 다음과 같은 의문점들에 대한 해답을 제시해 줄 수 있다.

① 신제품의 적극 사용층은 연령이나 성별, 교육 수준 중에서 무엇과 가장 관련이 높을까?

② 특정 브랜드에 대한 충성 고객들 중에서 수입과 직업이 어떤 관련이 있을까?

③ 특정 제품 구매량이 많은 순으로 고객을 나열하여 몇 개의 계층으로 분류했을 때 이들의 라이프 스타일과는 어떤 관련이 있을까?

④ 여행 상품의 구매 고객 중에서 호텔 상품을 구매여부가 항공권 예약 구매 여부와의 관련성이 있을까?

위의 의문점들을 해소하기 위해서는 관련성이 있는지 확인하고 싶은 두 개의 변수 혹은 그 이상의 변수 간의 관계를 파악하는 것이 필요하다. 교차 분석은 변수들 간의 관련성을 파악해 주는 분석으로 빈도 분석의 경우에는 한 변수(예를 들면, 성별을 기준으로 몇 명이 분포하는지, 연령을 기준으로 어떠한 분포를 보여주는지에 대한 내용)를 기준으로 자료의 특성을 보여주나, 교차 분석은 변수들 간의 관련성을 보여준다.

가. 교차 분석의 사용 이유

교차 분석이 조사 자료의 분석에서 빈번하게 사용되는 이유는 아래와 같이 정리할 수 있다.

① 복잡한 통계적 지식이 없이도 결과의 해석이 용이함
② 변수 간의 관계를 파악하여 의사결정으로의 반영이 용이
③ 다변량 분석을 통한 복잡한 현상의 해석에 용이

교차 분석은 쉽게 변수 간의 관계를 파악할 수 있기 때문에 이를 기업의 의사결정에 쉽게 반영할 수 있는 이점이 있다. 또한 다변량(2개 이상의 변수) 분석을 통해 변수들 간의 관계를 체계적으로 분석해 냄으로써 복잡한 현상의 원인이 되는 변수들 간의 상호 관계에 대해서 명확한 이해를 도와준다.

나. 두 변수를 활용한 교차 분석

교차 분석에서 두 변수 간의 상호 관련성을 파악하기 위한 분석을 이변량 교차 분석이라고 한다. 대표적인 예가 성별에 따른 상품 선호도의 차이, 연령에 대한 특정 제품 브랜드 구매 여부 혹은 구매액의 차이 등이 해당한다. 특히 시장세분화를 위한 인구통계적 변수나 사회경제적 변수, 라이프스타일, 가치관 등의 변수들이 교차 분석의 대상으로 고려된다.

예를 들어 아래와 같은 인구 조사 결과를 생각해 볼 수 있다.

[표 8-3] 인구 조사 결과의 교차 분석

	서울	경기	충청	강원	경상	전라	제주	합계
남성	27%	26%	10%	9%	15%	10%	3%	100%
여성	26%	25%	10%	9%	13%	9%	8%	100%
합계	26.5%	25.5%	10.0%	9.0%	14.0%	9.5%	5.5%	100%

다. 교차 분석을 위한 통계량

교차 분석 역시 변수 간의 관련성에 대한 가설을 수립하고 수집된 자료가 표본 자료인 경우 통계적인 방법으로 가설 검정을 실시한다. 교차 분석에서 가설은 두 집단 간의 관련성을 검정하는 것으로 모수가 특정값에 대한 추정과 가설과는 다른 형태로 수립된다. 아래의 사례를 생각해 보자.

사례 4. 한 해외 여행 전문 여행사에서는 최근 호텔 예약과 항공권 예약 고객들에 대한 자료를 통해서 패키지 상품 판매에 대해서 고민하고 있다. 특정 호텔을 예약하는 사람들이 항공권 예약도 같이 하는 경우가 많은지 확인하여 항공권과 호텔을 묶은 패키지 여행 상품 개발을 계획 중에 있다. 이를 위해서 전체 고객들의 일부를 표본으로 추출하여 조사를 실시하였고, 아래와 같은 교차 분석 결과를 얻었다.

[표 8-4] 사례 4의 조사를 통한 교차 분석 결과

	항공권 구매	항공권 비구매	합계
OO호텔 상품 구매	420	130	550
OO호텔 상품 비구매	80	370	450
합계	500	500	1000

위의 교차 분석 결과를 통해 OO호텔 상품을 구매하는 사람들은 항공권을 동시에 구매한다고 볼 수 있을까?

위의 교차 분석 결과를 통해 항공권 구매와 호텔 상품 구매와의 연관성이 있는지 파악하기 위해서 카이스퀘어 통계량을 사용한 카이스퀘어 검정을 실시한다. 또한 연관성의 강도를 파악하기 위해서는 파이 상관계수, 우발성 계수, 람다 계수 등을 사용하여 측정한다. 여기서는 카이스퀘어 통계량을 중심으로 알아보자.

라. 카이스퀘어 검정

카이스퀘어 검정은 질적인 속성을 지닌 변수에서 두 가지 이상의 속성을 관찰한 경우에 두 변수 간의 관련성이 있는지 혹은 통계적으로 독립성이 있는지를 살펴보기 위한 검정이다. 이를 위해서는 가장 첫 단계로 위의 표 9-4와 같이 교차 분석 결과에 해당하는 교차표(Cross table)을 먼저 작성한다.

카이스퀘어 검정에서의 관련성 여부에 대한 가설은 아래와 같이 나타낼 수 있다.

H_0 : 호텔 상품 구매와 항공권 구매는 독립적이다. (관련성이 없다)

H_a : 호텔 상품 구매와 항공권 구매는 독립적이 아니다.

이때 카이스퀘어 검정 통계량을 계산하기 위해서는 역시 임계값과 기각 영역을 설정해야 한다. 이를 위해서는 현재 교차표의 데이터를 기준으로 H_0 가설이 맞는 상황에서의 기대 도수표를 계산해주어야 한다. 이를 위해서는 두 변수가 상호 독립적인 경우의 결합 확률 값을 계산해 주어야 한다.

결합확률 값은 주변확률과의 곱으로 나타낼 수 있다. 위의 교차표에서의 주변 확률은 아래와 같다.

항공권 구매 확률 = 500 / 1000
항공권 구매하지 않을 확률 = 500 / 1000
OO호텔상품 구매 확률 = 550 / 1000
OO호텔상품 비구매 확률 = 450 / 1000

위에서 기대도수는 전체 도수인 1000명에 해당 위치 셀에 해당하는 구매 확률의 곱으로 계산하면 된다. 따라서 항공권 구매 × OO호텔상품 구매에 해당하는 기대도수는 아래와 같이 계산되며, 다른 위치의 기대 도수도 아래와 같이 계산할 수 있다.

(항공권 구매, OO호텔상품 구매)=1000×(500/1000)×(550/1000)
(항공권 구매, OO호텔상품 비구매)=1000×(500/1000)×(450/1000)
(항공권 비구매, OO호텔상품 구매)=1000×(500/1000)×(550/1000)
(항공권 비구매, OO호텔상품 비구매)=1000×(500/1000)×(450/1000)

위와 같이 기대도수를 계산하면 아래와 같은 표가 만들어 진다.

[표 8-5] 사례 4의 기대 도수

	항공권 구매	항공권 비구매	합계
OO호텔 상품 구매	275	275	550
OO호텔 상품 비구매	175	275	450
합계	500	500	1000

위의 기대 도수는 두 변수 간의 관련성이 없는, 즉 독립적인 경우에 조사되어야 할 결과이다. 즉 귀무가설이 옳을 경우에의 교차표이다. 이를 실제 조사된 결과와 비교했을 때 기대도수와 실제도수의 차이가 클수록 귀무가설이 옳지 않다고 주장할 수 있을 것이며 관련성이 있다고 주장할 수 있을 것이다.

그렇다면 그 차이를 어떻게 계산할까? 차이 계산을 위해서 카이스퀘어 분포를 갖는 카이스퀘어 검정 통계량 값을 사용한다. 차이가 클수록 귀무가설을 기각하게 되므로 설정한 유의 수준 α값에서 카이스퀘어 분포를 통해 정해진 임계값보다 검정 통계량 값이 크게 나오면 귀무가설을 기각하여 관련성이 있다고 결론 내릴 수 있다.

카이스퀘어 검정 통계량 값을 계산하는 방법은 아래와 같다.

카이스퀘어 검정 통계량(x^2) = Σ (측정도수 - 기대도수)^2/기대도수

위의 사례 4에서의 검정 통계량 값은 위의 공식을 기준으로 하여 계산하면, 검정 통계량 값은 278.30이 된다. 유의수준 5%일 때 위의 표를 기준으로 할 때의 카이스퀘어 분포의 임계값은 자유도(degree of freedom, 행의 개수-1 과 열의 개수-1의 곱으로 계산)가 1이므로 임계값은 3.841이 된다. 임계값보다 검정 통계량 값이 매우 크므로 귀무가설을 기각하게 된다. 즉, 호텔 상품 구매와 항공권 구매 변수는 서로 관련성이 있다고 결론을 내릴 수 있다.

교차 분석은 엑셀과 같은 스프레드 시트 프로그램을 통해서 자료를 집계하여 엑셀 수식을 통해 직접 계산할 수도 있지만, SPSS나 SAS 등의 통계 패키지를 활용하면 보다 쉽게 계산할 수 있다. SPSS에서는 Crosstabs 명령어에 해당하는 분석을 실시함으로써 교차 분석의 결과를 쉽게 얻어낼 수 있다.

4) t 검정

t 검정은 대표적인 모수 값에 대한 가설 검정 방법으로써 모수 검정 방법이라고 한다. t 검정은 하나의 특정 집단에 대한 모수에 대한 가설 검정이나, 독립된 두 개의 표본 평균 간의 차이를 검정할 때 이용된다. 그렇다면 모수 검정이란 무엇일까?

가. 모수 검정과 비모수 검정

가설 검정의 방법은 자료의 형태에 따라서 다르게 검정해야 한다. 특히 가설 검정은 계량적 형태로 측정된 자료인 모수(parametric) 자료와 비계량적 형태로 측정된 자료인 비모수(nonparametric) 자료에 따라서 다른 가설 검정을 실시해야 한다. 모수 자료는 일반적으로 등간, 비율 척도로 측정된 자료를 말하며, 비모수 자료는 명목, 서열 척도로 측정된 자료를 말한다. 일반적으로 월별 통신비, 특정 상품의 누적 구매액, 기업의 매출액, 평균 배송 시간 등은 계량적 형태의 자료로 모수 분석에 해당하는 통계적인 방법을 사용하여 가설 검정을 해야 한다. 그에 반해서 성별, 직업 혹은 선호도 순위 등과 같은 자료는 비모수 자료로서 비모수 통계방법에 의해서 가설검정을 하게 된다.

비모수 통계 방법으로는 하나의 집단을 대상으로 한 가설 검정인지 아니면 두 개 이상 집단에 대한 가설 검증이냐에 따라서 통계 방법이 달라진다. 아래는 비모수 통계 방법에서의 집단 개수에 따른 분석 방법을 분류한 표이다.

[표 8-6] 가설검정에서의 비모수 통계방법

	표본 집단이 1개		표본 집단이 2개			
구분	명목척도	서열척도	독립적		종속적(Paired Sample)	
			명목척도	서열척도	명목척도	서열척도
분석 방법	카이스 퀘어 분석	· 콜모 고르프 -스미르 노프 분석 · Runs · Binomial	카이스 퀘어 분석	· 맨-휘트니 분석 · 크루스칼-윌리스 분석	· 맥네마르 · 코크란 Q	· 윌콕슨 분석 · 프리드만 · Z-way A nova

나. t검정과 Z검정

앞서 언급했듯이 Z검정은 Z검정통계량을 사용하여 모수값의 검정을 하는 통계적 분석 방법이다. Z검정은 한 표본 집단의 모수값에 대한 가설 검정 뿐만 아니라 두 집단 간의 모수 값의 차이에 대한 검정에서도 사용된다. 특히 집단 간의 평균의 차이를 검정하는 데 많이 사용된다.

그렇다면 t검정과 Z검정의 차이는 무엇일까?

t검정은 보통 표본의 크기가 30미만인 경우의 표본 조사 결과에 대한 가설 검정에서 사용된다. t검정의 t분포는 표본의 크기가 30미만인 경우의 표본 평균이 갖는 분포로써 30보다 큰 경우에 표본 평균의 분포인 정규 분포와 비교했을 때 좌우 대칭이긴 하나 양 끝단이 정규 분포에 비해서 두텁게 나타나는 분포이다. t검정 통계량의 계산 시에도 표준화된 t분포를 사용하여 계산하기 때문에 t 검정 통계량의 값도 Z통계량 값과 유사하게 아래와 같이 계산된다.

t 검정 통계량 = $[\,\overline{X} - \mu\,] \;/\; (\,s / \sqrt{n}\,)$

표본 평균의 값인 $\overline{X}$에서 귀무가설에서 주장하는 모집단의 모수값이 모평균 μ를 빼고 이것을 다시 표본의 표준 편차값을 표본 크기의 제곱근으로 나눈 값으로 나누면 된다.

이때 표준화된 t분포 역시 평균이 0이고 표준편차가 1이며 t분포의 임계값은 표본의 개수로 결정되는 자유도 값(n-1)과 유의 수준 값을 고려하여 결정된다. t검정 방법으로 가설 검정하는 절차는 아래와 같다.

① 귀무가설과 실험가설을 수립한다.
② 실험가설을 입증하기 위한 유의수준값을 설정한다.
③ 표본에 대한 평균과 표준편차를 계산하고, 표본의 크기값을 고려하여 t검정 통계량값을 계산한다.
④ 자유도를 계산한 뒤 유의수준값을 활용하여 t분포표에서 임계값을 찾아낸다.
⑤ t검정 통계량값과 임계값을 비교하여 귀무가설의 기각 여부를 판단한다.
⑥ 가설 검정의 결과를 토대로 조사 문제에 대한 의사결정을 내린다.

예를 들어 아래의 사례를 통해 단일 집단에 대한 t검정을 해 보자.

사례 5. OO할인마켓은 최근 지역 아파트 주민들을 대상으로 배달 서비스를 실시하고 있다. 이 배달 서비스는 방문 고객이 결제를 마치고 난 뒤 평균 6시간 이내에 배달을 목표로 고객들에게 홍보하고 있다. OO할인마켓 측은 인근 배달전문업체와 계약을 맺어 배달 서비스를 위탁하였다. 위탁 계약 3개월 후 배달 서비스가 제대로 실시되고 있는가를 평가하기 위해서 아래의 설문 문항으로 지역 주민들을 대상으로 표본 조사를 실시하였다.

문항 1. 당신은 어느 아파트에 거주하십니까?

① AA아파트 ② BB아파트

문항 2. 최근 3개월 이내에 OO할인 마켓에서 주문하신 적이 있습니까?

① 예 ② 아니오

문항 3. 주문하신 적이 있다면 가장 최근에 구매했을 때 결제 후 물건을 받으시기 까지 얼마나 기다리셨습니까? ( ) 시간

위의 조사를 통해 얻은 표본 조사 데이터 중에서 문항 3번과 관련된 데이터가 아래와 같다고 해 보자.

배달시간 : 7, 3, 4, 6, 10, 5, 6, 4, 3, 8

OO할인마트가 원하는 배달 시간은 6시간 이내이어야 하므로 배달 서비스가 원활히 되고 있는 가를 확인하기 위해서는 아래의 가설을 세울 수 있을 것이다.

$H_0 : \mu = 6$

$H_a : \mu < 6$

위의 가설에서 평균 배달 시간이 6시간 미만이라는 사실이 우리가 입증하고자 하는 실험가설이다. 위의 표본 조사 결과는 10개의 조사로 30개 미만이기 때문에 표본의 개수가 30개 이상으로 충분한 경우에 사용하는 Z검정 방법을 사용할 수 없다. 따라서 t검정을 사용해야 한다. 위의 t검정 통계량 값을 계산해보면, 먼저 표본 평균은 위의 배달 시간 조사 자료를 토대로 산술 평균을 계산해보면 5.6이 되고, 표본의 표준편차(s)를 계산해서 표본 개수의 제곱근으로 나누면 ($s/\sqrt{n}$) 0.718이 나온다. 이것을 토대로 t검정 통계량 값을 계산하면

-0.5571이 나온다.

t분포표에서 유의수준을 5%로 하고 자유도값을 9(표본개수-1)로 해서 임계값을 찾으면 -1.833이 나온다. 임계값보다 t검정 통계량 값이 작아야 귀무가설을 기각할 수 있는 데 위의 값을 비교해보면 검정 통계량값이 임계값보다 크다. 따라서 귀무가설을 기각하지 못한다. 따라서 표본 조사의 결과로 5% 유의수준 하에서 배달 시간이 6시간 이내라고 말할 수 없다라는 결론을 내릴 수 있다.

다. t검정에서의 집단 비교

집단 간의 비교는 시장 조사에서 흔히 일어날 수 있는 조사 내용이다. 예를 들어 유통점포별로 매출이 어떻게 달라지는지, 지역별로 매출이 어떻게 달라지는지, 혹은 고객의 성별에 따라서 브랜드 선호도가 어떻게 달라지는지 비교하는 것 등이 있을 수 있다.

t검정은 단일 집단뿐만 아니라 집단 간 비교에서도 사용할 수 있다. 집단 간 비교에서는 두 가지 기준에 따라서 t검정과 Z검정을 달리 사용해야 한다. 첫 번째로는 모집단의 표준편차를 알고 있는지에 따라서 검정 방법이 달라진다. 모집단의 표준 편차를 아는 경우라면 Z검정을 사용하면 된다. 이 경우에는 표본의 개수가 30개 미만이더라도 집단 간 비교에서 Z검정 방법을 사용할 수 있다.

두 번째로는 모집단의 표준편차를 모르고 있는 경우인데, 이 경우는 표본의 개수에 따라서 사용할 수 있는 검정 방법이 달라진다. 표본의 개수가 30개 미만인 경우라면 t검정을 사용하고, 30개 이상이면 Z검정을 사용한다.

대부분의 시장 조사의 경우에는 모집단의 분산을 알 수 없는 경우가 일반적이다. 따라서 t검정을 많이 사용하나 표본의 개수가 30개 이상이 되는 경우라면 Z검정을 사용할 수 있다.

- t검정 사용에서의 유의사항

t검정은 독립된 두 개의 표본 집단 간의 평균 차이를 검정하는 분석방법이다. 따라서 두 개의 표본이 독립적이지 않다면 사용할 수 없는 방법이다. 예를 들어 두 개 지역의 고객들 간의 구매액의 차이를 비교하기 위해서 강원 지역의 고객과 강원도 내의 원주시의 고객들로 구성한 두 개의 표본 집단으로 t검정을 실시한다면 서로 독립된 표본이 아니기 때문에 사용할 수 없다.

또한 비교하고자 하는 집단이 세 개 혹은 그 이상이 되는 경우에는 t검정을 사용할 수 없고 분산 분석(ANOVA) 방법을 사용해야 한다.

- Paired t검정(쌍체검정)

t검정의 경우 단일 표본 즉 하나의 집단에서 두 변수의 평균값을 비교하는 경우에도 사용할 수 있다. 이 경우는 조사 대상 집단이 두 개가 아니라 하나이지만, 한 집단에서 다른 변수의 평균값을 비교하는 검정이다. 이러한 검정을 Paired t검정 혹은 쌍체검정이라고 한다. 예를 들어 신제품을 출시한 기업이 자사의 제품과 타사의 제품에 대한 만족도를 조사하는 경우라면, 하나의 고객 집단에 대해서 각 제품에 대한 만족도 조사 값을 얻을 수 있을 것이다. 이때 우리 제품과 타자 제품 간의 만족도 차이가 있는 가를 알아내기 위한 검정 방법을 Paired t검정이라고 한다.

앞선 사례 5에서의 문항 1에는 OO할인마켓의 배달서비스의 대상이 되는 아파트 중에서 어느 곳에 사는지 확인하고 있다. 문항 1을 통해서 사례 5의 조사는 독립적인 두 개의 표본 집단으로 구분할 수 있다. 이는 AA아파트에 살면서 동시에 BB아파트에 사는 경우는 없기 때문이다. 따라서 문항 1에 따라서 조사 결과를 정리하면 아래와 같이 두 개의 표본으로 나뉠 수 있다. 위에서 문항 2는 조사 대상자 중에서 OO할인마켓의 고객만을 고려하고자 하는 구분 문항이었으므로 조사 결과에 이미 반영되었다.

AA아파트 고객의 배달시간 조사 결과 : 7, 4, 10, 6, 3

BB아파트 고객의 배달시간 조사 결과 : 3, 6, 5, 4, 8

위의 조사 결과를 토대로 각 집단 간 배달 시간의 차이가 있었는지 조사해 보자. 두 집단의 표본의 개수로 보건데 30개 미만이므로 t검정에 의한 집단 비교를 하는 것이 바람직하다.

t검정은 기본적으로 두 집단의 평균 차이를 두 집단의 분산으로 표준화시킨 값을 통계적으로 검증하는 것이다. 그런데 이 경우 두 집단의 분산이 동일하지 않은 경우와(이분산), 그리고 두 집단의 분산이 동일한 경우(등분산)에 따라서 t검정 통계량값이 달라진다. 따라서 위의 조사 결과를 기반으로 두 집단의 모집단의 분산이 같은지 다른지에 대한 가설 검정 과정이 필요하다. t검정을 위한 등분산, 이분산에 대한 검정을 위한 가설은 아래와 같다.

$$H0:\ \sigma^2_{AA아파트} = \sigma^2_{BB아파트}\ \text{or}\ \sigma^2_{AA아파트}/\sigma^2_{BB아파트} = 1$$
$$Ha:\ \sigma^2_{AA아파트} \neq \sigma^2_{BB아파트}\ \text{or}\ \sigma^2_{AA아파트}/\sigma^2_{BB아파트} \neq 1$$

위의 두 모집단에 대한 가설 검정을 위해서는 F검정을 사용해야 한다. 두 분산의 비율 값 ($\sigma^2_{AA아파트}/\sigma^2_{BB아파트}$)의 분포는 F분포를 따르기 때문에 F검정 통계량을 통한 F검정을 실시하게 된다. 즉, F검정 통계량의 계산은 AA아파트와 BB아파트의 표본분산(s^2)의 비로써 아래와 같이 나타내게 된다.

F검정 통계량, $F(df1, df2) = s^2_{AA아파트}/s^2_{BB아파트}$

위에서 df1은 AA아파트의 표본 집단에 대한 자유도를 말하며, df2는 BB아파트의 표본 집단에 대한 자유도를 말한다. 여기에서는 둘 다 5개의 표본이므로 4가 된다. 위의 F검정 통계량 값이 귀무가설을 기각하기 위해서는 1보다 현저히 작거나 커야 한다. 즉 1이 아닌 F검정 통계량 값이 나와야 하며 이때의 임계값은 F분포에서 값을 찾아내며 두 개의 자유도 값과 유의 수준 값을 고려하여 계산한다.

Microsoft Excel에서의 F검정 통계량 값의 결과를 정리하면 아래와 같다.

[표 8-7] 등분산 검정 결과

	AA아파트	BB아파트
평균	6	5.2
분산	7.5	3.7
관측수	5	5
자유도	4	4
F비	2.027027	
P(F<=f) 단측 검정	0.2553	
F기각치 : 단측 검정	6.388233	

위의 결과에서 보면 알 수 있듯이 F비는 F검정 통계량 값이고 F기각치는 임계값을 말한다. 위에서 P단측 검정은 P값으로서 유의수준 0.05보다 크기 때문에 등분산 가정이 기각되는 것을 알 수 있다.

위의 분석 결과로 등분산이 나오는 경우에 t검정 통계량 값과 이분산이 나오는 경우의 t검정 통계량 값은 아래와 같이 계산한다. (1)번은 이분산인 경우이고 (2)번은 등분산인 경우이다.

$$(1)\quad \frac{\bar{X}_1 - \bar{X}_2}{\sqrt{s_1^2 / n_1 + s_2^2 / n_2}} \qquad s_L = \frac{\sum (X_i - \bar{X})^2}{N_L - 1}$$

$$(2)\quad \frac{\bar{X}_1 - \bar{X}_2}{\sqrt{s_P^2 / n_1 + s_P^2 / n_2}} \qquad s_p = \frac{(n_1 - 1)s_1^2 + (n_2 - 1)s_2^2}{N_1 + N_2 - 2}$$

위의 사례에서는 귀무가설을 기각하지 못해 이분산이라는 것을 확인했기 때문에 (1)번 식에 의해서 t검정통계량을 계산하고 이를 임계값과 비교하여 귀무가설 기각 여부에 대해서 결론을 내린다. Excel을 활용하여 이분산 가정하여 두 집단에 대한 가설 검정 결과를 정리하면 아래와 같다.

[표 8-8] 이분산 가정하의 t검정 결과

	변수 1	변수 2
평균	6	5.2
분산	7.5	3.7
관측수	5	5
가설 평균차	0	
자유도	7	
t 통계량	0.5345225	
P(T<=t) 단측 검정	0.3047649	
t 기각치 단측 검정	1.8945786	
P(T<=t) 양측 검정	0.6095298	
t 기각치 양측 검정	2.3646243	

위의 결과에서 t검정 검정 통계량 값은 0.5345가 나온다. 그에 비해서 P값은 단측 검정인 경우 양측 검정인 경우 모두 유의수준인 0.05보다 크게 나오는 데, 이는 귀무가설을 기각하지 못함을 의미한다. 즉, AA아파트이건 BB아파트이건 배달 시간은 동일하다는 귀무가설을 입증하게 된다. 위의 결과에만 따른다면 두 아파트에 걸리는 배달 시간은 다르다고 보기 어렵다는 결론을 내릴 수 있나.

라. Paired-t 검정 사례

t검정은 독립적인 두 표본, 즉 각각의 모집단으로부터 두 개의 표본이 별개로 추출되었을 때 이들 표본을 서로 독립적이라고 한다. 즉, 하나의 모집단에서 표본으로 뽑히는 개체는 다른 모집단에서 표본으로 뽑힐 수 없는 독립적인 관계를 갖게 된다.

독립적인 표본과는 달리 비교하고자 하는 특성을 기준으로 두 개의 모집단을 구분한다. 구분한 모집단으로부터 하나의 표본을 추출하면 다른 모집단으로부터 이 표본과 짝이 될 수 있는 표본을 뽑아 두 표본을 구성하게 되는 경우 이 표본을 짝을 이룬 표본 (Paired-sample)이라고 한다.

쌍체검정은 이 짝을 이룬 표본 간의 차이가 있는 가를 검정하기 위한 t검정 방법이라고 할 수 있다. 쌍체검정를 통한 가설 검정의 사례를 정리하면 아래와 같다.

① 만년필을 제조하는 OO회사가 새롭게 생산한 만년필의 필기감이 기존 제품과 차이가 있는가를 평가하기 위해서 10명의 표본을 추출하여 OO회사의 만년필과 경쟁회사의 만년필의 필기감을 비교하는 조사

② 한 경매업체에서 고용한 감정전문가가 두 사람의 감정가의 차이가 없는가를 조사하기 위해서 10개의 골동품을 임의로 선정하여 두 사람의 감정평가액을 비교하는 조사

③ OO제약회사는 최근 개발한 혈당저하제의 효과가 기존 제품과 차이가 있는 가를 평가하기 위해서 10명의 당뇨병 환자를 대상으로 하여 경쟁 회사의 제품과 OO제약회사의 제품 간의 혈당 저하 효과를 비교하는 조사

- 쌍체검정의 분석 사례

만년필을 제조하는 OO회사가 8명의 학생을 대상으로 하여 자사의 신제품을 5분간 사용하게 한 뒤의 필기감을 100점 만점으로 기입하게 하고, 경쟁 회사의 만년필 역시 동일한 조건하에서 필기감을 기입하도록 조사하였다. 조사 결과는

아래의 표와 같다.

제품구분	1	2	3	4	5	6	7	8
OO회사	95	85	98	88	92	79	90	88
경쟁회사	90	83	95	86	93	82	95	90

유의 수준이 5%라고 할 때 두 제품 간의 필기감의 차이가 있는가에 대한 가설 검정을 위한 가설은 아래와 같다.

H_0 : 두 제품 간의 필기감의 차이가 없다.

H_a : 두 제품 간의 필기감의 차이가 있다.

Excel의 데이터분석 기능에서 t검정:쌍체비교 메뉴를 선택하여 데이터를 지정하면 아래와 같은 결과를 얻을 수 있다.

	OO회사	경쟁회사
평균	89.375	89.25
분산	34.839286	26.214286
관측수	8	8
피어슨 상관 계수	0.8189767	
가설 평균차	0	
자유도	7	
t 통계량	0.1040152	
P(T<=t) 단측 검정	0.4600374	
t 기각치 단측 검정	1.8945786	
P(T<=t) 양측 검정	0.9200747	
t기각치 양측 검정	2.3646243	

위의 결과를 보면 쌍체비교에서의 t검정통계량 값은 0.1040임을 알 수 있다. 필기감의 차이가 있는지 여부를 판단하는 실험 가설을 검증을 위해서 p값들을 살펴보면 단측 검정인 경우에도 0.46이고 양측 검정인 경우에는 0.92로 유의 수준 5%에 비해서 매우 큰 값임을 알 수 있다. 따라서 p값을 기준으로 할 때 두 회사 제품의 필기감의 차이가 없다라는 귀무가설을 기각할 수 없다. 따라서 OO 회사의 새로 출시한 만년필은 경쟁 회사 제품의 필기감과 큰 차이가 없다는 것을 알 수 있다.

4) 분산 분석

분산 분석은 ANOVA(Analysis of Variance)라고도 불리며, 셋 이상의 모집단의 평균 차이를 비교하는 가설 검정에서 사용되는 통계적 방법이다. 물론 셋 이상의 집단 비교에도 t검정을 사용할 수 있지만, 집단의 수가 많아지게 되면 비교의 회수가 많아져서 분석에 어려움이 있게 된다. 또한 분산 분석은 두 집단의 비교에도 사용할 수 있다.

가. 분산 분석의 원리

분산 분석은 집단들의 분산 값의 비율로서 집단의 차이 여부를 검정하는 방식이다. 분산(Variance)은 집단의 구성원들이 얼마나 이질적인가를 평가하는 기준이 된다. 예를 들어 A, B집단이 있다고 할 때, A집단을 구성하는 사람들의 키의 분산이 B집단보다 크다고 하면, A집단은 B집단에 비해서 매우 이질적인 집단이라고 결론을 내릴 수 있다. 예를 들어 C집단이 있다고 했을 때 A집단이 C집단보다 분산이 크면 A집단은 B, C집단에 비해서 이질적인 집단이라고 할 수 있다.

분산 분석은 이러한 집단 간의 차이를 분산의 원리를 통해서 분석해 내는 데 집단 내 이질성에 대한 집단 간 이질성의 비율로서 집단의 차이를 검정해 낸다. 예를 들어 집단 간 분산이 집단 내 분산에 비해서 크다면, 집단 간 평균값은 다를 것이다. 또한 집단 간 분산이 집단 내 분산에 비해서 상대적으로 크지 않다면 집단 간 평균은 같을 것이다. 이러한 원리로 집단 간 분산과 집단 내 분산의 비율값을 통해서 집단 간 차이를 알아내는 것이 분산 분석이다. 예를 들어 한 집단을 구성하는 사람들은 매우 유사한 집단이라고 해 보자. 모두 키가 160이 되는 A 집단이라고 해 보자. 그러면 이 집단은 매우 동질적이고 평균이 160이라고 할 수 있다. 만약 이 집단과 매우 상이한 B 집단이 있다면 그 집단은 어떤 특성을 갖고 있을까? B 집단의 표본 평균값이 A집단과 매우 다를 것이다. 예를 들어 180이라고 해 보자. 이 경우 B집단도 극단적으로 매우 동질적이어서 모두 키가 180이라면 A집단과 B집단은 완전히 다른 집단이 될 것이다. 즉 집단을 비교할 때에는 집단 간 분산 즉 이질성은 높아야 하고, 이질성이 높은 각각의 집단들은 집단 내부적으로는 매우 동질적이어야 한다는 것이다.

이런 원리로 살펴볼 때, 어떤 집단들이 서로 확연히 차이가 있으려면 집단 내 분산은 동질적이어야 하기 때문에 작아야 하고, 집단 간 분산은 이질적이어야 하기 때문에 커야 한다. 이 두 개의 값의 비율을 계산함으로써 분산 분석을 위한 검정 통계량을 계산할 수 있다.

나. t분포의 등분산 검정과 분산 분석

앞서 t분포의 등분산 여부를 검정하기 위해서 두 집단의 분산값의 비인 F검정통계량을 사용했었다. 분산 분석에서도 두 개의 분산값의 비율로써 집단 간 차이를 검정하기 때문에 F검정 통계량 값을 사용한다. 따라서 분산 분석을 F검정이라고도 한다. 단, 세 개 이상의 집단 간 평균 차이를 검정하기 위해서 사용한다는 점이 t분포의 등분산 여부 검정에서 사용한 F검정과는 다른 점이라고 할 수 있다.

다. F검정 통계량 값과 가설 검정

F검정 통계량 값은 아래와 같이 구해진다.

$$F검정\ 통계량 = \frac{집단간이질정도}{집단내이질정도} = \frac{집단간\ 분산}{집단내분산} = \frac{SS_{between\ groups}/df_b}{SS_{within\ group}/df_w}$$

위에서 $SS_{betweengroups}$는 집단 간 분산값을 계산한 결과이며 $SS_{withingroup}$은 집단 내 분산값을 계산한 결과이다. df_b와 df_w는 각 분산을 계산할 때의 자유도를 나타낸다. F검정 통계량을 계산할 때에는 각각의 분산값을 계산하기 위한 자유도를 고려해 주어야 한다.

아래의 사례를 통해서 분산 분석을 위한 가설을 세워 보자.

사례 6. OO 가전은 자사의 냉장고의 매출액 증가를 위해 지역별로 대리점을 대상으로 매출액에 대한 조사를 실시하고 있다. OO 가전은 지역별 매출액의 차이가 있는가를 평가하고 이를 통해서 성과가 좋은 지역의 대리점 전체를 대상으로 하여 인센티브 제도를 도입하고 성과가 떨어지는 지역의 대리점들을 대상으로 철수를 결정하려고 계획하고 있다. 이를 위해서 수도권지역, 중부권, 남부권의 3개 권역으로 나누어 각 지역별 대리점의 상반기 매출액 자료를 조사하였다. 단, 전수조사가 어려운 관계로 권역별 매장을 임의 추출 방식으로 조사하였다. 아래는 조사 결과를 정리한 표이다.

[표 8-9] 3개 권역별 대리점의 상반기 매출액 조사 결과 (단위: 백만 원)

구분	1	2	3	4	5	6	7	8
수도권	75	87	83	45	95	89	74	110
중부권	51	70	37	62	90	72	45	78
남부권	90	100	92	72	101	98	95	130

위의 자료는 각 권역별로 8개의 대리점에 대해서 조사한 결과를 요약하였다. 그렇다면 위의 사례에서의 가설을 어떻게 수립할 수 있을까?

H_0 : 세 권역의 대리점들의 매출액의 평균은 동일하다. ($\mu_1=\mu_2=\mu_3$)

H_a : 세 권역의 대리점들의 매출액의 평균은 동일하지 않다.

($\mu_i \neq \mu_j$ for at least one i and j)

실험 가설의 경우에는 세 권역의 매출액의 평균이 적어도 두 개는 다르다는 것을 말한다. 즉, 여러 개의 집단들 간의 비교 시에 적어도 두 개의 집단의 평균값은 다르다는 것을 말한다.

라. 일원분산 분석과 이원분산 분석

위의 사례 6은 분산 분석 중에서도 일원분산 분석이라고 한다. 일원분산 분석은 단일 독립 변수에 의해서 구분되는 세 개 이상의 집단 간 평균 비교 혹은 요인(Factor)에 대한 종속 변수의 평균값의 차이를 조사하는 데 주된 목적을 두고 있다. 여기서 단일 독립 변수는 종속 변수에 영향을 미치는 변수로소 분산 분석에서는 종속 변수에 영향을 미친다고 생각되는 요인(factor)를 정해 이 요인이 갖는 값들을 요인의 수준(factor level)이라고 한다. 이러한 요인의 수준을 처리 수준(treatment level)이라고 한다.

위의 사례 6에서의 요인이자 단일 독립 변수는 바로 지역이 된다. 요인의 수준은 수도권, 중부권, 남부권이 되며 각 지역별로 다른 종속 변수값 즉 매출액이 존재한다. 이렇듯 종속 변수에 영향을 주는 요인이 하나인 경우의 분산 분석을 일원 분산 분석이라고 한다.

일원 분산 분석은 여러 가지 사례에서 활용된다. 예를 들어, 다양한 고객 집단에 따라서 제품의 소비량이 차이가 있는가를 검정하는 경우, 서로 다른 형태의 광고에 노출된 집단 간에 브랜드에 대한 평가 차이가 존재하는 가를 검정하는 경우, 서로 다른 버전의 제품들에 대한 소비자의 선호도 차이가 존재하는가를 검정하는 경우, 다양한 유통 채널이 있을 때 소비자의 구매액의 차이가 발생하는 가를 검정하는 경우 등이 될 수 있다.

이원 분산 분석은 종속 변수에 영향을 미치는 요인이 두 개 이상이 되는 경우를 말한다. 아래의 사례를 생각해 보자.

사례 7. OO 일렉트로닉스는 최근 출시한 SSD 제품의 효과적인 홍보를 위해서 기존의 대중 매체와 온라인 매체를 통한 홍보를 실시하고 있다. OO 일렉트로닉스 사는 다양한 매체를 통한 광고의 인지 효과를 측정하여 보다 집중화된 광고 매체를 선정할 생각이다. 광고 매체뿐만 아니라 OO일렉트로닉스 사는 광고의 노출 시간대에 따른 광고의 인지 효과에도 관심이 많은 데 이는 시간대별 광고비의 차이가 있기 때문이다. 이를 위해서 OO일렉트로닉스 사는 오전, 오후 시간대로 구분하여 광고의 인지 효과에 대한 조사를 실시하고자 한다.

위의 사례에서 광고의 인지 효과라는 종속 변수에 영향을 미치는 변수 즉 요인은 두 가지가 있다. 첫 번째는 광고 매체로서 해당 요인의 수준은 대중 매체와 온라인 매체로 구분된다. 두 번째는 광고의 시간대로서 해당 요인의 수준은 오전 시간과 오후 시간으로 구분 된다. 이렇듯 이원 분산 분석은 종속 변수에 영향을 줄 수 있는 요인의 수가 두 개이며 각 요인별 수준에 따라 종속 변수를 측정하는 조사를 실시하고 그 결과를 토대로 분산 분석을 실시하게 된다.

이원 분산 분석은 다음과 같은 경우에 활용될 수 있다.

① 특정 제품에 대해서 가격과 포장재에 따른 구매자의 구매 의도는 어떻게 달라질까?

② 광고 매체와 제품의 가격은 브랜드에 대한 선호도에 따라서 어떤 영향을 줄 수 있을까?

③ 연령과 성별은 구매하고자 하는 스마트폰의 가격대에 어떤 영향을 줄 것인가?

④ 에어컨 구매 의도에 가족 수와 직업은 어떻게 영향을 줄 것인가?

이원 분산 분석은 요인의 수가 두 개인 경우를 말하지만, 실제로는 여러 요인들이 측정하고자 하는 종속 변수에 영향을 주는 경우가 있다. 이때의 분산 분석을 다원 분산 분석(n-way ANOVA)이라고 한다.

마. 이원 분산 분석의 유의점

이원 분산 분석은 요인 간의 상호 작용에 의한 영향으로 인해서 가설 검정 시에 이를 고려해야 한다. 특히 반복 측정을 하지 않고 이원분산 분석을 하는 경우에는 상호 작용 효과를 측정할 수 없으나 반복 측정을 한 경우에는 상호 작용 효과에 대한 가설 검정이 필요하고 이를 해석하는 단계가 반드시 필요하다. 사례 7의 예를 토대로 반복 측정이 없는 경우와 있는 경우의 자료의 형태를 비교해 보자.

[표 8-10] 반복 측정이 없는 경우

	TV	신문	인터넷
오전	70	85	95
오후	95	80	75

[표 8-11] 반복 측정이 있는 경우

	TV	신문	인터넷
오전	70 85 75	85 90 75	95 95 90
오후	95 90 90	80 85 75	75 70 65

위의 예에서 표 9-9는 반복 측정이 없기 때문에 요인 간의 상호작용에 대한 분석이 불가능하다. 그러나 표 9-10에서 볼 수 있듯이 오전*TV의 경우 3개가 측정이 되었고 다른 경우도 복수의 개수로 측정이 되었다. 이 경우에는 반복 측정이 되었기 때문에 요인 간의 상호 작용에 대한 가설 검정이 가능하다. 그렇다면 각각의 경우 가설은 어떻게 세울 수 있을까?

가설 [표 8-10]의 경우

H_0 : 광고 매체에 따른 광고 인지 효과의 차이는 없다.

H_a : 광고 매체에 따른 광고 인지 효과의 차이가 존재한다.

H_0 : 광고 시간대에 따른 광고 인지 효과의 차이는 없다.

H_a : 광고 시간대에 따른 광고 인지 효과의 차이가 존재한다.

가설 [표 8-11]의 경우에는 위의 [표 8-10]의 경우와 동일하되 요인 간의 상호 작용에 대한 가설이 추가된다.

H_0 : 광고 시간대와 광고 매체 간의 상호 작용이 존재하지 않는다.
H_a : 광고 시간대와 광고 매체 간의 상호 작용이 존재한다.

바. 그 밖의 분산 분석

지금까지의 분산 분석에서의 종속 변수는 계량적인 값이었다. 매출액이나 브랜드 선호도, 광고의 인지 효과, 구매 의도 등은 모두 등간 척도나 비율 척도 수준에서 조사될 수 있는 값들로서 계량적인 값이다. 그러나 종속 변수가 서열 척도로 측정하는 경우에는 비모수적 분산 분석(nonparametric ANOVA)을 사용한다. 그러나 비모수적 분산 분석의 경우 시장 조사 분석에서 흔히 사용하는 분석은 아니다.

종속 변수가 계량적인 값이지만 두 개 이상을 갖는 경우의 분산 분석을 다변량 분산 분석(Multivariate ANONV, MANOVA)이라고 한다. 다변량 분산 분석 역시 집단 간의 차이를 조사하는 목적으로 실행된다. 단변량 분산 분석은 종속변수가 하나인 지금까지의 일원분산 분석, 이원분산 분석, 다원분산 분석이었다면, 다변량 분산 분석은 동시에 복수의 종속 변수에 대한 집단들의 차이를 분석하는 것이다.

다변량 분산 분석에서의 귀무가설은 종속 변수들의 평균이 집단들에 걸쳐서 동일하다는 것이다. 따라서 다변량 분산 분석에서의 종속 변수들의 값을 벡터(vector)값으로 표시하여 귀무가설을 수립한다.

다변량 분산 분석의 사례를 들어보자.

사례 8. OO 전자는 최근 출시한 자사의 스마트폰에 대한 광고를 제작하였다. 이 광고를 TV, 신문, 인터넷의 세 개의 매체를 통해서 노출 시켰으며, 광고의 효과를 측정하기를 원한다. OO 전자는 본 광고를 TV, 신문, 인터넷을 통해서 접한 세 개의 고객 집단을 임의로 추출하여 이들을 대상으로 광고의 인지 효과와 브랜드에 대한 선호도를 동시에 조사하였다. 이를 통해서 광고의 효과뿐만 아니라 광고를 통해 증가된 브랜드 선호도를 알아보려고 한다.

위의 사례에서는 하나의 단일 독립 변수와 두 개의 종속 변수가 존재한다. 먼저 독립 변수는 광고 매체로서 TV, 신문, 인터넷의 세 개의 요인 수준을 갖는다. 종속 변수는 두 개로서 광고의 인지 효과와 브랜드에 대한 선호도로서 모두 계량적으로 측정되는 변수이다. 위의 사례 8은 서로 다른 광고 매체를 접한 세 개의 고객 집단 간의 광고의 인지 효과와 브랜드에 대한 선호도 평균값의 차이가 있는 가를 조사하는 다변량 분산 분석을 통해 가설 검정을 할 수 있다.

5) 상관관계 분석

시장 조사에서는 문제와 관련 있는 두 개의 변수 혹은 그 이상의 변수들 간의 관련성 혹은 연관성의 정도에 대해 파악하는 것이 필요한 경우가 있다. 간단한 예로, 겨울 추위에 따라 외투의 판매량이 어떤 관련을 갖고 있는지, 할인 이벤트가 제품 매출에 어떤 영향을 주는지, 혹은 광고 회수의 증가가 기업 브랜드 인지도에 어떤 영향을 주는지에 대한 정보를 알고 싶어 할 것이다.

가. 상관관계 분석의 정의

상관관계 분석은 조사 문제와 관련된 변수들 간의 관련성을 분석하는 데 사용되는 통계 분석이다. 즉, 하나의 변수가 다른 변수와 어느 정도 밀접한 관련성을 갖고 변화하는가에 대한 분석이라고 할 수 있다.

나. 교차 분석과 상관관계 분석

변수 간의 관련성의 존재 여부를 확인한다는 점에서 앞서 교차 분석도 상관관계 분석의 한 예라고 할 수 있다. 교차 분석은 상관관계 분석 중에서도 명목척도로 측정된 변수들 간의 관계를 파악하기 위한 분석 방법으로 앞서 언급했던 것처럼 카이제곱 통계량 값을 통해 관련성 여부에 대한 가설 검정을 할 수 있음을 보였다.

다. 상관관계와 인과관계

상관관계는 변수 간의 관련성을 의미한다. 그러나 관련성이 원인과 결과를 의미하는 인과관계로 해석되어서는 안 된다. 관련성이 있는 변수들은 매우 다양하게 존재할 수 있다. 그러나 관련성이 있다고 해서 두 변수 간의 인과 관계가 존재한다고 볼 수는 없다.

그렇다면 인과 관계란 무엇일까? 인과 관계는 원인과 결과 간의 관계로서 사회과학이나 자연과학에서의 현상에 대한 원인을 찾는 과정에서 알게 되는 지식 체계라고 할 수 있다. 그렇다면 인과 관계에는 어떤 특징이 있을까?

① 원인 변수와 결과 변수가 동시에 존재한다.

② 원인 변수와 결과 변수가 상호 연관성을 가지고 변화한다.

③ 원인과 결과 간에는 시간적인 우선 순위가 존재한다.

④ 인과 관계의 성립에는 외생변수의 영향이 없어야 한다.

인과 관계는 원인이 발생한 후에 결과가 일어나는 시간적인 우선 순위와 더불어 두 변수 간의 변화가 상호 연관성이 있어야 한다는 특징을 갖고 있다. 즉 원인 변수와 결과 변수는 상호 관련성이 존재하는 상관관계가 있다. 또한 이런 인과 관계는 원인 변수 이외에 결과에 영향을 미치는 제3의 변수가 없어야 인과 관계를 정의할 수 있다. 만약 원인 변수 이외에 종속 변수에 영향을 미치는 외생변수가 있다면 결과가 원인 변수에 의해서 일어난 것인지 외생 변수에 의해서 일어난 것인지, 그리고 외생변수의 영향이 있다면 그것이 큰 것이냐 작은 것이냐에 따라서 원인 변수의 영향이 달라지기 때문에 인과 관계에서의 외생변수의 영향을 철저히 통제 되어야 한다.

정리하면, 상관관계가 있다고 해서, 즉 변수 간의 관련성이 있다고 해서 인과 관계가 존재한다고 볼 수는 없다. 그러나 인과 관계가 있는 두 변수라면 반드시 관련성이 있는 변수들이며 상관관계가 존재한다고 볼 수 있다.

라. 상관관계 분석 방법

상관관계의 분석 방법은 측정 자료의 척도에 따라서 다르다. 조사에서 가장 흔하게 언급되는 상관 계수(Correlation Coefficient)는 등간 척도나 비율 척도로 측정된 자료에서의 변수 간 관련성 정도를 측정하는 값이다. 그에 반해서 서열 척도에서는 변수의 개수에 따라서 두 개인 경우에는 Spearman의 서열상관계수를 계산하고, 세 개인 경우에는 Kendall의 일치계수 값을 사용한다.

마지막으로 명목 자료의 경우에는 교차표를 통해 관련성 여부를 검정하는 카이스퀘어 검정 방법을 사용하며, 관련성의 정도를 측정하기 위해서는 파이(Φ) 계수나 상황계수(Contingency Coefficient)를 사용한다.

6) 시장 조사와 통계 분석

조사 결과를 요약하고 기초적인 분석으로는 빈도 분석과 교차 분석 내지는 상관관계 분석으로도 충분하지만, 조사 목적이 기업의 전략 수립과 마케팅 실행안을 기획하는 것이라면 추가적인 통계 분석 방법들이 필요하다. 아래의 표는 기업의 주된 조사 목적과 이를 위한 통계적인 분석 도구를 정리하였다.[13] 아래 표의 통계 분석 방법들을 학습하기 위해서는 마케팅 조사론이나 다변량 통계 분석 등과 관련된 이론서를 참고하는 것이 필요하다.

[표 8-12] 기업의 시장 조사 목적과 통계 분석 방법

조사목적	통계분석방법
시장세분화	Latent Class Analysis 요인 분석, 군집 분석 판별 분석
신상품수요예측	로짓 분석
신상품최적조합 및 점유율 예측	콘조인트 분석
브랜드 포지셔닝	대응 분석 다차원 척도법 요인분석, 회귀분석
고객 만족도 지수	회귀 분석 경로 분석 요인 분석과 신뢰도 분석 구조 방정식

13) 하시철, 마케팅 조사 실무노트 I, 2010, 이담에서 수정하여 발췌

Discussion Question

토의 문제

1. 가설 검정을 위한 귀무가설과 실험가설에 대해서 설명하라.

2. 우리가 입증하고자 하는 사실과 관련하여 세우는 가설은 무엇인가? 귀무가설이 기각된다면 어떤 결론을 내릴 수 있는가?

3. 전수 조사에서도 가설 검정을 하는가? 표본조사와는 조사 결과를 해석하는 데 어떤 차이가 있을까?

4. 가설 검정의 절차를 설명하라.

5. 가설 검정에서 오류가 발생하는 이유를 설명하라. 유의 수준이란 가설 검정에서 발생할 수 있는 오류 중 어떤 것을 말하는가?

6. 임계값과 기각영역 간의 관계에 대해서 설명하라.

7. 집단 간 차이에 대한 가설 검정을 위해 사용하는 Z검정, t검정, F검정 간의 차이점에 대해서 설명하라.

8. 쌍체검정은 어떤 상황에서 사용하는가? 사례를 들어 설명하라.

9. 세 집단에 평균 차이에 대한 분산 분석을 실시하려고 한다. 귀무가설과 실험 가설을 세워보아라.

10. 변수 간의 관련성을 나타내는 상관관계 분석은 자료의 척도에 따라서 여러 가지 분석 방법들이 존재한다. 각각을 구분해서 설명해 보아라.

| 제9장 |

온라인 설문 조사와 통계 패키지

학습 목표

온라인 설문 조사의 특징과 방법에 대해 이해한다.

설문 자료의 처리와 통계적 분석 방법에 대해서 학습한다.

Google에서 제공하는 설문 기능과 R 통계 패키지 사용법을 학습한다.

학습 목차

제1절 온라인 설문 조사

제2절 Google 설문 기능의 이해와 자료 처리

제3절 R 통계 패키지의 활용

토의 문제

제1절 온라인 설문 조사

온라인 설문 조사(Online Survey)는 웹 설문 조사(Web-based Survey), 인터넷 설문 조사(Internet Survey) 등의 다양한 이름으로 불린다. 무엇보다도 온라인 설문 조사는 기존의 설문 조사를 토대로 하되 최근 등장한 정보 통신 기술의 발전을 통해 응답의 전자적인 처리와 더불어 디지털 기술을 통한 다양한 설문 조사 기법을 활용할 수 있다.

1) 온라인 설문 조사의 개념과 배경

온라인 설문 조사의 발전은 IT 기술 특히 유무선 인터넷 기술의 보급과 속도 향상에 밀접한 관련이 있다. 2017년 과학기술정보통신부의 『인터넷 이용 실태 조사』에 따르면 우리나라 인터넷 접속률을 보면 2000년 49.8%에서 2017년에는 99.5%의 가구가 인터넷에 접속하고 있다. 또한 아카마이코리아(www.akamai.co.kr)의 2016년에 발표한 보고서에 따르면 우리나라는 2016년 4분기 기준으로 3년 연속 인터넷 평균 속도 1위를 기록했다.

인터넷에 접속하는 기기도 스마트폰이 94.1%, 데스크탑 컴퓨터가 61.2%, 노트북이 31.6%로 휴대용기기인 스마트폰을 통한 인터넷 접속이 많이 늘어났음을 알 수 있다. 특히 유선 인터넷을 통해 접속하는 비율이 71.3%, 무선 인터넷을 통해 접속하는 비율이 99.4%로 무선 인터넷의 사용이 보편화되었음을 알 수 있다.

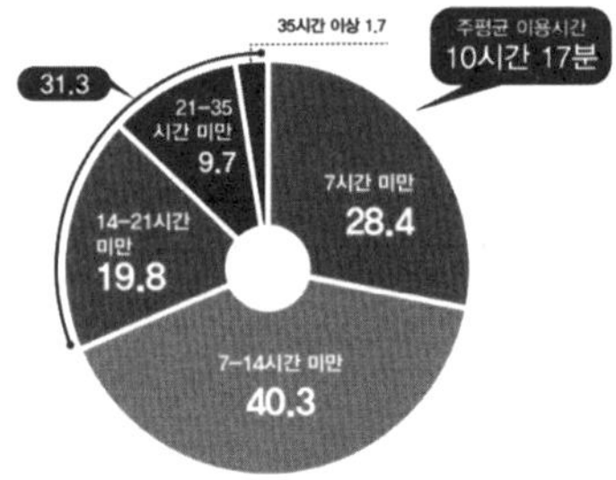

[그림 9-1] 주 평균 스마트폰 이용시간

특히 2017년 7월 기준으로 만 3세 이상 인구의 88.5%가 모바일 인터넷 이용자이며 60대 연령층에서도 81.2%가 모바일 인터넷을 이용한다는 조사 결과를 통해 모바일 인터넷 사용이 전 연령층으로 대폭 확대됐음을 알 수 있다. 과학기술정보통신부의 2017년 인터넷 이용 실태 조사 보고서에 따르면 〈그림 9-1〉과 같이 스마트폰 주 평균 이용시간은 10시간 17분으로 일평균 1시간 30분 이상을 사용하고 있다. 전체의 31.3%는 주 평균 14시간 이상 사용하여 매일 평균 2시간 이상 스마트폰을 사용하고 있다.

이렇듯 인터넷 보급과 속도 향상, 스마트 기기를 통한 인터넷 접속의 보편화 현상은 다양한 유무선 인터넷 기반의 비즈니스 기회를 창출하고 있다. 특히 주목할 것은 50대의 경우에도 주평균 8.5시간으로 매일 1시간 이상을 스마트폰을 사용하고 있다는 점이다. 다양한 연령층에서 더 많은 시간을 유무선 인터넷 공간에 투자하고 있기 때문에 다양한 비즈니스 기회가 창출되고 있다.

온라인 설문 조사는 이들을 대상으로 온/오프라인 채널을 통해 제공되는 제품이나 서비스 등에 대한 피드백을 받기 위해 유무선 인터넷 채널을 통해 실행한다. 다양한 연령층의 불특정 다수를 온라인 공간에서 만날 수 있기 때문에 조사자의 입장에서는 큰 이점이 될 수 있다. 동시에 인터넷을 이용하는 디지털 기기가 다양해지고 있으며, 사용자의 주의를 분산시킬 수 있는 다양한 콘텐츠가 인터넷 공간에 존재하기 때문에 다양한 기기에서 활용할 수 있는 효과적인 설문의 개발과 성실한 응답을 획득하기 어려운 점이 있다. 그럼에도 불구하고 온라인 리서치 시장은 2008년부터 80% 이상 성장하고 있다고 하며 그 배경에는 신속함과 저렴함에 있다[14).

2) 온라인 설문 조사의 장단점

온라인 설문 조사의 장점과 단점으로는 어떤 것이 있을까? 온라인 설문 조사의 가장 큰 장점은 바로 시간과 장소에 구애받지 않고 설문을 배포하고 설문에 응답할 수 있다는 점이다. 이는 대다수의 유무선 네트워크를 활용한 인터넷 서비스에서 공통적으로 찾을 수 있는 장점이기도 하다. 응답자는 언제 어디서나 온라인을 통해서 설문에 접근하여 응답할 수 있다. 또한 조사자 역시 설문지의 배포를 온라인으로 수행하기 때문에 장소의 제약이 없다.

두 번째 장점은 적은 비용으로 수행할 수 있다는 점이다. 종이 설문의 경우에는 설문지의 인쇄 비용, 배포를 위한 비용, 보관 및 관리 등의 비용 등이 발생할 수 있다. 특히 우편 설문의 경우 송부하고 취합하는 우편 비용이 발생한다. 온라인 설문의 경우에는 인쇄나 배포를 위한 비용이 들지 않는다. 또한 설문 결과를 보관하고 관리하는 비용도 온라인 설문 조사 서비스 업체에서 부과하는 경우가 아니라면 들지 않는다. 또한 최근 온라인 설문 조사 업체의 서비스를 이용하는 경우라면 응답 결과의 기초 통계 분석 결과 등을 시스템을 통해 손쉽게 조회할 수 있어 분석과 관련된 비용과 시간을 절약할 수 있다.

세 번째 장점으로 종이 설문에서 사용하지 못하는 다양한 멀티미디어 기능

14) 두잇서베이 블로그(dooit.tistory.com/6), 2010

을 활용할 수 있다는 점이다. 대부분의 온라인 설문이 PC, 스마트폰과 같은 디지털 기기를 통해 진행된다. 따라서 사진이나 영상, 소리나 음악 등의 정보를 설문에 포함하여 다양한 연구 주제와 다양한 형태의 설문 문항을 만들 수 있다.

네 번째로 다양한 플랫폼을 활용할 수 있다는 점이다. 앞서 설명했듯이 온라인 설문은 유무선 네트워크를 활용한 인터넷 서비스의 형태로 제공된다. 따라서 웹 서비스를 통해 접근하는 다양한 디지털 기기를 통해 설문을 실행할 수 있다. 응답자가 Windows나 Apple의 Mac OS, Android나 iOS 등 어떤 디지털 기기의 운영체제를 사용하느냐와 관계 없이 온라인 설문에 참여할 수 있다. 또한 응답자는 PC, 스마트폰이나 태블릿 등의 디지털 기기를 통해 설문에 응답한다.

다섯 번째로 설문 결과의 수집과 정리, 분석까지의 단계가 신속하고 용이하다는 점이다. 문항의 수가 많아 유료로 제공되는 경우가 아니라면 온라인 설문은 결과를 스프레드시트 형태로 저장하고 다운로드받을 수 있게 해 준다. 종이 설문의 경우에는 분석을 위해 통계 패키지에서 읽을 수 있는 형태로 자료를 코딩하고 저장하는 절차가 필요하다. 그러나 온라인 설문은 설문 응답이 완료되는 즉시 하나의 스프레드시트 파일에 모든 응답 결과가 저장되어 실시간으로 결과를 분석하고 조회할 수 있는 기능을 제공한다. 온라인 설문이라 하더라도 분석을 위해 결과 데이터를 편집하는 작업이 필요하나 분석 전까지 작업에 걸리는 시간을 절약할 수 있다.

마지막으로 한번 구축된 온라인 설문 시스템을 재사용할 수 있다는 점이다. 동일한 설문지와 설문 기능을 활용하여 조사 대상자를 확대하여 실시할 수도 있고, 패널을 대상으로 정기적인 설문 조사에도 활용할 수 있다. 동일한 온라인 설문 업체를 통해 설문 조사를 실시하는 경우에는 기존의 설문지와 설문 결과 등을 활용할 수 있으며, 한번 사용해 보았기 때문에 다음 설문 조사 때 더욱 수월하게 조사를 진행할 수 있게 된다.

온라인 설문 조사의 가장 큰 단점은 온라인을 사용하는 조사 대상자로 표본의 편의(Bias)가 발행할 수 있다는 점이다. 특히 조사 대상자가 다양한 연령층을 포함하고 있는 경우에 이런 문제가 발생할 가능성이 높다. 예를 들어 PC나 모바일 기기의 사용에 익숙지 않거나, 인터넷을 통한 설문 기능을 사용해 본 적이 없거나 불편해 하는 경우에는 설문에 참여하지 않아 발생하는 표본 오차나, 잘못되거나 왜곡된 응답을 하는 비표본 오차 모두 발생할 가능성이 높다. 그러나 최근 인터넷이 많이 보편화되었고, 스마트폰 등의 디지털 기기가 전 계층으로 확산됨에 따라서 이러한 우려는 많이 줄어들고 있는 상황이다. 그럼에도 불구하고 디지털 기기에 대한 인식이나 보급 등의 차이와 같은 디지털 디바이드(Digital Divide)는 지역에 따라 여전히 존재한다. 특히 해외시장에 대한 온라인 조사를 실시하는 경우라면 해당 국가의 인구통계학적, 사회경제적 특성 등을 표본의 편의 가능성을 고려하여 온라인 설문을 실시해야 한다. 그리하여 조사 표본의 대표성을 유지하고 조사의 한계점을 인식하고 있어야 한다.

두 번째로 온라인 설문이 스팸(Spam) 메일로 분류되어 응답이 이루어지지 않을 가능성이 있다는 점이다. 온라인 설문은 홈페이지의 배너, 웹 게시판의 링크, 혹은 이메일 등을 통해 배포된다. 이메일로 배포되는 경우에는 조사대상자의 메일 서버에서 설문 조사 메일을 스팸으로 분류하여 조사 대상자가 메일 확인을 하지 못하는 경우가 발생하기도 한다. 특히 메일 서버에 따라 스팸 처리 방식이 상이하고, 어떤 메일 서버는 개인이 스팸 처리 방식을 직접 설정할 수 있게 한다. 따라서 같은 설문 조사 메일이라도 수신자에 따라 스팸처리가 될 수도 아닐 수도 있다. 따라서 이를 보완하기 위해 메일로 설문 조사를 하는 경우에는 조사 대상자에게 별도로 연락을 하여 스팸 처리가 될 수 있음을 알리고 메일을 확인해 달라는 별도의 절차를 거치기도 한다.

온라인 설문의 경우 개인 정보 보호의 문제가 발생할 수 있다. 개인적으로 민감한 정보를 묻는 문항이 포함되어 있는 경우, 응답자의 개인 정보가 노출되거나 타인에게 공개되지 않도록 조치하는 것이 필요하다. 대부분의 온라인 설문 업체의 서비스는 이러한 부분을 엄격하게 준수하고 있다. 그러나 응답자가 조사자를 신뢰하지 못하는 경우에는 노출되길 원하지 않는 정보를 묻는 설문의 응답이 왜곡되거나 무응답 처리가 될 가능성이 있다. 개인 정보 보호에 대한 확실한 신뢰를 줄 수 있는 장치가 필요하다.

마지막으로 온라인 설문의 서버 관리 문제로 인한 자료의 유출이나 분실 문제가 발생할 수 있다. 전문 업체를 통해 온라인 설문을 실시하는 경우라면 관리 주체가 업체이므로 업체의 관리 능력에 따라 이러한 문제에 대한 부담이 줄어들 수 있다. 자체적으로 온라인 설문 시스템을 개발하고 운영하는 경우라면 보안, 운영 등의 문제로 인해 자료의 유출 등의 문제가 발생할 수 있으니 이 점을 유념하고 조사를 실시해야 한다.

3) 온라인 설문 조사의 활용과 실행

온라인 설문 조사는 앞서 배웠던 다양한 조사 연구에 활용할 수 있다. 신제품에 대한 소비자 의견, 브랜드 인지도, 상품이나 서비스에 대한 만족도, 매장 인테리어나 종업원 서비스 만족도 조사 등 다양한 주제의 조사에 이를 활용할 수 있다. 기존의 종이 인쇄 설문지를 통한 조사뿐만 아니라 영상이나 음악 등 다양한 멀티미디어 정보를 활용한 설문 문항이 필요한 경우에도 활용할 수 있다. 단 인터뷰와 같은 대면 면접과 같은 비정형적 문항이 활용되는 경우에는 온라인 설문 조사가 적합한 방법은 아니다.

온라인 설문 조사는 다양한 조사에 활용할 수 있으나, 조사 대상 집단에 대한 고려가 필요하다. 온라인을 통한 조사이기 때문에 앞서 언급했던 것처럼 조사 대상 집단이 온라인을 통해 접근 가능한 대상이어야 한다는 점을 인식하고 있어야 한다. 또한 온라인 설문의 경우에 조사 대상자의 편의(Bias)가 발생할 수 있다는 점을 조사의 한계점으로 제시하는 것이 필요하다. 단 연구 주제에 따른 조사 대상 집단이 인터넷 사용자를 대상으로 하는 경우라면 온라인 설문 조사는 최적의 대안이 될 수 있다.

- 온라인 설문 조사의 실행

온라인 설문 조사의 경우에도 일반적인 시장 조사의 절차와 동일하게 수행한다. 차이점이 있다면 전체 과정을 좀더 신속하고 저렴하게 할 수 있다는 점이다. 연구 주제, 연구 목적과 내용, 절차, 가설 수립, 설문지 개발 및 검토 등의 모든 과정이 일반적인 시장 조사 절차와 동일하다. 단 온라인 설문 조사 시스템을 직접 개발할 것인지, 아니면 외부 업체를 활용할 것인지에 따라서 시간이나 예산, 방법의 차이가 발생할 수 있다.

자체적으로 설문 조사 시스템을 구축하는 경우에는 온라인 설문 결과를 저장하고 관리할 서버, 설문지 제작 및 서버 관리 및 보안을 위한 소프트웨어 등이 필요하다. 또한 서버 유지 및 보수를 위한 데이터베이스 관리 인력도 필요하다. 따라서 설문 조사 기능만을 위해 이러한 시스템 모두를 갖추고 유지하는 것은 비용이나 시간 측면에서 그다지 바람직하지는 않다.

외부 업체를 활용하는 경우에는 무료로 제공하는 서비스를 활용하거나, 좀더 개선된 기능을 사용하기 위해 유료 서비스를 이용하면 된다. 대표적인 기업으로는 국내 기업으로 엠브레인(Embrain)의 이지서베이, 틸리언(tillion), 오픈서베이가 있으며, 국내 시장에 진출해 있는 외국 기업으로는 서베이몽키(SurveyMonkey) 등이 있다.

외부 업체를 통해 온라인 설문 조사를 실시하는 경우에는 업체에 따라 차이가 있으나 대체로 설문 문항의 크기, 조사 대상자 수, 조사 결과 데이터의 제공 형태 등에 따라서 비용이 달라진다. 문항의 수가 많아질수록, 조사 대상자 수가 많아질수록, 기간이 길수록, 조사 결과를 저장한 파일의 형태가 다양할수록 비용이 높아진다. 일반적으로 조사자가 온라인 설문 조사를 보다 손쉽게 할 수 있는 다양한 기능이 포함되어 있을수록 서비스 비용이 높아진다. 예를 들어 질문 및 페이지 건너뛰기, 파일 업로드, 질문이나 페이지의 무작위화, 다국어 설문 조사 등의 기능은 유료 서비스에서 제공되며 다양한 편이 기능을 포함할수록 온라인 설문 조사 비용이 상승하게 된다.

[표 9-1] 온라인 설문 업체 간 비교

항목	A사	B사
문항수	- 10개까지 무료 - 10개 이상은 유료이며 무제한으로 사용가능	- 문항 수에 따라 상이한 가격 - 10문항 이내, 11~30문항 이내, 31~50문항 이내, 51~70문항 이내, 70문항 이상으로 구분하여 가격 책정
조사대상자 수	- 조사당 100개 응답까지 무료 - 유료 서비스로 월 기준 1000개 응답, 무제한 응답 제공	- 응답 수에 따라 상이한 가격 - 100, 200, 300, 500, 1000, 1000응답 이상으로 구분
설문 결과 데이터	- 무료의 경우 별도의 데이터 파일 제공하지 않음 - 유료의 경우 CSV, PDF, XLS로 제공하며 고급 서비스의 경우 SPSS 파일 제공	- Raw Data로 제공
설문 조사 분석	- 무료는 실시간 결과 조회, 간단한 데이터 필터링 가능 - 유료의 경우 다양한 형태의 분석 자료 및 보고서 제공	- 결과 분석이 필요한 경우에는 별도의 비용 발생
특이사항	- 상이한 비용의 다양한 서비스 패키지 제시 (고급서비스일수록 비용 상승) - 월 구독료 형태 비용	- 조사 의뢰자에 따른 구분(학생 및 연구자, 기업, 일반인), - PC 및 모바일 설문 서비스 구분 - 조사 의뢰 건당 비용 발생

제2절 Google 설문 기능의 이해와 자료 처리

구글(Google)은 검색 엔진에서부터 이메일, 웹 브라우저, 뉴스, 일정관리, 각종 문서, 클라우드 서비스 등 다양한 인터넷 서비스를 제공하고 있다. 특히 크롬(Chrome)이라는 웹 브라우저 상에서 활용할 수 있는 다양한 확장 프로그램을 크롬 웹 스토어를 통해서 제공하고 있다. 구글 계정만 있으면 스마트폰, 태블릿, PC가 모두 연동된다. PC의 크롬 브라우저를 통해 구글 플레이에서 다운받는 경우 연동된 스마트폰에 설치할 수 있도록 해준다. 또한 구글 문서 기능을 통해서 작업한 문서들은 구글의 클라우드 서비스인 구글 드라이브에 저장되어 언제 어디서나 스마트폰, 태블릿 등의 디지털 기기를 통해 접근할 수 있다.

1) 구글 설문지 기능의 특징

구글이 제공하는 설문지 기능은 작성이 용이하고, 다양한 문항 형태를 제공하며 문항에 따라 사진 등의 멀티미디어 자료를 첨부할 수 있는 기능, 그리고 최종 결과를 도표의 형태로 요약해서 볼 수 있는 기능 등을 제공한다. 무엇보다도 구글 설문지 기능은 기존의 온라인 설문 업체와 비교할 때, 무료로 온라인 설문 조사에 필요한 기본적인 기능을 사용할 수 있다는 점이 특징이다.

여러 편리한 기능 중의 하나는 설문 결과를 구글이 제공하는 구글 스프레드시트로 볼 수 있다는 점이다. 보통의 종이 설문의 경우, 통계 분석을 위해 응답 결과를 별도의 파일에 옮겨야 하는 과정이 필요한 데, 구글 설문지의 경우에는 조사대상자에 의해 설문이 완료되는 즉시 결과를 구글 스프레드시트 파일에 저장한다. 저장된 결과를 구글 스프레드시트 상에서 편집할 수도 있고, MS 엑셀 파일, PDF파일, html파일 혹은 CSV, TSV 형식으로 다운로드 받아 별도의 분석을 수행할 수 있다. 특히 엑셀, CSV, TSV 형식의 파일은 통계 패키지에서 바로 사용할 수 있는 형식의 파일들이다. 또한 다른 온라인 설문 사이트와는 달리 모든 기능들이 무료로 제공되고 있으며, 지속적으로 개선되고 있다는 점이다. 초기의 구글 설문 기능과는 달리 설문기능을 퀴즈(Quiz)를 위해 사용한다거나, 문항에 대한 응답으로 조사 대상자가 파일을 업로드 하는 기능, 구글 메일 계정 로그인을 통해 완벽하지는 않으나 복수 응답을 제한하는 기능 등을 추가하는 등, 많은 부분의 변화가 있었다.

구글 설문지는 최근 기술이나 서비스를 활용한 몇 가지 기능들이 있다. 클라우드 서비스인 구글 드라이브에 설문 결과가 저장되어 실시간으로 스마트폰이나 태블릿 등을 통해서 결과를 조회할 수 있다. 그리고 구글 주소록에 등록되어 있는 조사 대상자들의 이메일 주소를 사용하거나, 설문조사 링크를 페이스북(Facebook)이나 구글 플러스(Google+)와 같은 소셜 미디어 사이트나 트위터(Tweeter)와 같은 마이크로블로그(Microblog) 사이트 등에 올려 설문 조사를 수행할 수 있다. 또한 설문 작업에 공동으로 참여하는 사람들에게 링크를 보내어 설문지 수정 및 결과를 함께 공유할 수 있도록 하고 있다.

2) 구글 설문지의 사용

구글 설문지 기능을 사용하기 위해서는 구글 메일(Gmail) 계정이 있어야 한다. 구글 메일 계정은 누구나 손쉽게 만들 수 있으며, 최근에는 개인 계정의 보안을 위해 별도의 이메일 주소나 본인의 전화번호 등을 확인하는 절차가 추가

되었다. 구글 메일 계정을 만들면 현재 15기가 바이트의 구글 클라우드 계정 공간을 무료로 사용할 수 있다. 작성한 설문지와 설문 결과는 구글 클라우드에 저장된다. 설문지 문항이나 응답의 결과가 대용량의 정보인 경우가 아니라면 무료로 제공되는 계정 공간의 클라우드 서비스로도 설문지의 작성과 관리에 큰 문제가 없다.

- 구글 설문지 시작하기

구글 설문지는 구글 처음 화면에서 로그인을 한 뒤에 검색창에 '구글 설문지'를 입력하거나 혹은 https://www.google.com/intl/ko/forms/about 주소를 통해 이동하면 중앙에 [구글 설문지로 이동]이라는 버튼이 있는 데 누르면 아래의 설문지 작성 화면으로 이동할 수 있다.

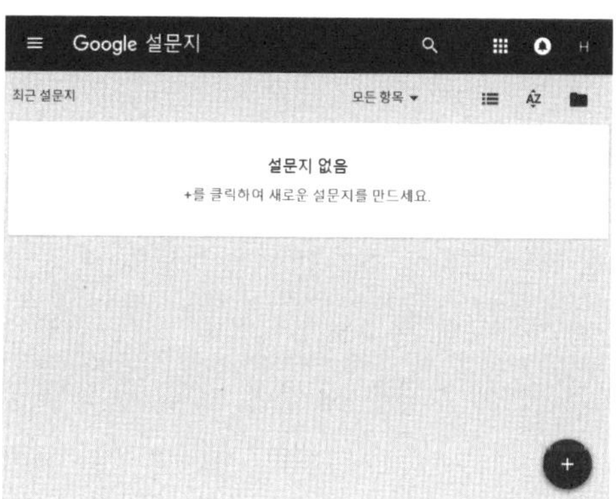

혹은 구글 드라이브로 들어가면 위의 그림과 같이 새로 만들기 버튼이 있는데 버튼을 누르고 '더보기' 메뉴로 이동하면 Google 설문지 메뉴를 확인할 수 있다. 설문지 메뉴 버튼을 누르면 아래와 같이 빈 설문지 화면이 나타난다.

– 구글 설문지의 메뉴 설명

위의 그림에서 질문, 응답이 표기된 가운데 영역의 사각형 범위가 [설문지 작성 영역]이다. 이 곳에 설문지의 제목, 설명, 그리고 설문 문항을 채워 넣는다. 질문은 여러 개를 입력할 수 있으며 질문의 유형을 선택할 수 있다.

이외의 영역은 설문의 설정을 조정하거나 색상, 배경 등을 조정하는 영역이다. 특히 보내기 메뉴는 설문이 완료된 뒤에 조사 대상자들에게 설문 배포 방법을 선택하여 배포할 수 있도록 한다. 위의 그림에서 가장 왼쪽 상단의 제목 없는 설문지 부분을 마우스로 클릭하여 설문지의 제목을 입력할 수 있다. 입력을 완료하면 구글은 자동으로 구글 드라이브에 저장을 해 주며, [설문지 작성 영역]에도 '제목 없는 설문지'에서 입력한 제목으로 변경된다. 상단에 있는 아이콘들에 대한 설명은 아래 표에 정리하였다.

[표 9-2] 구글 설문 상단의 아이콘 이름과 기능

메뉴	이름	기능
	색상 팔레트	설문지 상단과 하단의 색상을 변경하거나 상단에 이미지를 추가할 수 있다.
	미리보기	현재까지 작성된 설문지의 실제 어떻게 응답자에게 보여지는 지 확인할 수 있다.
	설정	설문지의 다양한 설정(로그인 후 응답, 응답 완료 뒤 응답자에게 제공되는 정보 및 설문 내용 수정 여부 등)을 일반, 프레젠테이션, 퀴즈의 세 가지 메뉴를 통해 수정할 수 있다.
	더보기	상기한 메뉴 이외에 필요한 기능(사본 만들기, 기본 설정값, 공동 작업자 추가, 동적인 설문을 위한 스크립트 편집기 등)을 제공
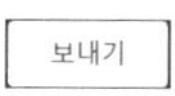	보내기	설문지를 보내는 방법으로 이메일 송부, 설문 조사 링크 생성 및 공유, 홈페이지 등에 삽입하는 경우 링크 등을 제공한다.

[설문지 작성 영역]에도 알아 두어야 할 메뉴들이 있다. 작성 영역의 상단에는 질문, 응답의 두 개의 탭이 있다. 응답 탭을 누르면 응답 결과를 요약해서 볼 수 있고, 응답을 중지하거나 시작할 수 있다. 응답이 새롭게 들어왔을 경우 이메일로 알릴 수 있는 기능, 응답 결과를 CSV 파일로 다운로드 받을 수 있는 기능, 응답 결과를 구글 스프레드시트 파일로 볼 수 있는 기능 등을 제공한다.

[표 9-3] 설문지 작성 영역의 아이콘 이름과 기능

메뉴	이름	기능
	복사	현재 작성한 문항을 복사하여 문항 아래에 추가한다.
	삭제	현재 작성한 문항을 삭제한다.
필수	필수	필수를 선택하면 현재 문항을 반드시 응답해야 제출이 가능해진다.
	게재	현재 문항에 부가 설명을 추가하거나, 답변을 기준으로 특정 섹션으로 이동하거나 등의 기능을 설정한다. 질문 유형에 따라 설정이 달라진다.
	질문추가	새로운 질문 문항을 아래에 추가한다.
	제목 및 설명추가	문항이 아니라 제목과 설명만을 현재 문항의 아래 쪽에 추가한다.
	이미지추가	현재 문항에 이미지를 추가한다.
	동영상추가	현재 문항에 동영상을 추가한다.
	섹션추가[15]	별도의 성격을 가진 문항으로 구성된 섹션을 만든다.

질문 탭에서는 조사 자료의 특성에 따라 여러 형태의 질문 유형을 선택하여 문항을 작성할 수 있다. 구글 설문지에서 제공하는 문항의 형태는 아래 표에 정리되어 있다.

15) 섹션은 응답에 따라 다른 문항으로 이동해야 하는 경우에 유용하다. 예를 들어 질문에 대한 답변이 '예' 혹은 '아니오'에 따라 서로 다른 문항으로 질문해야 한다고 하자. 해당 문항들을 별도의 섹션에 넣은 뒤, 답변에 따라 해당 섹션으로 이동하도록 설정할 수 있다.

[표 9-4] 구글 설문의 질문 유형과 기능

메뉴	기능	비고
단답형	일정 길이의 숫자나 텍스트, 이메일/웹주소 입력	게재 메뉴 활용
장문형	최소, 최대 길이의 텍스트 입력	게재 메뉴 활용
객관식질문	다지 선다형 문항으로 하나의 응답 선택	섹션 이동
체크박스	복수 응답 문항으로 응답 결과에 따라 섹션 이동, 선택 수를 고정하거나 최소, 최대 선택 수 설정	섹션 이동
드롭다운	마우스를 클릭하여 드롭다운 방식의 보기 중 선택	
파일업로드	업로드 할 파일 형식, 개수, 파일 크기 설정	
직선단계	0~10점 사이의 구간에서 임의 구간 설정	라벨 추가
객관식그리드	행은 문항의 수, 열은 보기의 수의 형태로 구성	문항응답1회
체크박스 그리드	객관식 그리드와 유사하나 복수 응답 가능	
날짜	날짜 입력 문항	
시간	시간 입력 문항	

단답형, 장문형, 체크 박스 문항의 경우에는 게재 메뉴를 클릭하면 '설명', '응답확인'의 두 개의 메뉴가 나타난다. '설명' 메뉴는 문항의 질문 바로 아래에 문항보다 작은 글씨로 응답을 위한 보충 설명을 추가할 수 있다. 보충 설명이 필요한 경우 설명 메뉴를 클릭하면 문항 아래에 밑줄이 생기고 설명을 직접 기입할 수 있다.

'응답확인' 메뉴를 누르면 입력받는 값에 대해서 조건을 추가할 수 있다. 단답형이나 장문형 문항을 통해 문자를 입력받는 경우에는 최소나 최대 길이를 제한할 수 있다. 단답형의 경우에는 숫자, 이메일 주소, 웹 주소(URL)를 입력할 수 있는 데, 숫자는 길이 제한을, 이메일 주소는 유효한 이메일 주소임을, 웹 주소 역시 유효한 이름의 웹 주소임을 확인한다. 체크 박스 문항의 경우에는 선택할 수 있는 보기의 개수를 정하거나, 최소 혹은 최대로 선택할 수 있는 보기의 수를 설정할 수 있다. 조건에 일치하지 않은 응답이 있는 경우에는 유효하지 않다는 메시지가 입력창이나 문항에 나타나며 다음 섹션으로 넘어가거나 설문 제출이 되지 않는다.

객관식 질문이나 체크박스 질문의 경우에는 게재 메뉴를 클릭하면 '설명', '옵션 순서 무작위 섞기', '답변을 기준으로 섹션 이동'이라는 세 개의 메뉴가 나타난다. '옵션 순서 무작위 섞기' 메뉴는 객관식 질문이나 체크 박스의 보기 문항의 순서를 임의로 섞어서 제시하는 것이다. 보기의 순서가 응답에 영향을 미칠 가능성이 있다면 선택하지 않는 것이 좋다. '답변을 기준으로 섹션 이동'을 선택하면 보기 옆에 선택할 수 있는 추가 메뉴가 나타난다. '다음 섹션으로 진행하기', '설문지 제출', '현재 섹션으로 이동' 메뉴가 나타난다. 만약 여러 개의 섹션으로 구성되어 있는 설문이라면 이동할 섹션들의 목록도 함께 제시된다. 섹션에 대한 설명은 설문지 구성 부문에서 설명하겠다.

온라인 설문은 응답 시 조사 대상자의 편의를 높이는 것 못지않게 작성 완료 후에 응답자에게 정보를 제공하는 기능도 중요하다. 구글 설문지 설정 메뉴에는 관련된 몇 가지 기능들을 제공하고 있다.

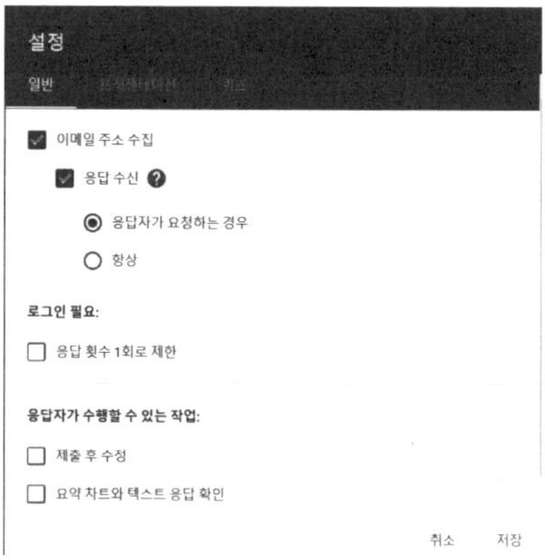

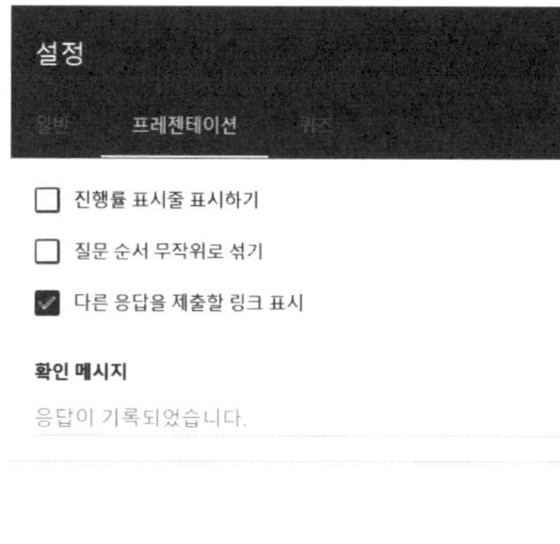

설정 메뉴는 설문지 상단에 '미리보기'와 '보내기' 메뉴 사이에 있다. 클릭하면 '일반', '프레젠테이션', '퀴즈'의 세 개의 탭으로 구성된 별도의 화면이 나타난다. 먼저 '일반' 메뉴를 보면 '이메일 주소 수집' 메뉴가 있다. 이 메뉴를 선택하면 설문지의 가장 첫 문항이 설문 참여자의 이메일 주소를 입력하는 문항이 된다. 이때 이메일 주소를 입력하는 것은 필요 사항으로 반드시 입력해야만 설문지 제출이 가능하다. 이메일 주소 수집을 선택하면 응답 수신이라는 메뉴를 선택할 수 있게 된다. 응답 수신은 설문 참여자가 설문지에 응답한 결과를 입력한 이메일 주소로 보내주는 것을 말한다. 하위 메뉴에는 '응답자가 요청하는 경우'와 '항상'의 두 가지가 있다. '항상'의 경우에는 조사대상자의 이메일 주소로 응답 결과를 송부하고[16], '응답자가 요청 하는 경우'에는 설문을 제출하고 나서 마지막 화면에 응답자에게 응답 결과를 이메일로 받을 것인지 확인하는 버튼을 제시한다. 버튼을 누르면 송부하고 그렇지 않으면 보내지 않는다.

응답 횟수를 1회로 제한하는 메뉴의 경우 선택하면 구글 계정으로 로그인이 필요하다는 메시지가 나타난다. 구글 계정이 없거나 복수의 계정을 갖고 있는

16) 설문지 하단에 '답장 사본을 내가 제공한 주소로 전송합니다' 메시지가 나타난다.

경우에는 응답 회수를 1회로 제한하는 것이 사실상 불가능한 한계가 있다. 응답자가 수행할 수 있는 작업 항목에서는 '응답자가 제출 후 수정', '요약 차트와 텍스트 응답 확인' 메뉴가 있다. 첫 번째 메뉴를 선택하면 설문지 작성을 완료하고 제출 버튼을 누르면 완료했다는 메시지와 응답 수정 링크가 제시된다. 링크를 누르면 내가 작성한 설문 내용을 수정할 수 있다. 두 번째 메뉴는 설문을 마치면, 그 시점까지 진행한 설문 조사 결과의 요약 정보를 제공해준다. 완료한 뒤 마지막 화면에 '이전 응답 참조'라는 제목의 링크가 제시되며 클릭하면 요약 정보를 조회할 수 있다. 설문 참여자에게 설문 조사 결과에 대한 피드백을 제공하는 방법이다. 최근 신문이나 방송사, 포털 사이트 등에서 흥미 위주의 주제로 하는 온라인 설문 등에서 설문을 완료하고 결과 보기 기능을 제공하는 것과 유사하다고 볼 수 있다.

'프레젠테이션 탭'에는 '설문의 진행률 표시줄 표시하기', '질문 순서 무작위로 섞기', '다른 응답을 제출할 링크 표시', '확인 메시지'의 선택 사항이 있다. 진행률 표시줄은 설문이 긴 경우에 어디까지 완료했는지 설문지 하단에 수평 막대 형태로 표시해주는 것을 말한다. '질문 순서 무작위 섞기'는 작성한 문항을 임의로 배치하고자 할 때 선택한다. '다른 응답을 제출할 링크 표시'는 설문 제출을 완료한 뒤에 설문을 다시 할 수 있는 링크를 보여준다. '확인 메시지'는 설문을 제출한 뒤에 화면에 나타나는 메시지를 설정할 수 있다. 조사 응답자에게 하는 감사 인사나 반드시 알려야 하는 내용들을 포함할 수 있다. 확인 메시지 다음에는 앞서 설명했던 설정에 따라 '이전 응답 참조', '응답 수정', '다른 응답 제출'을 할 수 있는 링크가 나타난다.

- 구글 설문지의 구성과 섹션 사용

설문지의 문항에 따라 다른 문항들을 제시해야 하는 경우가 있다. 이 경우 문항들을 별도의 섹션으로 구분해서 정리해 두면 응답하지 말아야 할 질문에 실수로 응답하는 경우를 배제하여 비표본 오차를 줄일 수 있게 된다. 구글 설문지에서 섹션 활용 단계를 그림으로 나타내면 아래와 같다.

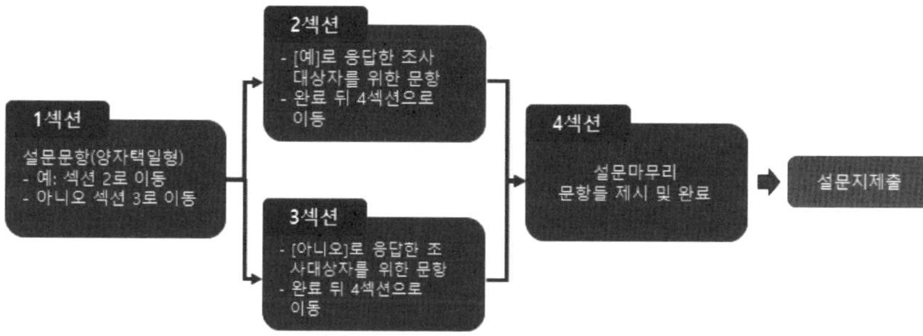

[그림 9-2] 구글 설문의 양자택일형 응답 처리를 위한 섹션 활용

먼저 응답에 따라 나눠지는 문항이 몇 개가 있느냐에 따라 만들 섹션의 수를 결정한다. 조사 내용에 따라 차이는 있겠지만 나눠지는 문항이 많을수록 섹션의 개수도 많아진다고 볼 수 있다. 위의 그림은 두 개의 응답(예, 아니오)에 따라 나눠지는 하나의 문항이 있는 경우를 나타낸 예이다. 이 경우에 각 응답별로 이어지는 문항들로 구성되는 두 개의 섹션과 나누어진 문항이 합쳐지는 마지막 섹션이 필요하다. 마지막 섹션의 경우 설문의 구조상 반드시 필요하지 않을 수도 있으나, 대부분 설문지의 마지막 부분에 조사와 관련된 설문자의 인적사항 등에 대해 묻는 경우가 보통이기 때문에 나누어진 섹션을 마무리하는 별도의 섹션이 필요하다.

섹션을 추가하려면 [설문지 작성 영역] 메뉴에 대한 표에서 제시되었던 섹션 추가 버튼을 누른다. 섹션이 추가되면 위의 그림과 같이 섹션 상단에 전체 섹션의 수(4중)와 현재 섹션의 번호(1섹션)이 상단에 나타난다. 또한 하단에는 '섹션 1다음'이라는 메뉴와 함께 어떤 섹션으로 이동할지 선택할 수 있게 한다. '다음 섹션으로 진행하기', '설문지 제출', 그리고 만들어 놓은 네 개의 섹션들 중에 이동할 섹션을 선택할 수 있게 한다.

객관식 질문이나 체크박스형 질문의 경우에는 오른쪽 하단의 '게재' 메뉴를 누르면 '답변을 기준으로 섹션 이동'이라는 메뉴가 보인다. 이것을 선택하면 위의 그림과 같이 선택된 답변에 따라 이동할 섹션을 지정할 수 있도록 메뉴를 제시한다. 위의 경우 '다음 섹션으로 진행하기', '설문지 제출', 그리고 2, 3, 4섹션과 현재 작업 중인 1섹션을 선택할 수 있도록 한다.

섹션의 경우 오른쪽 상단에 세 개의 점으로 된 아이콘이 보인다. 클릭하면 섹션의 이동, 삭제, 복사 등의 기능을 수행할 수 있다. 특히 추가한 새로운 섹션이 원하는 위치에 만들어지지 않은 경우에 섹션의 이동 기능을 사용해서 적절한 위치로 옮긴다. 이동 기능을 누르면 전체 섹션 리스트가 나타나는 데 원하는 곳으로 화살표 버튼을 눌러서 이동하면 된다. 또한 만들어 놓은 섹션이 별도로 구분할 필요가 없다고 생각하면 '위와 병합' 메뉴를 눌러 합치는 것도 가능하다.

위의 그림에서 1섹션에는 '예', '아니오'의 두 개의 응답이 있고, '예'로 응답하면 제품 사용자에 대한 질문 섹션인 2섹션으로 이동하여 만족 정도를 평가하는 문항에 응답하게 된다. '아니오'로 응답하면 제품 미사용자에 대한 질문 섹션인 3섹션으로 이동하게 되며, 여기서 앞으로 사용할 의향이 있는지 묻는 질문에 응답하게 된다. 2, 3섹션의 문항의 응답은 다른 섹션으로 다시 나누어지지 않기 때문에 각 섹션의 하단에 있는 '섹션 O 다음' 메뉴에서 마지막 4섹션인 조사 대상자 인적 사항 섹션으로 이동하도록 설정한다.

- 구글 설문지의 배포

설문지의 배포는 오른쪽 상단의 보내기 메뉴를 클릭하여 실행한다. 가장 상단에는 '이메일 주소 수집' 체크 박스가 있다. 이것은 응답자의 이메일 주소를 설문 시작 시점에 입력하도록 하는 것으로 설문지 설정 메뉴에서의 '이메일 주소 수집'과 동일한 기능을 한다. 단 설정 메뉴에서는 이메일 주소 수집과 더불어 조사 대상자의 응답 결과를 기입한 이메일로 다시 송부할 수 있는 부가적인 메뉴가 있다는 점이 다르다.

아래쪽에 전송용 앱이라는 메뉴에는 세 가지 아이콘이 있다. 첫 번째는 이메일 메뉴로 그림에서 볼 수 있듯이, 이메일 주소를 입력하고 하단에 이메일의 제목, 메시지를 입력한다. '이메일에 설문지 첨부' 메뉴를 선택하는 경우 이메일에 설문지 문항이 제시된다. 섹션이 없는 설문의 경우에는 이 메뉴를 사용해도 큰 문제는 없으나, 섹션이 나누어져 있는 경우에는 다음 화면으로 이동할 때 웹 브라우저에서 별도의 창을 열어서 진행하기도 한다. '공동작업자의 추가' 메뉴는 설문지의 편집과 결과를 공유할 수 있는 작업자를 추가하는 메뉴로, 이메일 주소를 입력하면 공동 작업자에게 설문지의 내용과 응답 결과를 조회할 수 있는 링크를 보내준다.

두 번째 전송 방법으로 링크를 선택하면 설문지를 볼 수 있는 웹 주소를 제공해 준다. 웹 주소는 매우 길기 때문에 바로 아래에 있는 URL 단축 버튼을 누르면 짧은 웹 주소로 변환해 준다. 조사 대상자들의 스마트폰으로 단문 메시지를 보낼 때나 조사 대상자들이 손쉽게 접근할 수 있는 웹 페이지 등의 게시글에 링크를 첨부하는 방식으로 사용할 수 있다. 스마트폰으로 보내는 경우에는 설문의 전체 길이나 스마트폰 화면에 나타나는 모양을 사전에 검토를 하고 보내는 것이 좋다.

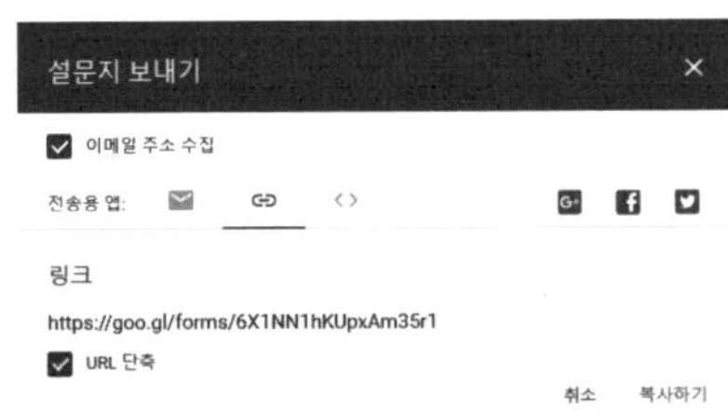

마지막 메뉴는 '삽입된html'로 웹 페이지 작성 언어인 html을 활용하여 특정 웹 페이지 안에 프레임 형태로 설문지를 포함하는 것이다. 웹 브라우저에 따라 약간 상이할 수 있으나 [그림 9-3]의 좌측그림과 같이 나타난다.

가장 오른쪽에는 구글 플러스, 페이스북, 트위터와 같은 소셜 미디어 등의 서비스를 이용하여 설문지를 배포하는 방법을 제공한다. 그 중에서 페이스북을 통해 공유하는 방법을 살펴보면 [그림 9-3]의 우측 그림과 같다.

[그림 9-3] 구글 설문지 보내기 기능

페이스북 버튼을 누르면 현재 페이스북에 로그인이 되어 있는 상태라면 로그인된 페이스북 계정으로 내 타임라인에 설문 조사 링크를 공유할 수 있도록 한다. 설문 작성자는 조사 링크를 페이스북의 메시지 공유 정책에 따라 '전체공개', '친구만', '제외할 친구', '특정 친구를 설정'하여 공개할 수 있다. 페이스북 계정이 없거나 로그인하지 않았다면 별도의 로그인 절차를 거치게 된다.

- 구글 설문지의 응답 처리

설문지를 작성하여 배포하면 응답 결과를 실시간으로 조회할 수 있다. 이전 페이지 하단의 그림에서 볼 수 있듯이 설문지 작성 화면 상단에 '응답'이라는 탭이 있는 데 이것을 클릭하면 응답 결과와 관련된 기능을 사용할 수 있다.

'응답' 탭을 누르면 상단에 요약과 개별보기 탭이 나타난다. 응답 탭을 누르면 요약 결과를 우선적으로 보여준다. 문항에 따라 파이차트나 막대 그래프의 형태로 결과를 요약해서 보여준다. 오른쪽 상단에는 '스프레드시트에서 응답보기' 기능의 연두색 모양의 아이콘, 설문 결과 처리와 관련된 여러 가지 세부 메뉴를 선택할 수 있는 세 개의 세로점 아이콘, 그 아래에는 응답 받기 버튼이 있다.

연두색 모양의 아이콘은 설문지 응답 결과를 스프레드시트 파일로 보고자 할 때 누르면 된다. 처음 누르는 경우에는 스프레드시트 파일을 새로 만들 것인지, 기존의 스프레드시트 파일을 열어서 이용할 것인지 선택할 수 있는 별도의 창이 나타난다. 특별한 이유가 없다면 새로운 스프레드시트 파일을 만들어서 열어 응답 결과를 본다.

설문 결과 처리와 관련된 여러 가지 세부 메뉴는 아래의 표와 같다.

[표 9-5] 설문 응답 메뉴의 하부 메뉴와 기능

메뉴명	기능	유의사항
새로운 응답에 대한 이메일알림 받기	새로운 응답이 있을 때 설문지 작성에 사용된 구글 계정으로 이메일 발신	
응답 수집 장소 선택	응답 결과를 저장할 스프레드시트 파일 선택	기존 수집 파일을 변경할 수 있음
설문지연결해제	현재 응답을 저장하고 있는 스프레드시트와의 연결을 해제	응답 결과의 저장 불가
응답다운로드(.csv)	응답 결과를 CSV 파일로 다운로드	한글의 경우 문자가 깨지는 오류[17)]

모든 응답을 인쇄	개별 응답자의 설문 결과를 인쇄	크롬 브라우저에서 PDF로 저장 가능
모든 응답 삭제	모든 응답 결과를 삭제	

설문을 처음 만들때 '응답받기' 버튼은 켜져 있는 상태이다. 이 경우 온라인으로 응답되는 설문 결과가 실시간으로 저장된다. 온라인 설문을 더 이상 받지 않고자 한다면 이 버튼을 한 번 더 클릭하여 꺼두면 된다.

'개별보기' 탭을 누르면 응답자의 개별 설문 결과를 조회할 수 있다. 오른쪽 상단의 숫자 5는 전체 응답자 수를 말하며, 바로 앞의 숫자 2는 현재 보고 있는 개별 설문지의 순서이다. 바로 옆의 프린트 버튼을 누르면 현재 설문지를 인쇄할 수 있다. 바로 옆의 휴지통 아이콘을 누르면 현재 응답을 지울 수 있다.

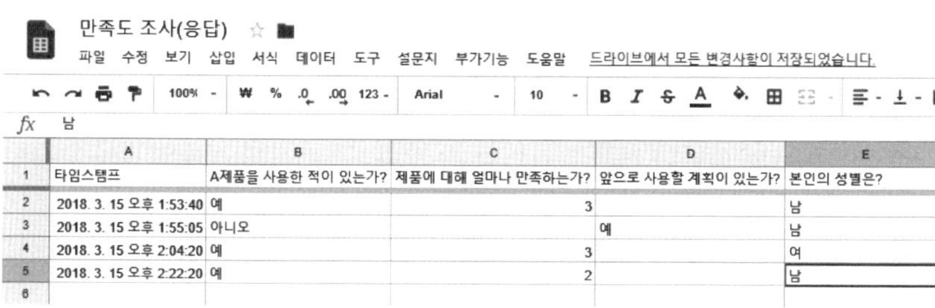

	A	B	C	D	E
1	타임스탬프	A제품을 사용한 적이 있는가?	제품에 대해 얼마나 만족하는가?	앞으로 사용할 계획이 있는가?	본인의 성별은?
2	2018. 3. 15 오후 1:53:40	예	3		남
3	2018. 3. 15 오후 1:55:05	아니오		예	남
4	2018. 3. 15 오후 2:04:20	예	3		여
5	2018. 3. 15 오후 2:22:20	예	2		남
6					

스프레드시트 아이콘을 누르면 위와 같이 구글 스프레드 시트 화면이 나타난다. 가장 왼쪽 열에는 설문이 완료된 시간으로 타임스탬프 열이 제시되며 B열부터 설문지의 문항순으로 결과를 보여준다. 섹션이 있는 경우에는 섹션 순

17) 현재 한글 설문지의 결과를 저장해서 MS 엑셀(2016)로 열게되면 한글이 깨져서 나오는 문제가 있음

으로 문항별 결과를 보여준다. 보기 문항이 숫자인 경우에는 숫자형 데이터로 보기 문항이 문자인 경우에는 문자열 데이터로 정리해서 결과를 보여준다.

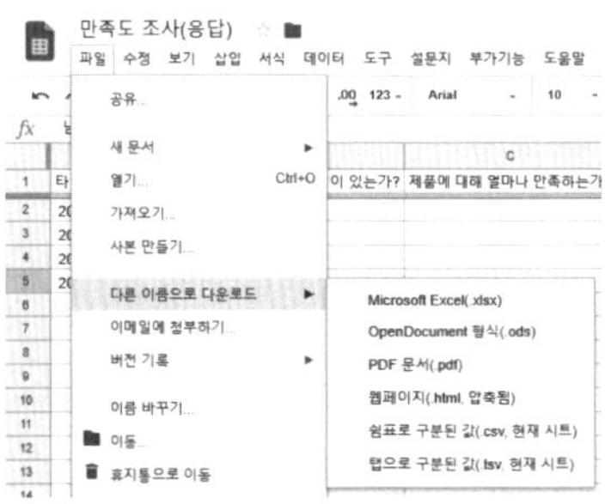

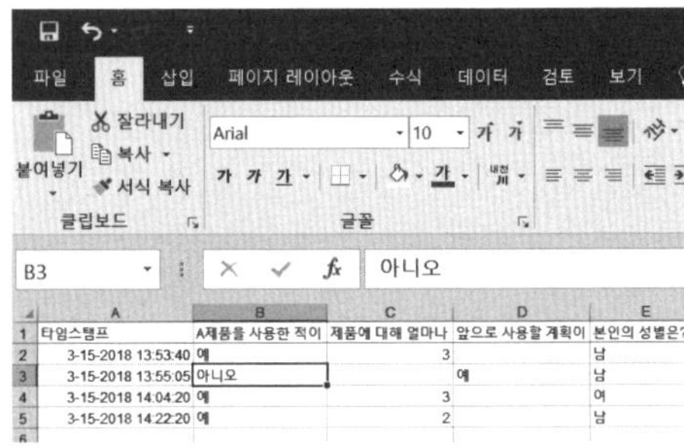

통계 분석을 위해서는 구글 스프레드시트 파일을 다운로드받아 통계 패키지 등에서 읽어 들여 사용하는 것이 좋다. 위의 좌측 그림에서 파일 메뉴를 누르면 '다른 이름으로 다운로드' 메뉴가 있다. 이것을 클릭하면 MS Excel, PDF, CSV 나 TSV 파일의 형태로 다운로드받을 수 있는 메뉴가 보인다. 여기서 많이 사용하는 MS Excel을 선택하고 다운로드받아 파일을 열면 우측의 그림과 같이 구글 스프레드 시트와 동일한 결과를 확인할 수 있다. 구글 설문 결과를 별도의 파일로 저장하여 통계 패키지를 이용하는 방법은 다음 절에서 설명한다.

제3절 R 통계 패키지의 활용

구글의 설문 기능을 통해 수집된 자료의 처리가 완료되면 통계 패키지를 활용하여 원하는 정보를 얻기 위한 분석을 수행한다. 통계 패키지는 SAS, SPSS, Minitab, R 등이 있다. 이 중에서 R은 무료로 사용할 수 있는 오픈 소스(Open Source) 기반의 통계 분석 소프트웨어이다.

R은 다양한 통계 분석 방법과 수치 해석 기법을 제공한다. 특히 최근 많은 산업 분야에서 주목받고 있는 빅데이터(Big data) 분석에 많이 활용되고 있는 데 통계 분석, 데이터 마이닝(Data mining)과 데이터 시각화(Data Visualization) 기능을 제공하고 있어, 통계학자나 데이터 분석가들에 의해 활용되고 있다. 특히 R은 오프소스 기반으로 다양한 개발자들에 의해 만들어진 라이브러리(Library)가 제공되어 다양한 기능과 편리한 이용 환경을 제공하고 있다. R의 역사와 특징에 대해서 간단히 살펴보고 R의 설치 방법과 데이터 분석 방법에 대해서 알아보도록 하자.

1) R의 역사

R은 뉴질랜드의 오클랜드 Robert Gentleman과 Ross Ihaka에 의해서 처음 만들어졌다. R은 원래 미국의 AT&T사의 벨 연구소(Bell Lab)의 John Chambers와 동료들에 의해 1976년대에 개발된 통계 프로그램 언어인 S언어를 근간으로 하여 개발된 언어이다.

그런데 R의 초기 버전은 공개 소프트웨어가 아니었다. 1995년이 되어서야 R은 오픈소스 소트프웨어 규약인 GNU GPL(General Public License)[18]을 따르기 시작하여 공개 소프트웨어로 배포되기 시작했다. 이후 1997년에 R Development Core 팀이 결성되어 R 프로그램의 개선과 배포 등을 담당하게 되었다.

2) R의 특징

R은 무엇보다도 오픈소스 기반이라는 점이 가장 큰 특징이라고 할 수 있다. 오픈소스는 어느 누구에게나 프로그램의 소스 코드(Source Code), 즉 프로그램의 작성 코드가 공개되어 있는 것을 말한다. 공개되어 있기 때문에 누구나 R 프로그램을 개선하는 데 참여할 수 있으며, 자신의 것을 공개할 수 있다. 이러한 특징으로 R은 끊임없이 개선된 기능이나 새로운 기능을 추가하고 있으며, 이를 라이브러리 형태로 제공한다. 따라서 기존이나 신규 개발자는 기존 라이브러리의 오류나 개선 혹은 새로운 기능을 추가한다. 그리하여 사용자는 보다 편리하게 R을 사용할 수 있게 된다. R에서는 패키지(Package)라는 이름으로 새로운 기능의 라이브러리를 제공하며, R 프로그램 내에서 손쉽게 설치할 수 있다. R의 핵심적인 패키지는 CRAN(the Comprehensive R Archive Network)을 통해서 받을 수 있으며 2016년을 기준으로 10,000개 이상의 패키지를 다운로드 받을 수 있다. 전 세계 여러 곳에 해당 패키지를 다운받을 수 있는 미러 사이트(Mirror Site)들이 존재한다.

---

18) GNU는 'GNU is Not Unix'의 약자로 컴퓨터 운영체제 중의 하나인 UNIX의 상업적인 판매에 반발하여 시작된 무료 운영체제와 관련 소프트웨어를 말한다. 이후 GNU는 소프트웨어의 공개, 무료 배포 등의 프로젝트 전체를 지칭한다.

R은 다양한 형태의 그래프를 만들어낼 수 있는 데이터 시각화 기능의 라이브러리를 제공한다. 데이터 시각화는 대량의 자료 속에 담겨있는 규칙, 패턴 등의 의미 있는 통계적인 정보를 그림의 형태로 나타내어 이해하기 쉽게 표현한 것이다. 이는 숫자로만 구성된 글이나 표보다 그림으로 나타냄으로써 자료의 성격을 이해하고 의미 있는 정보를 도출하는 데 더 용이할 수 있기 때문이다. 특히 데이터 시각화는 분석 자료의 성격이나 원하는 정보가 무엇인지에 따라 적절한 형태의 그래프를 선택하고 나타내는 방식을 선택하는 것이 중요하다. R은 데이터 시각화를 위한 다양한 라이브러리와 그래프를 제공하는 것이 장점이다.

데이터 시각화를 위한 R의 그래픽스(Graphics) 기능은 R을 설치할 때 기본으로 내장되어 있는 라이브러리를 통해 이용할 수 있다. R의 강력한 그래픽스 기능을 사용하기 위해서는 추가로 설치해야 하는 패키지들이 있는 데, lattice, ggplot2, rgl 등이다. 이러한 패키지를 설치하고 해당 패키지에서 제공하는 R 그래픽스 함수들을 사용하여 데이터를 읽어 들여 다양한 그래프를 그릴 수 있다.

R은 또한 사용자들이 손쉽게 편리하게 이용할 수 있는 통합 개발 환경(IDE, Integrated Development Environment)을 제공한다. R에서 사용할 수 있는 대표적인 통합개발환경은 R Studio로 사용자는 IDE를 통해서 R을 통한 통계 분석, 그래프 작성, 패키지 설치 및 관리 등의 작업을 한 화면에서 할 수 있다.

R은 데이터의 처리, 분석 등을 위해 명령어를 직접 입력하는 방식으로 R의 함수나 명령어 등에 익숙하지 않은 처음 사용자에게는 불편하게 보일 수 있나. 이는 메뉴 방식으로 분석 방법을 선택하고 결과를 확인하는 기존의 통계 패키지와 큰 차이라고 할 수 있다. 이러한 맹점을 극복하기 위해 R에서 제공되는 패키지 중에는 R 환경을 기존의 통계 패키지와 유사한 메뉴 방식으로 사용할 수 있도록 한다. 대표적인 패키지로 R Commander가 있다.

3) R의 설치

R은 현재 Windows기반의 PC 뿐만 아니라 Mac 컴퓨터, Linux 기반의 컴퓨터 모두에서 사용할 수 있다. R을 설치하기 위해서는 포털 검색창에서 R Project로 검색한다. 그러면 R Project 그룹의 홈페이지를 찾을 수 있다.

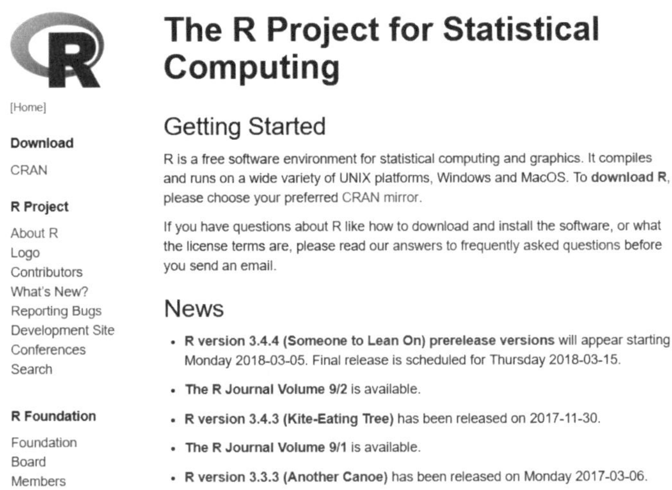

[그림 9-4] R Project 홈페이지 (www.r-project.org)

여기서 CRAN을 선택하면 R을 다운로드 받을 수 있는 다양한 미러 사이트(Mirror Site) 목록을 볼 수 있다. 이 중에서 하나를 클릭하여 들어가면 현재 배포되는 R 중에서 Linux, Mac OS, Windows 버전 중에서 하나를 선택할 수 있다. 하나를 클릭하여 들어가면 base, contrib, old contrib, Rtools 중에서 하나를 선택해야 한다. R의 일반 사용자이거나 처음 사용자라면 base 메뉴 옆에 있는 'install R for the first time' 링크를 선택하자. 링크를 선택하면 가장 최신 버전의 R을 다운로드 받을 수 있다.

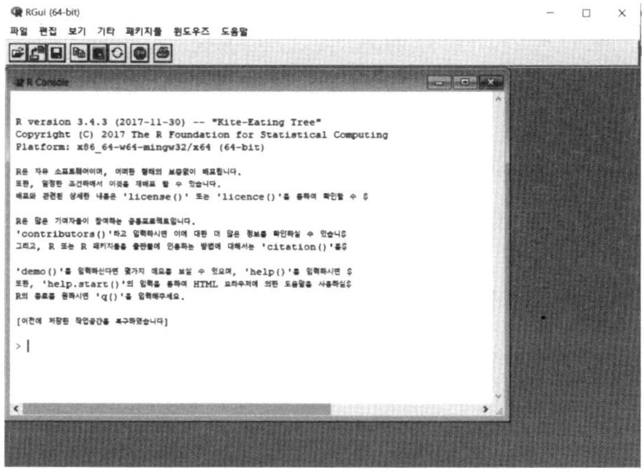

[그림 9-5] R 실행 화면 (64 bit 버전)

다운로드 받은 R의 설치는 설치 마법사의 안내에 따라서 기본 설치를 하면 된다. 설치 과정 중에 사용할 언어를 한국어로 선택하고, 설치하고자 하는 디렉토리 결정, 현재 설치하고자 하는 PC의 OS에 따라서 32bit 혹은 64bit R을 선택하고 잘 모르는 경우라면 32bit만을 설치해도 된다. 스타트업 옵션이나 추가 사항 적용 부분에서는 이미 선택되어 있는 사항을 수정하지 않고 진행한다. 설치는 PC의 사양에 따라서 오래 걸리기도 하고 빠르게 완료되기도 한다. 설치가 완료되면 바탕 화면에 R x64(64bit 버전), R i386(32bit 버전)의 아이콘이 나타난다. 이 중에서 하나를 실행하면 위와 같은 초기 화면을 볼 수 있다.

4) R의 데이터 입력과 처리

R에서 처리하는 데이터 형태는 integer(정수형), numeric(실수형), character(문자형), logical(논리형)으로 나뉜다. 즉 구글 설문을 통해서 입력되

는 데이터는 위의 네 가지 유형 중의 하나로 분류되어야 한다. 개별 데이터는 위와 같은 유형을 갖지만 통계 분석에서는 다량의 데이터를 처리하기 때문에 다량의 데이터 묶음을 처리하는 별도의 자료형이 있다. R의 자료형은 아래의 표와 같으며, 각 자료형 중에서 구글 설문 결과를 엑셀 파일로 받아 처리하는 경우에는 데이터프레임 형을 빈번하게 사용하게 된다.

[표 9-6] R의 자료형

유형	특징	예[19]
Vector (벡터)	같은 형태(정수, 실수, 문자, 논리)의 다수의 데이터 조합, 등간/비율 척도 자료	c(1,3,5,7,8) c(“a”, “b”)
Factor (팩터)	범주형 자료를 처리하기 위한 데이터 조합, 범주/서열 척도 자료 처리	factor(c(1,1,3,5), level=c(1,3,5))
Dataframe (데이터프레임)	표와 같은 2차원 형태의 자료형으로 열은 자료의 속성을 나타내는 항목, 행은 개별 관찰 자료를 나타냄	data.frame(id=c(1:3), name=c(“a”,“b”,“c”))
List (리스트)	Vector와 유사하나 다른 형태의 데이터를 포함할 수 있는 자료형	list(1:3,c("a","b"), "hello“)
Matrix (매트릭스)	행렬 자료 처리를 위한 자료형	matrix(1:6, nrow=3, ncol=2)
Array (어레이)	Matrix와 유사하나 2차원 이상의 데이터	array(1:12, dim=c(2,2,3))

가장 기본적인 벡터형의 자료를 입력하고 R에서 제공하는 기본 통계 함수를 사용해 보자. R에서의 모든 자료는 직접 입력하거나 변수를 통해서 입력받는다.

19) 위의 예를 임의의 변수로 받아서 R에서 실행해 보면 결과를 확인할 수 있다. 예를 들어 t 〈- factor(c(1,1,3,5),level=c(1,3,5))

소수의 자료의 경우 직접 입력하는 것도 가능하나 해당 자료를 반복해서 사용해야 하는 경우에는 특정 변수로 입력받아 자료를 처리하는 것이 보다 용이하다.

```
(1)  > x <- c(100,90,80,95,70,100)
(2)  > x
(3)  [1] 100  90  80  95  70 100
(4)  > mean(x)
(5)  [1] 89.16667
(6)  > stdev(x)
(7)  Error in stdev(x) : 함수 "std"를 찾을 수 없습니다.
(8)  > var(x)
(9)  [1] 144.1667
(10) > max(x)
(11) [1] 100
(12) > min(x)
(13) [1] 70
(14) > mean(x);var(x);max(x);min(x);sd(x)
(15) [1] 89.16667
(16) [1] 144.1667
(17) [1] 100
(18) [1] 70
(19) [1] 12.00694
(20) > m = mean(x)
(21) > print(m)
(22) [1] 89.16667
(23) > print(mean(x))
(24) [1] 89.16667
(25) length(x)
(26) [1] 6
(27) sum(x)
(28) [1] 535
(29) sum(x)/length(x)
(30) [1] 89.16667
```

위와 같이 R에서 자료의 처리를 위해 작성하는 것을 R 코드(code)라고 한다. R 코드는 작성자가 저장을 할 수 있으며 저장한 코드를 재활용할 수도 있기 때문에 작성 시 이해하기 쉽도록 작성하는 것이 중요하다. 특히 변수명의 경우 간단한 코드의 경우 임의로 작성할 수도 있으나, 코드가 길거나 설문 문항이 많은 경우라면 변수명을 이해하기 쉽고 기억하기 용이한 형태로 결정하는 것이 중요하다.

위의 R 코드에서 변수 x는 6개의 numeric 자료를 벡터 자료형으로 (1)과 같이 입력받는다. 특정한 자료형을 사용하기 위해서는 해당 자료형을 사용한다는 것을 알리는 선언의 형태가 필요하다. 벡터의 경우 c(...)의 형태로 선언한다.

변수에 값을 입력하는 방법은 변수명을 먼저 쓴다. 그리고 부등호(<)와 마이너스(−)표기를 결합한 화살표(<-)를 사용하거나 (20)과 같이 등호(=)를 쓴 뒤에 입력하고자 하는 데이터를 기입하면 된다.

R에서 변수의 값을 출력하는 방법은 대부분의 경우 변수명을 입력하고 엔터 버튼을 누르면 (2)와 같이 확인할 수 있다. R에서 사용하는 함수의 사용은 (4), (8), (10) 라인에서와 같이 '함수명(입력값/입력변수)'의 형태로 한다. 단 함수의 종류에 따라서 입력값이나 입력 변수의 형태나 개수가 달라질 수 있으니, R 사용 매뉴얼을 검색하여 확인해야 한다. 함수에 대해서 더 많은 정보를 알고 싶은 경우에는 ?함수명(예: ?min)을 실행하면 된다. 함수명을 잘못 입력하면 (7) 라인과 같은 오류 메시지를 볼 수 있다. stdev는 MS Excel에서 표준편차를 계산하는 함수로 R에서는 sd함수가 표준 편차를 계산해준다. 따라서 sd(x)로 수정해서 실행해야 한다. mean함수는 산술 평균, var함수는 분산, max는 자료의 최대값, min은 자료의 최소값을 계산해주는 함수이며, 중간값은 median함수를 사용한다. 여러 개의 함수나 명령을 한 줄에 기입하여 결과를 출력해 볼 수 있다. 하나의 함수를 쓰고 세미콜론(;)을 쓴 뒤에 다음 명령어를 기입하는 순으로 (14)와 같이 입력한다.

R에서의 함수는 계산한 결과값을 다른 변수에 입력할 수 있다. 예를 들어 (20)에서는 평균값을 계산한 결과를 m이라는 변수에 입력하였는 데. 입력하고 나서 결과값을 (21)과 같이 print함수로 출력한 것을 볼 수 있다.

함수는 입력값을 다른 함수의 출력값으로도 받을 수 있다. 중첩된 함수 혹은 함수 속의 함수라고 할 수 있는 데, (23)과 같이 print함수는 mean함수의 결과값을 입력값으로 받아 출력할 수 있다. 앞서 (20)에서 (21)의 과정을 (23)의 중첩된 함수의 형태로 한 줄로 결과를 출력할 수 있다. 어떤 함수를 쓰느냐에 따라서 여러 단계로 중첩할 수 있으나, 이 경우 R 코드가 복잡해져 추후에 재활용하는 데 어려움이 있을 수 있다.

그 밖에 함수로는 데이터들의 합계를 계산하는 sum함수와 자료의 개수를 계산해주는 length함수가 있다. sum함수의 결과값을 자료의 개수인 length함수로 나눌 때 (30)과 같이 mean함수의 결과와 동일함을 알 수 있다.

가. 설문 데이터의 구조와 데이터 입력

설문 데이터는 각 조사 대상자의 문항별로 응답 결과들의 집합이다. 개별 조사대상자의 데이터를 관측치라고 하면, 문항은 조사 대상자의 속성(태도, 신념 등)이고 문항별 응답은 조사 대상자의 실질적인 데이터가 된다. 이러한 관계를 아래와 같은 테이블로 나타낼 수 있다.

[표 9-6] 설문 데이터의 구조

조사대상자	문항1	문항2	...	문항10
AAA	아니오	녀		10
BBB	예	남		8
...	...			
ZZZ	아니오	녀		3

위와 같은 설문 데이터를 처리하기 위해서 R에서 제공하는 자료형이 앞서 설명한 데이터프레임(Dataframe)이다. 데이터프레임도 벡터, 리스트 등의 다른 자료형과 동일하게 선언의 절차가 필요하다.

설문 데이터는 문항의 개수, 조사 대상자의 수에 따라 대량의 데이터가 될 수 있다. 따라서 데이터프레임의 형태로 입력받기 위해서는 R은 직접 입력하는 방식과 외부에서 작성된 데이터를 입력받는 방식을 제공한다. 먼저 직접 입력하는 방식을 알아보자.

```
(1)  > data1 = data.frame()
(2)  > data1 = edit(data1)
(3)  > data1
(4)       국어  영어  수학
(5)  1   100    90    85
(6)  2    75    80    95
(7)  3    95    95    95
(8)  4    95   100    90
(9)  > mean(data1$국어)
(10) [1] 91.25
(11) > max(data1$영어)
(12) [1] 100
(13) > data[,3]  #수학점수 열
(14) [1] 85 95 95 90
(15) > median(data1[,3])
(16) [1] 92.5
(17) > summary(data1)
(18)          국어                 영어                 수학
(19) Min.    : 75.00    Min.    : 80.00    Min.    : 85.00
(20) 1st Qu. : 90.00    1st Qu. : 87.50    1st Qu. : 88.75
(21) Median  : 95.00    Median  : 92.50    Median  : 92.50
(22) Mean    : 91.25    Mean    : 91.25    Mean    : 91.25
(23) 3rd Qu. : 96.25    3rd Qu. : 96.25    3rd Qu. : 95.00
(24) Max.    : 100.00   Max.    : 100.00   Max.    : 95.00
```

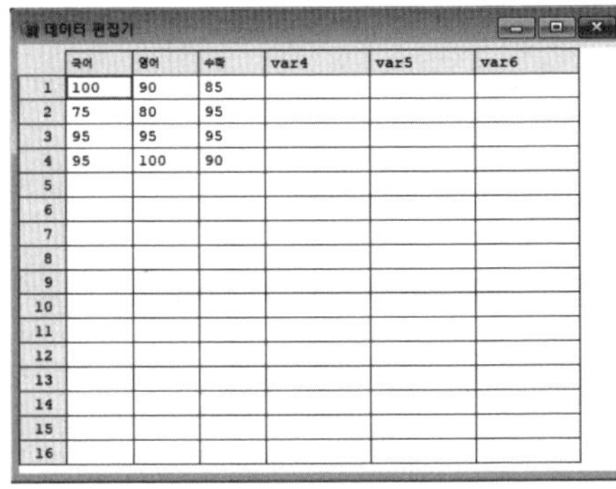

설문 데이터를 위한 데이터프레임 자료형의 선언은 data.frame()의 형태로 한다. 선언과 동시에 (1)과 같이 설문 데이터를 저장할 변수(data1)에 빈 데이터프레임 자료형을 입력한다. 설문 데이터를 직접 입력하기 위해서 edit 함수를 사용한다. edit함수에는 (2)와 같이 앞서 정의한 변수(data1)을 입력값으로 넣는다. 주의할 점은 edit함수를 사용한 결과값을 다시 data1 변수에 입력해야 한다는 점이다. R에서의 함수는 결과값을 다른 변수로 받을 수 있다. 우리가 사용할 변수가 data1이므로 edit함수에서 data1을 변경한 값을 data1으로 다시 입력받아야 저장이 완료된다.

edit함수를 실행하면 상단의 그림과 같은 데이터 편집기가 나타난다. MS엑셀

과 유사한 행과 열로 구성된 스프레드시트 창이 나타난다. 상단의 열에는 var1, var2, var3, ... 의 항목값이, 좌측 행에는 1, 2, 3, .. 의 입력 자료의 순서값이 나타나 있다. 마우스로 열의 항목값을 클릭하면 변수명과 자료의 유형(numeric, character)을 선택할 수 있도록 별도의 창이 나타난다. 변수명과 해당되는 자료형을 선택하여 변경한다. MS 엑셀과 같은 스프레드시트와 동일하게 입력창의 셀을 선택하여 자료를 입력하고 엔터키를 누르거나 입력하고자 하는 셀을 마우스로 선택하여 데이터를 입력한다. 입력을 완료하면 오른쪽 상단의 닫기 버튼(x 표시 버튼)을 누른다. 누르고 나서 data1을 출력하면 (4)~(8)과 같은 결과를 얻을 수 있다.

데이터프레임의 열은 설문 데이터에서의 개별 문항이므로 개별 문항에 대한 통계값이 궁금할 수 있다. 데이터프레임의 열은 (9)~(15)과 같이 '데이터프레임변수명$열이름'(예: data1$국어, data1$영어)의 형태로 사용하거나 '데이터프레임변수명[,열의위치]'(예: data1[,1], data1[,2]의 형태로 관리할 수 있다. '변수명$열이름'의 형태로 쓰는 경우에는 열 이름을 정확히 알아야 한다. 열 이름이 잘못되면 오류 메시지가 나타난다.

데이터프레임은 행과 열로 구성되어 있다. 이러한 점을 반영하여 데이터프레임변수명[행의 위치, 열의 위치]의 형태로 저장된 자료를 참조할 수 있다. 모든 행을 보고자 하는 경우에는 (13)과 같이 행의 번호를 기입하지 않는다. 열의 위치를 숫자로 나타낼 때는 첫 번째 열은 1이며 두 번째 열은 2로 열이 늘어날 때마다 1씩 증가시켜 사용하면 된다. 따라서 데이터프레임의 수학 점수 전체 데이터를 참조하려면 '변수명[,수학 열의 위치]'의 형태로 data1[,3]의 형태로 나타낸다. 유의할 점은 위의 예는 세 개의 열로 구성되어 있으므로 열의 위치값은 3까지 사용할 수 있다. 그 이상의 값(4이상)을 사용하는 경우에는 오류 메시지가 나타난다. (9)은 국어 점수의 평균, (11)은 영어 점수의 최고점, (15)은 수학점수의 중간값을 계산하는 함수이다.

마지막으로 summary함수는 데이터프레임의 모든 열의 자료 분포를 나타내는 통계량을 정리해서 보여준다. 최소값, 1사분위값, 중간값, 평균, 3사분위값과 최대값을 보여준다. 열의 분산이나 표준편차의 경우에는 별도의 함수를 사용해야 한다.

나. 데이터프레임의 편집과 수정

설문 데이터는 분석에 따라 결과값의 편집이나 수정이 필요하기도 하다. 수치형 자료를 범주형 자료로 변환하거나, 수치형 자료의 단위를 수정하기 위해 변환하는 등 정리 자료의 변환, 수정, 삭제 등이 필요한 경우가 발생한다. 먼저 data1에 과학 점수를 추가해 보자. 과학 점수는 새로운 열이 될 것이며 새로운 열의 추가는 '데이터프레임$새로운열이름'의 형태로 선언하거나 '데이터프레임["새로운열이름"]'으로 선언하고 해당 데이터를 입력하면 된다.

```
> data1["과학"]=c(95,100,75,85)
> data1$사회 =c(85,90,100,80)
> data1
    국어 영어 수학 과학 사회
1   100   90   85   95   85
2    75   80   95  100   90
3    95   95   95   75  100
4    95  100   90   85   80
> colnames(data1)
[1] "국어" "영어" "수학" "과학" "사회"
> colnames(data1) <- c("Korean","English","Math","Science","Social Study")
> data1
    Korean   English   Math   Science   Social Study
1      100        90     85        95             85
2       75        80     95       100             90
3       95        95     95        75            100
4       95       100     90        85             80
> data2 <- data1[c("Korean","English","Math","Science")]
> data2
```

```
data3$Korean <- data3$Korean/10
data3$English <- data3$English/10
> data3$Math <- data3$Math/10
> data3
Korean English Math
1    10.0    9.0    8.5
... # 2, 3행은 생략
4     9.5   10.0    9.0
```

```
(20)     Korean   English   Math   Science
(21) 1    100       90       85      95
(22) 2     75       80       95     100
(23) 3     95       95       95      75
(24) 4     95      100       90      85
(25) > nrow(data2);ncol(data2)
(26) [1] 4
(27) [1] 4
(28) > data3 <- data1[,1:3]
(29) > data3
(30)     Korean   English   Math
(31) 1    100       90       85
(32) ... # 2, 3행은 생략
(33) 4     95      100       90
```

(1), (2)와 같이 data1에 서로 다른 방법으로 과학과 사회 과목의 점수 열을 추가한다. data1을 출력하면 추가된 두 과목의 점수를 확인할 수 있다. 데이터 프레임의 열의 이름은 (9)와 같이 colnames함수를 사용해서 확인할 수 있다. 또한 열의 이름을 변경할 때도 colnames함수를 사용할 수 있다. 이때 변경할 열 이름을 (11)과 같이 벡터 형식의 데이터로 입력한다. 유의할 점은 데이터프레임의 열의 개수(국어부터 사회까지 5개)와 변경하고자 하는 이름이 저장된 벡터의 열의 개수(Korean부터 Social Study까지 5개)가 같아야 한다. 그렇지 않으면 오류 메시지가 나타난다.

대용량의 데이터일수록 분석에 걸리는 시간이 늘어난다. 따라서 분석에 사용할 데이터로만 편집하여 사용해야 한다. 기존 데이터프레임에서 일부만을 추출하여 새로운 데이터프레임으로 저장할 수 있다. 이 경우 '데이터프레임[저장하고자 하는 열의 이름으로 구성된 벡터]'의 형태로 추출한다. data2는 (18)의 형태로 사회(Social Study) 과목을 제외한 데이터로만 구성한 데이터프레임이다. 열의 이름을 모두 기입하는 것이 번거롭다면 열의 위치 번호를 사용해서 별도로 추출할 수 있다. data3는 Korean(열번호 1), English(열번호 2), Math(열번호 3)으로 구성된 데이터프레임이다. 여기서 주목할 점은 c(1,2,3)로 하지 않고 c(1:3)으로 나타냈다는 점이다. R은 일정 범위의 연속된 숫자들을 콜론(:)을 사용하여 개별 숫자를 모두 기입하지 않고 편리하게 나타낼 수 있도록 한다. 또한 혼용해서 사용하는 것도 가능하다(예: Korean과 Math, Science열을 선택하는 경우에는 c(1,3:4)를 사용한다).

열의 값을 변환해야 하는 경우를 생각해 보자. data1은 100점 만점으로 계산된 점수이다. 이것을 10점 만점으로 변환한다고 해 보자. 이를 위해서는 각 열의 값을 10으로 나누면 된다. 열의 값의 변환을 위해서는 '데이터프레임$열이름', 혹은 '데이터프레임["열이름"]'에 변환을 위한 수식으로 '데이터프레임$열이름/10'을 입력하면 된다. 즉 (34)~(36)과 같이 변환을 위해 만든 수식의 결과값을 다시 열 변수에 입력하여 변환을 완료한다. data3를 출력하면 10점 만점으로 변환된 결과를 확인할 수 있다. 최종적으로 편집된 데이터프레임의 행과 열의 개수는 (25)와 같이 nrow와 ncol함수를 사용해서 확인할 수 있다.

다. 외부 데이터 입력

외부 데이터를 입력받는 방법은 일반 문서 파일, MS Excel 파일(xlsx), CSV(Comma Separated Values) 파일 그리고 웹사이트에 존재하는 데이터 파일을 url 주소의 형태로 입력받는 방법 등이 있다. 앞의 세 가지 방법의 경우 파일을 PC로 다운로드 받은 뒤에 R에서 읽어 들이는 방식이므로 몇 가지 사전 작업이 필요하다. 소개한 네 가지 방법 말고도 R에서는 별도의 패키지를 설치하면 SPSS, STATA 등의 통계 패키지의 데이터를 읽어 들이는 것이 가능하다.

가장 먼저 필요한 작업은 작업 디렉토리의 확인과 설정이다. 작업 디렉토리에 필요한 파일을 다운로드하여 R에서 읽어 들이게 된다. 작업 디렉토리의 확인은 getwd 함수를 사용하고, 작업 디렉토리의 설정은 setwd 함수를 사용하거나 R의 파일 메뉴를 사용하면 된다.

(1) 〉getwd()
(2) [1] "C:/Users/Documents/RExample"
(3) 〉setwd("C:/Users/Documents/R")
(4) 〉getwd()
(5) [1] "C:/Users/Documents/R“

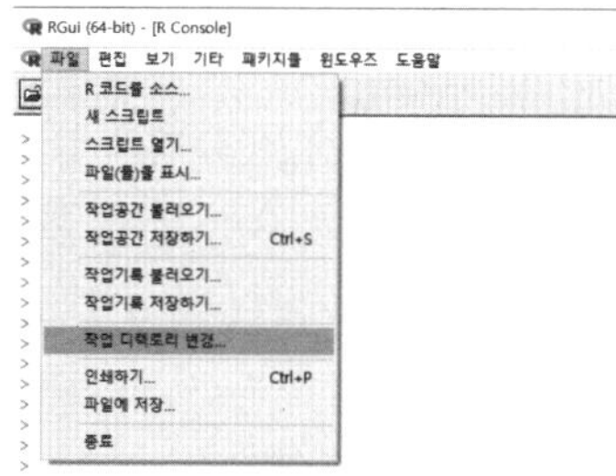

getwd 함수를 실행하면 현재 설정된 작업 디렉토리의 경로를 알 수 있다. 다운로드한 파일이 있는 디렉토리로 변경하거나 혹은 별도의 작업 디렉토리로 변경하려면 setwd 함수를 실행한다. setwd 함수는 (3)과 같이 입력값으로 디렉토리의 경로 전체를 입력받는다. 함수를 실행시킨 뒤에 getwd 함수로 (4)와 같이 경로를 확인하면 바뀌어 있는 것을 확인할 수 있다.

경로를 직접 입력하는 것이 힘들다면 R 프로그램의 파일 메뉴를 통해서 변경할 수 있다. 위의 그림에서 파일 메뉴를 선택하고 작업 디렉토리 변경 메뉴를 선택하면 디렉토리를 직접 설정할 수 있는 별도의 창이 나타난다. 별도의 창에서 원하는 디렉토리를 찾아 설정하며, 새로운 디렉토리를 만들고 설정할 수도 있다.

- 일반 텍스트 파일의 입력

디렉토리를 설정하면 설문 데이터가 저장된 파일을 읽어 분석을 위한 데이터프레임 변수로 저장한다. 먼저 일반 텍스트 파일(일반적으로 확장자가 txt로 끝나는 파일)을 읽어보도록 하자. 일반 텍스트 파일이라 하더라도 행과 열의 스프레드시트 형태를 갖추어야 한다. 가능하다면 첫 행은 변수명이 제시되어야 통계 분석이 용이하다. 지정하지 않는 경우에는 추후에 R에서 colnames 함수 등을 사용하여 추가로 지정을 해야 하므로 데이터를 R로 읽어 들이기 전에 지정해 두는 것이 좋다. 텍스트 파일에 저장된 데이터들 간의 간격은 일정하게 유지되어야 한다. 공백이나 탭을 사용하여 일정한 간격이 유지되어야 데이터를 읽어 들이는 데 오류가 발생하지 않는다. 일반 텍스트 파일의 외부 데이터를 읽어 들이는 함수는 read.table 함수이다. read.table 함수는 각 입력값의 의미와 사용법을 정확히 아는 것이 중요하다.

```
read.table(file="파일명", header=True/False, seq="구분자")
```

read.table 함수의 입력값 중에서 file은 현재 작업 디렉토리에 있는 파일의 이름을 입력받는다. header는 설문 데이터가 담겨 있는 파일의 첫 행에 항목명이 있는지 여부를 입력받는 데, 첫 행이 항목명이면 True, 첫 행부터 설문 데이터가 입력되어 있는 경우에는 False를 선택한다. 마지막으로 seq는 데이터를 구분하는 기호가 무엇인지 입력받는다. 데이터의 각 항목들이 특별한 기호로 구분되어 있는 경우(예: 세미콜론(;)이나 콜론(:), 혹은 쉼표(,)로 구분되어 있는 경우에는 해당 구분자를 기입한다. 예를 들어 아래는 첫 행이 항목명으로 구성되어 있으며, 콜론으로 구분되어 있는 data.txt 파일의 설문 데이터를 data1 변수명의 데이터프레임으로 저장하는 사례이다.

```
data1 <- read.table(file="data.txt", header=True, seq=":")
data2 <- read.table("data.txt", header=True)
```

data2 변수는 read.table 함수를 사용할 때 file과 seq를 생략한 경우이다. data1과 data2는 동일한 결과를 얻을 수 있다. 설문 데이터가 일정한 간격(공백이나 탭문자 간격)으로 떨어져 정리되어 있는 경우에는 seq를 생략할 수 있으며 file도 생략 가능하다. 단, 설문 데이터의 첫 행이 항목명인 경우에는 반드시 header=True 혹은 header=T를 입력해주어야 한다. 왜냐하면 header를 생략하는 경우, read.table함수는 header의 값이 없는 경우로 간주해서 데이터를 읽어 들이기 때문이다. 아래의 예를 살펴보자.

```
(1)  > data1 <- read.table(file="example.txt",header=T)
(2)  > dim(data1)
(3)  [1] 100   7
(4)  > names(data1)
(5)  [1] "성별"    "나이"    "직업"    "종교"    "교육수준" "거주형태" "월급"
(6)  > head(data1)
(7)       성별    나이      직업     종교    교육수준  거주형태   월급
(8)  1    녀      53      관리직    무교      초졸     전세      461
(9)  2    남      44     농수산업  개신교     고졸    자가소유    444
(10) 3    녀      56       기타     불교      고졸     전세      181
(11) 4    녀      53       무직     불교      중졸    자가소유    291
(12) 5    녀      23      판매직    기타    대학원졸   월세      447
(13) 6    남      57       기타     기타    대학원졸   전세      479
(14) > tail(data1, n=2)
(15)       성별    나이      직업     종교    교육수준  거주형태   월급
(16) 99    녀      47      전문직    무교      초졸     전세      653
(17) 100   녀      44       무직     무교      고졸     전세      640
(18) > summary(data1[,c(1,2)])
(19)   성별           나이
(20)   남:48  Min.    :20.00
(21)   녀:52  1st Qu. :32.00
(22)          Median  :41.00
(23)          Mean    :42.23
(24)          3rd Qu. :53.00
(25)          Max.    :63.00
(26) > data2 <- read.table("sepcomma.txt", header=T, sep=",")
(27) > data3 <- read.table("sepcolon.txt", header=T, sep=":")
(28) > data4 <- read.table("septab.txt", header=T, sep="")
(29) > data5 <- read.table("miss.txt", header=T, na.strings="miss")
```

data1은 example.txt에 저장되어 있는 설문 데이터를 데이터프레임의 형태로 저장한 변수이다. dim함수는 데이터프레임의 행과 열의 크기를 알려준다. (3)의 결과와 같이 행은 100개이고 열은 7개로 구성되어 있음을 알 수 있다. names함수는 데이터프레임의 항목명을 알려주는 함수이다. colnames함수와 동일한 기능을 한다. head와 tail함수는 데이터프레임의 일부 행을 보여주는 함수이다. 전체 데이터가 많은 경우에는 두 함수를 사용해서 일부만을 화면에 출

력할 수 있다. head는 처음 6행의 데이터를 tail함수는 가장 마지막 6행의 데이터를 보여준다. 특히 두 개의 함수를 통해 읽어 들인 설문 데이터가 원하는 형태로 data1에 저장되었는지 확인할 수 있다. head나 tail함수 모두 (14)와 같이 화면에 출력하는 행의 개수는 별도로 정의할 수 있다. n에 출력할 행의 개수를 입력하는 방식으로 하거나 head(data1, 3)의 형태로 숫자만 기입해서 조정할 수 있다.

summary함수는 입력된 데이터의 기본적인 자료 속성을 알려준다. 단 성별과 같은 명목형 변수의 경우에는 빈도 값을 보여주며, 나이와 같은 연속형 변수의 경우에는 최소값부터 평균, 최대값 등의 자료 분포를 나타내는 통계량 값을 보여준다. summary함수에 데이터프레임 변수값을 입력하면 모든 항목 변수의 요약값을 보여주나, (18)과 같이 일부 열을 선택하여 입력하면 해당 열의 요약값만을 알려준다.

원본 설문 데이터가 공백이 아니라 다른 구분자로 저장되어 있는 경우에 읽어 들이는 다양한 방식의 read.table함수를 (26)~(28)에서 보여주고 있다. 중요한 점은 구분자를 표기할 때는 항상 쌍따옴표를 묶어 주어 입력해야 한다.

설문 데이터에는 결측치 즉 응답이 완료되지 않은 값들이 존재한다. R에서 결측치는 NA로 나타낸다. 원본 설문 데이터의 결측치를 표기하는 방식을 R에 알려주어야 원본 파일을 데이터프레임으로 저장할 때 NA로 표기해서 저장한다. 예를 들어 원본 데이터에서 결측치를 miss라고 표시해 두었다면 아래와 같이 읽어들이면 R에서 결측치로 인식하고 저장한다. (29)와 같이 na.strings는 원본 데이터에서 결측치를 표기한 방식을 입력받으며 data5는 miss로 표기된 원본 데이터의 결측치를 R에서 처리하는 방식인 NA값을 변경하여 저장한다.

-CSV 파일의 입력

CSV파일은 쉼표(,)로 항목별 데이터가 구분되어 있는 파일이다. 인터넷 상에 배포되는 통계 자료의 경우 엑셀 파일이나 CSV 파일의 형태인 경우가 있다. 또한 구글 설문 기능에도 설문 결과를 CSV 파일 형태로 다운로드 받거나, MS 엑셀에도 파일을 저장할 때 CSV 파일의 형태로 저장하는 옵션이 존재한다. 이러한 자료를 받아 처리하는 경우에 R의 read.csv함수를 사용하면 된다. read.csv함수는 일반 텍스트 함수의 경우보다 간단하다.

```
datacvs <- read.csv(file="파일명")
```

위에서 볼 수 있듯이 파일명만 입력하면 데이터프레임으로 저장하는 데 문제 없다. 특히 csv함수는 별도의 설정이 없어도 데이터의 첫 항목을 항목명으로 인식한다. 즉 header=True 옵션이 기본으로 설정되어 있다. 또한 csv는 read.table에서 구분자 옵션(sep)이 쉼표로 설정되어 있는 것과 동일하다. 즉 CSV파일은 read.table("파일명", header=T/True, seq=",") 함수로 읽을 수 있다.

```
(1)  > datacsv <- read.table("example.csv",header=T,sep=",")
(2)  > head(datacsv,3)
(3)      성별   나이    직업     종교    교육수준  거주형태   월급
(4)  1    녀     53    관리직    무교     초졸      전세      461
(5)  2    남     44   농수산업   개신교    고졸    자가소유     444
(6)  3    녀     56     기타     불교     고졸      전세      181
(7)  > datacsv <- read.csv("example.csv")
(8)  > head(datacsv,3)
(9)      성별   나이    직업     종교    교육수준  거주형태   월급
(10) 1    녀     53    관리직    무교     초졸      전세      461
(11) 2    남     44   농수산업   개신교    고졸    자가소유     444
(12) 3    녀     56     기타     불교     고졸      전세      181
```

(1)은 csv파일을 read.table함수로 읽어 들였으며 read.csv함수와 동일한 결과를 얻었음을 볼 수 있다.

-MS 엑셀 파일의 입력

엑셀 파일의 경우 Excel 97-2003 버전의 파일과 최근 버전의 파일 처리 방법이 다르다. 97-2003 버전의 엑셀 파일은 파일의 확장자(예: 파일명.확장자, example.xls)가 최근 엑셀 버전의 확장자(example.xlsx)가 다른 것으로 구분할 수 있다. 가능하다면 97-2003 버전의 엑셀 파일을 직접 읽어 들이기보자는 최근 버전의 MS 엑셀 파일을 읽어 들이는 것을 권장한다. 받은 파일이 97-2003 버전이라면 최신 버전의 MS 엑셀 프로그램으로 변환하는 것을 권장한다. 방법은 97-2003버전의 엑셀 파일을 최근 버전의 엑셀 프로그램으로 읽어 들인다. 그 뒤에 다른 이름으로 저장하기 메뉴를 선택하면 최신 버전의 엑셀 파일로 저장하면 된다. 최신 버전의 엑셀 파일을 데이터프레임으로 저장하는 방법을 알아보자.

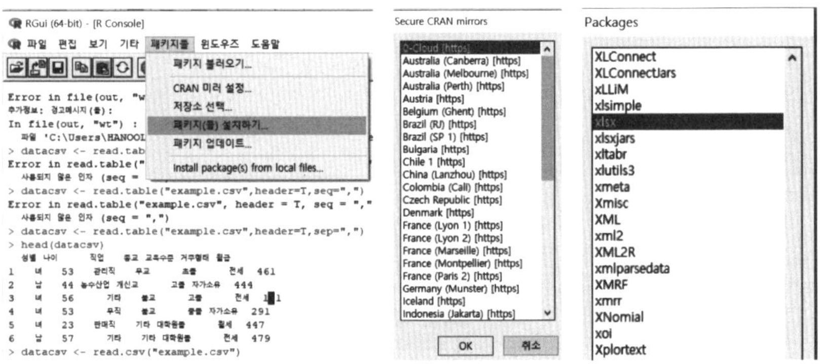

가장 첫 단계는 엑셀 파일을 읽어들이기 위해서 별도의 패키지를 설치해야 한다. 패키지의 이름은 xlsx이며 설치하는 방법은 여러 가지가 있으나 두 가지 방법을 소개한다. 첫 번째로 R 프로그램의 메뉴를 활용하는 방법이다. 위의 그림에서 볼 수 있듯이 R 메뉴에서 [패키지]들을 선택하고 [패키지를 설치하기]를 선택하면, 다음 화면에서 패키지를 다운로드 받을 CRAN 미러 사이트를 선

택한다. 미러사이트를 선택하고 OK 버튼을 누르면 Packages라는 창이 나타나고 그 중에서 xlsx 패키지를 찾는다. 패키지는 매우 많으나 알파벳순으로 되어 있기 때문에 아래로 스크롤해서 찾는다. xlsx 패키지를 찾았으면 마우스로 선택하고 OK 버튼을 누른다. 누른 즉시 R 작업 화면에 설치 과정이 진행되며 xlsx 패키지를 사용하기 위해 필요한 관련 패키지(rJava, xlsxjars)를 함께 추가로 설치해준다.

```
> utils:::menuInstallPkgs()
--- 현재 세션에서 사용할 CRAN 미러를 선택해 주세요 ---
'rJava', 'xlsxjars'(들)을 또한 설치합니다.
... 중간과정 생략
패키지 'rJava'를 성공적으로 압축해제하였고 MD5 sums 이 확인되었습니다
패키지 'xlsxjars'를 성공적으로 압축해제하였고 MD5 sums 이 확인되었습니다
패키지 'xlsx'를 성공적으로 압축해제하였고 MD5 sums 이 확인되었습니다
다운로드된 바이너리 패키지들은 다음의 위치에 있습니다
C:/Users/HanoolChoi/AppData/Local/Temp/RtmpU9iIaC/downloaded_packages
```

두 번째 방법은 R의 패키지 설치 함수를 사용하는 방법이다. 패키지 설치 함수를 사용하는 방법은 R의 패키지 명을 정확히 하는 경우에 직접 입력하는 방식이다. install.packages("패키지명")을 사용하거나 여러 개의 패키지를 동시에 설치하는 경우에는 설치하고자 하는 패키지명의 벡터를 만들어 입력하는 방법으로 install.packages(c("패키지명1", "패키지명2", ...))를 사용할 수 있다. R에서 데이터의 사전 처리 작업에 많이 활용되는 패키지로 Hadley Wickham이 개발한 dyplr 패키지와 R의 다양한 그래프를 그리는 데 사용되는 ggplot2 패키지를 동시에 설치해 보겠다.

```
(1) > install.packages(c("ggplot2","dplyr"))
(2) 'C:/Users/HanoolChoi/Documents/R/win-library/3.4'의 위치에 패키지(들)
    을 설…… 중간과정 생략
(3) 패키지 'ggplot2'를 성공적으로 압축해제하였고 MD5 sums 이 확인되었습니다
(4) 패키지 'dplyr'를 성공적으로 압축해제하였고 MD5 sums 이 확인되었습니다
```

R은 통계 분석, 그래프, 데이터마이닝 등의 다양한 패키지를 제공하고 있으며 xlsx 이외의 다른 패키지의 설치는 위와 같은 두 가지 방법 중 하나를 선택한다.

설치를 완료하면 library함수를 통해서 R에서 사용할 수 있도록 메모리에 로드하는 절차가 반드시 필요하다. library 함수를 통해서 로드하는 경우에는 패키지명에 따옴표를 붙이지 않는다[20]. 따라서 엑셀 파일을 입력하기 위한 xlsx 패키지의 로드는 library(xlsx)의 형태로 한다. 엑셀 파일의 데이터프레임으로의 저장을 위해서는 read.xlsx 함수를 사용한다. 기본적인 read.xlsx 함수의 입력값은 아래와 같다.

```
read.xlsx(file="설문데이터입력자료.xlsx", sheetIndex=데이터가있는워크시트번호,
          encoding="데이터형식을처리하는방식")
```

앞서 예에서도 보았듯이 file은 생략하고 엑셀 파일 이름만 기입해도 된다. sheetIndex는 엑셀 파일은 여러 개의 시트로 구성되어 있기 때문에 데이터가 있는 시트를 구분해서 입력받아야 한다. 시트가 하나인 파일의 경우 sheetIndex 값으로 1을 선택하면 되고 그렇지 않다면 엑셀 파일을 열었을 때 하단에 있는 워크 시트 탭을 보고 가장 왼쪽의 시트를 1번, 그 다음 시트를 2번, 다음을 3번 순으로 시트 번호값을 계산하면 된다. 마지막으로 encoding은 입력된 자료가 저장된 형식을 선택하는 것인데, 영어 자료의 경우에는 문제가 없으나, 한글이 입력되어 있는 엑셀 파일의 경우에는 오류가 발생할 수 있다. 위의 encoding 옵션을 선택하지 않고 실행했을 때 오류 메시지가 뜨는 경우에는, encoding 옵션

20) library(xlsx)를 실행하는 경우에 다음과 같은 오류가 화면에 나타나는 경우가 있다. "Error: package or namespace load failed for 'rJava' .. [중략] .. 에러: 패키지 'rJava'는 로드되어질 수 없습니다." 이 오류는 Java 프로그램이 설치되어 있지 않은 경우에 발생한다. 따라서 https://www.java.com/en/download/manual.jsp를 통해서 본인의 작업 PC의 OS에 맞추어 Java software를 설치하면 된다.

을 추가하여 UTF-8을 입력해준다.

```
(1)  > library(xlsx)
(2)  필요한 패키지를 로딩중입니다: rJava
(3)  필요한 패키지를 로딩중입니다: xlsxjars
(4)  > dataxl <- read.xlsx("example.xlsx",sheetIndex=1)
(5)  Error in make.names(vnames, unique = TRUE) :
(6)  '<ec><84><b1>蹂<84>'에서 유효하지 않은 멀티바이트 문자열이 있습니다
(7)  > head(dataxl)
(8)  Error in head(dataxl) : 객체 'dataxl'를 찾을 수 없습니다
(9)  > dataxl <- read.xlsx("example.xlsx",sheetIndex=1,encoding="UTF-8")
(10) > head(dataxl, 3)
(11)     성별    나이     직업      종교    교육수준  거주형태   월급
(12) 1   녀      53      관리직     무교     초졸      전세     461
(13) 2   남      44      농수산업   개신교   고졸      자가소유  444
(14) 3   녀      56      기타       불교     고졸      전세     181
(15) > str(dataxl)
(16) 'data.frame':   100 obs. of  7 variables:
(17) $ 성별    : Factor w/ 2 levels "남","녀": 2 1 2 2 2 1 1 1 2 1 ...
(18) $ 나이    : num  53.2 43.8 55.8 53.4 22.9 ...
(19) $ 직업    : Factor w/ 11 levels "관리직","교육직",..: 1 4 3 5 11 3 2 6 5 11 ...
     ... 중간생략
(20) $ 거주형태: Factor w/ 3 levels "월세","자가소유",..: 3 2 3 2 1 3 1 1 2 3 ...
(21) $ 월급    : num  461 444 181 291 447 479 436 688 341 292 ...
```

xlsx 패키지를 설치하고 library함수로 로드하면 관련 패키지를 함께 로딩한다는 메시지와 함께 로딩이 완료된다. 보통 library함수로 성공적으로 로드하면 화면에 특별한 메시지가 나타나지 않는다. 다음으로 (4)과 같이 read.xlsx 함수로 example.xlsx 파일을 읽어 들인다. 보통 많이 나타날 수 있는 오류 중의 하나가 파일을 찾지 못하는 오류이다. 이 경우는 작업 디렉토리 설정이 제대로 되어 있지 않아 파일을 못 찾는 경우거나 파일 이름을 잘못 입력하여 찾지 못하는 경우이다. 두 번째 오류는 위와 같이 멀티바이트 문자열이 있다는 오류이다. 이 경우는 설문 데이터가 한글로 입력되어 있는 경우에 흔히 발생하는 데, 이는 영

어 알파벳과 한글 문자의 저장 방식이 다르기 때문에 발생하는 문제이다[21]. 이런 오류가 발생했을 때는 (7)과 같이 데이터프레임 역시 저장되지 않아 head 함수를 사용해도 객체를 찾을 수 없다는 오류가 나타난다. 따라서 이때는 엑셀 파일에 있는 값들이 한글로 표기되어 있음을 알리기 위해 encoding="UTF-8"을 추가해서 실행한다. head함수를 통해서 해당 데이터가 잘 저장되었는지 확인할 수 있다. 또한 str함수는 저장된 데이터프레임의 구조를 알려주는 함수이다. (16)과 같이 전체 응답자가 몇 명인지(100obs.), 설문 항목(변수)이 몇 개인지(7 variables)를 요약해서 보여준다. 또한 각 변수별로 변수의 유형(수치형 자료 혹은 범주형 자료)를 알려주고, (17), (19)와 (20)과 같이 범주형 자료라면 Factor로 제시되어 몇 개의 범주로 구성되어 있는지 보여준다. 예를 들어 성별의 경우 2 levels로 남/녀, 거주형태의 경우 3 levels로 월세, 자가소유 등으로 구성되어 있음을 알 수 있다. 수치형 자료의 경우 num로 표기되어 있다.

설문데이터를 데이터프레임 변수로 저장하고 통계 분석을 하기 전에 str함수를 사용하여 데이터 형태를 검토해야 한다. 왜냐하면 숫자로 표기된 설문 데이터가 모두 등간이나 비율 척도의 자료가 아니라 범주나 순서를 나타내는 서열척도 자료일수도 있기 때문이다. 이 경우 num로 표기되어 있는 변수를 Factor 즉 범주형 변수로 변환을 한 뒤 분석을 해야 하기 때문이다. 변환 방법은 후에 기술하기로 한다.

확장자가 xls로 끝나는 97-2003 버전의 엑셀 파일을 바로 읽어야 하는 상황이라면 readxl 패키지를 먼저 설치한다. 설치한 후에 library함수로 readxl 패키지를 로드한다. 그 뒤에 read_excel함수를 실행하여 데이터프레임으로 읽어 들인다.

---

21) 영어 알파벳의 경우 1바이트의 데이터 양으로 문자를 표시하지만 한글은 2바이트로 데이터를 표기한다. 따라서 데이터를 읽어 들일 때 오류가 종종 발생한다.

```
> oldxls <- read_excel(path="oldxls.xls",sheet="final",col_names=T)
> head(oldxls,3)
# A tibble: 3 x 7
     성별    나이    직업      종교    교육수준  거주형태  월급
     <chr>   <dbl>   <chr>     <chr>   <chr>     <chr>     <dbl>
1    녀      53.2    관리직    무교    초졸      전세      461
2    남      44.8    농수산업  개신교  고졸      자가소유  444
3    녀      55.8    기타      불교    고졸      전세      181
> dim(oldxls)
[1] 100   7
```

read_excel함수의 입력값도 read.xlsx와 유사하게 가장 먼저 파일명을 기입한다. 단 파일명을 입력하는 경우 path라는 변수에 입력한다. 또한 엑셀 파일이 여러 개의 시트로 구성된 경우에는 시트의 이름을 sheet라는 변수에 입력한다. 데이터의 첫 행이 항목명인 경우에는 col_names=True/T를 입력한다.

엑셀 파일은 지금까지 보았듯이 별도의 라이브러리를 설치해야 하고 읽어 들이는 방식도 일반 텍스트 파일이나 CSV 파일에 비해서 다소 복잡한 편이다. 엑셀은 하나의 파일에 다수의 워크시트를 담을 수 있기 때문에 R의 데이터프레임으로 저장하기 위해서는 워크시트의 순서나 이름을 알아야 한다. 또한 엑셀 파일의 경우 데이터프레임으로 읽어 들이는 데 일반 텍스트나 CSV 파일에 비해서 처리 시간이 더 걸린다. 엑셀 파일에 담긴 데이터가 많을수록 처리 시간이 더 많이 걸리기 때문에 가능하다면 CSV 파일의 형태로 받거나 CSV 파일의 형태로 변환하여 사용하는 것이 보다 용이하다.

- 웹 데이터 입력

웹 데이터를 입력하는 방법은 웹 상에 존재하는 데이터 파일의 형태를 고려해서 읽어 들인다. 일반 텍스트 파일인 경우라면 아래와 같이 웹 상에 제공되는 데이터를 읽어 들일 수 있다.

```
(1)  > website <- "http://www.statsci.org/data/general/auction.txt"
(2)  > webdata <- read.table(website,header=T)
(3)  > str(webdata)
(4)  'data.frame':   32 obs. of  3 variables:
(5)  $ Age    : int  127 115 127 150 156 182 156 132 137 113 ...
(6)  $ Bidders: int  13 12 7 9 6 11 12 10 9 9 ...
(7)  $ Price  : int  1235 1080 845 1522 1047 1979 1822 1253 1297 946 ...
(8)  > head(webdata,3)
(9)       Age   Bidders  Price
(10) 1    127      13     1235
(11) 2    115      12     1080
(12) 3    127       7      845
(13) > webdata2 <- read.table(website)
(14) > head(webdata2,2)
(15)      V1       V2       V3
(16) 1    Age   Bidders  Price
(17) 2    127      13     1235
```

우선 데이터 파일이 있는 웹 주소를 (1)과 같이 문자열 형태로 별도의 변수(website)로 저장한다. 반드시 웹 주소를 별도의 변수로 입력받을 필요는 없으나 웹 주소가 긴 경우에 함수의 입력값으로 넣게 되면 함수가 길어져 보기가 불편해지고, 오류가 발생했을 때 어느 곳이 잘못되었는지 알아내기가 어려워진다. 데이터 파일(auction.txt)이 공백이나 탭으로 구분되어 있는 경우라면 read.table함수를 사용한다. 중요한 것은 첫 행이 변수명으로 되어 있는지 알고 있어야 한다. 모르는 경우라면 header 옵션을 True로 설정하지 않고 데이터프레임으로 받은 뒤에 head함수로 확인해 본다. 이때 첫 행의 데이터가 (16)과 같이 항목명이라면 header 옵션을 True 설정해서 다시 데이터프레임으로 저장한다.

- 통계 패키지 데이터 입력

R이외에도 SAS, SPSS, Stata 등의 통계 패키지가 있다. 이러한 통계 패키지의 데이터들을 R의 데이터프레임으로 저장할 수 있다. 통계 패키지의 데이터를 R에서 입력받기 위해서는 foreign 패키지를 설치해야 한다. 여기서는 SPSS 파일

을 읽어 들이는 방법을 알아보자.

```
(1) > install.packages("foreign")
    ... 중간생략
(2) > library(foreign)
(3) > ex1 = read.spss("example.sav",to.data.frame=T,use.value.label=T)
(4) > head(ex1,3)
(5)      Korean   English   Math   Science   Social Study
(6) 1     100       90       85      95          85
(7) 2      75       80       95     100          90
(8) 3      95       95       95      75         100
```

foreign 패키지에서 제공하는 spss파일을 읽어 들이는 함수는 입력값을 파일명, 데이터프레임으로 변경하는 것을 의미하는 to.data.frame 옵션, SPSS 파일의 항목명(label)을 사용하겠다는 옵션인 use.value.label 옵션이 있다. (3)과 같이 설정하고 파일을 읽어 들이면 (4)번과 같은 결과를 얻을 수 있다. foreign 패키지를 설치하고 R에서 데이터프레임으로 읽어 들일 수 있는 통계 패키지는 SAS(read.xport함수), Stata(read.dta함수) 등이 있다. 상세한 내용은 R Project 사이트를 통해서 알 수 있다[22].

22) https://cran.r-project.org/web/packages/foreign 에 접속하면 foreign 패키지에 대한 정보와 매뉴얼을 PDF 파일로 다운로드 받을 수 있다.

Discussion Question

토의 문제

1. 온라인 설문 조사는 무엇인가? 온라인 설문 조사가 기존의 전화, 우편 등의 설문 조사를 대체할 수 있다고 생각하는가?

2. 온라인 설문의 장점은 무엇이고, 단점은 무엇인가? 앞으로의 기술 발전이 단점을 극복할 수 있다고 생각하는가?

3. 구글 설문지 기능의 장점은 무엇인가? 유료로 제공되는 온라인 리서치 업체들의 서비스를 사용해야 하는 이유는 무엇일까?

4. 예, 아니오 응답에 따라 다른 설문 문항을 제시하려고 한다. 구글 설문에서 어떤 기능을 사용해야 하는가?

5. 문항에 대한 응답이 여러 개가 가능하다. 구글 설문에서 어떤 문항 유형을 선택해야 하는가?

6. 온라인을 통해 설문을 배포하려고 한다. 구글 설문을 통해 배포하는 방법을 설명하라. 이메일을 통한 배포, 스마트폰 문자를 통한 배포, 웹 게시판이나 SNS를 통해 배포하는 방법 간에 어떤 차이가 있는가?

7. R이 오픈소스 방식이기 때문에 갖는 장점은 무엇인가? SAS나 SPSS와 같은 유료 패키지와 비교할 때 단점은 무엇인가?

8. R의 데이터형에는 어떤 것이 있으며 어떤 차이가 있는지 설명하라.

9. R에서 변수명과 데이터를 직접 입력하는 방식에 대해서 설명하라.

10. 구글 설문 결과를 다운로드 받아 R의 데이터 프레임으로 읽어 들이는 절차를 설명하고, R 코드로 작성해 보아라.

| 제10장 |

설문 조사의 실행과 결과 분석

학습 목표

Google 설문 기능을 사용하여 설문지를 작성한다.

Excel과 R을 사용하여 통계 분석을 위해 설문 결과를 정리한다.

R 통계 패키지를 사용하여 분석을 실행한다.

학습 목차

제1절 설문지의 작성 및 실행

본 장에서는 구글 설문 기능을 활용하여 실제 조사 문제를 수행해 보고 그 결과를 스프레드시트 파일로 다운로드받아 R에서 분석을 실행하는 과정을 알아본다. 본 장에서 다루고자 하는 조사 문제는 한 대학교의 교내 식당에 대한 조사이다. 본 조사는 여러 단과대학으로 구성된 대학교의 남녀 전 학년의 재학생을 대상으로 실시하였다. 앞서 배웠던 조사 절차에 따라서 하나씩 살펴 보도록 하자.

1) 조사 문제와 배경

본 조사는 교내 재학생들의 교내 식당의 개선을 통한 학생 복지 증진 방안 수립을 위한 문제를 해결하기 위해 실시한다. 교내 식당은 인건비 상승과 식자재 가격 인상으로 매학기 가격 인상 및 수익 창출을 위한 메뉴 다양화를 요구해 왔다. 이에 반해 일부 재학생들은 교내 식당의 음식의 맛이 가격 대비 하락하고 있으며, 학교 인근 식당과의 가격이나 맛의 격차가 점점 줄어들고 있음을 지적하고 있다. 교내 식당 서비스는 대학 생활의 질적 수준을 결정하는 중요한 부분으로 학교는 재학생들의 복지 증진을 위한 방법을 찾기 위해 교내 식당의 실태 조사를 실시하고자 한다. 특히 교내 식당의 질적 하락에 대한 일부 재학생들의 주장이 전체 재학생들의 의견과 유사한 경향을 보이는지 조사를 통해서 파악하고자 한다.

조사 문제는 하나의 주제에 대해 서로 다른 의견들이 존재하여 무엇이 옳고 그른지 판단하거나, 어떤 의견이 현상을 더 잘 설명할 수 있는지, 어떤 의견이 현 상황을 타개하거나 개선할 수 있는지 판단하기 위해 수립한다. 위의 사례에서 조사 문제는 좁게는 학생 식당 가격 상승에 대한 타당성 조사가 될 수 있을 것이며, 넓게는 교내 식당 개선을 통한 대학생들의 복지 증진 방안 수립을 위한 조사가 될 수 있을 것이다. 중요한 것은 조사 문제가 넓게 정의될수록 조사에서 달성하고자 하는 목적, 일정, 예산 등이 달라질 수 있다는 점이다.

2) 조사 목적

조사 목적은 해결하고자 하는 조사 문제와 관련하여 구체적으로 조사를 통해 달성하고자 하는 것이 무엇인지 명확히 하는 것을 말한다. 조사 문제가 교내 식당의 개선을 위한 복지 증진 방안 수립이므로, 교내 식당의 개선점이 무엇인지 파악하는 것이 필요하다. 이를 위해서는 현재 교내 식당에 대한 현황, 즉 가격, 양, 음식의 질 등의 여러 가지 측면에서 학생들이 어떤 부분에서 만족 혹은 불만족하고 있는가를 파악하는 것이 필요하다. 또한 가장 시급하게 해결되어야 할 측면이 무엇인지에 대해서도 파악하는 것이 필요하다. 또한 조사 배경에서 언급되었듯이 인건비와 식자재 상승으로 인한 가격 상승의 필요성에 대해 교내 식당 조사도 필요할 것이다.

따라서 조사 목적은 크게 교내 식당에 대한 현황 파악 및 개선점에 대한 파악을 주된 목적으로 한다. 구체적으로는 학과별 학년별로 재학생들을 구분하여 교내 식당 이용 현황, 맛과 위생 등 식당 서비스에 대한 재학생들의 만족도 조사, 교내 식당 이용 및 이용하지 않는 사유 조사 등이 될 수 있을 것이다.

3) 조사 일정 및 예산

조사 일정은 조사의 신속성이나 예산을 고려하여 결정한다. 예산이 충분한 경우라면 많은 조사원을 동원하여 짧은 기간 내로 신속하게 조사를 완료할 수 있을 것이다. 그렇지 않다면 전체 조사 대상자 규모와 예산을 고려하여 조사 기간을 결정한다.

그러나 조사 기간이 지나치게 길어지면 조사 대상 표본의 변화가 일어날 수 있다. 조사 대상 기간 동안 특정한 사건의 발생이나 조사 대상의 성숙 효과로 인해 조사 대상자의 태도나 신념의 변화가 발생할 수 있다. 이러한 변화는 조사 기간 초기 응답자와 사건 발생 이후 응답자 간의 차이를 발생시키는 외생 변수가 된다. 따라서 조사 기간은 길지 않도록 해야 하며, 조사 기간 중 외생 변수가 될 수 있는 예측 가능한 사건이 있는 경우에는, 이를 피해서 기간을 설정한다. 예를 들어 조사 기간 중에 교내 식당의 프로모션 등이 있는 경우에는 프로모션 전의 응답자들과 후의 응답자들의 태도가 달라질 수 있다. 혹은 학기 초의 응답자들과 학기 말이나 계절 학기 기간 중의 응답자들의 태도 역시 다를 수 있다.

또한 조사 일정을 잡을 때에는 대상자들의 접근성 역시 고려해야 한다. 대상자들이 응답하기 어려운 시기에 조사를 시작한다면 응답률이나 응답 결과의 질이 하락할 것이다. 대학생들을 대상으로 한다면 중간고사나 기말고사, 방학 혹은 대학 축제 기간 등을 피해서 실시해야 할 것이다. 비교적 응답이 용이한 온라인 설문 조사라도 해당 기간에는 높은 응답을 기대하기 어렵다. 일반인들을 대상으로 하는 조사라면 가능하면 연휴나 휴가 기간을 피해서 실시하는 것이 효과적이다. 또한 본 조사 문제의 특성상 조사 대상에 신입생이 포함되어 있는 경우라면 대학생활을 시작한 뒤 충분한 시간이 지난 시점에 조사를 실시하는 것이 바람직할 것이다. 그렇지 않다면 신입생들의 응답이 재학생들과 달리 편향이 발생할 가능성이 높아진다.

4) 조사 대상

본 조사는 대학 재학생들을 대상으로 실시한다. 휴학생의 경우 조사를 위한 접근이 어려우며, 조사 시점의 교내 식당의 현황에 대한 정확한 정보를 제공하기가 어려울 수 있다. 재학생들은 신입생부터 4학년까지를 대상으로 하며, 졸업연기자의 경우에도 4학년으로 분류하여 조사를 실시한다. 앞서 언급했듯이 신입생의 경우 충분한 대학 생활이 이루어진 뒤에 조사를 하여 정확한 정보를 획득할 수 있도록 한다.

5) 표본 설계

전체 재학생 대상의 전수 조사는 비용이나 시간의 문제로 실시하기 어렵기 때문에 표본 조사를 실시한다. 대학생들 대상의 조사의 경우에는 표본 프레임을 확보하기가 용이하다. 재학생 명단이 조사 대상 집단 전체이기 때문이다. 그러나 학생들의 개인 정보 보호의 법적 문제로 인해 명단을 직접 받아 표본 프레임을 만드는 것은 문제가 있다. 따라서 확률표본추출법을 사용하는 것에는 한계가 있다.

따라서 비확률표본추출법을 사용해서 표본을 설계하는 데, 개인 정보 노출의 문제를 피할 수 있도록 한다. 본 조사에서는 할당표본추출법을 사용한다. 재학생들은 소속 학과와 소속 단과대학으로 구분될 수 있다. 전체 재학생 수와 각 소속 단과대학별로 재학생 수를 정리하여, 각 단과대학별 비율로 추출할 표본의 개수를 할당하는 방식이다. 할당된 표본의 개수대로 각 단과대학에서는 가능하면 신입생부터 4학년 학생까지 응답 가능성이 높은 학생들에게 설문을 협조하는 방식의 판단표본추출법을 활용하여 응답을 구한다. 소속 학과를 기준으로 전체 재학생 대비 비율로 표본의 개수를 할당할 수도 있을 것이다. 본 조사에서는 소속 학과를 기준으로 할 때 할당되는 표본의 개수가 매우 적거나 없는 학과가 발생할 수 있는 문제로 인해 단과대학을 대상으로 하였다.

예를 들어 전체 재학생이 10,000명이고, A, B, C 세 개의 단과 대학이 있다고 하자. A, B, C 단과대학의 현재 재학생이 3,000명, 2,000명, 5000명이라고 하자. 조사 대상 표본의 개수를 500명으로 한다. 그러면 각 단과대학의 재학생 비율은 A대학은 30%, B대학은 20%, C대학은 50%가 된다. 이 비율을 토대로 각 대학별로 추출해야 할 표본의 개수는 A 대학은 150명 (500×30%), B대학은 100명 (500*20%), C대학은 250명 (500×50%)이 된다. 할당표본추출법에서 할당하는 기준은 여러 가지 기준을 동시에 사용할 수도 있다. 본 조사에서는 단과대학만을 기준으로 표본 개수를 결정하였으나, 성별을 추가하여 남/녀, 개별단과대학의 두 개의 차원으로 집단을 나누어 할당비율을 정하여 표본 개수를 결정할 수도 있다. 학년과 단과대학을 기준으로 집단을 나누어 할당비율을 계산할 수도 있으며, 성별, 학년, 단과대학 모두를 포함하여 할당 비율을 계산할 수도 있다.

할당된 기준을 정하는 것은 무엇보다도 나누어진 집단 간의 차이가 있음을 가정하고 결정해야 한다. 집단 간 이질성이 명확한 경우에는 각 집단에서 고르게 표본을 선별해야 표본의 대표성을 높이고 표본 오차를 줄일 수 있다. 따라서 할당표본추출법을 이용하는 경우 이질적인 집단을 구분하는 할당 기준을 찾아내는 것이 중요하다. 기존의 연구에서 이미 이질적인 집단으로 구분할 수 있는 기준을 제시하고 있다면 이를 활용한다. 그러나 그렇지 않은 경우도 흔히 발생한다. 이 경우 유사한 연구를 참고하거나 연구자의 탐색적 연구를 통해 이러한 기준을 찾아내는 것이 방법이 될 수 있다.

6) 설문 작성

조사 문제의 해결을 위해 가설을 수립하고 이를 검증한다. 검증을 위한 자료 수집을 위해 측정을 한다. 사회과학의 측정은 여러 가지 방법이 있는 데 그 중의 하나가 설문 조사이며 실제 측정값은 설문 문항에 대한 응답값이라고 할 수 있다. 본 조사의 주된 목적은 현황 파악과 개선안 도출이다. 따라서 설문을 통해 현재 재학생들의 교내 식당 이용 빈도, 맛이나 가격 등 서비스에 대한 만족도, 개선 요구 사항 등에 대한 정보를 수집하여 이를 정리한다.

문항의 작성은 5장에서 언급했듯이 원하는 응답을 얻을 수 있도록 설계 되어야 한다. 이러한 문항은 설문 문항으로 적절하지 않다. ①하나의 문항에 두 개의 응답을 요구하는 질문이나, ②모호해서 다의적으로 해석될 수 있는 개념이 문항에 포함되어 있다거나, ③지나치게 구체적이어서 답하기 어렵거나 추측해야 하는 문항이거나, ④약어나 혹은 전문 용어라서 응답자가 이해할 수 없는 경우이거나, ⑤문항 속에 특정 응답을 유도하는 내용을 포함하고 있거나, ⑥다지선다형 문항인 경우 응답이 될 수 있는 모든 경우를 포함하고 있지 않은 경우 등은 문항 작성 시 피해야 한다.

또한 문항의 응답에 따라 분기가 발생하는 경우에는 응답자가 적절한 문항으로 이동하여 응답할 수 있도록 상세한 지시가 필요하다. 면담 조사와는 달리 설문지를 통한 조사의 경우 보통 응답자 스스로 작성하는 경우가 대부분이다. 특히 온라인 설문의 경우 조사원과의 대면 접촉이 전혀 없기 때문에 지시 사항을 쉽게 이해하고 정확히 응답할 수 있도록 설문을 구성하는 것이 필요하다. 종이 설문의 경우 지시사항을 상세하게 제시하더라도 응답자의 실수로 기입하지 말아야 할 곳에 기입하는 경우가 발생하기도 한다. 온라인 설문은 응답에 따라 서로 다른 페이지로 이동하여 설문을 진행하기 때문에 이런 점에서 종이 설문보다 유리한 면이 있다.

본 조사의 설문 문항은 크게 세 부분으로 구성된다. 이용 빈도와 이용하는 이유, 식당 서비스에 대한 만족 정도 평가, 식당 개선을 위한 요구 사항 수렴이다.

7) 설문 검토 및 배포

작성된 설문 문항을 작성자를 비롯하여 조사 연구 전문가나 관련 연구 경험이 있는 주변 사람을 통해 설문지에 대한 검토를 받는다. 가능하다면 조사 대상 중의 일부를 설문 검토에 참여하도록 하는 것도 좋은 방법이다. 이는 실제 응답자들이 설문의 어떤 문항에서 응답하기 어려우며, 어떤 부분에서 모호하게 느끼는지 등 설문 전반에 대해 응답자의 관점에서 피드백을 받을 수 있다. 본 조사에서는 설문 조사 전문가로서 교수와 응답자 중의 일부로 학생회 및 단과대학 대표 등을 통해 설문지에 대한 피드백을 받았다.

본 조사에서는 구글 설문지 기능을 활용한 온라인 설문의 형태로 설문 양식을 배포하고 조사를 수행하였다. 각 단과대학 행정팀을 통해 설문 양식을 배포하였고, 단과대학 행정팀은 배정된 표본 수에 따라 신입생부터 4학년생 남녀 재학생을 대상으로 학과별로 온라인 설문 시행을 요청하였다.

9) 결과 정리

설문 결과는 1차적으로 구글 설문 기능에서 제공하는 스프레트시트 파일로 받아 이것을 엑셀 파일로 다운로드받았다. 다운로드받은 엑셀 파일을 노대로 하여 무응답이나 잘못된 응답 등을 처리하여 분석을 위한 데이터로 정리하였다.

단 구글 설문을 통해 얻어진 스트레드시트 파일은 행은 개별응답, 열은 항목명으로 구성되어 있다. 그런데 열의 항목명에는 문항 번호와 문항 전체의 내용을 담고 있기 때문에 통계 분석을 위해서 변수명으로는 적합하지 않다. 따라서 열의 이름을 분석에 적합한 변수명 즉 별도의 레이블(Label)을 정하는 것이 필요하다.

또한 구글 설문 문항 중에서 복수응답 문항의 경우에는 별도의 데이터 처리 작업이 필요하다. 복수응답 문항의 응답 결과를 스프레드시트의 한 셀에 쉼표(,)로 구분하여 기록한다. 따라서 통계 분석을 위해서는 복수 응답 문항의 셀 데이터를 분석 전에 사전 처리를 해야 하거나, 통계 패키지의 함수 등을 이용해서 정리해 주는 작업이 필요하다. 다음 절에서 이러한 과정을 알아보도록 하자.

제2절 구글 설문 작성 및 R을 활용한 데이터 전처리

1) 설문지 구성

본 조사에 사용한 설문 문항과 분석을 위한 변수명은 아래와 같다. 분석을 위한 변수명은 영문으로 표기했다. 영문으로 표기 시에는 변수가 어떤 정보를 담고 있는지 파악이 가능한 형태로 작성하는 것이 좋다. 성별과 학년 정보를 담고 있는 변수를 Var1, Var2로 표기하는 대신에 Gender, Grade로 나타내면 어떤 정보를 담고 있는지 파악하기 쉽다.

[표 10-1] 문항과 분석에 사용한 변수

번호	문항내용	보기	변수
1	본인의 성별은?	남, 여	Gender
2	본인의 학년은?	1, 2, 3, 4학년	Grade
3	본인의 소속대학은?	- 경영대학, 사회과학대학 등	College
4	1주에 몇 회 정도 교내 학생식당을 이용하는가?	-이용하지 않음 -주 1~3회 -주 4~7회 -주 7~9회 -주 10회 이상	Usage

4-1	식당을 이용하는 이유는 무엇인가? (복수응답)	-맛이 좋다 -가격이 저렴하다 -식당이 위생적이다. -식당직원이 친절하다. -메뉴가 다양하다. -가까이 있어 이용이 편리하다. -기타	RTaste RPrice RSan RKind RMenu RVic ROther
5-1	맛의 수준에 대한 점수는?	1점: 매우 나쁘다 2점: 나쁘다 3점: 보통이다 4점: 좋다 5점: 매우 좋다	LTaste
5-2	가격 적정성에 대한 점수는?	1점: 매우 나쁘다 2점: 나쁘다 3점: 보통이다 4점: 좋다 5점: 매우 좋다	LPrice
5-3	위생 정도에 대한 점수는?	1점: 매우 나쁘다 2점: 나쁘다 3점: 보통이다 4점: 좋다 5점: 매우 좋다	LSan
5-4	직원의 친절도에 대한 점수는?	1점: 매우 나쁘다 2점: 나쁘다 3점: 보통이다 4점: 좋다 5점: 매우 좋다	LKind
5-5	메뉴 다양성에 대한 점수는?	1점: 매우 나쁘다 2점: 나쁘다 3점: 보통이다 4점: 좋다 5점: 매우 좋다	LMenu
6	식당을 이용하지 않는다면 그 이유는? (복수응답)	-맛이 없다. -가격이 비싸다. -비위생적이다. -직원이 불친절하다. -메뉴가 다양하지 않다. -식당이 혼잡하다. -기타	NRTaste NRPrice NRSan NRKind NRMenu NRCrowd NROther

7	현 식당의 규모가 이용자 수에 비해 적당하다고 생각하는가?	-매우 적당하다. -적당하다. -보통이다. -적당하지 않다. -매우 적당하지 않다.	Size
8	현 식당에 개선이 필요한 부분이 있다면? (복수응답)	-맛의 개선 -가격 개선 -위생 개선 -친절 개선 -메뉴 다양화 -개선 불필요	IMTaste IMPrice IMSan IMKind IMMenu IMNo

보통 하나의 문항은 하나의 정보를 묻기 때문에 문항당 하나의 변수를 설정하나, 복수 응답의 경우에는 다르다. 복수 응답은 제시된 개별 보기에 대해 하나의 변수를 설정한다. 따라서 복수응답 문항에 보기가 5개가 있으면 각 보기에 대해 하나씩 변수를 설정한다. 이는 복수응답 문항은 각각의 보기에 대해 하나씩 질문을 던지는 것과 동일하게 처리하는 것이다. 예를 들어 '현 식당에 개선이 필요한 부분이 있다면?'라는 문항 8은 다섯 개의 보기를 가지고 있다. 문항 8이 복수 응답이므로 각 보기에 대해 [예/아니오]의 양자택일형 문항으로 볼 수 있다. 첫 번째 보기인 맛의 개선을 예로 들면, '현 식당에 맛의 개선이 필요하다고 생각하는가?'의 질문으로, 필요하다고 생각하면 선택하고 그렇지 않으면 선택하지 않는다. 즉 예/아니오로 응답한다. 마찬가지로 두 번째 보기는 '현 식당에 가격 개선이 필요하다고 생각하는가?'의 질문으로 바꾸어 생각할 수 있다. 따라서 복수 응답 문항은 결과를 담는 변수를 하나로 설정하는 것이 아니라 보기의 개수만큼 설정한다. 또한 변수명은 어떤 보기에 대한 응답인지 파악할 수 있도록 영문으로 설정한다.

2) 구글 설문 작성 및 배포

구글 설문지는 9장에서 학습한 내용을 토대로 작성한다. 본 설문에는 식당 이용 여부에 따라서 두 부분으로 나누어진다. 이용하지 않는 재학생의 경우 사유를 기록하게 한 뒤 설문을 마치도록 한다. 필요에 따라서는 이용하지 않는 재학생의 경우에도 식당 개선 사항에 대한 의견을 물을 수도 있다. 조사 문제에 따라서 이용 여부와 관계없는 공통 질문을 던질 수도 있을 것이다. 설문지 구성에 따라 학년이나 성별, 소속 대학의 질문을 마지막 질문으로 설정할 수도 있을 것이다. 따라서 본 조사에서의 설문지 구성은 아래와 같다.

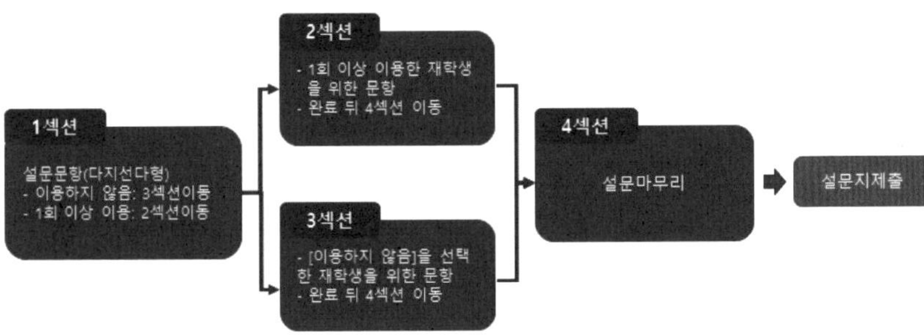

설문지의 작성은 위의 4개 섹션을 고려하여 9장에서 학습한 구글 설문지를 사용하여 작성한다. 이번 조사에서 4섹션에 별도의 공통질문이 없기 때문에 설문 협조에 대한 감사 인사와 조사 결과에 대한 피드백 여부를 제시하여 완료한다.

– 설문 문항 작성 시 유의사항

설문 문항 중에 학년을 묻는 문항의 경우 졸업 연기생의 경우 4학년으로 기입하도록 문항의 게재 메뉴에서 설명 버튼을 눌러 추가한다. 또한 단과대학을 기입하는 경우에는 설문 문항 중에서 드롭다운 문항을 선택하여 소속 단과대학명을 선택하도록 한다. 드롭다운 문항을 사용하는 이유는 단답형 문항으로 설정하여 응답자들이 직접 기입하는 경우, 소속 단과 대학명을 정확히 몰라 잘못 기입하는 경우도 있고, 단과 대학명을 응답자들이 다르게 표기할 가능성이 있기 때문이다. 따라서 사전에 정확한 명칭을 제시하고 이 중에 하나를 선택하도록 하는 것이 중요하다. 드롭다운 방식이 좋긴 하나 단과 대학이 많고 스마트폰과 같이 화면이 작은 디지털 기기로 응답하는 경우 응답자들이 불편해 할 수도 있다. 이런 점을 고려하여 객관식 질문 유형을 선택할 수도 있다.

구글 설문을 사용하는 경우라면 사용자의 응답이 반드시 필요한 문항의 경우, 문항을 작성하고 하단에 [필수] 설정을 선택하여 반드시 응답할 수 있도록 한다. 단 개인 정보와 관련된 부분이기 때문에 응답을 원치 않을 가능성이 있는 문항에 대해서는 이러한 설정을 하지 않는다.

- 설문지의 배포 관련 유의사항

설문의 배포는 SMS 문자를 통해 설문 링크를 발송하거나, 이메일에 설문 링크 혹은 설문지를 포함하여 발송하는 방법, 학과나 대학 웹 게시판을 통해 설문 링크를 발송하는 방법이 있다. 세 가지 방법에는 약간의 차이가 있을 수 있다. SMS나 이메일의 경우 한 사람에게 발송하므로 조사 대상이 아닌 사람이 응답하는 경우는 발생할 가능성이 없다. 단 한 응답자가 여러번 응답을 하는 경우가 발생할 수 있다. 특히 설문지 응답을 하고 나서 응답을 수정하거나 응답이 제대로 되었는지 확신이 없어 재응답을 하려고 하는 경우가 발생할 수 있다. 이를 막기 위해서는 설문이 완료되었을 때 설문이 정상적으로 입력되고 완료되었음을 화면상에 확실히 나타내어 주어야 하며, 재응답은 불가함을 명시해 주어야 한다.

그럼에도 불구하고 구글 설문 기능은 한 사람이 다시 응답하는 것을 원칙적으로 막을 수는 없다. 구글 이메일 주소로 로그인한 뒤에 설문에 응답하도록 하여 다른 사람이 응답하거나 한 사람이 여러 번 응답하는 것을 추적할 수 있다. 그러나 구글 이메일 계정을 한 사람이 여러 개를 만들 수 있기 때문에 한계가 존재한다.

한 가지 보완할 수 있는 방법으로 이메일을 수집하는 구글 설문 기능을 사용할 수 있다. 이는 조사자가 응답자 전체의 이메일 주소를 보유하고 있는 경우에 가능한 방법이다. 조사 대상자에게 설문 링크나 설문지를 이메일로 발송하고 응답 시 이메일 주소를 수집하도록 하면, 조사 대상자가 아닌 사람이 응답하거나 한 사람이 여러 번 응답하는 것을 파악할 수 있어 중복 응답을 분석에서 배제할 수 있다.

3) 설문 결과의 수집 및 정리

조사 기간이 완료되면 9장에서 학습한 대로 응답 탭에서 응답 받기 버튼을 눌러 응답을 더 이상 받지 않도록 한다. 응답을 구글 스프레드시트 파일로 다운로드하여 CSV나 엑셀 파일로 다운로드받는다. 구글 스프레드시트 파일에는 입력이 이루어진 시점인 타임스탬프 열이 있다. 타임스탬프 열은 분석에 필요 없기 때문에 삭제한다.

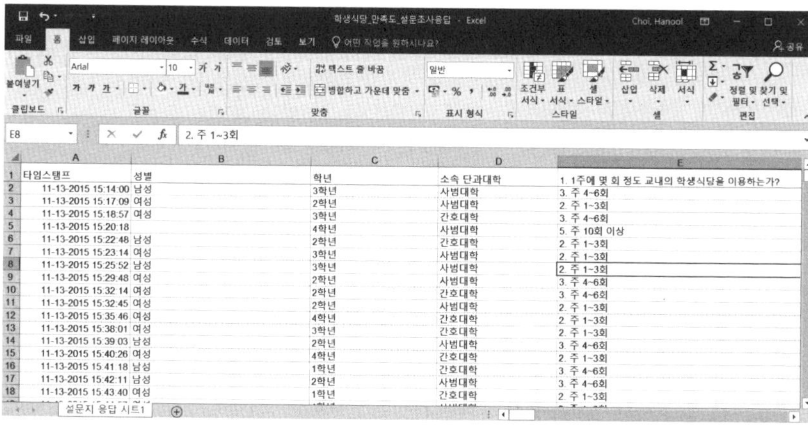

[그림 10-1] 구글 설문 결과의 스프레드시트 응답 파일

구글 설문에서 다운로드받은 스프레드시트 파일은 R분석을 위해서 편집작업을 해야 할 부분들이 있다. 가장 처음 작업해야 할 것은 무응답과 잘못된 응답의 처리이다. 무응답 처리된 부분에 대해서 전체 데이터를 삭제할지 무응답된 부분을 포함하여 분석할지는 조사 문제나 문항의 특성을 고려하여 결정한다. 통계 패키지에서 무응답 처리된 부분을 인식할 수 있도록 별도의 값을 입력하는 작업을 한다. 무응답의 경우 별도의 값은 추후 R 패키지에서 읽어 들일 때 활용하도록 하자.

일관되지 않은 응답을 찾아내는 과정이 필요할 때도 있다. 예를 들어 교내 식당을 1회 이상 이용한다고 했을 때에는 이용하지 않는 사유에 대한 문항에 대해서 응답하면 안 된다. 그러나 설문 문항을 잘못 이해하고 응답을 하는 경우가 발생할 수 있다. 또한 교내 식당을 이용하지 않은 재학생들에게는 이용하지 않는 사유만 묻고 만족도 부분이 응답을 하지 않는 것으로 했으나, 잘못 이해하고 응답을 하는 경우가 발생할 수 있다. 따라서 설문 결과에 포함된 일관되지 않거나 잘못된 응답 등을 편집하는 작업이 필요하다. 단 구글 설문을 이용하여 위의 그림과 같이 4개의 섹션으로 나누어 설문을 구성하였다면 잘못된 응답이 일어날 가능성을 줄일 수 있다. 만약 하나의 섹션으로 설문지를 구성하여 조사를 실시하였다면 응답자의 부주의나 잘못된 이해로 발생할 수 있는 응답 오류의 수정 절차가 필요하다.

5) 스프레드시트 파일의 수정 및 R 데이터프레임으로 저장하기

R 데이터프레임으로 저장하기 위해서는 9장에서 학습한 방법으로 엑셀 파일을 읽어 들이는 함수를 사용하거나 스프레드시트 파일은 CSV 파일로 저장해서 읽어 들이면 된다. 그런데 구글 설문 스프레드시트 파일에서 R 통계 패키지로 읽어 들여 분석하기 전에 중요한 전처리 작업이 필요한데, 복수 응답 문항에 대한 처리이다.

- 구글 설문 결과의 복수응답 문항 처리

복수응답 문항의 처리는 엑셀에서 처리하는 방법, R 패키지로 데이터를 옮긴 다음에 처리하는 방법의 두 가지로 나눌 수 있다. 엑셀에서 처리하는 방법은 엑셀의 함수를 사용하는 방법으로 if함수, find나 search함수를 활용하여 수행할 수 있다.

R 패키지를 사용하는 방법에 대해서 알아보자. 이를 위해서는 복수응답 문항인 4-1, 6, 8번 문항에 임의로 변수명을 할당한 뒤에 R에서 데이터프레임으로 읽어 들여야 한다. 이를 위해 4-1번 문항은 Rreasons, 6번 문항은 NRReasons, 8번 문항은 IMPoints로 변경한 뒤 스프레드시트 파일을 저장하고 R에서 읽어 들인다. 데이터프레임 변수는 surveytest로 하자.

```
(1)  > surveytest <- read.xlsx("surveyresult.xlsx",sheetIndex=1,encoding="UTF-8")
(2)  Error in .jcall(row[[ir]], "Lorg/apache/poi/ss/usermodel/Cell;", "getCell",  :
(3)  java.lang.IllegalArgumentException: Cell index must be >= 0
(4)  > surveytest <- read.xlsx("surveyresult.xlsx",sheetIndex=1,encoding="UTF-8")
(5)  > str(surveytest)
(6)  'data.frame'   : 1024 obs. of  13 variables:
(7)  $ Gender       : Factor w/ 2 levels "남성","여성": 1 2 2 2 1 2 1 2 2 2 ...
(8)  $ Grade        : Factor w/ 5 levels "1학년","2학년",..: 3 2 3 4 2 3 3 2 2 2 ...
(9)  $ College      : Factor w/ 13 levels "간호대학","경상대학",..: 6 6 1 6 1 6 6 6 1 6 ...
(10) $ Usage        : Factor w/ 5 levels "1. 이용하지않음",..: 3 2 3 5 2 2 2 3 3 2 ...
(11) $ Rreasons     : Factor w/ 73 levels "1. 맛이 좋다",..: 2 1 NA NA 2 29 32 9 30 22
     ... [중간생략]
(12) $ Lmenu        : num  4 5 1 5 4 4 3 4 5 4 ...
(13) $ NRReasons    : Factor w/ 59 levels "1. 맛이 없다",..: 45 45 26 1 NA 32 32 45
(14) $ Size         : Factor w/ 5 levels "매우 적당하다",..: 4 3 3 4 4 5 3 1 3 5 ...
(15) $ IMPoints     : Factor w/ 29 levels "가격 개선","가격 개선, 메뉴 다양화"
```

(2)번에는 엑셀 파일을 읽어 들이는 데 오류가 발생했다. 위의 오류는 보통 엑셀 워크시트의 서식으로 발생한다. 특히 행의 높이가 일정하지 않은 경우에 발생한다. 설문 데이터가 담긴 워크 시트 전체 행을 선택하고 모든 행 높이를 동일하게 조절한다. 혹은 설문 데이터 전체를 복사하여 다른 워크시트에 값을 복사한 뒤에 해당 워크시트를 읽어 들이면 위의 오류를 해결할 수 있다.

str함수를 통해 읽어 들인 데이터프레임의 전체 구조를 알 수 있다. 전체 관측치는 1024개이며 열의 개수이자 변수의 개수는 13개이다. 각 변수명은 $변수명의 형태로 제시되며 콜론 뒤에 변수에 대한 설명이 제시된다. 예를 들어 Gender 변수는 Factor 변수, 즉 범주형 변수로 남성, 여성의 두 개의 값을 갖는다. 다음 콜론 뒤에는 실제 값을 일부분 제시한다. 숫자로 표기해서 나타낸다. 범주형 변수 값은 가, 나, 다 혹은 알파벳순으로 나타난다. 따라서 남성은 1의 값을, 여성은 2의 값으로 표기함을 알 수 있다. 추후 통계 분석 결과를 표나 노표의 형태로 제시할 때에도 가나다 혹은 알파벳순으로 제시된다. 또한 무응답 값은 NA로 표기함을 알 수 있다.

다음은 복수 응답의 처리를 위한 R 활용 방법이다[23]. 복수 응답은 앞서 설명했던 것처럼 하나의 보기에 대해 예, 아니오로 응답하는 양자 택일형 문항을 처리하는 방식으로 설문 결과를 분석한다. 그러나 구글 설문의 경우 응답을 하나의 열에 저장하므로 이것을 분리하거나 응답이 저장된 문자열을 분석하여 별도의 변수로 만들어야 한다. 이를 위해서 R의 grepl 함수를 활용한다.

```
(1)  > choice <- c("1. 맛이 좋다", "2. 가격이 저렴하다", "3. 식당이 위생적이
                   다","4. 식당직원이 친절하다","5. 메뉴가 다양하다","6. 가까이
                   있어 이용이 편리하다")
(2)  > surveytest$RTaste   <- grepl(choice[1],surveytest$Rreasons)
(3)  > surveytest$RPrice   <- grepl(choice[2],surveytest$Rreasons)
(4)  > surveytest$RSan     <- grepl(choice[2],surveytest$Rreasons)
(5)  > surveytest$RKind    <- grepl(choice[4],surveytest$Rreasons)
(6)  > surveytest$RMenu    <- grepl(choice[5],surveytest$Rreasons)
(7)  > surveytest$RVic     <- grepl(choice[6],surveytest$Rreasons)
(8)  > str(surveytest)
(9)  'data.frame'   : 1024 obs. of  19 variables:
(10) $ Gender       : Factor w/ 2 levels "남성","여성": 1 2 2 2 1 2 1 2 2 2 ...
(11) $ Grade        : Factor w/ 5 levels "1학년","2학년",..: 3 2 3 4 2 3 3 2 2 2 ...
     [중간생략]...
(12) $ Rreasons     : Factor w/ 73 levels "1. 맛이 좋다",..: 2 1 NA NA 2 29 32 9 30 22
(13) $ Ltaste       : num  4 4 1 5 4 4 3 5 1 5 ...
     [중간생략]...
(14) $ RTaste       : logi  TRUE TRUE FALSE FALSE TRUE TRUE ...
(15) $ RPrice       : logi  TRUE FALSE FALSE FALSE TRUE FALSE ...
(16) $ RSan         : logi  FALSE FALSE FALSE FALSE FALSE FALSE ...
(17) $ RKind        : logi  FALSE FALSE FALSE FALSE FALSE TRUE ...
(18) $ RMenu        : logi  FALSE FALSE FALSE FALSE FALSE FALSE ...
(19) $ RVic         : logi  FALSE FALSE FALSE FALSE FALSE TRUE ...
```

23) 복수 응답 문항에서 기타를 선택하는 경우의 처리는 다른 보기와는 다르다. 기타를 선택한 경우에는 응답자가 작성한 내용을 정리하여 변수로 저장해야 한다. 따라서 (2)~(7) 과 같이 R에서 제공하는 grepl 함수만으로는 처리가 불가능하다. R 언어를 활용하여 별도의 사용자 정의 함수를 작성해야 한다.

복수 응답 처리를 위해서 grepl 함수를 사용한다. 이 함수는 입력값으로 찾고자 하는 문자열(보기)과 저장된 문자열(구글 설문 응답)을 입력받는다. 입력받은 뒤에 저장된 문자열에 찾고자 하는 문자열이 있으면 True값을, 없으면 False값을 돌려준다. (1)에는 찾고자 하는 문자열인 보기 문항들을 choice라고 하는 벡터에 저장했다. surveytest$Rreasons는 데이터프레임에서 열을 지정하고 그 값을 이용할 때 표기하는 방식이다. 해당 열에는 복수 응답으로 기록된 문자열이 들어있다.

예를 들어 복수 응답으로 "1. 맛이 좋다, 3. 식당이 위생적이다"라는 응답이 있다고 해 보자. 찾고자 하는 문자열로 "1. 맛이 좋다"와 응답이 저장된 문자열 "1. 맛이 좋다, 3. 식당이 위생적이다"를 grepl에 (2)와 같이 입력한다. 즉 grepl([찾고자 하는 문자열], [설문 응답으로 저장된 문자열])을 실행한다. 응답 문자열에 "1. 맛이 좋다"가 있기 때문에 결과값으로 True를 surveytest$RTaste 변수에 기록하여 저장한다.

같은 방식으로 surveytest$RPrice 변수는 "2. 가격이 적당하다"로 응답했는지를 True, False의 형태로 저장한다. (3)과 같이 찾고자 하는 문자열로 보기 문자열을 입력하고, 응답이 저장된 문자열로 surveytest$Rreasons를 입력하여 결과값으로 True/False값을 저장한다. 이런 방식으로 (4)~(7)까지 식당을 이용하는 이유에 대해 복수 응답을 정리할 수 있다.

새롭게 변수를 생성하고 str함수를 통해 변화된 데이터 프레임을 확인해 보자. 새롭게 생성된 변수들 (14)~(19)를 통해 확인할 수 있다. 데이터의 형태는 logical 즉 논리형 변수로 값이 True, False의 형태로 저장된다. 즉 응답자가 해당 변수에 대해 선택을 했으면 Ture, 선택하지 않았으면 False로 저장된다.

논리형 변수로 저장하는 것은 여러모로 이점이 많다. 왜냐하면 논리형 변수의 합계를 sum함수로 계산하면 그 결과가 True로 응답한 인원 수가 되기 때문이다. 아래는 6번 문항의 복수응답 변수를 추가하는 과정이다. 마찬가지로 복수 응답 보기를 별도로 (1)과 같이 벡터의 형태로 nchoice 변수에 저장한다. nchoice 벡터값과 설문 응답 변수 값을 grepl함수에 입력한다. 보기 문자열이 응답에 포함되어 있으면 True, 그렇지 않으면 False값을 돌려주며 이것을 별도의 변수로 만들어 저장한다.

```
(1) > nchoice <- c("1. 맛이 없다", "2. 가격이 비싸다", "3. 비위생적이다", "4. 직
                   원이 불친절하다", "5. 메뉴가 다양하지 못하다", "6. 식당이
                   혼잡하다")
(2) > surveytest$NRTaste  <- grepl(nchoice[1],surveytest$NRReasons)
(3) > surveytest$NRPrice  <- grepl(nchoice[2],surveytest$NRReasons)
(4) > surveytest$NRSan    <- grepl(nchoice[3],surveytest$NRReasons)
(5) > surveytest$NRKind   <- grepl(nchoice[4],surveytest$NRReasons)
(6) > surveytest$NRMenu   <- grepl(nchoice[5],surveytest$NRReasons)
(7) > surveytest$NRCrowd  <- grepl(nchoice[6],surveytest$NRReasons)
```

이번에는 8번 문항의 복수응답에 대한 변수를 생성하는 과정이다. 이 문항의 경우 설문지 보기 작성 시 번호가 없었기 때문에 (1)과 같이 벡터로 imchoice 변수를 만들었다. 문자열을 포함되어 있는 지 여부를 확인하는 것이므로 보기 문항에 번호가 없더라도 grepl 함수를 사용하는 데에는 문제가 없다[24].

```
(1) > imchoice <- c("맛의 개선", "가격 개선","위생 개선","친절도 개선","메뉴 다
                    양화", "개선 불필요")
(2) > surveytest$IMTaste  <- grepl(imchoice[1],surveytest$IMPoints)
(3) > surveytest$IMPrice  <- grepl(imchoice[2],surveytest$IMPoints)
(4) > surveytest$IMSan    <- grepl(imchoice[3],surveytest$IMPoints)
(5) > surveytest$IMKind   <- grepl(imchoice[4],surveytest$IMPoints)
(6) > surveytest$IMMenu   <- grepl(imchoice[5],surveytest$IMPoints)
(7) > surveytest$IMNo     <- grepl(imchoice[6],surveytest$IMPoints)
```

24) 구글 설문을 작성할 때 보기에 번호를 기입하는 것은 큰 의미가 없다. 그러나 보기 문항의 순서를 무작위로 하는 설정을 하고자 한다면 번호를 기입하지 말아야 한다.

제3절 R 통계 패키지를 활용한 데이터 분석

1) 설문 조사 결과의 기술 통계 분석

2절의 과정을 거쳐 설문 결과의 데이터 프레임을 완성하고 나면 본격적으로 조사 결과의 통계 분석을 실시한다. 본 조사는 현황 파악 및 개선안 도출이므로 시장 조사 분석 중에서 빈도 분석이나 교차 분석이 주된 통계 분석이 될 것이다. 또한 집단 간 차이를 분석하는 분산 분석도 현황을 파악하는 데 중요한 정보를 제시할 수 있을 것이다.

무엇보다도 조사 데이터의 내재된 특성을 파악하기 위한 기술 통계 분석을 해 보도록 하자. 현재 조사된 데이터는 대부분 성별이나 소속 대학, 학년 등의 명목 척도로 측정된 자료이거나 만족 정도를 나타내는 서열 척도에 의해서 측정된 값들이다. 따라서 이러한 형태의 자료를 기반으로 한 통계 분석 방법은 매우 제한적이다. 만족 정도를 나타내는 서열 척도는 1점부터 5점까지의 점수를 선택하는 방식으로 측정되었기 때문에 등간 척도로 간주한다면 좀더 많은 통계 분석 방법을 활용할 수 있을 것이다. 추가할 수 있는 분석으로 집단 간 차이를 파악하는 분산 분석이 있다.

데이터 프레임의 전체 구조를 파악하기 위해 str함수를 사용했었다. 전체 응답수와 변수의 개수, 변수의 유형 등을 파악할 수 있었다. 변수의 기술 통계값과 관련해서는 summary함수를 사용할 수 있다. summary함수에 데이터 프레임 변수를 입력하면 변수별로 등간이나 비율 척도로 측정된 값인 경우에는 평균,

사분위 값 등을 보여주며, 명목이나 서열 척도로 측정된 범주형 값인 경우에는 빈도값을 제시해 준다.

분석에 들어가기에 앞서 먼저 복수응답 문항에서 여러 개의 응답을 쉼표로 구분하여 저장했던 변수들을 제외하자. 왜냐하면 이 변수들이 저장했던 정보는 다른 변수들로 모두 변환했기 때문이다. 변수들을 제외하는 방법은 (1)과 같이 해당 변수를 제외한 나머지 데이터 프레임을 가지고 새로운 데이터 프레임을 만들거나, (2)와 같이 기존 데이터 프레임으로 덮어씌우는 방법이 있다.

```
(1) > surveyex   <- surveytest[,c(1:4,6:10,12,14:31)]
(2) > surveytest <- surveytest[,c(1:4,6:10,12,14:31)]
(3) > surveytt   <- surveytest[,c(-5,-11,-13)]
```

surveytest의 대괄호 안을 보면 행에 해당하는 부분에는 아무것도 기입하지 않고, 열 부분에만 벡터값을 입력했음을 볼 수 있다. 행에 아무것도 기입하지 않았다는 것은 전체 행에 모두 적용하겠다는 것이며, 열에는 벡터값 c를 입력하였는 데 c는 열의 번호를 가지고 있다. str로 데이터 프레임을 조회했을 때 나타나는 순서가 열의 번호이며, 복수응답을 저장한 열을 뺀 나머지 열의 번호만을 입력하여 새로운 데이터 프레임을 만든다. 위의 경우 저장하고자 하는 열에 비해서 빼고자 하는 열의 수(3개)가 적다. 이 경우 (3)과 같이 해도 같은 결과를 얻는다. 빼고자 하는 열의 번호에 마이너스를 붙이게 되면, 마이너스가 붙은 열만 빼고 나머지 열 모두를 저장한다.

- 설문 데이터의 빈도 분석

빈도 분석을 위한 R의 함수는 table 함수이다. table함수에 빈도를 계산하고자 하는 변수를 입력하면 손쉽게 값을 구할 수 있다. 먼저 조사에 참여한 남성과 여성의 인원과 참여 비율을 계산해 보자.

```
(1) > table(surveyex$Gender)
(2) 남성 여성
(3)  440  584
(4) > addmargins(table(surveyex$Gender))
(5) 남성 여성 Sum
(6)  440  584 1024
(7) > prop.table(table(surveyex$Gender))
(8)     남성        여성
(9) 0.4296875 0.5703125
(10) > prop.table(table(surveyex$Gender))*100
(11)    남성        여성
(12) 42.96875  57.03125
(13) > round(prop.table(table(surveyex$Gender))*100,2)
(14) 남성  여성
(15) 42.97 57.03
```

table함수에 빈도 분석을 위한 변수를 넣으면 (2), (3)과 같이 결과를 나타내 준다. 그러나 table 함수는 합계를 보여주지는 않는다. 따라서 합계까지 표시하려면 addmargins라는 함수에 (4)와 같이 빈도 분석의 결과값을 넣어주어야 한다. 따라서 addmargins에 table함수를 입력하였다. 빈도가 아니라 비율을 나타내고자 하는 경우에는 prop.table이라는 함수를 사용한다. 마찬가지로 (7)과 같이 빈도 분석의 결과값을 넣어주어야 한다. 비율값을 퍼센트 값으로 나타내기 위해서는 100을 곱해주며 round함수를 사용하면 결과값을 원하는 소수점 자리에서 반올림한 결과를 나타낼 수 있다. round함수는 (13)과 같이 계산하고자 하는 값(prop.table함수의 결과값)과 반올림해서 나타내고자 하는 소수점 자리수(2자리)를 입력받는다. 교내 식당 이용 빈도에 대한 조사 결과를 도수 분포표의 형태로 나타내보자.

```
(1) > table(surveyex$Usage)
(2) 1. 이용하지않음  2. 주 1~3회  3. 주 4~6회  4. 주 7~9회  5. 주 10회 이상
(3)       270          506          204          30           14
(4) > prop.table(table(surveyex$Usage))
```

```
1. 이용하지않음  2. 주 1~3회   3. 주 4~6회   4. 주 7~9회  5. 주 10회 이상
  0.26367188    0.49414062   0.19921875   0.02929688    0.01367188
> round(prop.table(table(surveyex$Usage))*100,2)
1. 이용하지않음  2. 주 1~3회   3. 주 4~6회   4. 주 7~9회  5. 주 10회 이상
     26.37          49.41        19.92        2.93          1.37
```

위의 결과에서 볼 수 있듯이 응답자 중에 이용하지 않는 재학생의 비율이 26.37%(270명)로 나타났고, 주 1~3회 이용하는 학생의 비율이 49%로 전체의 50%에 육박하는 것으로 나타났다. 위의 결과를 토대로 막대 그래프를 그려보자.

막대 그래프를 그리는 R의 함수는 barplot이다. R은 다양한 그래픽 관련 라이브러리를 제공한다. barplot은 별도의 패키지를 설치하지 않더라도 R의 기본 설치 패키지에 내장되어 있는 함수이다. MS 엑셀을 사용해 본 적이 있다면 엑셀로 다양한 그래프를 그릴 수 있다는 사실을 알고 있을 것이다. R은 오픈소스로 무료로 제공되는 소프트웨어지만 다양한 그래프를 그릴 수 있으며 특히 대용량의 빅데이터를 이해하기 쉽게 시각화하는 다양한 라이브러리를 제공한다. 대표적인 라이브러리가 ggplot인데 여기서는 기본 설치 패키지의 함수만을 사용한 그래픽 작업을 소개한다.

barplot은 빈도 분석 결과를 토대로 하여 막대그래프를 그리는 함수이다. 따라서 입력데이터는 앞서 구했던 table함수의 결과값을 사용한다. barplot의 입력값은 데이터가 저장된 변수 말고 다양하다. 일단 별도의 설정이 없으면 barplot은 세로 막대로 나타내지만, horiz옵션을 True로 설정하면 가로 막대 그래프가 된다. 히스토그램의 제목을 넣고 싶으면 main 옵션에 제목을 입력한다. 아래는 barplot에서 많이 사용하는 옵션을 나타낸다.

① xlab, ylab: 전자는 x축의 이름을, 후자는 y축의 이름을 설정

② xlim, ylim: x축의 최소/최대값, y축의 최소/최대값, (예: xlim=c(1,5))

③ main, sub: 그래프의 상단의 제목, 그래프 하단의 제목

④ space: 막대와 막대 사이의 간격, 0으로 설정하면 간격이 없어진다.

⑤ col: 개별 막대의 색을 설정할 수 있다. (예: col=c("red","blue"))

⑥ density: 막대에 빗금을 그을 수 있다. 0보다 큰 값을 사용한다.

```
(1)  surveytt                <- surveyex
(2)  levels(surveytt$Usage)  <- c("No Use","1-3","4-6","7-9",">10")
(3)  > barplot(table(surveytt$Usage))
(4)  > barplot(table(surveytt$Usage),horiz=T)
(5)  > barplot(table(surveytt$Usage),col=rainbow(5), space=0,border=NA)
```

(1)은 surveyex 데이터 프레임의 복사본을 만들기 위해서 저장한 것이다. 한글로 된 보기 문항의 경우, 그래프를 그리게 되면 보기 항목의 글자가 겹치는 문제가 발생하기도 한다. 따라서 (2)는 한글로 된 보기를 숫자와 영문으로 수정하는 방법을 보여준다. Usage변수는 factor 변수이기 때문에 levels라는 함수를 사용하여 바꾸고 싶은 레벨값을 벡터로 입력하는 방법을 사용한다. 여기서 중요한 것은 레벨값[25]이 R에서 어떤 순서로 저장되었는지 확인하고 그 순서에 맞추어 바꾸고자 하는 값을 입력해야 한다.

(3)과 같이 빈도 분석 결과를 barplot에 입력하면 아래 그램의 가장 왼쪽의 회색 막대의 그래프를 볼 수 있다. (4)와 같이 horiz옵션을 True로 설정하면 아래 그림의 가운데 그래프와 같이 가로 막대 그래프를 볼 수 있다. (5)와 같이 col을 rainbow(5)로 설정하면[26] 무지개 색 중에서 다섯 가지 색으로 막대를 칠하

---

25) Factor변수에서 레벨(level)이란 범주형 변수의 값들을 말한다. 4-1번 문항은 사용빈도를 측정하기 위한 범주형 변수이다. 이 변수의 값은 "사용하지않음", "주1-3회" 등 5개의 값을 갖는다. 이 값을 레벨이라고 한다. 따라서 Usage변수의 레벨은 5이다.

26) 강조하고 싶은 하나의 막대만 빨간색으로 하고 싶을 수 있다. 이 경우에는 벡터를 사용하여 col = c("red","grey","grey","grey")로 하거나, 벡터에서 반복되는 데이터를 처리하는 함수로 rep함수를 사용하여 "grey"를 세 번 반복하여 설정하도록 rep함수에 "grey"값을 넣고 3을 입력하여 col = c("red", rep("grey",3))와 같이 설정한다.

게 된다. space 옵션을 0으로 설정하면 막대 사이 간격이 없어지며, border 옵션을 NA로 설정하면 막대의 외곽선이 사라지고 막대색과 동일하게 된다.

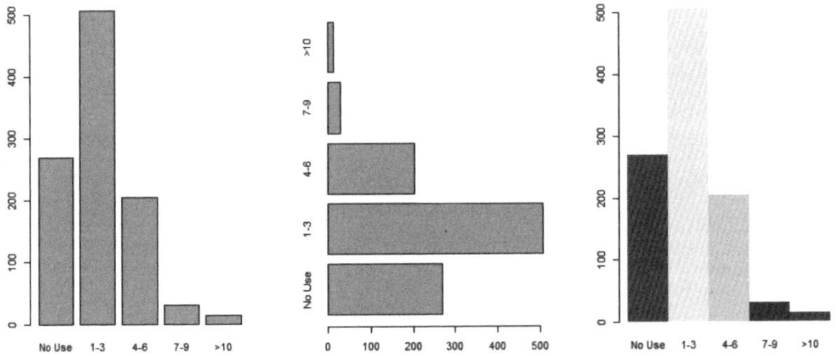

[그림 10-2] barplot을 활용한 사용 빈도 분석 결과

– 설문 데이터의 분리

교내 식당을 1회 이상 이용하는 재학생과 이용하지 않는 재학생은 응답해야 하는 질문 문항이 다르다. 따라서 추후 분석을 위해서는 두 집단을 분리하여 각 집단에 해당되는 설문 결과들로 구성된 두 개의 데이터 프레임을 만든다. 공통적으로 적용되는 문항을 제외하고 두 개의 데이터 프레임으로 분리한다.

이용하지 않는 재학생의 경우에는 성별, 학년, 소속대학과 이용하지 않는 이유로 복수응답 문항에 대한 결과만을 저장한 데이터 프레임을 만든다. 이용하는 재학생의 경우에는 성별, 학년, 소속대학 뿐만 아니라 현 교내 식당에 대한 만족도 평가 문항, 복수응답 문항인 이용하는 이유와 개선해야 하는 점을 기록한 모든 변수값을 저장하고 있어야 한다.

```
(1)  > sdata_nouse <- surveytt[surveytt$Usage == "No Use", c(1:3,17:22)]
(2)  > str(sdata_nouse)
(3)  'data.frame' : 270 obs. of  9 variables:
(4)  $ Gender    : Factor w/ 2 levels "남성","여성": 2 2 2 2 2 1 2 2 2 2 .. [중간생략]
(5)  $ NRTaste   : logi  FALSE FALSE TRUE FALSE TRUE TRUE ...
(6)  $ NRPrice   : logi  FALSE TRUE TRUE FALSE FALSE TRUE ...
(7)  $ NRSan     : logi  FALSE FALSE FALSE FALSE FALSE FALSE ...
(8)  $ NRKind    : logi  FALSE FALSE FALSE FALSE FALSE FALSE ...
(9)  $ NRMenu    : logi  FALSE FALSE FALSE FALSE FALSE FALSE ...
(10) $ NRCrowd   : logi  FALSE TRUE TRUE FALSE TRUE FALSE ...
(11) > sdata_use <- surveytt[surveytt$Usage != "No Use",c(-4,-17:-22)]
(12) > str(sdata_use)
(13) 'data.frame' : 754 obs. of  22 variables:
(14) $ Gender    : Factor w/ 2 levels "남성","여성": 1 2 2 2 1 2 1 2 2 2 ...
(15) $ Size      : Factor w/ 5 levels "매우 적당하다",..: 4 3 3 4 4 5 3 1 3 5 ..[중간생략]
(16) $ RTaste    : logi  TRUE TRUE FALSE FALSE TRUE TRUE ...
(17) $ RPrice    : logi  TRUE FALSE FALSE FALSE TRUE FALSE ... [중간생략]
(18) $ IMKind    : logi  FALSE FALSE FALSE FALSE FALSE TRUE ...
(19) $ IMMenu    : logi  FALSE FALSE FALSE FALSE FALSE FALSE ...
(20) $ IMNo      : logi  FALSE FALSE FALSE FALSE TRUE FALSE ...
```

사용하지 않는 재학생들의 설문 응답을 저장할 데이터 프레임으로 sdata_nouse를 만들고 이들이 응답한 변수들만을 (1)과 같이 저장한다. (2)를 통해 확인해 보면 총 9개의 변수와 270개의 관측치가 있음을 알 수 있다. 1회 이상 사용한 재학생들의 경우에는 사용하지 않는 재학생들의 응답 문항을 제외한 변수들을 저장하면 된다. sdata_use라는 데이터 프레임을 만들고 제외한 변수의 열 번호에 마이너스를 붙여 (11)과 같이 저장한다. 두 개의 데이터 프레임 중에서 1회 이상 이용한 재학생들의 경우에만 Usage변수를 저장한다. 왜냐하면 이용한 적이 있는 재학생들은 각자 이용횟수가 다르기 때문에 이를 활용한 분석을 하기 위해 포함한다. str함수로 sdata_use의 구조를 살펴보면 (12)와 같이 관측치는 754개이고 변수는 12개임을 알 수 있다.

설문 데이터를 분리하는 이유는 분석 속도와 관련이 있다. 현재 응답자의 수가 1천명 정도이고 변수도 20개 정도이지만, 응답자의 수가 많아지고 조사 문항의 수가 많아질수록 처리 데이터의 수가 증가하기 때문에 분석에 걸리는 시간이 늘어난다. 본 조사의 데이터 수는 많지는 않으나, 두 개의 데이터 프레임으로 분리하지 않으면 이용을 하지 않는 응답을 분석하기 위해서 이용하는 사람들의 데이터 모두를 조회하게 된다. 따라서 처리에 걸리는 시간을 줄이기 위해서라도 데이터를 분리하는 것이 필요하다.

2) 이용하지 않는 재학생들을 위한 통계 분석

먼저 이용하지 않는 재학생들의 수를 계산해 보자. 이미 str함수를 통해 확인했지만, R의 함수를 통해서 재학생 수를 알아내는 방법을 알아보자. 특정 조건에 해당하는 응답자 수를 알아내기 위해서는 조건에 부합하는 데이터들로만 구성된 데이터 프레임의 행의 수를 세는 방법을 사용한다. 데이터 프레임의 행의 수를 세는 함수는 nrow함수이다. 변수의 수를 세기 위해서는 length함수를 사용한다. 일반 벡터의 경우에는 행이 없기 때문에 length함수를 사용해서 벡터에 포함된 데이터의 개수를 알아낸다.

```
(1) > nrow(surveytt[surveytt$Usage=="No Use",])
(2) [1] 270
(3) > nrow(sdata_nouse)
(4) [1] 270
(5) > length(sdata_nouse)
(6) [1] 9
```

먼저 분리하기 전 데이터 프레임을 사용해서 계산하는 방법을 알아보자. 분리하기 전 데이터 프레임은 surveytt이며, 이용하지 않음으로 선택한 응답을 구분해내기 위해 surveytt$Usage == "No Use"라는 조건을 사용하였다. 이 조건에 따라 만들어진 데이터 프레임을 nrow함수의 입력값으로 사용하여, 이용하지 않음으로 응답한 재학생 수만을 계산해 낼 수 있다. 혹은 (3)과 같이 sdata_nouse 데이터 프레임의 행의 개수를 계산하여 재학생 수를 계산할 수 있다. 또한 length함수를 사용하면 (5)와 같이 데이터 프레임의 변수의 개수, 즉 열의 개수를 계산할 수 있다.

- 응답 결과의 빈도 분석

다음으로 이용하지 않는 이유에 대한 표와 그래프를 작성해 보자. 이용하지 않는 이유는 NR로 시작하는 변수에 저장되어 있다. NR로 시작하는 변수들은 논리형 변수인데, True로 택한 응답의 개수를 세면 된다. 논리형 변수의 True는 1로 계산되기 때문에 논리형 변수의 합계를 구하면 몇 명이 선택했는지 쉽게 알 수 있다.

```
(1)  > table(sdata_nouse$NRTaste)
(2)  FALSE  TRUE
(3)    127    143
(4)  > sum(sdata_nouse$NRTaste)
(5)  [1] 143
(6)  >  y <- c(sum(sdata_nouse$NRTaste), sum(sdata_nouse$NRPrice),
     sum(sdata_nouse$NRSan), sum(sdata_nouse$NRMenu),
     sum(sdata_nouse$NRCrowd))
(7)  > y
(8)  [1] 143 103  25  71  46
(9)  > y <- with(sdata_nouse, c(sum(NRTaste), sum(NRPrice), sum(NRSan),
     sum(NRMenu), sum(NRCrowd)))
(10) > names(y) <- c("Taste","Price","Sanitation","Menu","Crowded")
(11) > y
(12)    Taste      Price     Sanitation    Menu     Crowded
(13)     143        103          25          71          46
(14) > prop.table(y)
(15)      Taste          Price         Sanitation        Menu         Crowded
(16) 0.36855670  0.26546392  0.06443299  0.18298969  0.11855670
(17) > addmargins(as.table(y))
```

```
(18)    Taste       Price    Sanitation   Menu    Crowded     Sum
(19)     143         103         25         71        46        388
(20) > y/nrow(sdata_nouse)
(21)      Taste          Price       Sanitation       Menu       Crowded
(22)  0.52962963  0.38148148  0.09259259  0.26296296  0.17037037
```

NRTaste 변수로 (1)과 같이 도수 분포표를 만들면, (2), (3)과 같이 TRUE와 FALSE에 대한 빈도를 나타낸다. 분석을 위해서는 TRUE의 개수가 중요하기 때문에 table함수를 반드시 사용할 필요는 없다. 그러나 도수 분포표를 통해서 각 변수에 대해서 몇 개의 응답을 받았는가를 제시하는 것이 의미가 있을 것이다. 하나의 변수(NRTaste)에 대해서는 (4)와 같이 계산할 수 있다. 이를 토대로 이용하지 않는 사유 다섯 개에 대해서 응답수를 계산해서 (6)과 같이 y라는 벡터를 만든다.

(6)과 같이 벡터를 만들기 위해서는 데이터프레임$변수명을 계속 반복해서 기입해야 한다. (9)의 with 함수를 사용하면 이러한 반복을 줄일 수 있다. With 함수의 입력값으로 첫 번째는 데이터 프레임 변수명을, 두 번째는 R명령어(변수별 응답값으로 구성된 벡터 c를 생성)을 기입한다.

(9)의 결과로 만들어진 y벡터에는 응답수의 합계만을 저장하고 있다. y벡터에 열이름을 지정하기 위해서는 names함수를 사용한다. (10)과 같이 names함수의 입력값으로 벡터명을 넣고 names함수에 열이름을 저장하고 있는 벡터를 입력한다. names(y)를 실행하면 y벡터의 열이름을 출력하고 names(y)에 벡터를 입력하면 새로운 열이름을 지정할 수 있다. (11)과 같이 y벡터를 출력하면 지정한 열이름과 값을 확인할 수 있다.

결과인 y벡터의 비율값을 구하려면 prop.table함수를 사용한다. 비율값은 복수 응답수의 합계(388개)에 대한 비율로 계산한다. 합계를 계산하여 마지막 열에 추가하는 함수는 addmargins 함수이다. addmargins 함수를 사용할 때는 입력값으로 table을 넣어주어야 한다. y벡터는 table이 아니므로 (17)번과 같이 table로 변환해서 입력한다.[27]

응답수의 비율을 응답자 수에 대한 비율로 계산할 수도 있다. (20)번과 같이 y벡터를 응답자 수인 270(nrow(sdata_nouse)의 결과값)으로 나눠주면 된다. round함수를 이용하면 비율값을 %값으로 나타낼 수 있다[28].

- 응답 결과를 그래프로 작성

다음으로 위의 결과를 토대로 막대 그래프를 그려보자. 막대 그래프는 barplot을 사용하며 앞에서 학습했던 내용을 토대로 R 코드를 작성하면 아래와 같다.

```
(1) barplot(y, col=rainbow(5), main="교내식당을 이용하지 않는 이유")
(2) barplot(y, col=c("red", rep("grey",4)), ylim=c(0,160),
    main="교내식당을 이용하지 않는 이유")
(3) names(y) <- c("맛","가격","비위생","메뉴다양성","혼잡")
(4) barplot(sort(y,decreasing=T), col=c("red", rep("light grey",4)),
    sub="복수응답, 응답자 270명", main="교내식당을 이용하지 않는 이유")
(5) sort(y)
    비위생  혼잡  메뉴다양성  가격   맛
      25     46        71     103   143
(6) sort(y,decreasing=T)
      맛    가격  메뉴다양성  혼잡  비위생
     143    103        71     46     25
(7) y <- sort(y, decreasing=T)
```

막대그래프를 그릴 때 높은 빈도값순으로 막대를 나열하는 그림을 그리고자 할 때는 데이터를 정렬해서 barplot에 입력한다. 데이터의 정렬과 관련해 사용

27) R에서는 데이터형(문자형, 숫자형, Factor 등)을 변환하는 방법으로 as.table, as.factor, as.character 등의 함수들이 있다. 변환한 결과를 다른 변수로 입력받거나 (17)번과 같이 다른 함수의 입력값으로 사용할 수 있다.

28) round(y/nrow(sdata_nouse)*100,2)과 같이 실행한다.

하는 함수가 sort함수이다. (5)에 보면 y벡터가 응답수에 따라 오름차순으로 정렬되어 있다. 만약 값에 따라 내림차순으로 정렬하고 싶다면, sort함수의 입력값으로 decreasing 옵션을 True로 설정하여 (6)과 같이 실행한다. sort함수는 입력값을 정렬한 결과를 보여줄 뿐이지 y벡터 자체를 정렬해서 저장하지는 않는다. 따라서 정렬한 결과를 변수에 저장하고 싶다면 (7)과 같이 출력값을 해당 변수에게 저장한다. 원본 데이터를 계속 유지해야 한다면 다른 변수명을 사용한다. 위의 (1), (2), (4)의 barplot함수를 실행시킨 결과는 아래 그림과 같다.

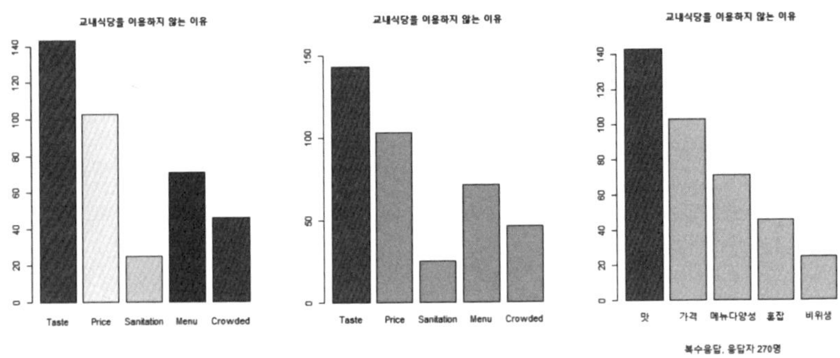

[그림 10-3] barplot을 활용하여 교내식당을 이용하지 않는 이유 분석

첫 번째 그래프는 (1)에서 알 수 있듯이 그래프의 제목으로 "교내식당을 이용하지 않는 이유"를 main 옵션으로 추가했으며, 막대의 색은 col 옵션을 사용하였고, rainbow함수를 사용하여 다섯 가지 색으로 표현하도록 하였다. 두 번째 그래프는 맛에 해당하는 첫 번째 막대만 붉은 색으로 하고 나머지는 모두 회색으로 설정하였다. col 옵션에 각 막대별 색을 지정하는 벡터를 입력하였다. rep함수를 사용하여 "grey" 문구를 네 번 반복하여 벡터를 만들었다. 따라서

col=("red","grey","grey","grey","grey")의 형태로 입력된 것이다[29]. 또한 맛에 대한 응답이 140을 넘기 때문에 y축 값의 범위를 0부터 160으로 설정하였다.

세 번째 그래프는 영어로 표기된 사유를 (3)과 같이 한글로 변환하였다. 또한 그래프 하단에 그래프에 대한 간단한 설명을 sub 옵션을 넣어 추가하였다. main과 sub옵션을 설정할 때 유의해야 할 점은 문자열로 입력하기 때문에 처음과 시작을 쌍따옴표로 닫아주어야 한다는 점이다. 또한 이번 그래프는 응답 결과를 내림차순으로 정렬하여 나타내기 위해 sort함수를 사용하였다. 또한 col 옵션에 회색이 아니라 밝은 회색(light grey)로 변경하여 설정하였다.

R은 다양한 그래프 기능을 제공하나 표를 작성하는 기능은 제공하지 않는다. 따라서 위의 결과표를 문서로 옮기기 위해서는 MS 엑셀 등의 스프레드시트 프로그램을 활용하는 것이 좋다.

3) 이용하는 재학생들에 대한 통계 분석

가장 먼저 이용하는 횟수에 대한 빈도 분석을 실시하고 막대 그래프와 파이 차트를 그려보자. 그리고 왜 교내 식당을 이용하는지에 대한 빈도 분석과 학년별 혹은 성별에 따른 차이가 있는가를 분석하기 위해 교차표를 만들고 변수 간의 독립성 검정을 실시해본다. 또한 맛, 가격 등에 대한 만족도 결과를 정리하여 표와 그래프로 나타내고, 집단별 차이가 있는가를 살펴본다. 마지막으로 개선 사항에 대해 빈도 분석 결과를 그래프로 나타내 본다.

---

29) 참고로 col = c("red","grey")로 두 개의 색만 입력하면 R에서는 첫 번째와 두 번째 막대까지 "red", "grey"로 설정하고 나서 세 번째 막대부터 다시 "red", "grey"의 순으로 색을 설정한다. 따라서 다섯 번째 막대는 "red"가 설정된다. 그러나 막대의 개수보다 색의 개수가 많으면 오류가 발생한다.

- 이용하는 회수에 대한 빈도 분석

앞서 이용하지 않는 재학생들에 대한 분석에서는 이 부분을 다루지 않았다. 빈도 분석은 기본적으로 table함수를 사용하기 때문에 table함수에 데이터가 담겨 있는 변수를 입력하면 된다. 그런데 Usage변수가 Factor 변수이기 때문에 몇 가지 작업이 필요하다.

```
(1)  > table(sdata_use$Usage)
(2)  No Use   1-3     4-6     7-9     >10
(3)     0     506     204     30      14
(4)  > levels(sdata_use$Usage)
(5)  [1] "No Use" "1-3"   "4-6"   "7-9"   ">10"
(6)  > ccc <- levels(sdata_use$Usage)
(7)  > ccc<-ccc[-1]
(8)  > sdata_use$Usage <- factor(sdata_use$Usage, levels=ccc)
(9)  > table(sdata_use$Usage)
(10)   1-3     4-6     7-9     >10
(11)   506     204     30      14
```

(1)에서 볼 수 있듯이 Usage 변수는 사용하지 않는 경우에 대한 level값도 가지고 있기 때문에 빈도 분석을 할 경우에 항상 "No Use" 열이 추가된다. 이것을 제외하고 앞으로 모든 작업을 수행해야 하는 관계로 level값을 수정하는 절차에 대해서 알아보자.

levels함수를 통해 Usage변수의 레벨을 (4)과 같이 확인해 보면 "No Use"가 포함되어 있는 것을 볼 수 있다. Usage변수의 레벨을 수정하려면 factor함수를 통해서 기존의 factor변수의 level을 재정의해 주어야 한다. 재정의한다는 것은 기존의 변수의 속성을 바꾸어 준다는 것으로 값을 바꾸는 것을 의미하지는 않는다. 그 과정은 (8)을 통해 확인할 수 있다. factor함수의 첫 번째 입력값은 데이터가 있는 변수값으로 sdata_use$Usage이다. 두 번째는 levels 옵션에 새로운 level값을 벡터 형태로 입력한다. 새로운 레벨값을 입력하지만 여기서는 기존 레벨 중에서 No Use 레벨을 제외한 나머지 레벨만을 사용할 것이기 때문에 levels 옵션에 벡터 c("1-3","4-6","7-9",">10")를 입력하면 된다.

(6), (7)은 레벨값을 직접 입력하지 않고 기존의 레벨값을 벡터로 받고(6번), 이 중에서 "No Use"값만을 제외(7번)한 새로운 벡터를 만드는 과정이다. 이렇게 만들어진 새로운 벡터를 levels 옵션에 입력하면 레벨이 다수가 있어 일일이 기입하는 수고를 줄일 수 있다[30].

이번에는 비율값을 토대로 막대 그래프를 그리고 또한 원형차트도 함께 그려보자. 원형차트를 그리기 위해서는 pie함수를 사용한다. pie함수는 다양한 옵션을 가지고 있다. 입력값으로는 벡터나 빈도 분석의 결과를 받는다.

pie함수의 옵션으로 main은 차트의 제목을 설정한다. pie함수를 main을 제외한 나머지 옵션의 설정 없이 실행하면 아래의 왼쪽 그림과 같은 차트를 볼 수 있다. 원형 차트는 보통 가장 큰 도수를 가진 항목이 우측의 그래프와 같이 시계 방향으로 나열되어 표기된다.

① init.angle: 첫 항목을 몇 도에서 시작할지 결정 (기본값은 0도[31])

② clockwise: 항목을 배열할 때 시계 방향 설정 (기본값은 False)

③ main: 그래프 상단의 제목

④ radius: 파이차트의 크기(원의 지름) 설정 (기본값은 1)

⑤ col: 개별 항목의 색을 설정 (예: col=c("red","blue"))

⑥ labels: 개별 항목의 이름을 설정

⑦ cex: label의 글자 크기를 조정 (기본값은 1)

---

30) 8번 라인에서 7번 라인을 실행하지 않고 바로 levels=ccc 대신에 levels=ccc[-1]을 실행해도 같은 결과가 나온다.

31) 원의 중심을 기준으로 네 개의 사분면으로 나누었을 때 1사분면을 기준으로 0도이다. 시계로 보면 3시부터 clockwise의 설정에 따라 시계방향 혹은 반시계방향으로 채워진다고 생각하면 된다.

```
(1) barplot(table(sdata_test$Usage), col=c("red",rep("grey",3)),
    sub="응답자 754명", main="교내 식당 이용 현황")
(2) pie(prop.table(table(sdata_test$Usage)), main="교내 식당 이용 현황")
(3) xlab=c("1-3회","4-6회","7-9회","10회이상")
(4) pie(prop.table(table(sdata_test$Usage)), clockwise=T, col=rainbow(4),
    labels=xlab, cex=0.65, radius=1.05, init.angle=90, main="교내 식당 이용 현황")
```

(1)과 같이 설정하는 경우에는 init.angle의 기본값이 0도이므로 시계로 볼 때 3시부터 채운다. 기본값이 False로 반시계 방향으로 채워진다. 또한 파이차트의 크기도 별도의 설정이 없다면 기본값인 1의 크기이다. label값도 별도의 설정을 하지 않았기 때문에 입력한 빈도 분석 테이블의 항목명을 그대로 이용하였다. (3)의 pie함수는 clockwise를 시계방향(True값 설정)으로 설정하였고, init.angle을 90도로 설정하여 12시부터 채우도록 설정하였다. 또한 col변수에 rainbow함수를 이용하여 네 가지 다른 색으로 채우도록 설정하였다. 지름의 크기를 radius변수에 1.2로 설정하였으며, 라벨의 글자 크기를 결정하는 옵션인 cex 값을 기본값 1보다 작은 0.65로 설정하여 작게 나타내었다. 이렇게 하면 라벨이 겹치는 것을 막을 수 있다.

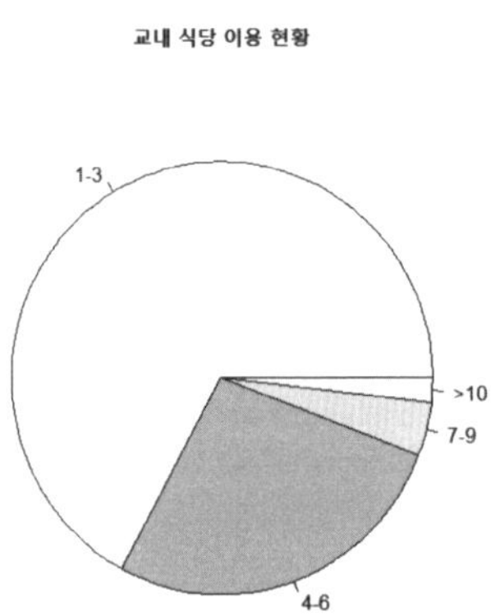

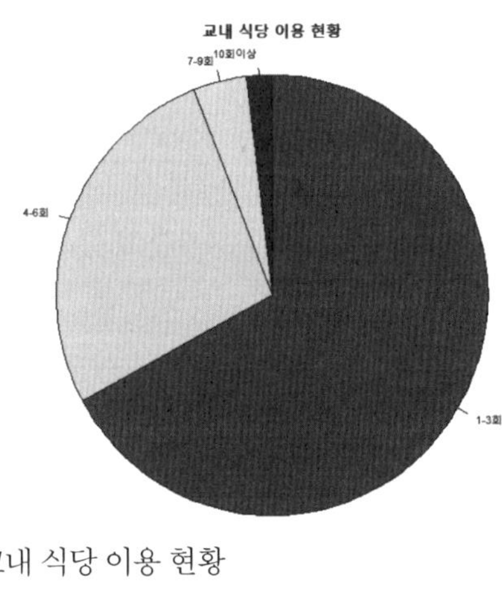

[그림 10-4] 교내 식당 이용 현황

- 학년별, 성별에 따른 이용 정도의 차이 분석

지금까지 하나의 변수에 대한 특정 응답의 빈도수를 분석하였다. 조사 문제에 따라 변수 간의 관련성 즉 상관관계에 대한 규명을 할 필요도 있을 것이다. 변수들 간의 상관관계 여부는 교차표를 만들어 교차 분석을 통해 확인할 수 있다. 두 변수 간의 관련성을 파악하는 통계 분석을 독립성 검정이라 한다. 교차표를 통한 독립성 검정은 비교하고자 하는 두 변수가 범주형 즉 명목 척도로 측정된 경우에 실시한다.

R에서 교차표는 앞서 한 변수에 대한 빈도 분석에서 사용했던 table함수를 사용하면 된다. table함수를 (1)과 같이 with함수 안의 입력값으로 넣어 (2)부터 (4)까지 결과를 얻을 수 있다. 교차표를 작성하는 함수로 ftable과 xtab이라는 것도 있다.

```
(1)  > with(sdata_test,table(Gender,Usage))
(2)             Usage
(3)  Gender    1-3     4-6     7-9     >10
(4)    남성     182     124      19       8
(5)    여성     324      80      11       6
(6)  > ftable(Gender~Usage, data=sdata_test)
(7)            Gender    남성     여성
(8)   Usage
(9)     1-3               182      324
(10)    4-6               124       80
(11)    7-9                19       11
(12)    >10                 8        6
(13) > ftable(Usage~Gender,sdata_test)
       (1) 라인의 결과와 동일 [중간생략]
(14) > with(sdata_test,chisq.test(table(Gender,Usage)))
(15)          Pearson's Chi-squared test
(16) data:  table(Gender, Usage)
(17) X-squared = 42.061, df = 3, p-value = 3.893e-09
(18) > round(prop.table(ftable(Usage~Gender,sdata_test),margin=2)*100,2)
```

(19)	Gender	Usage	1-3	4-6	7-9	>10
(20)	남성		54.65	37.24	5.71	2.40
(21)	여성		76.96	19.00	2.61	1.43

ftable함수는 table함수와 비슷한 기능을 하지만 입력값의 형태가 상이하다. (6)과 같이 데이터 프레임의 두 변수명을 입력하고, 마지막에는 데이터 프레임 이름을 data라는 옵션의 입력값으로 설정한다. (13)번과 같이 data옵션명을 생략해도 되나, 데이터 프레임명을 변수명보다 앞에 쓰고자 할 때는 data 옵션을 표기해야 한다. ftable의 경우에는 먼저 쓰는 변수가 교차표의 열이 되고, 나중에 쓰는 변수가 교차표의 행이 된다. 따라서 (6)과 (13)은 열과 행이 바뀐 형태의 교차표를 출력한다. table함수의 경우에는 변수 중에서 알파벳순으로 앞선 변수가 행으로 나타난다.[32)]

R에서 독립성 검정을 위해 사용하는 함수는 chisq.test함수이다. (14)와 같이 함수의 교차 분석 결과를 입력값으로 넣어주면 검정 결과를 (15)~(17)과 같이 얻을 수 있다. 교차표를 통해 두 변수 간의 독립성 검정을 해 보면 카이제곱 값이 크게 나왔고 p값이 0.01보다 작기 때문에 독립성 검정의 귀무가설인 "두 변수는 서로 독립이다"를 기각하게 된다. 그렇다면 이용 빈도가 성별에 따른 영향이 있다는 것을 의미한다. 이는 prop.table함수를 이용하여 성별에 따라 이용 빈도의 비율값을 계산해 보면 보다 명확히 알 수 있다. 여학생의 경우 대부분(약 77%) 주1~3회 이용하는 데 비해 남학생은 주1~3회(55%), 주4~6회(37%)로 여학생에 비해 이용하는 비율이 높음을 알 수 있다. 교차표 결과를 막대 그래프로 나타내는 방법을 알아보자.

32) table함수를 사용할 때 행과 열을 바꾸고 싶다면 t함수를 사용한다. t(table함수)를 실행하면 table함수 결과의 행과 열이 전치(transpose)되는 것을 확인할 수 있다.

```
(1) > par(mfrow=c(1,3))
(2) > barplot(ftable(Usage~Gender,sdata_test),
      names=levels(sdata_test$Usage), main="성별에 따른 사용빈도")
(3) > barplot(ftable(Usage~Gender,sdata_test),
      names=levels(sdata_test$Usage), beside=T, main="성별에 따른 사용빈도")
(4) > barplot(ftable(Usage~Gender,sdata_test),
      names=levels(sdata_test$Usage), beside=T, main="성별에 따른 사용빈
      도", legend.text=levels(sdata_test$Gender))
```

(1)에는 그래프 결과를 함수를 실행시킬 때마다 하나의 결과 화면에 출력할 수 있도록 하는 팔레트 함수인 par함수를 사용하였다. par함수의 입력값으로는 mfrow 옵션이 있는 데 위와 같이 c(1,3) 벡터를 입력하면 1행에 3개의 열, 즉 한 팔레트에 한 줄로 세 개의 그래프 결과를 출력한다. 두 개의 그래프를 한 줄로 나타내고 싶다면 par(mfrow=c(1,2))로 설정하여 실행하면 된다. 서로 비교를 하는 두 개 이상의 그래프를 출력할 때는 위의 팔레트 함수를 활용하는 것이 편리하다.

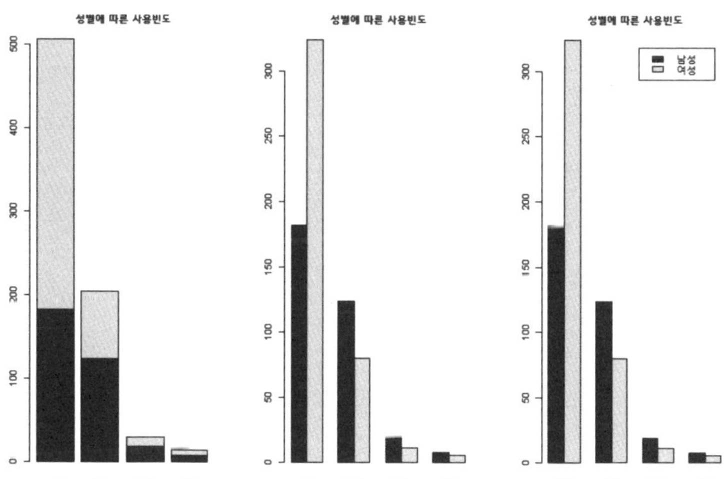

[그림 10-5] 사용 빈도에 따른 성별을 나타낸 막대 그래프

첫 번째 그래프는 (2)와 같이 사용 빈도에 따라 남, 여 응답수를 누적 막대 그래프의 형태로 나타낸 것이다. 별다른 옵션을 설정하지 않는다면 barplot은 교차표에 대해서 누적 막대 그래프를 그려준다. 누적 막대 그래프를 통해서 사용 빈도와 성별 간의 관련성을 보기 어렵다면 막대를 분리해서 나타낼 수 있는 데 이때 사용하는 옵션이 beside이다. beside 옵션의 기본값은 False로 되어 있어 변경하지 않으면 누적 막대그래프를 그려준다. (3)에는 beside값을 True로 설정하였고 두 번째 그래프를 출력한다. 그런데 beside 옵션을 넣더라도 어떤 막대가 남자이고 어떤 막대가 여자인지 알 수가 없다. 따라서 범례를 추가하여 (4)와 같이 명확한 정보를 주어야 한다.

barplot에 범례를 추가하는 옵션은 legend.text이다. legend.text에는 범례로 사용할 문자열 벡터를 입력한다. 유의할 점은 문자열 벡터는 막대의 개수와 일치해야 한다. 현재 그래프는 교내 식당 이용 빈도가 남녀 간에 어떤 차이를 보이는 지 알려준다. 각 이용 빈도에 대해 남학생과 여학생의 응답 결과를 두 개의 막대로 나타낸다. 따라서 범례에는 남성, 여성 두 개의 문자열 벡터를 입력해야 한다. (4)에는 범례 문자열로 Gender 변수(Factor형 변수이며 "남성", "여성" 값이 level값)의 level값을 levels함수를 사용하여 문자열 벡터로 legend.text 변수에 입력하였다. 비교해서 기억해야 할 것은 names 옵션이다. names 옵션은 x축에 나타나는 사용빈도에 대한 레이블 값이고, legend.text는 막대를 구분하기 위한 레이블 값이다. 따라서 (4)에 보면 서로 다른 레이블을 입력했음을 확인할 수 있다.

위의 그래프를 보면 사용 빈도가 1-3회일 때는 응답자 중에 여성의 비율이 높으나, 4회 이상인 경우에는 대부분 남성의 비율이 높았다. 성별에 따른 이용 빈도의 차이가 존재함을 확인할 수 있다. 위의 그래프를 성별을 기준으로 이용 빈도 간의 막대 그래프로 나타낼 수 있다. (4)의 R코드를 아래와 같이 수정하면 된다.

```
(4-1) barplot(ftable(Gender~Usage, sdata_test),
names=levels(sdata_test$Gender),
beside=T, main="성별에 따른 사용빈도",
legend.text=levels(sdata_test$Usage))
```

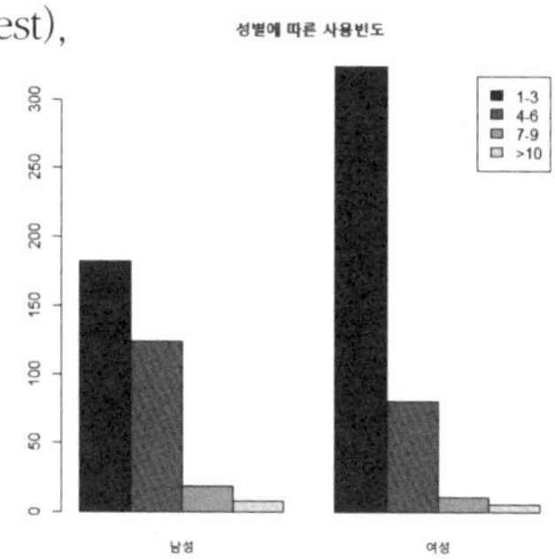

다음으로 학년과 사용 빈도 간의 교차표를 만들고 비교해 보자. 학년은 Grade 변수이고 사용빈도는 Usage변수이므로 앞서 배웠던 내용을 토대로 아래와 같이 R코드를 만들 수 있다.

```
(1) ftable(Grade~Usage,sdata_test)
      Usage  1학년  2학년  3학년  4학년
       1-3    129    136    155    86
       4-6     61     56     62    25
       7-9     11      9      4     6
       10       1      4      5     4
(2) chisq.test(ftable(Grade~Usage,sdata_test))
          Pearson's Chi-squared test
    data:  ftable(Grade ~ Usage, sdata_test)
    X-squared = 11.068, df = 9,
    p-value = 0.2711
(3) barplot(ftable(Usage~Grade,sdata_test),
    names=levels(sdata_test$Usage), beside=T,
    main="학년에 따른 사용빈도",
    legend.text=levels(sdata_test$Grade))
```

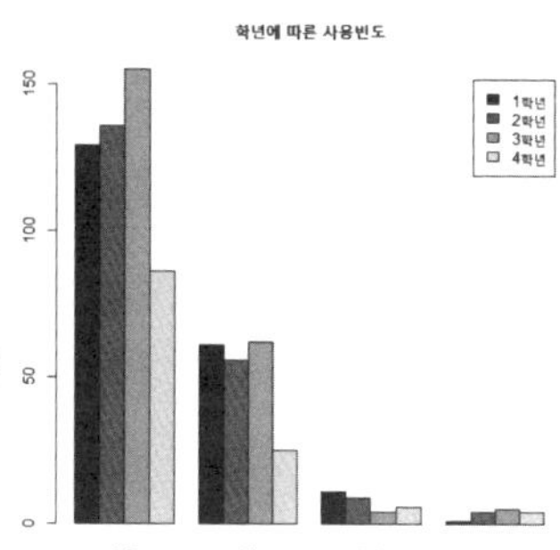

(2)에서의 독립성 검정 결과에 따르면 p값이 0.27로 귀무가설인 "학년과 사용빈도의 두 변수는 독립이다"라는 가설을 기각하지 못한다. 교차표의 결과를 보더라도 모든 학년에서 사용빈도는 1-3회가 가장 많고, 4-6회, 7-9회, 10회 이상 순으로 나타남을 볼 수 있다. 이러한 경향은 교내 식당 이용 현황을 나타낸 원형

차트에서 확인했던 결과와 동일하다. 즉 학년이라는 변수로 조사 대상자를 구분하여 분석한 결과로 나누지 않았을 때의 결과와 차이가 없다는 것이다. 다시 말하면 이용자의 학년은 식당 이용 빈도와는 관련이 없다는 것을 말한다.

- 교내 식당 만족도 현황 분석

식당에 대한 만족도는 맛, 가격, 위생, 친절, 메뉴의 다섯 가지로 측정했으며 L로 시작하는 변수들이다. 각 변수들은 엑셀에서 R의 데이터 프레임으로 저장할 때 숫자 변수로 저장되었다. 엄밀히 말하면 숫자 변수가 아니라 만족도의 수준을 나타내는 서열 척도 값이다. 단 만족도의 정도에 대해 일정 간격을 갖는 숫자 값을 선택하도록 했기 때문에 등간 척도 값으로도 볼 수 있다. 빈도 분석을 위해서는 원칙적으로는 factor값으로 설정되어 있어야 하나, table함수를 사용하는 경우에는 크게 문제가 되지 않는다. 또한 table함수의 결과값으로 막대 그래프를 그리는 경우에도 문제가 되지 않는다. 그럼에도 불구하고 추후 R 통계 분석에서 factor값을 요구하는 경우가 있음을 고려하여 factor값으로 변환하는 방법도 살펴보자.

```
(1) > xlab = c("매우나쁨","나쁨","보통","좋음","매우좋음")
(2) > ftaste  <- factor(sdata_test$Ltaste, levels=c(1:5), labels=xlab)
(3) > fprice  <- factor(sdata_test$Lprice, levels=c(1:5), labels=xlab)
(4) > fsan    <- factor(sdata_test$Lsan, levels=c(1:5), labels=xlab)
(5) > fkind   <- factor(sdata_test$Lkind, levels=c(1:5), labels=xlab)
(6) > fmenu <- factor(sdata_test$Lmenu, levels=c(1:5), labels=xlab)
(7) > table(ftaste)
    ftaste
     매우나쁨  나쁨  보통  좋음  매우좋음
        18     108   324   173      38
(8) > table(fmenu)
    fmenu
     매우나쁨  나쁨  보통  좋음  매우좋음
        25     131   257   158      75
```

```
(9)  > table(factor(sdata_test$Lmenu,levels=c(1:5), labels=xlab))
     매우나쁨  나쁨   보통   좋음  매우좋음
        25     131    257    158     75
(10) > table(fmenu,dnn=c("메뉴다양성에 대한 만족도"))
     메뉴다양성에 대한 만족도
     매우나쁨  나쁨   보통   좋음  매우좋음
        25     131    257    158     75
```

위의 (1)은 숫자 변수를 factor변수로 바꾸고 level값(1,2,3,4,5)에 따라 그에 상응하는 한글 의미("매우나쁨","나쁨",...."매우좋음")를 레이블로 붙이기 위해서 별도로 선언한 문자열 벡터이다. R에서 이를 직접 입력하는 경우 한글 입력이 수월치 않고 또한 다섯 개의 변수 각각에 입력해야 하는 번거로움이 있으므로 별도의 변수로 선언한다. factor로 변환하기 위해서는 level값을 지정해 주어야 한다. 만족도의 수준을 1부터 5까지의 숫자로 입력받았으므로 level을 1부터 5까지의 숫자로 지정한다. (2)부터 (6)의 과정을 통해 각 숫자의 의미를 labels 옵션에 입력하여 factor 변수로 만든다. 변수로 만들고 나서 table함수를 이용해서 빈도 분석을 실시한다. 또한 table 옵션에는 dnn옵션을 넣어 (10)과 같이 table의 제목을 입력할 수 있다.

각 항목 중에서 가격, 위생, 친절의 세 가지 항목에 대해 barplot함수를 이용하여 막대 그래프를 그린다. 그래프를 보면 만족 정도의 평가가 보통인 경우가 많으며 위생을 제외하고 '좋음' 이상으로 응답한 경우가 '나쁨' 이상으로 응답한 경우보다 많았다.

```
(1)  > par(mfrow=c(1,3))
(2)  > barplot(table(fprice),col=rainbow(5),ylim=c(0,300),
       main="가격에 대한 만족도")
(3)  > barplot(table(fsan),col=rainbow(5),ylim=c(0,300),
       main="위생에 대한 만족도")
(4)  > barplot(table(fkind),col=rainbow(5),ylim=c(0,300),
       main="친절에 대한 만족도")
```

위의 R코드에서 ylim은 y축 값의 범위를 나타냈다. col변수에는 다섯 개의 만족도 수준이 있기 때문에 다섯 가지 색으로 표현하도록 rainbow함수에 5라는 값을 입력하였다. 아래는 위의 코드로 실행한 결과이다.

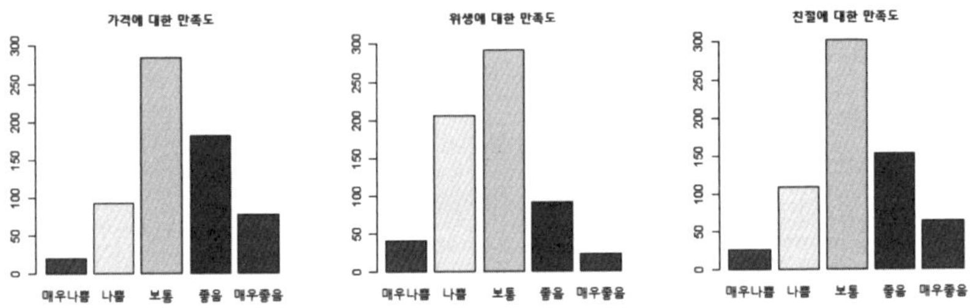

[그림 10-6] 가격, 위생, 친절 항목에 대한 만족도 조사 결과

만족도의 정도를 등간 척도로 간주하고 응답의 평균 점수를 구한다면 어떻게 할 수 있을까? 1점이 매우 나쁨이고 5점이 매우 좋음이기 때문에 보통 정도의 만족 수준이라면 평균 3점이 나와야 할 것이다. 이것을 R함수로 계산해 보자.

```
(1)  > mean(sdata_test$Ltaste)
     [1] NA
(2)  > mean(sdata_test$Ltaste,na.rm=T)
     [1] 3.15885
(3)  > sapply(sdata_test[,c(5:9)],mean)
      Ltaste  Lprice   Lsan   Lkind  Lmenu
        NA      NA      NA     NA     NA
(4)  > sapply(sdata_test[,c(5:9)],mean,na.rm=T)
(5)     Ltaste    Lprice     Lsan     Lkind    Lmenu
(6)  3.158850 3.313936 2.772657 3.184615 3.196594
(7)  > mean(sapply(sdata_test[,c(5:9)], mean, na.rm=T))
(8)  [1] 3.125331
```

설문 조사 결과를 토대로 하여 응답값의 평균이나 분산 등의 R의 통계 함수를 사용할 때 유의할 점은 무응답이 있는 경우이다. 무응답이 없으면 문제가 없지만 무응답이 포함되어 있는 데이터들의 평균을 (1)과 같이 계산하면 R에서는 NA 결과값을 출력한다. 따라서 무응답이 있는 항목을 제외하고 평균을 계산해야 하는 데 그때 사용하는 옵션이 na.rm 옵션이다. 이는 NA값을 Remove(rm, 제외)하라는 설정을 한다. (2)과 같이 na.rm에 True값을 설정해 주면 무응답값을 제외하고 평균을 계산해 준다.

다섯 개 변수의 평균을 계산해야 하므로 다섯 번 같은 명령어를 반복해야 한다. R에서는 데이터 프레임을 구성하는 변수에 대해서 같은 명령어를 반복하는 경우에 한 번에 수행할 수 있도록 도와주는 함수가 있다. sapply함수는 데이터 프레임의 변수들(정확히 말하면 열 전체)과 실행하고자 하는 함수명을 입력값으로 받는다. sapply함수를 (3)과 같이 실행할 수 있는 데, 앞서 (1)에서와 같이 무응답 값으로 인해 동일한 문제가 발생한다. sapply함수에는 함수명 뒤에 해당 함수에서 필요로 하는 옵션값들을 입력값으로 받는다. 무응답을 제외하기 위한 (4)와 같이 옵션으로 na.rm=T값을 추가하여 실행하면 (5), (6)과 같은 평균값을 얻을 수 있다.

평균값으로 나타내면 앞서 빈도 분석 결과 테이블이나 그래프보다 명확하게 경향을 파악할 수 있다. 3점이 보통 수준의 만족도라고 할 때, 3점을 넘는 항목으로 가격, 메뉴다양성, 친절, 맛의 순으로 만족도가 높다고 할 수 있으며, 위생은 보통 수준에 미치지 못하는 수준이라고 할 수 있다. 또한 각 항목별 만족도 값의 평균을 구하려면 (7)과 같이 할 수 있다.

마지막으로 만족도와 관련하여 전체 조사 결과를 한 그래프나 한 표에 나타내는 방법을 알아보도록 하자. 조사결과의 요약표의 구조는 만족도의 다섯 가지 수준과 만족도 평가 항목으로 구성된다. table함수의 결과값을 표를 만드는 데 이용할 것이므로 만족도의 수준을 열로, 만족도 평가 항목을 행으로 나타내자.

(1) 〉as.vector(table(ftaste))

```
[1] 18 108 324 173 38
```

(2) 〉matt 〈- rbind(as.vector(table(ftaste)), as.vector(table(fprice)), as.vector(table(fsan)), as.vector(table(fkind)), as.vector(table(fmenu)))

(3) 〉matt

```
     [,1] [,2] [,3] [,4] [,5]
[1,]   18  108  324  173   38
... [중간 생략]
[5,]   25  134  257  158   75
```

(4) 〉ccc 〈- rbind(table(ftaste),table(fprice),table(fsan),table(fkind),table(fmenu))

(5) 〉rownames(ccc) 〈- c("맛","가격","위생","친절","메뉴다양성")

(6) 〉ccc

	매우나쁨	나쁨	보통	좋음	매우좋음
맛	18	108	324	173	38
가격	19	92	284	181	77
위생	40	205	292	91	23
친절	25	108	302	152	63
메뉴다양성	25	131	257	158	75

(7) 〉round(prop.table(ccc,margin=1)*100,2)

	매우나쁨	나쁨	보통	좋음	매우좋음
맛	2.72	16.34	49.02	26.17	5.75
가격	2.91	14.09	43.49	27.72	11.79
위생	6.14	31.49	44.85	13.98	3.53
친절	3.85	16.62	46.46	23.38	9.69
메뉴다양성	3.87	20.28	39.78	24.46	11.61

table함수의 결과는 table이라고 하는 데이터형이다. 이것을 확인하기 위해서는 class함수를 사용한다. class함수에 table(ftaste)를 입력하면 결과값을 "table"이라는 결과가 나온다. 테이블형 데이터에서 숫자만 뽑아내려면 table함수의 결과값을 벡터값으로 변환해야 하는 데 (1)과 같이 as.vector에 입력하면 된다. 이 결과값을 토대로 다섯 개의 평가 항목을 rbind 함수를 통해서 (2)와 같이 행과 열로 구성된 매트릭스 형태로 변환한다. (3)을 통해서 결과를 확인할 수 있는데, rownames, colnames함수로 (5)와 같이 행과 열의 이름을 지정할 수 있다. (4)와 같이 vector로 변환하지 않고 rbind를 시킬 수도 있다. 다섯 개의 변수가 모두 동일한 level값을 갖고 있기 때문에 table함수의 결과값을 rbind로 묶을 수

있다. 또한 결과로 얻은 매트릭스에 rownames함수를 이용하여 행의 값을 (5)와 같이 지정해주면 (6)의 결과를 얻을 수 있다. (7)은 항목별로 만족 정도의 응답 비율을 계산한 것으로 prop.table함수에 margin=1로 설정한 것은 행에 대한 비율을 계산하도록 지정한 옵션이다[33].

위의 결과를 토대로 barplot을 그려보자. 유의할 점은 barplot은 데이터 프레임 구조로 본다면 열을 기준으로 막대 그래프를 그린다. 따라서 지금 만든 매트릭스 데이터의 행과 열을 바꾸어 입력해 주어야 한다. 앞서 배웠던 매트릭스 전치 함수인 t함수를 사용하자.

```
(1) > par(mfrow=c(1,3))
(2) > barplot(t(ccc),beside=T,legend.text=xlab)
(3) > barplot(t(ccc), beside=T, legend.text=xlab, args.legend=list(x="topright",
      cex=0.8, bg="white"))
(4) > barplot(t(ccc), beside=T, legend.text=xlab, args.legend=list(x=28, y=-55,
      cex=0.8, bg="white", ncol=5))
```

먼저 세 개의 그래프를 그릴 팔레트를 설정해 준다. (2)는 누적하지 않고 막대 그래프를 그리고(beside=T) 범례를 추가로 설정(legend.text에 xlab입력)하여 그린다. 아래 그림의 가장 처음 그래프를 보면 범례가 막대와 겹쳐 있다. 이를 막기 위해 (3)과 같이 범례의 위치를 조정하고, 범례에 있는 글자 크기를 조금 작게 설정하며, 겹치더라도 글자와 섞이지 않도록 범례의 배경색을 흰색으로 설정한다.

33) margin을 2로 설정하면 열에 대한 비율을 계산한다. 아무것도 지정하지 않으면 전체 합에 대한 비율을 계산한다.

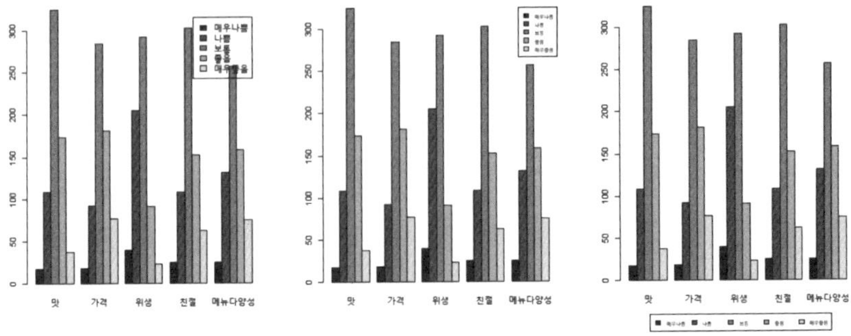

[그림 10-7] 항목별 만족도 그래프

args.legend 옵션은 원래 그래프에 범례를 추가하기 위해 사용하는 legend라는 함수에 들어가는 옵션을 설정해 준다. 범례에 설정하고자 하는 옵션들을 args.legend에 list변수값의 형태로 입력하면 된다[34). x변수에는 범례의 위치를 좌표값으로 입력하는 데, 편리하게 사용할 수 있도록 위치에 따른 몇 가지 고정값이 있다[35). 현재 입력값인 "topright"는 그래프의 영역(막대 그래프가 그려진 영역)의 우상단에 범례를 위치시킨다는 의미이다. cex는 범례의 글자 크기를 결정한다. 1이 기본값이며 1보다 작으면 글자가 작아진다. bg는 배경의 색을 지정한다.

범례를 세 번째 그래프와 같이 수평으로 나열할 수도 있다. 수평으로 나열하기 위해서는 ncol 옵션의 값을 변경한다. 기본값은 1로 첫 번째와 두 번째 그래프와 같이 한 열에 범례를 나열하는 방식이다. 만약 이 값을 5로 수정하게 되면 다섯 개의 열에 범례값을 나열하게 된다. 따라서 수평방향의 범례를 만들 수 있

34) 따라서 args.legend에 들어가는 옵션을 더 알고 싶다면 R 매뉴얼의 legend함수를 찾아 검색한다.

35) 그 밖에 "bottomright", "bottom", "bottomleft", "left", "topleft", "top", "right" 와"center" 값이 있다.

다. 이때 범례는 그래프의 영역에서 벗어나 아래쪽에 위치하게 되는 데, 이 경우에는 x값(좌우 위치 조정)과 y값(상하 위치 조정) 모두를 직접 입력해야 한다. 적절한 값을 입력하여 위치를 조정하면 세 번째 그래프를 출력할 수 있다.

그래프의 모양을 보면 대부분 보통인 응답이 많으나 위생과 관련해서는 불만이 높다. 이해하기 쉽도록 각 항목에 대한 응답수를 비율로 계산하여 barplot을 그려보자.

```
(1) > barplot(t(round(prop.table(ccc,margin=1)*100, 2)), legend.text=xlab,
      args.legend=list(x="topright", bg="white"))
(2) > barplot(t(prop.table(ccc,margin=1)), legend.text=xlab,
      args.legend=list(x="topright", bg="white"))
```

열의 변수값들의 합이 1이 되거나 100이 되는 경우에 아래와 같은 누적 그래프의 형태로 나타내면 항목 간 비교가 용이하다. (1)에서는 %값으로 값을 변환하여 barplot을 그린 것이고 (2)는 비율값으로 그린 것이다. 따라서 좌측의 그래프와 우측의 그래프의 형태는 동일하다. bg 옵션을 white로 했기 때문에 범례가 그림 위에 위치하고 있다. 아래 그래프에서 눈여겨 볼 것은 '매우 나쁨'과 '나쁨'의 누적값과 '매우 좋음'과 '좋음'의 누적값이다. 전자는 각 항목의 막대에서 아래 부분의 길이로 알 수 있으며, 후자는 각 항목의 막대에서 윗부분의 길이로 알 수 있다. '위생' 항목이 나쁨에 해당하는 부분이 다른 항목에 비해 높으며 좋음에 해당하는 부분이 다른 항목에 비해 낮다는 것을 알 수 있다. 좋음에 해당하는 부분은 '가격'이 가장 높은 것을 알 수 있다. 이는 '보통' 응답을 포함한 경우에도 '가격'이 가장 높다는 것을 막대의 길이를 통해서 쉽게 알 수 있다.

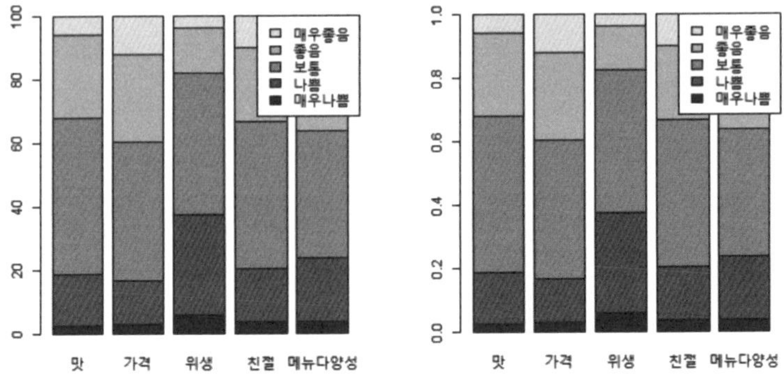

[그림 10-8] 조사 항목별 비율로 나타낸 누적 막대그래프

– 만족도와 관련한 집단별 차이 분석

그렇다면 집단별로 만족도 값의 차이가 있는지 t검정과 F검정을 해 보자. t검정과 F검정은 독립 변수는 집단을 구분하는 범주형 범수이고 종속 변수는 집단의 속성을 나타내는 연속형 변수(등간이나 비율 척도값)인 경우에 사용하는 통계 분석 방법이다. t검정과 F검정의 큰 차이는 t검정은 두 집단 간의 차이에 대한 가설 검정을 할 때 사용하며, F검정은 두 집단 이상인 경우에 사용한다. 먼저 성별을 기준으로 R을 이용해 t검정을 해 보자.

R에서 t검정은 t.test함수를 사용한다. 두 집단의 비교인지 아니면 한 집단의 평균값에 대한 검정인지에 따라 선택하는 옵션이 달라진다. 아래의 예를 통해서 살펴보자.

```
(1)  > t.test(sdata_test[sdata_test$Gender=="남성",5],sdata_test[sdata_
       test$Gender=="여성",5])
     Welch Two Sample t-test
     data:  sdata_test[sdata_test$Gender == "남성", 5]
            and sdata_test[sdata_test$Gender == "여성", 5]
```

```
(2) t = 2.4766, df = 586.33, p-value = 0.01354
    alternative hypothesis: true difference in means is not equal to 0
    95 percent confidence interval:
(3) 0.03482277 0.30167305
    sample estimates:
(4) mean of x mean of y
(5) 3.255319  3.087071
(6) > t.test(Ltaste~Gender,data=sdata_test, alternative=c("two.sided"),
      conf.interval=0.95, var.equal=T)
    ... [중간 생략]
(7) t = 2.4766, df = 586.33, p-value = 0.01354
(8)  mean in group 남성  mean in group 여성
            3.255319              3.087071
(8) > var.test(Ltaste~Gender,data=sdata_test)
    F test to compare two variances
    data:  Ltaste by Gender
(9) F = 1.1185, num df = 281, denom df = 378, p-value = 0.3112
    alternative hypothesis: true ratio of variances is not equal to 1
    ... [중간생략]
(10) > var.test(Lprice~Gender,data=sdata_test) [결과 생략] ...
(11) > var.test(Lsan~Gender,data=sdata_test) [결과 생략] ...
(12) > var.test(Lkind~Gender,data=sdata_test) [결과 생략] ...
(13) > var.test(Lmenu~Gender,data=sdata_test) [결과 생략] ...
```

t.test의 데이터 입력은 (1)과 같이 집단별로 데이터를 구분하여 두 개의 데이터를 입력하는 방식과 (6)과 같이 수식의 형태로 입력하는 방법이 있다. (1)과 같은 경우는 집단별로 데이터가 구분되어 있는 경우에 사용하기 편리하다. 예제에서 측정값(Ltaste)을 남성에 대한 측정값 벡터와 여성에 대한 측정값 벡터를 추출해 내기 위해 sdata_test[sdata_test$Gender=="남성", 5]를 입력하였다. (6)의 수식은 측정값과 집단을 구분하는 변수값의 순(연속형변수~범주형변수)으로 만든다. 데이터 프레임에 저장되어 있는 변수들로 t.test를 할 때는 (6)과 같이 수식을 사용하는 것이 편리하다. 단 변수명만을 사용할 때에는 어떤 데

이터 프레임의 변수인지 알리기 위해 data 옵션을 반드시 추가해야 한다[36].

t.test함수에서 양측 검정, 단측 검정의 경우 alternative옵션을 사용한다. 양측 검정인 경우 (6)과 같이, 단측 검정에서 작은 경우는 "less", 큰 경우는 "greater"로 한다. conf.interval은 신뢰도 구간의 %값을 입력받으며, var.equal은 두 개의 집단의 표본값이 등분산인지 이분산인지 입력받는다. 기본값은 양측검정, 등분산, 95% 신뢰도 구간으로 분석한다. t.test검정을 하기 위해서는 등분산 검정을 거쳐야 한다. R에서는 (8), (10)~(13)과 같이 var.test함수를 이용해 등분산 검정을 할 수 있다.

등분산 검정의 결과를 토대로 아래와 같이 t.test를 실시한다[37]. t.test의 결과 중에서 p value값만을 저장하여 별도의 벡터로 만든다. 5% 유의수준에서 차이가 있음이 밝혀진 변수의 경우에는 집단별 평균값을 조회한다.

```
(1)  〉pvalue          〈- t.test(Ltaste~Gender,data=sdata_test)$p.value
(2)  〉pvalue          〈- c(pvalue,t.test(Lprice~Gender,data=sdata_test)$p.value)
(3)  〉pvalue          〈- c(pvalue,t.test(Lsan~Gender,data=sdata_test)$p.value)
(4)  〉pvalue          〈- c(pvalue,t.test(Lkind~Gender,data=sdata_test)$p.value)
(5)  〉pvalue          〈- c(pvalue,t.test(Lmenu~Gender,data=sdata_test)$p.value)
(6)  〉names(pvalue)   〈- c("Taste","Price","Sanitation","Kindness","Menu")
(7)  〉pvalue
(8)       Taste         Price      Sanitation     Kindness         Menu
(9)  0.0135447028  0.6473460941  0.0268412471  0.1458484296  0.0002224974
(10) 〉t.test(Lsan~Gender,data=sdata_test)$estimate
(11) mean in group 남성  mean in group 여성
(12)        2.862816            2.705882
(13) 〉t.test(Lmenu~Gender,data=sdata_test)$estimate
```

36) t.test(sdata_test$Ltaste~sdata_test$Gender)로 해도 동일한 결과를 얻는다.

37) 등분산 검정의 결과에서의 귀무가설은 "두 개의 표본의 분산은 동일하다"이다. (8), (10)~(13)까지의 p value는 순서대로 0.3112, 0.1266, 0.4863, 0.2039, 0.9370로 나왔으며 1% 유의수준에서 귀무가설을 기각하지 못한다. 따라서 t.test에서 등분산을 가정하고 분석한다.

```
(14) mean in group 남성  mean in group 여성
(15)        3.367273              3.070081
```

t.test함수의 결과에서 p.value만 추출하기 위해서는 (1)~(5)처럼 함수의 마지막에 $p.value를 붙이면 된다. 또한 집단 간 평균값의 추정치를 조회하기 위해서는 (10), (13)과 같이 $estimate를 붙이면 된다[38]. 또한 (1)에서는 p value값을 pvalue라는 벡터 변수에 저장하고, (2)~(5)까지 누적해서 저장하는 방법을 보여주고 있다. 벡터에 특정값을 추가하는 방법은 위와 같이 "벡터명 <- c(벡터, 추가하는 값)"의 형태로 하면 된다.

학년별로 만족도의 차이가 있는지 검정하려면 분산 분석(ANOVA)을 해야 한다. 두 개 이상의 집단이 있으며, 하나의 연속된 속성값의 차이가 있는지 검정하는 것이므로 일원배치분산 분석(One-way ANOVA)이라고 할 수 있다. R에서는 일원배치분산 분석을 하는 함수로 oneway.test, aov 함수를 제공한다. 예를 통해 알아보자.

```
(1) > oneway.test(Lkind~Grade,sdata_test, var.equal=T)
    One-way analysis of means
    data: Lkind and Grade
(2) F = 0.64568, num df = 3, denom df = 646, p-value = 0.5859
(3) > aov(Lkind~Grade,sdata_test)
    [중간생략]...
                        Grade   Residuals
    Sum of Squares      1.7634  588.0828
    Deg. of Freedom     3       646      [중간생략]...
(4) > summary(aov(Lkind~Grade,sdata_test))
(5)              Df Sum Sq Mean Sq F value Pr(>F)
(6) Grade         3    1.8  0.5878   0.646  0.586
(7) Residuals   646  588.1  0.9103
```

38) t.test함수의 결과값을 str함수로 확인해 보면 리스트 구조를 가지고 있음을 알 수 있다. str(t.test(Lmenu~Gender, ...)을 실행해 보면 분석 결과 중에서 어떤 값을 위와 같이 별도의 변수로 추출해 낼 수 있는지 확인할 수 있다.

```
(8)  104 observations deleted due to missingness
(9)  > bartlett.test(Lkind~Grade, sdata_test)
     Bartlett test of homogeneity of variances
     data: Lkind by Grade
     Bartlett's K-squared = 4.6679, df = 3, p-value = 0.1978
(10) > bpval <- bartlett.test(Ltaste~Grade, sdata_test)$p.value
(11) > bpval <- c(bpval,bartlett.test(Lprice~Grade, sdata_test)$p.value)
(12) > bpval <- c(bpval,bartlett.test(Lsan~Grade, sdata_test)$p.value)
(13) > bpval <- c(bpval,bartlett.test(Lkind~Grade, sdata_test)$p.value)
(14) > bpval <- c(bpval,bartlett.test(Lmenu~Grade, sdata_test)$p.value)
```

oneway.test함수로 (1)과 같이 일원배치분산 분석을 할 수 있다. 분산 분석은 분석 집단 표본의 등분산성을 가정한다. 따라서 var.equal 옵션에 T값을 설정한다. aov함수 역시 일원배치 분산 분석을 할 수 있으며 기본 설정이 등분산성을 가정한다. aov함수를 실행시키는 것만으로는 (3)과 같이 p값이 나타나지 않는다. summary함수를 같이 사용해야 (4)와 같이 p값을 볼 수 있는 데 Mean square, Residuals 등의 값을 요약해서 보여준다.

앞서 설명했듯이 분산 분석은 등분산성이 전제가 되어야 하므로 이를 검정하기 위해서 Bartlett 검정을 한다. Bartlett 검정은 (9)와 같이 bartlett.test함수를 사용하며, 입력값의 구조나 형태는 oneway.test나 aov함수와 유사하다. (10)~(14)까지의 p value를 분석하면 유의수준 1%에서 모두 귀무가설을 기각하지 못한다[39]. 따라서 등분산임을 전제로 하여 oneway.test함수를 실행하면 아래와 같은 결과를 얻을 수 있다.

```
(1) > opval <- oneway.test(Ltaste~Grade,sdata_test,var.equal=T)$p.value
(2) > opval <- c(opval,oneway.test(Lprice~Grade,sdata_test,var.equal=T)$p.value)
(3) > opval <- c(opval,oneway.test(Lsan~Grade,sdata_test,var.equal=T)$p.value)
(4) > opval <- c(opval,oneway.test(Lkind~Grade,sdata_test,var.equal=T)$p.value)
(5) > opval <- c(opval,oneway.test(Lmenu~Grade,sdata_test,var.equal=T)$p.value)
```

39) 분석 결과 p value는 순서대로 0.4414, 0.4339, 0.0409, 0.1978, 0.0843이다.

```
(6)  > opval
(7)  [1] 0.2244856 0.6554807 0.2643007 0.5858727 0.8639246
```

(7)의 p value값을 보면 "집단 간 만족도의 차이가 없다"는 귀무가설을 유의수준 1%하에서 기각하지 못함을 알 수 있다. 따라서 학년별 집단 간에는 맛, 가격, 위생, 친절도, 메뉴 다양성에 대한 만족도의 차이가 없음을 분산 분석을 통해서 확인할 수 있다.

- 이용하는 이유와 개선 사항에 대한 조사결과

이용하는 이유에 대한 분석은 앞서 이용하지 않는 재학생들에 대한 사유를 분석하는 절차와 유사하다. 앞서 배웠던 sapply함수를 사용하여 R 코드를 작성하면 간단히 분석할 수 있다.

```
(1)  > y <- sapply(sdata_test[ ,c(11:16)], sum)
(2)  > names(y) <- c("맛","가격","위생","친절","메뉴다양성","위치")
(3)  > y
      맛    가격   위생   친절   메뉴다양성   위치
      375   216    95    108      143       227
(4)  > total <- nrow(sdata_test)
(5)  > barplot(y/total,ylim=c(0,0.6),col=rainbow(6),
     main="교내 식당을 이용하는 이유", sub="복수 응답, 응답자 754명")
(6)  > barplot(y,col=rainbow(6), ylim=c(0,400),
     main="교내 식당을 이용하는 이유", sub="복수 응답, 응답자 754명")
(7)  > barplot(sort(y,decreasing=T),col=rainbow(6),ylim=c(0,400),
     main="교내 식당을 이용하는 이유", sub="복수 응답, 응답자 754명")
```

위의 R코드를 실행시킨 막대 그래프는 아래와 같다. par(mfrow=c(1,3))을 실행시킨 결과를 정리하였다.

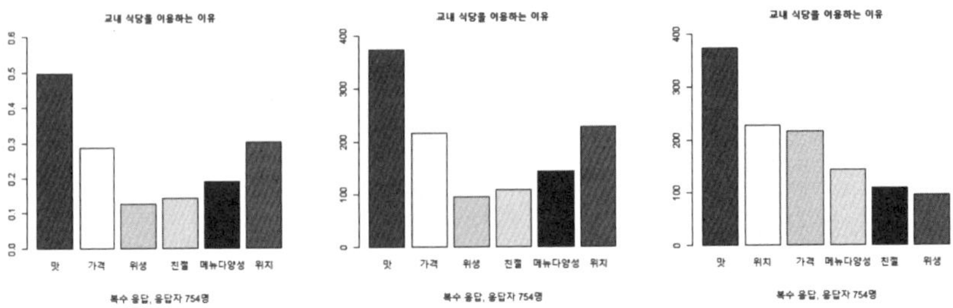

[그림 10-9] 교내 식당 이용 사유에 대한 조사 결과

이번에는 성별이나 학년의 차이가 식당 이용 사유와의 관련성이 있는지 살펴보기 위해 교차표와 독립성 검정을 시행해 보자. (1)과 같이 교차표를 만들어 볼 수 있다. 결과를 보면 성별의 차이가 답변에 영향을 주지는 않는다. 실제로 (2)의 독립성 검정 결과를 보면 p value가 0.23으로 두 변수 간의 관계가 독립적이라는 귀무가설을 기각하지 못한다.

```
(1)  > with(sdata_test, table(Gender,RTaste))
     Gender RTaste  FALSE  TRUE
          남성        176    157
          여성        203    218
(2)  > chisq.test(with(sdata_test,table(Gender,RTaste)))
     Pearson's Chi-squared test with Yates' continuity correction
             data:  with(sdata_test, table(Gender, RTaste))
             X-squared = 1.4174, df = 1, p-value = 0.2338
(3)  > chisq.test(with(sdata_test, table(Gender, RPrice)))
             X-squared = 1.3282, df = 1, p-value = 0.2491
(4)  > chisq.test(with(sdata_test, table(Gender, RSan)))
             X-squared = 0.61335, df = 1, p-value = 0.4335
(5)  > chisq.test(with(sdata_test, table(Gender, RKind)))
             X-squared = 0.21166, df = 1, p-value = 0.6455
(6)  > chisq.test(with(sdata_test, table(Gender, RMenu)))
             X-squared = 0.063291, df = 1, p-value = 0.8014
(7)  > chisq.test(with(sdata_test, table(Gender, RVic)))
             X-squared = 1.9584, df = 1, p-value = 0.1617
```

다른 변수들의 경우에도 모두 p value가 0.01보다 크기 때문에 독립적이라는 귀무가설을 기각하지 못한다. 즉 성별의 차이는 이용 사유와 관련이 없다는 것을 알 수 있다. 그리고 학년에 대한 독립성 검정을 시행할 수도 있다. 같은 함수를 반복하는 것이므로 간략하게 할 수 있는 방법을 알아보자.

```
(1)  > yyy <- chisq.test(table(sdata_test$Grade,sdata_test$RVic))
(2)  > yyy
     X-squared = 7.251, df = 3, p-value = 0.06431
(3)  > chisq.test(x=sdata_test$RVic,y=sdata_test$Grade)$p.value
     [1] 0.06431288
(4)  > mchisq <- sapply(sdata_test[,c(11:16)],chisq.test,y=sdata_test$Grade)
(5)  > mchisq["p.value",]
     $RTaste
     [1] 0.7431467
     ... [중간생략]
     $RVic
     [1] 0.06431288
(6)  > unlist(mchisq[3,])
(7)      RTaste      RPrice       RSan       RKind      RMenu       RVic
(8)  0.74314666 0.60830577 0.80211849 0.13855258 0.21629761 0.06431288
```

독립성 검정은 (1)과 같이 실행하며 그 결과를 별도의 변수로 받을 수 있다. 별도로 받은 변수를 출력하면 독립성 검정의 결과와 동일한 결과를 얻을 수 있다. 그런데 이 변수에 $p.value를 붙이면(yyy$p.value) 분석 결과의 p.value값만을 얻을 수 있다. 이를 응용하여 (3)과 같이 하면 p value값만 얻을 수 있다.

데이터 프레임상에 존재하는 변수를 가지고 같은 함수를 여러 번 반복하여 사용하기 때문에 sapply함수를 이용해서 (4)와 같이 간단히 결과를 얻어낼 수 있다. 한 가지 유의할 점은 chisq.test함수의 입력값은 항상 두 개의 변수가 되어야 한다[40]. chisq.test함수의 x와 y에 분석에 필요한 변수를 지정한다. x변수는

40) R 매뉴얼에 따르면 chisq.test함수의 입력값은 x, y 두 개의 변수가 있다. 이 경우 x,

sapply로 적용하는 데이터 프레임의 변수(RTaste에서 RVic)가 되고, y변수는 학년을 지정하는 sdata_test$Grade 변수가 되어야 한다. 이 점을 반영하여 sapply 함수의 옵션으로 y=sdata_test$Grade를 추가하였다.

sapply의 결과값은 매트릭스 값의 형태로 나타난다. (4)에서 결과값은 mchisq 변수로 입력받았다. 이 변수를 실행해 보면 열은 데이터 프레임의 변수들인 RTates에서 RVic값이 되고, 행은 독립성 검정의 분석 결과값들을 담고 있다. 이 중 세 번째 행이 p value값을 가지고 있다. 따라서 (5)와 같이 행의 이름을 넣고 실행하면 결과값을 list 형태의 값으로 나타낸다. list형태의 값을 (6)과 같이 unlist라는 함수를 이용해서 변환하면 일반 벡터의 형태로 변환되어 (7), (8)과 같이 p value값만을 추출해 낼 수 있다. (6)의 unlist함수를 사용할 때 mchisqp[3,]으로 입력했는 데 이는 mchisq 매트릭스의 모든 열에 있는 3번 행의 값을 출력하겠다는 의미이다. p value값들이 모두 0.01보다 작지 않기 때문에 학년과 이용하는 사유들과는 서로 관련이 없다는 것을 알 수 있다.

마지막으로 개선 사항에 대한 조사 결과를 정리해 보자. 개선 사항과 관련한 부분은 지금까지 학습했던 내용을 토대로 그래프로 간단히 나타낼 수 있을 것이다. 빈도 분석과 막대 그래프를 만드는 R 코드만을 소개 한다.

```
(1)  > y <- sapply(sdata_test[ ,c(17:21)], sum)
(2)  > names(y) <- c("맛","가격","위생","친절","메뉴다양성")
(3)  > sort(y,decreasing=T)
       위생    맛    메뉴다양성   가격    친절
       281    208       149       98      97
(4)  > total <- nrow(sdata_test)
(5)  > barplot(y,col=rainbow(6), ylim=c(0,300), main="개선이 필요한 사항",
       sub="복수 응답, 응답자 754명")
```

y 각각의 변수는 한 변수의 값을 저장한 벡터가 된다. 만약 x변수가 매트릭스이거나 table함수의 결과라면 y변수를 입력할 필요는 없다.

```
(6)  > barplot(sort(y,decreasing=T),col=rainbow(6),ylim=c(0,300),
       main="개선이 필요한 사항", sub="복수 응답, 응답자 754명")
(7)  > sum(sdata_test[,22])
       [1] 122
```

(3)에는 빈도 분석의 결과표를 내림차순으로 정렬해서 나타내었다. (5), (6)에는 두 개의 막대그래프를 그렸는 데 하나는 정렬이 되지 않은 그래프와 내림차순으로 정렬된 그래프이다. (7)에는 개선이 필요 없다고 응답한 사람의 수를 계산하였다.

Discussion Question

토의 문제

1. 위의 분석 결과를 토대로 교내식당 현황 및 개선을 위한 조사의 결론을 정리해 보자.

2. 구글 설문지 기능을 사용할 때 복수응답 문항은 어떻게 설정하는가?

3. 선택 보기가 다섯 개인 복수응답 문항이 있다. 복수응답 문항의 통계 분석을 위해서 어떠한 처리 절차를 거치는가?

4. R에서의 factor형 변수는 무엇이고 어떻게 만드는가?

5. 어떤 데이터 프레임의 다섯 개의 숫자형(numeric) 변수의 분산을 계산하고 싶다. R코드를 작성해 보아라. (데이터프레임명: testdata, 변수명: a, b, c, d, e)

6. 무응답 값을 R에서는 어떻게 표시하는가? 5번 문제에서 입력된 데이터에 무응답 값이 포함되어 있다면 R코드를 어떻게 작성해야 하는가?

7. 위의 분석에서 소속 대학별로 교내 식당 이용 빈도와의 관계를 나타내는 막대 그래프를 그려보아라.

8. 7번 문제에서 소속 대학과 교내 식당 이용 빈도 간에는 관련성이 있는가? 이를 확인하기 위해서 어떤 분석을 해야 하는가? 분석을 위한 R 코드를 작성해 보아라.

9. 소속 대학을 1: 인문사회계열 2: 이공계열 3: 예체능계열 4:의학간호계열의 네 계열로 나누고자 한다. 새로운 계열 정보를 저장하는 factor변수를 만들어 보아라. (경영대학은 1에 포함)

10. 9번 문제에서의 변수를 가지고 네 개의 계열과 만족도 간의 관련성이 있는가를 분석하고자 한다. 어떤 분석 방법을 사용할 수 있는가? 분석을 위한 R 코드를 작성해 보아라.

참고문헌

과학기술정보통신부, 2017년 인터넷이용실태조사, 2017, 과학기술정보통신부.

김성수 외, 고급R활용, 2016, 한국방송통신대.

아카마이코리아, 2016년 3분기 인터넷 현황 보고서, 2016, 아카마이코리아.

"온라인 리서치의 급격한 증가." DOOIT스토리. 2010년 11월 10일 수정, 2018년 4월 20일 접속, http://doooit.tistory.com/6.

이순철, 김정포, 해외시장조사론, 2011, 두남출판.

이명식, 최천식, 구자룡, 마케팅 리서치, 2005, 형설출판사.

이정호, 누구도 알려주지 않은 마케팅 리서치 비법 노트, 2007, 커뮤니케이션북스.

장영재 외, R컴퓨팅, 2016, 한국방송통신대.

채서일, 마케팅 조사론 3판, 2005, 비앤엠북스.

하지철, 마케팅 조사 실무노트 I, 2010, 이담.

하지철, 마케팅 조사 실무노트 III, 2010, 이담.

Malhotra, Naresh K., Marketing Design 3rd ed., Prentice Hall, Inc., 1999.

개정증보판
해외시장 개척을 위한 **시장조사론**

초판 1쇄 발행 2013년 2월 28일
개정증보판 1쇄 발행 2018년 6월 26일

지 은 이 최하눌
펴 낸 이 신일희
펴 낸 곳 계명대학교출판부
출판등록 제347-1998-1호(1970. 9. 1)
주 소 대구광역시 달서구 달구벌대로 1095
대표전화 053-580-6233
팩 스 053-580-6235
홈페이지 www.kmupress.com

ISBN 978-89-7585-821-5 93320 정가 19,000원

●잘못된 책은 교환하여 드립니다.
●이책은 저작권법에 따라 보호받는 저작물이므로 책의 내용 및 이미지에 대하여 전부 또는 일부를 무단으로 복사, 복제, 배포하거나 전산장치에 저장할 수 없습니다.

이 도서의 국립중앙도서관 출판예정도서목록(CIP)은 서지정보유통지원시스템 홈페이지(http://seoji.nl.go.kr)와 국가자료공동목록시스템(http://www.nl.go.kr/kolisnet)에서 이용하실 수 있습니다.(CIP제어번호: CIP2018019007)